BIBLIOTHÈQUE DE LA FACULTÉ DES LETTRES DE LYON

TOME II

SCIENCE ET PSYCHOLOGIE

NOUVELLES ŒUVRES INÉDITES

DE

MAINE DE BIRAN

PUBLIÉES AVEC UNE INTRODUCTION

PAR

ALEXIS BERTRAND

Professeur de Philosophie à la Faculté des Lettres de Lyon.

Fac-Similé. — Introduction. — Rapports de l'Idéologie et des Mathématiques. — Observations sur le système de Gall. Commentaire sur les Méditations de Descartes. — Rapports des Sciences naturelles avec la Psychologie. — Notes sur l'abbé de Lignac. Notes sur l'Idéologie de M. de Tracy.

PARIS

ERNEST LEROUX, ÉDITEUR

28, RUE BONAPARTE, 28

1887

ANGERS, IMP. BURDIN ET Cie, 4, RUE GARNIER.

ANNUAIRE

DE LA FACULTÉ DES LETTRES DE LYON

TABLE DES TROIS PREMIÈRES ANNÉES

1883-1885

(Voir la suite page 3 de la couverture).

BIBLIOTHÈQUE

DE LA

FACULTÉ DES LETTRES DE LYON

TOME DEUXIÈME

La Faculté des Lettres de Lyon a décidé, l'année dernière, de modifier les conditions et la forme de la publication scientifique qu'elle avait entreprise depuis 1883. Son *Annuaire*, qui se composait de fascicules d'histoire, de littérature, de philosophie, devient une *Bibliothèque* analogue à celle que publie l'École des Hautes Études, formée de volumes entièrement indépendants les uns des autres. Le présent volume est le deuxième de cette publication. Le premier, *Neufchâtel et la Politique prussienne en Franche-Comté*, par M. E. Bourgeois, docteur ès-lettres, chargé des cours à la Faculté des Lettres de Lyon, vient de paraître. Le troisième, *La Chanson de Roland*, traduite en prose archaïque et rythmée par M. L. Clédat, professeur à la Faculté des Lettres de Lyon, paraîtra très prochainement.

BIBLIOTHÈQUE DE LA FACULTÉ DES LETTRES DE LYON

TOME II

SCIENCE ET PSYCHOLOGIE

NOUVELLES ŒUVRES INÉDITES

DE

MAINE DE BIRAN

PUBLIÉES AVEC UNE INTRODUCTION

PAR

ALEXIS BERTRAND

Professeur de Philosophie à la Faculté des Lettres de Lyon.

Fac-Similé. — Introduction. — Rapports de l'Idéologie et des Mathématiques. — Observations sur le système de Gall. Commentaire sur les Méditations de Descartes. — Rapports des Sciences naturelles avec la Psychologie. — Notes sur l'abbé de Lignac. Notes sur l'Idéologie de M. de Tracy.

PARIS

ERNEST LEROUX, ÉDITEUR

28, RUE BONAPARTE, 28

1887

Fac-simile d'u[illegible] page du manuscrit
(V. p[illegible] ce volume).

INTRODUCTION

En 1886, le programme de l'Agrégation de philosophie comprenait les *Méditations métaphysiques* de Descartes. Je savais que Maine de Biran avait laissé un *Commentaire* inédit sur les *Méditations*, et je désirais vivement en faire profiter nos étudiants et en profiter moi-même. Je me rendis donc à Genève : M. E. Naville m'accueillit avec sa bonne grâce accoutumée et mit à ma disposition tous les manuscrits de Maine de Biran. On est vite l'ami de l'éminent philosophe génevois quand on est l'ami de la philosophie et l'admirateur de Maine de Biran : il voulut bien me diriger et m'aider à explorer ces volumineux manuscrits, qu'il connaît page par page, ligne par ligne, je devrais dire mot par mot. De ce premier voyage je ne rapportai cependant que le *Commentaire sur les Méditations*, et il me parut si important que je résolus dès lors de le publier dans notre *Annuaire*, ou du moins d'en extraire les parties les plus nouvelles, et qui n'avaient pas leur équivalent dans les œuvres connues de notre philosophe. Quand l'*Annuaire* fut transformé, l'an dernier, en *Bibliothèque de la Faculté des Lettres*, mes projets s'agrandirent et mon ambition augmenta : j'étais vivement frappé de cette idée qu'il ne s'agit pas ici d'ouvrages de peu d'importance, négligés à dessein par les premiers éditeurs, mais qu'au contraire, au témoignage de l'homme qui connaît le mieux la question, cinq ou six des manuscrits inédits sont désignés pour faire partie de l'édition définitive que la France et la philosophie attendront peut-être longtemps encore, tandis que plusieurs des pièces publiées par V. Cousin seront évidemment éliminées de cette édition. C'est une anomalie, un fait étrange, et qui ne se présente peut-être pour aucun autre auteur ancien ou moderne, mais c'est un fait qui s'explique le plus aisément du monde si l'on se rappelle l'histoire bizarre, devenue légendaire comme celle des écrits d'Aristote, de la publication des manuscrits de Maine de Biran[1]. Le traité des *Rapports des sciences naturelles avec la Psychologie* me parut surtout d'un intérêt si actuel et, soit par le sujet, soit par la manière dont il est traité d'une utilité si indiscutable à cette époque surtout où nous voyons la physiologie envahir le domaine de la psychologie, trop mollement défendue, que je n'hésitai pas à en proposer et à en entreprendre la publication. C'est, en effet, une admirable défense de la psychologie, et ceux qui voient avec douleur l'espèce d'abandon et de délaissement où semble s'étioler aujourd'hui cette science toute française et prononcent au fond du cœur l'*exoriare aliquis !* ceux-là, j'en suis sûr, auront lieu d'être contents. Pas un des arguments de Maine de Biran n'a vieilli. Cet éloquent plaidoyer, bien qu'il date de soixante-dix ans, semble écrit d'hier et s'adresser à des adversaires qui vivent et conspirent au milieu de nous. Puisse-t-il convertir quelques néophytes intempérants de la physiologie et les ramener au véritable objet de la psychologie ; puisse-t-il aussi détourner quelques-uns de nos jeunes philosophes de ce coup de désespoir, qui consiste à abdiquer entièrement entre les mains de Kant et à s'incliner sans nécessité devant l'Allemagne. J'entends l'accusation : étrange manière, va-t-on dire, de défendre la philosophie, que d'en exclure la science et d'y introduire le chauvinisme ! Eh ! non ; Maine de Biran était un savant ; il connaissait les mathématiques, je ne dis pas autant qu'homme de France, mais autant qu'il fallait pour discuter avec Ampère sur maint sujet qui embarrasserait fort tel d'entre nous qui parle avec conviction et non sans une complaisance légèrement emphatique, de la *loi logarithmique* de Fechner ; il était fils de médecin, très versé dans les études

1. *Notice historique et bibliographique sur les travaux de Maine de Biran*, contenant : 1° l'Histoire des manuscrits inédits de ce philosophe ; 2° le Catalogue raisonné de ses œuvres tant inédites que publiées ; 3° le Catalogue des écrits relatifs à sa vie et à sa doctrine, par M. E. Naville. Genève, 1851.

physiologiques, fondateur et président d'une *Société médicale*, l'ami intime de Cabanis, comme en témoigne une correspondance inédite que j'ai sous les yeux. Quant à l'Allemagne, il ne jurait point par elle, mais il la forçait de couronner ses mémoires. Il pensait d'ailleurs que Bichat et Cabanis valent bien les Allemands qui les pillent. Schopenhauer écrivait en 1852 : « Bichat a vécu trente ans, il est mort il y aura bientôt soixante ans, et toute l'Europe honore son nom et lit ses ouvrages. Sur cinquante millions de bipèdes, on aurait peine à rencontrer une tête pensante telle que Bichat. Assurément, depuis ses travaux, la physiologie a fait des progrès, mais sans les secours des Allemands, et grâce uniquement à Magendie, Flourens, Ch. Bell et Marshal Hall ; pourtant ces progrès n'ont pas été tels que Bichat et Cabanis en paraissent vieillis, et tous les noms que je viens de citer s'inclinent quand on prononce le nom de Bichat. » Je n'ajouterai certes pas avec Schopenhauer : « Quittons maintenant cette noble société pour pénétrer dans l'auberge des saltimbanques allemands, » car un Français qui répéterait le quart des invectives que Schopenhauer adresse à ses compatriotes, ferait crier au blasphème. Je me contenterai de dire que sur beaucoup de points, notamment sur les lois de l'habitude, Maine de Biran au fond de sa province, sans ressources scientifiques, par le seul effort de la méditation personnelle avait rencontré et même devancé Bichat [1]. J'ajouterai que pour admirer à la fois et Schopenhauer et ceux qu'il invective si cruellement, il faut vraiment se mettre trop au-dessus du vieux principe de contradiction et avoir un grand fonds d'admiration en réserve. C'est pourtant notre histoire. Admirons et empruntons, soit, mais d'abord connaissons nos propres richesses et sachons si la psychologie française n'est pas précisément

1. Ce fait est attesté par une longue *Note* (inédite) *adressée au citoyen B... auteur des deux premiers extraits sur les ouvrages de MM. Bichat et Buisson, insérés dans le premier volume de la Bibliothèque médicale en prairial an II, par l'auteur du Mémoire intitulé : Influence de l'habitude sur la faculté de penser, couronné par l'Institut national dans la séance du 15 messidor an X.*

celle que nous estimons si haut quand elle nous est réimportée d'Allemagne.

Elle est fille des mathématiques et de la médecine, puisqu'elle a été fondée par Ampère et Maine de Biran. J'espérais pouvoir insérer dans ce volume la *Correspondance* de Maine de Biran, et notamment les réponses aux lettres d'Ampère, mais des raisons budgétaires me forcent actuellement à remettre à plus tard cette publication : cette correspondance et la longue introduction qui eut été nécessaire pour en éclaircir les points obscurs, en combler les nombreuses lacunes et la rendre intelligible, eussent grossi de près d'un tiers le présent volume. D'ailleurs le lecteur, je l'espère, ne perdra rien pour attendre ; le nombre des lettres retrouvées peut s'accroître de jour en jour et déjà de nouveaux documents me sont parvenus depuis que l'éminent directeur de la *Revue philosophique* a bien voulu insérer dans le numéro de janvier dernier la lettre suivante que je me permets de reproduire ici : « Au moment de mettre sous presse un volume qui paraîtra sous ce titre : *Correspondances et Mémoires inédits de Maine de Biran*, permettez-moi, monsieur le directeur, de recourir à votre obligeance et à la publicité de la *Revue philosophique*, pour prier tous les amis des sciences et de la philosophie qui posséderaient des lettres de Maine de Biran, de vouloir bien me les communiquer. Sa correspondance avec Cabanis, Ampère, Stappfer, Destutt de Tracy, a duré fort longtemps et a toujours été très active. J'ai entre les mains des lettres nombreuses et intéressantes, mais je suis loin sans doute de les avoir toutes, et il y a encore bien des lacunes, et de très regrettables. Comment fixer, par exemple, les parts respectives d'Ampère et de Maine de Biran dans l'élaboration de leur système commun, si l'on ne possède pas leur correspondance ? Grâce à M. Barthélemy Saint-Hilaire, nous avons déjà les lettres d'Ampère ; le public aura bientôt les réponses de Maine de Biran. Il importe que les pièces de ce grand procès figurent toutes dans la nouvelle publication ; or, beaucoup sont sans doute disséminées ou perdues. Puissent ceux qui en ont entre les mains imiter la libérale et généreuse conduite de M. E. Naville, qui fait un si aimable accueil aux amis de la philosophie et de Maine de Biran, et les laisse puiser à pleines mains dans sa précieuse collection de manuscrits. Agréez, etc. »

On voit, par cette lettre, que l'étude des rapports d'Ampère avec Maine de Biran, c'est-à-dire la seule partie vraiment neuve de l'histoire des idées de Maine de Biran nous est interdite jusqu'à nouvel ordre. Il faut donc borner cette introduction à l'analyse critique et historique des œuvres inédites que contient ce volume. A ce mot d'œuvres inédites s'attache à la fois une certaine faveur et une certaine prévention ; on les accueille sans doute comme documents intéressants, mais on les dédaigne volontiers comme n'étant que de simples glanures après la moisson. On aurait grand tort de croire que tout est dit et que l'on vient trop tard. On lit dans les *Extraits des grands philosophes* de M. A. Fouillée : « Les *principaux* ouvrages (de Maine de Biran) ont été recueillis par V. Cousin en 1841. » Il en résulterait qu'après 1841 M. E. Naville, lui aussi, n'avait plus qu'à glaner. Aussi M. Fouillée ajoute-t-il négligemment : « D'autres œuvres inédites ont été publiées par M. Naville en 1859. » Mais tournez les feuillets et vous aurez vite la preuve matérielle, pour ainsi dire, que ces *autres œuvres inédites* sont bel et bien les *principaux ouvrages* de l'auteur. Personne en effet ne récusera la science profonde, la haute compétence et le goût parfait de M. A. Fouillée ; or, sur les onze morceaux qu'il emprunte à notre philosophe et qui sont en effet parfaitement choisis, combien pensez-vous, sont extraits des quatre volumes de V. Cousin ? Pas un. Et des trois volumes de M. E. Naville? Onze tout juste ! Cela soit dit sans vouloir rabaisser le mérite de V. Cousin ; c'est l'augmenter au contraire, car il fallait être singulièrement pénétrant pour juger si bien Maine de Biran sur des échantillons fort incomplets, et, ajoutons-le, publiés avec beaucoup de négligence. Avoir proclamé que Maine de Biran est « le plus grand métaphysicien qui ait honoré la France depuis Malebranche, » qu'il est « un homme sans égal en France pour le talent de l'observation intérieure, la finesse et la profondeur du sens psychologique, » c'est incontestablement un titre de gloire pour V. Cousin et un des plus grands services qu'il ait rendus à la philosophie de son pays. L'examen rapide des nouvelles œuvres inédites va nous faire parcourir toute la carrière philosophique de l'auteur et assister à la genèse et à l'évolution de son système; idéologue renforcé dans les *Rapports de l'Idéologie et des Mathématiques*, nous le trouvons à la fin du volume en possession de tous ses principes et parfaitement maître du système nouveau, de cette psychologie qu'il n'est que juste d'appeler *biranienne*. Je m'empresse de déclarer que s'il y a eu quelque mérite à rassembler péniblement ces feuilles dispersées, à déchiffrer ces manuscrits mal écrits et en désordre (le fac-similé que contient ce volume représente une demi-page choisie parmi les plus nettes et les moins illisibles du manuscrit des *Rapports*), le principal honneur en revient à M. E. Naville qui m'a constamment guidé et dont j'ai scrupuleusement suivi les indications; la main qui exécute ne fait qu'accomplir un devoir de reconnaissance en rendant hommage à la tête qui dirige.

I. — On ignore généralement deux particularités fort intéressantes de la vie de Maine de Biran : l'une nous est révélée par les lettres inédites de Cabanis, c'est qu'il songea assez longtemps à se faire professeur de mathématiques; l'autre par la partie inédite des lettres d'Ampère, c'est qu'il sollicita en 1808, lors de la fondation de l'Université, un poste de recteur. Il est à croire que la carrière de l'enseignement ou l'administration universitaire lui convenaient mieux que la politique, mais le hasard des événements en décida contre ses vœux. Cabanis lui écrit le 19 thermidor an XI : « Votre ami Vanhulten aurait voulu que vous demandassiez la chaire de mathématiques qui vaquait à Versailles et il vous avait écrit pour cela. Il n'y a point de doute que les inspecteurs de l'instruction publique ne soient très disposés à vous proposer pour quelque place, mais nous voudrions bien que cela ne fût pas trop loin de Paris ; nous avons besoin de conserver l'espérance de vous y voir [1]. » Ampère lui rend compte dans une lettre datée de 1808 [2], des démarches qu'il a faites en sa faveur auprès du chancelier et du grand maître de l'université ; tous ses efforts sont venus échouer, malgré de belles promesses, contre la décision prise par l'empereur de ne nommer recteurs que d'anciens professeurs ou des proviseurs. C'est donc parce qu'il ne fut pas nommé professeur en 1803, que Maine de Biran ne put être recteur en 1808. Les lettres inédites de Cabanis nous font voir qu'il faisait grand cas de Maine de Biran comme mathématicien et qu'il le croyait destiné à réformer la langue géométrique et à la faire profiter des progrès de l'idéologie : « Mon cœur vous suit à Bergerac, où je désire beaucoup que votre santé vous permette de reprendre vos anciens travaux ; il en est un surtout auquel je mets un intérêt particulier ; c'est votre réforme de quelques parties de la langue géométrique et par conséquent des idées elles-mêmes qui s'y rapportent ; il me semble que ce transport de l'idéologie dans la géométrie est devenu indispensable et que personne n'est en état de l'exécuter comme vous. » Le mémoire sur les *Rapports de l'Idéologie et des Mathématiques* a donc, sans doute, été composé à la prière de Cabanis. Nous en trouvons la preuve dans une lettre du 19 thermidor an XI (7 août 1803) où Cabanis avoue ingénument qu'il « patauge » dans le compte rendu qu'il prépare pour l'Institut sur un de ses concours : « Si vous aviez fait quelque autre chose sur le sujet que vous avez traité d'une manière si supérieure *dans la note dont je vous suis redevable*, vous m'obligeriez sensiblement de me l'envoyer. Je patauge dans le compte rendu qu'on me demande, et j'aurai bien de la peine à m'en tirer ; je prendrai

1. Recueil de lettres inédites communiqué par M. E. Naville.

2. Cette lettre a été mutilée, on ne sait pourquoi, dans l'édition de M. Barthélemy Saint-Hilaire. Deux pages qui roulent sur ces négociations ont été supprimées.

3. Recueil inédit. Cette lettre est datée du 20 août 1806.

le parti d'y fondre, ou plutôt d'y copier votre note. Si vous y avez fait quelque changement, ayez la bonté de m'en faire part. » L'excellent Cabanis avait, on le voit, une méthode commode pour alléger le labeur de ses comptes rendus ! On peut donc être assuré que le manuscrit que nous possédons, sans ratures, extrêmement soigné, a été envoyé à Cabanis en 1803, et nous en avons presque la preuve matérielle dans une note écrite de la main même de Cabanis sur la première page : « Tout ce paragraphe XXIX est encore, comme le précédent, la copie d'un mémoire sur les rapports de l'idéologie et des mathématiques, qui nous a été envoyé par un idéologiste qui est en même temps un géomètre distingué, mais qui n'appartient à l'Institut que par les prix qu'il y a remportés. »

Le fragment que nous publions ne serait-il donc que le paragraphe XXIX d'un mémoire fort étendu, communiqué à Cabanis ? Rien ne nous autorise positivement à le supposer, car Cabanis parle d'une *note dont il est redevable* à Maine de Biran, et cette expression s'appliquerait mal à un travail de l'importance qu'il faudrait supposer. Il faut donc admettre, ou que ce numéro se rapporte au compte rendu lui-même ou que Maine de Biran n'avait écrit que le plan et l'ordre des paragraphes du mémoire, dont il communiquait l'ordonnance générale et quelques fragments entièrement rédigés. Quoiqu'il en soit, on ne trouve pas dans les recueils imprimés de l'Institut le compte rendu de Cabanis, où il avait fondu le travail de son correspondant, ni dans les manuscrits de Maine de Biran, la première partie de son mémoire. La note marginale de Cabanis parlant au pluriel de prix remportés par l'auteur, semblerait indiquer que le *Mémoire sur les rapports de l'Idéologie et des Mathématiques* est postérieur en date au *Mémoire sur la décomposition de la pensée*, mais M. E. Naville croit que le contraire est établi par la lettre du 19 messidor indiquée ci-dessus, et conjecture que Cabanis aura parlé comme d'un prix de la mention honorable obtenue par le premier mémoire de Maine de Biran sur l'*Influence de l'habitude*.

L'idée maîtresse de l'ouvrage est de sacrifier la métaphysique, science *futile*, *ténébreuse*, à la géométrie et de subordonner la géométrie elle-même, *aliment convenable aux têtes fortement organisées*, à l'idéologie considérée comme la science des sciences. On peut y voir le développement de la thèse magistralement posée par Pascal, de la distinction de l'esprit de finesse et de l'esprit géométrique : l'esprit de finesse devient ici l'esprit idéologique et si la partie historique, aboutissant à la proscription de la métaphysique, paraît fort discutable, il faut convenir que Maine de Biran caractérise supérieurement le genre d'esprit qui convient aux recherches psychologiques, mais il parle encore d'une psychologie abstraite et pour ainsi dire exsangue et émaciée qu'il est destiné à réformer après avoir abandonné l'idéologie proprement dite et s'être rendu compte qu'il n'a pas une *tête à calcul* et que sa santé ne lui permet pas l'extrême *contention d'esprit* qu'exigent les recherches géométriques. On peut réduire à deux les services que l'idéologie rend, selon lui, aux mathématiques : en premier lieu, elle force l'esprit à remonter jusqu'aux formes génératrices, jusqu'aux définitions réelles et non plus nominales et provoque ainsi une réforme de la langue mathématique que les *algébriers* de profession, incapables de secouer le joug des habitudes invétérées, ne tenteraient jamais eux-mêmes parce qu'ils n'en sentiraient pas le besoin et n'en auraient même jamais la pensée ; en second lieu, elle seule sait discerner, pour ainsi dire, les nuances de la certitude ou plutôt les degrés de la probabilité, car la vraisemblance correspond à un état d'esprit qu'un analyste exercé et pénétrant peut seul définir, de sorte que dans beaucoup de cas « l'idéologiste fournit les données et met le problème en équation ; le calculateur le résout mécaniquement ». On voit que Maine de Biran ne ménage pas les éloges à l'idéologie, non parce qu'il adresse son mémoire à Cabanis, mais parce qu'en 1803, il est encore tout imbu des doctrines de ses premiers maîtres, Condillac et ses continuateurs.

II.— Avec le discours sur le système de Gall, nous pénétrons, dans un monde intellectuel nouveau : l'horizon s'élargit et s'éclaire, la langue même est plus précise et, en dépit du ton oratoire, plus scientifique. C'est que dans l'intervalle cinq années se sont écoulées, cinq années fécondes remplies par les méditations et les découvertes psychologiques. J'ai vivement regretté de laisser inédit un *Mémoire sur les perceptions obscures*, composé, comme le discours sur Gall, pour la *Société médicale* de Bergerac. Il y traite *ex professo* des états purement affectifs ou plutôt de cet inconscient qui a fait depuis une si brillante fortune. Après avoir étudié ce curieux manuscrit, il m'a paru que trop de pages avaient passé dans d'autres écrits pour qu'on pût en toute vérité le publier comme inédit, mais il offre un ensemble remarquable dont nous n'avons jusqu'ici que des fragments. J'ai dû écarter aussi la *Discussion avec M. Royer-Collard sur la réalité d'un état purement affectif*, publiée en entier par M. J. Gérard[1] : en réunissant ces deux mémoires, on prouverait aisément que cet inconscient, dont les Allemands disent tant de merveilles, a été parfaitement décrit par Maine de Biran qui, le premier, a fécondé les profondes, mais brèves indications de Leibnitz. La Société médicale de Bergerac fut fondée en 1807; quand le discours de Gall y fut prononcé, le célèbre docteur était à Paris depuis huit mois au moins, comme le texte l'indique : il faut en conclure que ce travail est de 1808, car c'est en 1807 que Gall vint à Paris et tourna toutes les têtes en enseignant, on pourrait presque dire en prêchant la nouvelle doctrine. Il ne faudrait pas croire que le système de Gall fût le seul objet du discours de Maine de Biran : il a su élever le débat et lui donner une portée générale. Tout ce qu'il écrivait en 1808, il pourrait presque l'écrire encore aujourd'hui. Il s'agit, au fond, de toute doctrine qui tend à substituer aux facultés de l'âme leurs sièges cérébraux vrais ou prétendus.

1. *La philosophie de Maine de Biran*, Essai suivi de fragments inédits. Paris, 1876.

Il n'en faut pour preuve que le titre complet tel que le donne le manuscrit et que nous avons cru pouvoir abréger et alléger : « *Observations sur les divisions organiques du cerveau, considérées comme siège des différentes facultés intellectuelles et morales. — Du rapport qu'on peut établir entre cette sorte de division et l'analyse des facultés de l'entendement. — Examen du système du docteur Gall à ce sujet.* » Ce dernier point n'est donc pas l'unique objet de cet écrit, mais la cause occasionnelle et certainement l'objet principal.

Négligeons, avec Maine de Biran, les railleries plus ou moins piquantes et toute la partie banale de l'argumentation des adversaires de Gall. Nous assignerons à son système une double origine, fondée à la fois sur la nature des choses et sur les exigences de l'esprit : d'une part la nature a séparé les sens en leur attribuant à chacun un organe, et c'est nous inviter en quelque sorte à chercher aussi des organes spéciaux aux facultés spéciales de l'esprit ; d'autre part, les philosophes, mus par un besoin d'unité inné à l'intelligence, se sont toujours efforcé de découvrir le siège de l'âme, témoin Descartes qui la loge dans la glande pinéale; or, ce besoin d'unité de siège est le même quand il s'agit d'une faculté et de ses diverses opérations, que lorsqu'il s'agit de l'âme et de ses multiples facultés. Il se pourrait cependant que ce besoin appartînt à l'imagination plus qu'à la raison ; un centre cérébral n'est nullement un point mathématique, et la difficulté ne fait que reculer. On a généralement renoncé à chercher le siège de l'âme : c'est un problème mal posé et partant insoluble. Sera-t-on plus heureux en cherchant le siège des facultés? Ce n'est pas probable, car la même difficulté, disons plus, la même contradiction dans les termes du problème se retrouve, autant de fois multipliée qu'on reconnaît de facultés, et l'on sait si Gall se fait faute de les multiplier. Maine de Biran ajouterait peut-être qu'il est piquant de voir aujourd'hui tant de psychologues et de physiologistes chercher les sièges des facultés alors qu'ils s'entendent presque pour supprimer les facultés. C'est même le seul point sur lequel ils s'entendent. Si les facultés ne sont que la chaîne peinte sur le mur, ne suffit-il pas d'un clou peint sur le mur pour la suspendre, et pourquoi tant de soins pour faire un sort à des facultés moribondes ou déjà mortes ? Maine de Biran démontre aisément que la théorie de Gall n'est point déduite de l'anatomie ou de la physiologie, mais empiriquement établie sur des observations plus que contestables. Fût-elle exacte, en dépit de la méthode défectueuse qui sert à la fonder, il faudrait encore revendiquer les droits de la psychologie qui fournit le point de départ, car apparemment ce n'est pas en contemplant des bosses que l'on découvre le sentir, le vouloir et le connaître. D'ailleurs les facultés localisées ne sont le plus souvent que des facultés nominales, de sorte qu'on aboutit à une hypothèse entée sur une autre hypothèse : c'est l'ombre d'une brosse, semble-t-il, que l'on s'efforce de mettre entre les mains de l'ombre d'un cocher. La faculté est hypothétique, le siège assigné empiriquement est arbitraire. Localiser d'ailleurs n'est pas expliquer. Tout physiologiste qui aborde la théorie des localisations fait un premier pas dans la métaphysique : n'admet-il pas d'emblée qu'il n'y a des facultés ou du moins des fonctions qui secrètent l'invisible et l'impondérable? Enfin, localiser les passions à la manière de Gall, c'est se montrer aussi mauvais psychologue que présomptueux physiologiste : une passion n'enveloppe-t-elle pas toujours un élément intellectuel et un élément affectif que non seulement l'analyse mais la réalité sépare souvent? Comment dès lors aurait-elle un siège simple, un siège unique ? Et ces passions artificielles que l'homme se crée par la vie sociale, faut-il admettre que la nature leur a de toute éternité préparé leur siège dans le cerveau? car si elles se faisaient elle-mêmes, pour ainsi dire, leur place au cerveau, c'est qu'elles existeraient, ne fût-ce qu'un instant, en dehors de tout siège cérébral. Comment se fait-il encore que celui qui est doué d'une bosse représentant telle ou telle passion ne soit pas constamment sous l'influence, sous l'obsession de cette passion ? Telle est à peu près l'argumentation de Maine de Biran : elle se heurterait aujourd'hui au fait généralement reconnu de la localisation de la faculté du langage dans la troisième circonvolution gauche frontale. Mais Maine de Biran ne se tiendrait pas pour battu : parler, dirait-il, c'est un acte matériel, une fonction physiologique, partant localisable ; mais où localisez-vous l'idée du mot ou du signe, la volonté actuelle de s'en servir ? Il reconnaîtrait (il ne l'a jamais nié) que le cerveau est l'organe immédiat de la pensée ; mais il continuerait à le subordonner à l'effort qui l'innerve, à *l'idée-force* qui le met en branle. Il ne remplacerait pas l'ancienne expression d'activité de l'esprit par l'expression plus savante, mais moins claire, d'éréthisme cérébral, et il continuerait à parler quoiqu'on l'ait accusé d'ignorer le français, de perceptions obscures et non de cérébration inconsciente. Voici sa dernière conclusion : entre la pensée et le cerveau, la fonction et la cause psychique qui la met en jeu il y a « hétérogénéité telle qu'il demeurera toujours nécessairement entre elles une lacune impossible à remplir et une sorte de hiatus que tous les efforts du génie ne sauraient franchir ».

III. — Maine de Biran n'avait pas toujours été au courant de tout ce qui se faisait à Paris et en Europe sur sa science favorite. Mais ce qu'il lisait, il le lisait toujours la plume à la main, surtout entre les lignes, comme doit lire un vrai philosophe. Il vivait en intime communion d'idées avec Leibnitz et Descartes. Le *Commentaire sur les Méditations de Descartes* en est une preuve entre mille. Nous trouvons dans une lettre inédite de curieux détails sur l'ignorance relative où il se trouvait encore vers 1803, de tout ce qui n'était pas idéologie ou cartésianisme. Comme ils fixent un point important de l'histoire de ses idées, nous en citerons quelques-uns : « Habitant un département éloigné, privé dans une solitude profonde de toutes communications littéraires et livré à la méditation beaucoup plus qu'à la lecture des livres nouveaux que je n'ai guère les moyens de me procurer, j'ignorais absolument l'existence et jusqu'au nom de Bichat jusqu'à ce que l'impression couronnée de succès de ma faible production (le mémoire de *l'Influence de l'habitude*) m'ayant appelé à Paris, je pus m'informer et faire l'acquisition de divers ouvrages qui avaient trait à la science dont je m'occupais. Revenu dans ma solitude avec ce trésor scientifique, je dévorai d'abord le traité *De la vie et de la mort*. Quelle fut ma stupéfaction en apercevant dans cet ouvrage le germe de mes opinions et le fond intime d'une théorie dont je croyais être exclusivement l'auteur et dont, pour cette raison, j'étais disposé à me méfier[1]. » Quand il songea vers 1813 à écrire un grand ouvrage sur les *Rapports des sciences naturelles avec la Psychologie* il était donc parfaitement au courant du mouvement contemporain des sciences naturelles ; il voulut approfondir en relisant avec soin les *Méditations* de Descartes les principes de la psychologie. Tout semble prouver que les deux manuscrits datent de la même époque. Maine de Biran a parlé de Descartes dans presque tous ses grands ouvrages : ce n'est donc pas son opinion bien connue sur le père de la philosophie française, que nous chercherons ici, et, si ce manuscrit ne renfermait qu'une expression nouvelle de cette opinion, peut-être eût-il été superflu de l'imprimer.

Il renferme autre chose et l'on peut réduire à trois points essentiels la partie vraiment nouvelle et fort importante de cette rédaction que vraisemblablement Maine de Biran ne songea jamais à publier : 1° un examen détaillé des analyses psychologiques de Descartes ; 2° une discussion approfondie des preuves cartésiennes de l'existence de Dieu ; 3° une digression très intéressante sur l'idée de la matière et les notions de temps et d'espace. Sur le premier point Maine de Biran s'efforce de substituer au moi abstrait ou moi-pensée de Descartes un moi réel qui ne se sépare jamais, fût-ce par abstraction, du corps propre et qui est tel qu'en affirmant son exis-

1. Note adressée au citoyen B..., auteur des deux premiers extraits sur les ouvrages de MM. Bichat et Buisson.

tence il affirme en même temps celle du corps auquel il est uni. Dès lors le doute universel n'est plus possible et les concessions provisoires que Descartes faisait au scepticisme en s'attribuant un pouvoir imaginaire de suspendre son jugement, ces concessions dangereuses ne sont plus permises, car en affirmant la pensée nous affirmons du même coup, invinciblement, tout ce qui est inséparable de la pensée même et impliqué dans notre première affirmation. Il y a donc des vérités évidentes par elles-mêmes, inhérentes à la pensée, sur lesquelles nous ne sommes pas libres le moins du monde de suspendre notre jugement. Il y a plus : déclarer possible cette suspension du jugement, en faire même une règle de méthode dans la théorie du doute *hyperbolique*, c'est concéder aux sceptiques le fond même de leur système, car de la possibilité de douter de tout il résulterait bien évidemment que tout est relatif et contingent. Ainsi Descartes a eu le double tort de soutenir implicitement la thèse de la relativité universelle en faisant entrer dans sa théorie du doute la suspension du jugement sur certaines vérités premières, et de confondre le moi avec l'âme en faisant de la pensée l'attribut de je ne sais quel sujet abstrait, oubliant ainsi l'individu réel, la vraie personne « dont le corps propre est une partie essentielle, constituante. »

Dans sa critique des preuves de l'existence de Dieu, Maine de Biran se montre tout pénétré de l'esprit de Kant. Il semble que la période de sa vie où il écrivit le *Commentaire* et le traité des *Rapports des sciences naturelles avec la psychologie* soit une période presque complètement kantienne ; il cite Kant, s'inspire de ses doctrines et emploie assez souvent sa terminologie. Cependant il faut noter tout d'abord une différence essentielle qui montre bien qu'il ne jure sur la parole d'aucun maître et conserve toujours sa physionomie propre ; ce n'est point par la morale et la liberté, c'est par la psychologie et le fait primitif qu'il sort du doute et prétend pénétrer dans le monde des noumènes au moyen de la croyance qu'il oppose à la science. Quoiqu'il en soit, le *Commentaire* est presque exclusivement critique, c'est la *pars destruens* dont le traité suivant sera la *pars ædificans*. Sa critique pénétrante suit pas à pas les analyses et l'argumentation de Descartes; il en signale le fort et le faible et se rencontre parfois, dans ses objections, avec Gassendi. Ce n'est pourtant pas cette discussion, si intéressante qu'elle soit, qu'il importe de signaler comme une nouveauté; au fond elle se réduit à soutenir après Kant que nous ne pouvons passer de l'essence à l'existence, du logique à l'ontologique, de l'immanent au transcendant. La définition de Dieu pose un être purement idéal; comment prouver que l'existence doit en être affirmée comme un de ses attributs et une de ses perfections? « Avant de concevoir des attributs dans un sujet, il faut savoir s'il y a un sujet existant. » Maine de Biran est même plus sévère que Kant pour la preuve ontologique, nerf caché de toutes les autres preuves, car il écrit que c'est un « véritable sophisme », alors que Kant se contente de l'appeler un paralogisme. Voici à mon sens ce qui constitue l'originalité de Maine de Biran sur ce problème capital : il est possible de transformer la preuve de telle manière qu'on passe non plus de l'essence à l'existence, mais de l'existence à l'existence. Les astronomes perçoivent comme le vulgaire un soleil sensible d'un pied de diamètre sur la voûte bleue du ciel, mais ils passent de cette intuition, au moyen de la plus légitime des hypothèses scientifiques, à un soleil astronomique qui est le soleil véritable et réellement existant. Qu'il n'y ait aucune intuition du soleil et leur hypothèse sera purement gratuite; le passage de l'idée à l'être serait alors métaphysique, non scientifique. Eh bien! n'avons-nous pas une intuition, celle du moi, qui nous permette de passer aussi légitimement du phénomène au noumène? La psychologie est donc le pont jeté sur l'abîme; par elle nous franchissons la distance qui sépare non l'idée de l'être, mais la réalité passagère et contingente de la réalité immuable et nécessaire. Il serait curieux de comparer cette solution originale avec la théorie de Fichte et surtout avec celle de Malebranche. On sait que selon le Platon français il n'y a pas à proprement parler d'idée de Dieu : l'idée de Dieu, c'est Dieu lui-même présent à l'âme. Mais on sait aussi que Malebranche ne nous accorde aucune connaissance de l'âme et que selon lui nous n'avons de notre propre existence qu'un obscur et vague sentiment. Le biranisme en théodicée serait donc une sorte de malebranchisme retourné; au lieu de dire que nous voyons tout en Dieu sauf notre âme, Maine de Biran dirait volontiers, si nous interprétons bien sa pensée, que nous voyons tout en Dieu parce que d'abord nous nous y voyons nous-mêmes, comme nous avons l'intuition du soleil visible dans la perception tout intellectuelle du soleil intelligible qui seul est au fond vraiment existant et parfaitement réel. Voilà l'intuition sensible réclamée par Kant pour légitimer toute connaissance supra-sensible ; Kant est un pur logicien qui se contente de recueillir sans la contrôler une pseudo-psychologie abstraite et scolastique. Maine de Biran vivifie ses concepts et féconde son formalisme; de la logique à la métaphysique aucun passage n'est possible, mais que la logique devienne une vivante psychologie, que les idées cessent par là même d'être considérées, selon un mot de Spinoza, comme des peintures muettes, des images inertes, et dès lors la métaphysique sera renouvelée, vivifiée : elle deviendra une psychologie sublime. Nulle part Maine de Biran n'a traité explicitement de la théodicée et c'est ce qui donne à ces pages une importance exceptionnelle; tant qu'elles furent ignorées il était presque impossible de comprendre l'évolution de Maine de Biran vers le mysticisme sans recourir à des raisons de sentiment ou à des influences extérieures. Nous tenons enfin quelques-uns des chaînons qui relient la personne-moi à la personne-Dieu, les deux pôles de toute science humaine, et, du même coup, nous avons le secret du mysticisme final, car il est naturel que par le progrès de la méditation, l'intuition s'efface devant le concept, la réalité éphémère devant la réalité nouménale dont elle n'est que la manifestation passagère ou plutôt l'ombre portée. L'éclatante lumière du fait primitif ne paraîtra bientôt plus qu'une ombre en face de la lumière véritable; Maine de Biran est vraiment de la famille des Malebranche, des Spinoza et des Fichte.

Si cette doctrine est véritable, elle va nous donner un moyen infaillible de reconstituer le monde extérieur mis en doute par Descartes, nié par les idéalistes, et le temps et l'espace considérés par Kant comme de simples formes subjectives de notre sensibilité. Le fait primitif est en effet une double intuition, celle du corps propre et celle du moi personnel. Ne considérons que l'espace : il sera facile d'étendre la théorie à la notion du temps et celle de la matière nous entraînerait trop loin. Est-ce que l'espace, forme, j'en conviens, de la vue et du toucher n'a pas aussi sa réalité extérieure « certifiée par notre faculté d'intuition? » Si j'étais pure pensée je ne pourrais pas plus passer du *je pense* au monde extérieur, à l'étendue substantielle de Descartes que je ne pourrais passer à Dieu considéré comme doué de l'existence réelle et non simplement idéale. Mais je ne suis pas une pensée pure; je ne perçois le moi que dans son opposition, ou plutôt dire son conflit avec le non-moi. L'espace doit donc m'être donné dans le fait primitif, car pour que je projette mes représentations hors de moi, dans l'espace intérieur qui est mon corps, il faut qu'il y ait un *hors de moi*; je l'affirme en même temps que le moi. La « sensation limitante » est la forme de l'espace et mon corps est le lieu des sensations limitantes. L'espace est donc au corps propre, ce que l'âme est au moi, on pourrait presque dire ce que Dieu est au moi : l'espace est une sorte de Dieu matériel, le « grand Milieu » de la cosmogonie d'Auguste Comte. Ce n'est pas une forme pure; j'affirme l'espace au nom d'une intuition aussi réelle que celle du moi, l'intuition du corps propre. Hypothèse si l'on veut, mais hypothèse légitime, inévitable, irrésistible, absolument identique à celle qui nous donne le ciel astronomique l'univers invisible. Le moi n'est pas *abstractus*, mais *abstrahens* : en s'abstrayant de l'âme il crée Dieu, et en s'abstrayant du corps il crée l'espace pourvu qu'on prenne ce mot de création dans un sens purement humain de genèse psychologique ou d'évolution de l'espèce. Voilà sans doute pourquoi, contrairement à la doctrine professée dans la plupart de ses écrits, Maine de Biran soutient ici que le principe de substance est antérieur et supérieur au principe de causalité : « La relation du mode à la substance, semblerait donc avoir un caractère supérieur de nécessité et de primauté. » Entendez la relation de l'apparence à la réalité, du phénomène au noumène, à la « chose en soi, » ou bien encore, si l'on veut, de la « nature naturée » à la « nature naturante » Aussi, avec quelle exactitude et quelle profondeur Maine de Biran ne signale-t-il pas la transition du cartésianisme au spinosisme, et que nous sommes loin de Kant, qui paraissait d'abord le séduire et le faire dévier de sa voie !

IV. — Je n'hésite pas à dire que c'est dans l'ouvrage malheureusement inachevé sur les *Rapports des sciences naturelles avec la Psychologie* que Maine de Biran a le plus étendu son point de vue un peu étroit à l'origine, et nous a donné la plus large exposition d'un système complet fondé uniquement sur un fait, et achevé sans appel au mysticisme. Ici, la troisième vie n'est pas l'absorption du moi en Dieu, mais l'exercice de la raison philosophique sous le nom de « système primitif de nos croyances ». Comment se fait-il que la raison ou la faculté de l'absolu reconnue, décrite, mise en possession de tous ses droits dans le manuscrit des *Rapports*, s'éclipse et disparaisse dans les ouvrages suivants? C'est une question que nous essayerons de résoudre, mais il faut auparavant parler de l'ouvrage lui-même, et élucider les questions de date qui fait naître ce manuscrit composé de 334 pages, grand format, extrêmement surchargées, hachées de ratures et dans le plus complet désordre. Il est même assez difficile de reconstituer le plan; cependant de brèves indications jetées un peu partout, en marge ou dans le texte, permettent d'affirmer que l'ouvrage devait se composer d'une introduction et de deux parties ; la première était consacrée à l'étude du principe de causalité en général, et la deuxième devait montrer les applications de ce principe à l'étude des rapports du physique et du moral de l'homme. L'introduction existe complètement. La deuxième partie fait absolument défaut, et ne paraît pas avoir reçu même un commencement d'exécution. La première partie n'est pas complète; mais se compose de fragments fort importants qu'il est facile de relier entre eux : on peut supposer que des pages du manuscrit sont perdues, mais il est beaucoup plus probable, pour ne pas dire certain, que la rédaction n'a jamais été achevée. Cette première partie devait avoir trois sections ; la deuxième section manque totalement, mais on peut s'en consoler, car elle avait pour objet un point important sans doute, mais traité dans presque tous les ouvrages postérieurs de Maine de Biran, l'identité de l'aperception du moi et de la relation de cause à effet. La troisième section paraît complète sauf quelques lignes, quelques pages peut-être qui manquent à la fin. Quant à la première, telle qu'elle est publiée dans ce volume, on peut affirmer qu'elle se compose de matériaux précieux, que l'auteur seul aurait pu relier entre eux par des divisions régulières : tel fragment ne semble même qu'une seconde rédaction d'un autre fragment, et toutefois on conviendra qu'il n'appartenait à l'éditeur ni d'élaguer, ni d'arranger, ni de fondre ensemble plusieurs rédactions d'une pensée qui se cherche, et qui ne se trouve pas toujours.

Quelle est la date de cette composition? M. E. Naville a beaucoup hésité sur cette question. Il semble que l'auteur ait voulu de propos délibéré, dérouter les éditeurs, car il a écrit sur la première page : *Ouvrage qui a remporté le prix sur la question proposée par l'Académie de Copenhague*, alors que l'examen même le plus superficiel, démontre surabondamment que cet ouvrage n'a presque rien de commun avec le mémoire couronné en Danemarck. Les points communs se seraient peut-être trouvés dans la deuxième partie qui nous manque. Peut-être même est-il permis de conjecturer que les *Nouvelles considérations sur les rapports du physique et du moral de l'homme* sont une forme nouvelle de cette deuxième partie et du mémoire de Copenhague. Cependant cet ouvrage quidate de 1820, est écrit dans un esprit assez différent de celui du manuscrit des *Rapports* pour que cette supposition soit fort loin d'être une certitude. M. E. Naville avait d'abord supposé que ce manuscrit avait été entrepris vers 1811, et abandonné pour l'*Essai sur les fondements de la Psychologie*. D'une part en effet, on ne peut remonter plus haut que cette date, époque du prix de Copenhague; d'autre part, l'état du manuscrit et les indications du *Journal intime*, ne permettent pas de placer cette rédaction plus tard que vers la fin de 1813. L'*Essai* devait être une refonte générale dans un grand travail d'ensemble de tous les travaux antérieurs de l'auteur; celui-ci faisait-il partie de ces travaux antérieurs? Mais alors comment supposer que la théorie de la raison et de la croyance, en un mot des éléments universels et nécessaires de l'esprit, ait totalement disparu dans l'*Essai*? Quoi, un philosophe de la portée de Maine de Biran, aurait aperçu à un moment donné la profonde lacune de son système, l'aurait comblée avec succès, puis, oubliant ses propres méditations et ses propres labeurs, il l'aurait laissée entière et béante, dans l'ouvrage le plus complet qui soit sorti de sa plume! Cela ne peut être; aussi M. E. Naville, après y avoir longtemps réfléchi, après avoir étudié le fond et la forme du manuscrit, consulté des amis compétents, a-t-il fini par conclure que ce travail est de 1813. Voici les preuves extrinsèques qu'il en donne; quant aux preuves intrinsèques, les plus fortes peut-être, je viens de les indiquer. Le 5 décembre 1812, M. de Biran écrit à M. Maurice, préfet de la Dordogne, à propos de l'*Essai sur les fondements de la psychologie*. « Les discussions que j'ai eues avec ces messieurs sont, je crois, utiles à l'ouvrage que je prépare et que je sens la nécessité d'étayer dans plusieurs points. Je crois devoir en différer encore l'impression pour divers motifs qu'il m'est impossible de vous détailler. » Six mois après, le 12 juin 1813, il écrit: « Je me trouve un peu dans le chaos, et j'attends le *fiat lux* pour publier une grande composition. Je l'ai remaniée sur bien des points; j'y travaille même chaque jour; mais de combien de motifs de découragementment et de sujets de diversion je suis entouré! » Il écrit enfin, le 22 octobre 1813 : « Je m'occupe tant que je puis de mes travaux métaphysiques, j'espère en publier *quelque chose* cet hiver. » De ces textes inédits, M. E. Naville conclut : 1° qu'à la fin de 1812, la conversation des hommes voués aux études philosophiques que M. de Biran avait rencontrés à Paris où il venait de s'établir, lui avait fait sentir le besoin de modifier sur quelques points, la rédaction de l'*Essai*, rédaction presque entièrement terminée à Bergerac ; 2° qu'en juin 1813, la composition qu'il veut publier est beaucoup plus loin d'être achevée que ne l'était l'ouvrage dont il différait l'impression vers la fin de 1812 ; 3° qu'en octobre 1813, le *quelque chose* que M. de Biran songe à publier dans l'hiver, ne paraît plus être l'ouvrage complet dont il avait jusque-là entretenu son correspondant. C'est très probablement le travail sur les *Rapports de la Psychologie avec les sciences naturelles*. Membre de la commission des Cinq, mêlé à toutes les grandes affaires du pays, il n'eut pas le temps de mettre la dernière main à son travail et c'est l'*Essai*, jadis abandonné pour les *Rapports*, qui sollicita son attention, comme travail d'ensemble et comme synthèse de tout ce qui l'avait précédé, quand il revint vers 1815 à ses méditations métaphysiques. L'ouvrage était prêt, il n'eut qu'à y faire des retouches sans grande importance et c'est ainsi que le manuscrit des *Rapports* fut supplanté à son tour par le manuscrit qu'il avait supplanté. Mais cet épisode de la pensée de Maine de Biran n'en marque pas moins le point culminant de sa métaphysique si l'on admet que son mysticisme final dépasse la métaphysique elle-même et s'appuie non sur la croyance rationnelle, mais sur les *croyances religieuses*.

Demandons-nous maintenant, comme nous l'avons fait au sujet des écrits précédents, quelles sont les idées neuves et originales que renferme le traité des *Rapports des sciences naturelles avec la psychologie*. Nous allons y retrouver une partie des idées simplement indiquées dans le *Commentaire* qui est surtout critique, tandis que le présent traité est foncièrement dogmatique : c'est du moins à ce point de vue que nous le jugerons, laissant à dessein de côté tout ce qui concerne l'exposition critique des idées de Descartes et de Leibnitz, intéressante sans doute, mais qui n'offre rien d'absolument nouveau[1]. L'introduction contient une exposition magistrale des idées de Maine de Biran en psychologie ; on ne trouverait pas ailleurs une suite de définitions aussi complète et aussi précises. Le ton rappelle celui de la *Monadologie* : ce sont des thèses ou principes posés par l'auteur et qui renferment la quintessence de la doctrine. Qui comprendrait parfaitement ces vingt pages aurait la clef de tout le système et pourrait le reconstruire. C'est ainsi que tout le système de Leibnitz tient dans les vingt pages de la *Monadologie* : il est vrai qu'elle ne devient intelligible pour le commun des lecteurs que si on l'éclaire au moyen de ses autres ouvrages. Du principe de causalité, nous n'avons guère à dire ici : l'introduction, étant une analyse, ne s'analyse pas, et la théorie biranienne de la causalité a été supérieurement exposée par nos devanciers. Il serait dangereux d'en faire une nouvelle exposition nécessairement affaiblie et de montrer à la suite de notre auteur que la notion de causalité n'est pas une pure abstraction, une catégorie ou une idée générale. Cependant Maine de Biran n'a jamais mieux prouvé que dans cet ouvrage la nécessité de distinguer les *idées générales* ou abstractions logiques des *notions* fondamentales de l'esprit ; les notions sont individuelles et subjectives, fondées sur le sujet qui les produit, et les tire de sa propre substance, les idées générales sont abstraites des objets et se réduisent finalement à des signes relevant ainsi non de la métaphysique, mais de la logique et du langage ; les notions sont nécessaires et ne peuvent pas plus être crées ou anéanties par la pensée que la pensée ne peut se créer ou s'anéantir elle-même, tandis que la pensée

1. Cependant M. J. Gérard a trouvé cette exposition elle-même assez neuve et assez originale pour lui donner la place principale parmi les *Fragments inédits* qui accompagnent son savant ouvrage sur la *Philosophie de Maine de Biran* (pp. XLIII-LXXV) et qui sont la plupart empruntés au présent traité.

reste toujours libre de former des catégories ou de les exclure pour se replier sur elle-même et, pour ainsi dire, se penser elle-même; cette liberté même de l'esprit en face des catégories qu'il crée, modifie, étend ou resserre, l'avertit qu'il n'est pas forcé d'y croire et qu'elles n'ont rien de nécessaire, tandis que l'effort d'abstraction, qui crée la notion, le force à y croire et à l'affirmer comme nécessaire. « Est-ce que le sujet qui abstrait (*abstrahens*), peut se prendre lui-même pour la chose ou l'objet abstrait? » Le moi ne saurait donc devenir une entité logique, une catégorie, le simple sujet nominal d'une proposition et il y a nécessairement de l'être, puisqu'il y a du moi dans toute proposition ; l'idée générale exclut l'*un* en même temps que l'*être* (*ens et unum convertuntur*, disait Leibnitz), car elle se forme par la constatation des ressemblances, jamais par la perception d'une identité ou, du moins, en vertu du principe des indiscernables, l'identité n'est jamais que *partielle*. Il y a encore un résidu d'images dans les idées les plus générales : elles ne sont, à proprement parler, que les *schèmes* des notions qui seules sont réelles, absolues, nécessaires, vraiment indépendantes de l'expérience extérieure et de ses conditions. L'idéologie, en spéculant sur les idées générales, lâche la proie pour l'ombre et prend pour les notions elles-mêmes leur vain reflet dans les formes cristallisées du langage : l'idéologie ne ruine pas seulement la métaphysique, elle ruine aussi la psychologie, l'empêche de prendre pied dans le réel et réduit toute la spéculation à un jeu savant mais puéril d'abstractions logiques.

Maintenant qu'est-ce que la raison? Abordons de front le problème et disons nettement que pour Maine de Biran, la raison n'est pas une faculté, mais une *loi*, la loi qui nous permet de passer, ou plutôt, qui nous force à passer du système de nos connaissances au système de nos croyances. Ce n'est pas la faculté de l'absolu ; l'absolu est inconnaissable et par cela seul qu'il tomberait sous les prises de la connaissance, il deviendrait relatif. V. Cousin se tire aisément d'embarras quand il s'agit d'expliquer les *connaissances* qui dépassent l'expérience : il s'en tire à la manière écossaise en inventant une faculté, la raison; mais qu'est-ce que cette faculté de l'absolu qui joue un si grand rôle dans sa théorie? Un mot commode dont il abuse, un habile procédé oratoire (*ratio-oratio*) pour transformer en explication la simple constatation d'une loi de l'esprit. C'est que V. Cousin croit que nous *connaissons* l'absolu tandis que Maine de Biran se contente d'affirmer que nous y *croyons* légitimement. Son point de vue sous ce rapport est assez analogue à celui de M. H. Spencer, mais pour le philosophe anglais l'inconnaissable est une sphère qui limite l'univers décrit et sondé par la science, tandis que pour le psychologue français l'inconnaissable n'est point par delà les cieux et par delà les dernières nébuleuses mais au fond du moi. V. Cousin s'efforça vainement de convertir notre philosophe et de le contraindre à s'incliner devant cette raison dont il se proclamait le prophète : « Il rejette la raison comme faculté originale, Plus tard, pressé pas mes objections, il se contente de la négliger ou, s'il lui rend quelquefois un tardif hommage, c'est par pure politesse; car il ne l'emploie jamais, elle ne joue aucun rôle dans sa théorie[1]. » Il est permis de trouver que V. Cousin l'emploie trop et qu'il porte sur son adversaire un jugement qui serait profondément injuste s'il n'avait pour excuse l'ignorance où il était du vigoureux effort tenté par Maine de Biran pour retrouver un équivalent psychologique de cette raison qui n'est souvent chez V. Cousin qu'un expédient et l'*ultima ratio* d'une dialectique aux abois. Cette loi en vertu de laquelle nous surajoutons au système de nos connaissances le système de nos croyances comme Leibnitz, surajoutait son dynamisme au mécanisme de Descartes, nous l'avons déjà entrevue : elle consiste à passer de l'intuition du moi à la notion de l'âme en vertu de la même nécessité qui force l'astronome à passer de l'intuition du ciel visible à l'affirmation du ciel astronomique et invisible, ou le physicien à passer de la molécule

1. *Œuvres philosophiques* de Maine de Biran, tome IV, p. XXXII.

tangible à l'atome impalpable. V. Cousin, chaque fois qu'il parle de la raison, semble s'écrier : « Je vois, je sais, je crois[1] »! Maine de Biran, moins dogmatique ou plutôt moins tranchant, se contente de dire : « Je ne vois pas, je ne sais pas, mais je crois parce que je ne peux pas ne pas croire. » Je ne puis connaître les noumènes, dirait Kant, mais j'ai le *devoir* de l'affirmer. Maine de Biran dirait : Je ne sais pas encore si c'est un devoir, mais c'est plus qu'un droit, c'est une nécessité, ce qui rendra le devoir facile et économisera les prescriptions morales dont il est imprudent d'abuser. Il *y* a d'ailleurs réciprocité entre les conditions de la connaissance et les conditions de la croyance. Supprimez la notion du moi, l'absolu ne sera que la plus vaine et la plus vide des catégories; mais supprimez la croyance à l'absolu, l'unité du moi reste inexpliquée et inexplicable : il se dissémine et se dissout dans la poussière de ses propres modifications. Si l'absolu est *prius natura* le moi est *primus tempore*, et à la rigueur « le moi peut exister et le savoir sans croire d'abord qu'il est lié à une substance. » C'est une étrange et téméraire entreprise que celle qui consiste à *déduire* de l'absolu le moi et la conscience, comme le fait Spinoza; la déduction géométrique ressemble aux causes finales raillées par Bacon, elle est stérile ou n'enfante que des nuages. L'absolu deviendrait-il donc, qu'on nous passe le mot, relatif au moi, dépendant du moi? Oui, si nous prétendions le connaître; non, si nous nous contentons de l'affirmer, car affirmer n'est pas comprendre, et le moi, par cet acte de foi, s'incline devant l'absolu et se subordonne à l'inconnaissable,

1. On voit combien est injuste l'accusation de M. Cousin : « Que fait donc Maine de Biran, dit-il (Préf. xxxv), il imagine un procédé dont nul philosophe ne s'était encore avisé, qui n'est pas le principe de causalité, mais qui en a a toute la vertu, *procédé magique que son inventeur décrit à peine* et auquel il attribue *sans discussion* la propriété merveilleuse de transporter et de répandre en quelque sorte de moi hors de lui-même; ce procédé il l'appelle induction. » Il le décrit au contraire longuement, il le discute avec une vraie profondeur, mais V. Cousin n'ayant pas lu notre manuscrit ignorait totalement cette description et cette discussion et c'est ce qui rend ses critiques excusables sans les rendre plus justes. Elles portent à faux.

bien loin d'aspirer à l'étreindre et à le dominer du haut de sa science présomptueuse. Kant nous somme de reconnaître le noumène au nom de la loi, *sic volo sic jubeo*, habitude prussienne ; le philosophe français nous invite à rentrer en nous-mêmes et à suivre au delà du moi ce libre mouvement de la réflexion qui nous a conduit au moi. Il enseigne sans dogmatiser et semble même nous dire comme Socrate : il n'y a qu'une chose que je sache bien, c'est que je ne *sais* rien. Faites comme moi : cherchez et touchez et vous croirez ; soyez psychologue aussi complètement que possible, et la métaphysique vous sera donnée par surcroît. Il l'appellerait encore comme dans son mémoire sur les *Rapports de l'idéologie et des mathématiques* une « *science futile et ténébreuse*, » mais, la connaissant mieux, il en parlerait avec plus de respect et nous dirait que si elle n'est pas une science, elle est du moins une noble croyance à laquelle nous élève infailliblement la libre réflexion de l'esprit sur lui-même, car « ce que nous connaissons a son principe nécessaire dans ce que nous ne connaissons pas, mais que nous croyons exister. » Il y a plus, la métaphysique est la création de la *liberté* irrémédiablement condamnée sans elle à la torpeur et à l'inertie. Pour Platon, c'est l'intelligence ou plutôt l'intelligible qui crée la volonté et qui nous rend libres en nous affranchissant des conditions inférieures de l'existence ; pour Maine de Biran c'est la volonté qui crée la lumière en la faisant jaillir comme par un coup de baguette magique des profondeurs de l'âme, car « l'infini, l'éternel est donné à notre âme comme elle donnée à elle-même. » Il dit encore : « Ouvrir les yeux de l'esprit, les diriger du côté d'où vient la lumière, les tenir fixés sur l'objet, voilà tout ce que nous pouvons, et en quoi consiste la liberté. »

Il est de tradition chez les historiens de la philosophie française au XIXe siècle, « que Maine de Biran a en quelque sorte découvert la volonté, Ampère la raison [1]. » Serait-ce que la théorie de la croyance que nous venons d'esquisser aurait été

1. F. Ravaisson, *La philosophie en France au* XIXe *siècle*, 2e éd., p. 17. — Sur

inspirée à Biran par son ami ? Difficile problème historique que nous aurons l'occasion de discuter en publiant les lettres de Maine de Biran, mais que nous pouvons au moins poser ici en indiquant brièvement la solution qui nous semble la plus vraisemblable. On conviendra d'abord que la raison telle que l'entend Maine de Biran, n'a presque rien de commun avec la *raison impersonnelle* de V. Cousin. Qu'on en juge une dernière fois par cette définition : « La raison, dit V. Cousin, est impersonnelle de sa nature. Ce n'est pas nous qui la faisons, et elle est si peu individuelle, que son caractère est précisément le contraire de l'individualité, à savoir l'universalité. » On a vu que pour Maine de Biran la raison est au contraire personnelle au suprême degré, fondée qu'elle est sur le vouloir et l'aperception du moi. Elle n'est pas davantage la raison qu'Ampère nous décrit comme la faculté d'établir des rapports entre les noumènes, puisque Biran, tout en reconnaissant l'existence des noumènes, ne nous attribue jamais le pouvoir d'établir entre eux des rapports quelconques, ce qui serait une façon de connaître l'inconnaissable. « Je voudrais qu'Ampère examinât, dit-il dans une lettre inédite, quelles espèces d'idées ou de notions nous pouvons nous former des noumènes purs, dépouillés de tout ce qui est phénoménal. » Il va même jusqu'à émettre des doutes sur l'exactitude des comparaisons tirées de l'astronomie et destinées à rendre sensible la nécessité de l'affirmation des noumènes, car, dit-il, « les astronomes admettent l'existence réelle de l'étendue naturelle ou de l'espace pénétrable, et tout se borne pour eux à rendre compte de certaines apparences qu'offrent les corps dans leurs mouvements... On ne saurait fonder la certitude (de l'existence des noumènes) sur aucune hypothèse, puisque l'hypothèse se fonde nécessairement elle-même sur l'existence et les formes nouménales qu'elle a pour objet de vérifier, et qu'elle part de là comme de données primitives abso-

la théorie biranienne de la *Croyance*, cf. Ch. Naville, *Œuvres inédites de Maine de Biran*, (introd. pp. CXXIII-CXXVI). J. Gérard, *La philosophie de Maine de Biran*, (pp. 454-467).

lues[1]. » D'ailleurs nous avons le témoignage non équivoque d'Ampère lui-même ; il reconnaît à son ami le mérite d'avoir découvert quatre grandes vérités, dont les deux dernières, les seules qui nous intéressent en ce moment, sont : *l'existence des noumènes permanents, et la relation de causalité entre ces noumènes et les phénomènes qui leur sont attribués.* N'est-ce pas la théorie même des croyances ou de la raison, telle que nous venons de l'esquisser ? Reste une cinquième théorie, qu'Ampère revendique pour lui-même : « Restait donc, dit-il, cette dernière question : Que pouvons-nous affirmer des noumènes ? Sous le point de vue de leurs relations mutuelles, pouvons-nous reconnaître ces relations ? Et dans ce cas, comment pouvons-nous les reconnaître ? Et quel est le degré de certitude de cette connaissance ? » Le lecteur, qui sait déjà que Maine de Biran résout toutes ces questions négativement, conclura que la théorie de la raison lui est absolument personnelle, et que sur ce point il ne doit rien à Ampère. Reconnaissons pourtant qu'Ampère exagère quand il écrit à son ami : « Vous n'avez aucune idée de Kant[2]. » S'il le connaissait mal et de seconde main, il savait du moins tirer un merveilleux parti des ouvertures qu'il possédait, grâce à l'ouvrage inexact mais fort curieux de Villers sur cette grande philosophie que de Gérando et Mme de Staël venaient aussi de révéler à la France.

Il y aurait bien d'autres idées à signaler dans ce mémoire ; abrégeons et allons directement à la conclusion : c'est l'affirmation la plus nette du déterminisme scientifique étranger à toute idée de causalité et ne se souciant au fond pas plus des causes

1. Lettres inédites de Maine de Biran à Ampère.

2. Lettre du 4 septembre 1812 : « Vous n'avez aucune idée de Kant, que l'*Histoire des systèmes de philosophie* et l'ouvrage de Villers n'ont songé qu'à défigurer pour des motifs contraires. Il s'est trompé dans ses conséquences ; mais comme il a profondément marqué les faits primitifs, et les lois de l'intelligence humaine ! Vous vous en rapportez aveuglément, à son égard, à ce qu'en ont dit MM. de Tracy et de Gérando, qui l'ont traité comme Condillac a fait à l'égard de Descartes et surtout de Locke : tordre ses expressions pour leur faire dire tout le contraire de ce qu'il a dit. »

secondes que de la cause première ou de la *cause sourde*, puisqu'il est condamné par sa méthode à constater uniquement les conditions des phénomènes, c'est-à-dire leurs antécédents invariables. Portant hardiment la guerre sur le terrain de ses adversaires, il leur montre qu'en dépit d'eux-mêmes ils parlent sans cesse de causes, ils pillent la psychologie en l'insultant, puis, après l'avoir dépouillée, il la décrient. Que le lecteur se reporte aux dix points de doctrine énumérés par Maine de Biran dans sa conclusion, il y trouvera le résumé et la quintessence de tout l'ouvrage. 1° L'effort n'est pas le sens musculaire, car les sensations musculaires en sont un effet, et quand elles sont produites, l'âme les reçoit passivement comme toutes les autres. De cette manière, la volonté (cause efficiente) est au moyen ou à l'effet immédiat (le mouvement produit) comme ce mouvement est à la sensation qui en résulte et qui devient ainsi l'effet *médiat* de la volonté ; on peut donc révoquer en doute la nature spéciale et *sui generis* de la sensation musculaire sans que ce doute puisse atteindre le fait primitif. N'est-ce pas transformer l'effort en volonté et Maine de Biran ne nous apparaît-il pas ici comme dépassant lui-même son propre point de vue ? 2° Il y a hétérogénéité complète entre la succession des phénomènes dans l'espace et la causalité : dire que le dehors se transforme en dedans, que les mouvements corporels aboutissent à un phénomène intérieur qui serait un effort, c'est dire une chose absolument inintelligible, c'est le paralogisme transcendantal des sciences naturelles. 3° Même dans le monde des phénomènes intérieurs, il ne saurait y avoir transformation, métamorphose d'une sensation en une autre sensation : il n'y a véritablement que succession et voilà pourquoi il est légitime de tenter une sorte d'histoire naturelle ou idéogénique de l'âme, pourvu qu'on n'ait pas la prétention de fonder ainsi une psychologie. La science est plus exigeante et la psychologie a une tout autre autorité. Vous ne faites soit comme physiologiste, soit comme idéologiste que l'*histoire de l'âme*[1].

1. Spinoza dirait l'*historiole*. Maine de Biran, il n'en faut pas douter, aurait

4° S'il n'y avait pas primitivement une aperception immédiate de la cause, quelle singulière illusion serait celle de ces savants et de ces métaphysiciens qui supposent que les objets agissent sur nous pour produire nos sensations et nos idées. Comment comprendre cette causalité en dépit d'une méthode qui ne s'attache légitimement qu'au déterminisme des faits et ne doit aspirer qu'à constater leurs successions constantes. Tout deviendrait âme, excepté l'âme elle-même ou plutôt ce serait « l'idéalisme et le scepticisme systématisés » : en aspirant à supplanter la psychologie, la science devient donc une métaphysique et se nie elle-même. 5° Il n'est pas moins dangereux de subordonner nos volitions à nos désirs que de subordonner notre sensibilité aux objets ; désirs et sensations appartiennent à cette région moyenne qui sépare le mouvement dans l'espace de l'effort dans le temps; ils forment ce qu'on pourrait appeler les limites de l'âme. 6° Ce serait même leur accorder une sorte de participation à l'effort qui ne leur appartient qu'indirectement : au fond, quand on prétend expliquer les sensations par des mouvements, « on n'explique en effet, que certaines fonctions dépendantes des mouvements extérieurs ou organiques par d'autres mouvements de la même espèce, sans toucher aux faits de sens intime qui restent nécessairement hors de toute explication. » 7° Ainsi la théorie qui soutient que le cerveau secrète la pensée est une « métaphysique hasardeuse » absolument hors des faits : c'est aux psychologues à rappeler les physiologistes métaphysiciens au respect de la méthode expérimentale et à crier à leur tour : des faits et des lois, plus de rêveries enfantées par l'imagination! 8° La méthode analogique et inductive employée par les Écossais est donc elle-même radicalement défectueuse ; c'est une hypothèse métaphysique qui a la prétention de passer pour une doctrine scientifique. Les Écossais sont encore des idéologues : leur système pourrait s'appeler un système

accueilli avec enthousiasme la *psychophysique*, mais les plus ingénieuses expériences sur la mesure des sensations n'eussent modifié en rien d'essentiel les grandes lignes de son système.

de facultés transformées et mieux vaut encore une sensation qu'une faculté. 9° On déclare que la cause est sourde dans le monde des faits scientifiques et on la force à répondre dans le monde des faits psychologiques : c'est une véritable violence. Admettez au moins, si vous voulez être conséquent, qu'il y a un cerveau du monde pour produire et penser vos lois et que « l'axiome éternel » est sa secrétion. Si l'on demande au savant : Qu'est-ce qui produit la gravitation ? il répond modestement : Je l'ignore. Mais si on lui demande : Qu'est-ce qui produit la pensée ? il répond audacieusement : Je le sais, c'est le cerveau. 10° C'est ainsi qu'une double conclusion s'impose à tout esprit non prévenu : « la psychologie ne peut ni ne doit, dans aucun cas, prendre des données dans les sciences naturelles, ni se subordonner à elles, ou à leur méthode d'observer, de classer, d'exposer les lois et de chercher les causes ; » elle a pour mission spéciale, en face de ces envahissements de la science, « de fixer les limites des sciences naturelles et de les empêcher de s'égarer dans des recherches obscures ou de vaines hypothèses explicatives. » La psychologie est vraiment la *philosophie première*.

V. — Ceux qui trouvent la physiologie trop envahissante et pensent que la psychologie s'est montrée de trop bonne composition en abdiquant ses droits, alors qu'il suffisait de tendre la main à sa rivale et de traiter avec elle d'égale à égale, seront assurément enchantés de cette fière revendication. Les deux ouvrages qu'il nous reste à apprécier n'ont pas l'importance du traité des *Rapports*, aussi passerons-nous rapidement sur ces notes intéressantes, mais un peu décousues, et qui ne contiennent que des développements nouveaux des idées fondamentales de l'auteur. Sur un agenda de poche, Maine de Biran écrit à la date du 25 avril 1815 : « J'ai fait une *assez longue et bonne note métaphysique* sur quelques passages de l'abbé de Lignac. » Il s'agit évidemment de celle que nous publions et l'on voit que l'auteur n'en est point mécontent bien qu'il fût généralement sévère pour ses propres écrits.

V. Cousin a publié dans son édition : *Note sur un passage très remarquable du Témoignage du sens intime, par l'abbé de Lignac* [1], mais ce morceau fort défectueux sous le rapport de la liaison des idées, est extrêmement inférieur à la rédaction que nous lui substituons et qui subsisterait seule dans une édition définitive. Il ne faut pas s'étonner que l'abbé de Lignac ait attiré l'attention et mérité l'estime de Biran ; c'est un métaphysicien profond qui, en plein XVIIIe siècle, sut parler en disciple respectueux mais indépendant de Descartes et de Malebranche, alors que Locke était seul écouté et, grâce à l'asservissement général des esprits à ses doctrines, pourtant modérées, régnait en despote sur la philosophie française. Lignac maintenait en face de l'empirisme et du fatalisme triomphants les droits de la conscience et de la liberté ; il fut à Locke ce que Maine de Biran a été pour Condillac, mais avec moins d'éclat et de succès. Sa doctrine se laisse aisément résumer dans une double thèse, l'une qui est la conclusion de sa polémique contre l'empirisme et qu'il formule ainsi : « La doctrine de Locke que l'on trouve si lumineuse est tellement équivoque qu'elle conduit également à ces deux extrémités incompatibles, qu'il n'est pas certain qu'il y ait autre chose que des corps ou autre chose que des esprits ; » l'autre qui renferme la partie dogmatique de son système et qui consiste à restaurer le sens intime ou la perception immédiate du moi ainsi que la perception du corps propre ou le *sens de la coexistence* [2]. On connaît assez Destutt de Tracy pour que nous soyons dispensé d'insister sur la critique étendue présentée par Maine de Biran de la notion du corps et de certaines tendances de ce philosophe qui sont de nature à conduire à l'idéalisme pur. Il faut bien que les théories de Tracy soient moins vieillies qu'on ne pense et qu'elles aient quelque profondeur, puisque M. A. Bain ter-

1. Tome II, pages 297 à 317.

2. V. *Le Témoignage du sens intime et de l'expérience opposé à la foi profane et ridicule des fatalistes modernes*. 3 vol. in-12. Auxerre, 1760.

mine un ouvrage sur les *Émotions de la volonté* par de longues citations de ce philosophe qui « donne, dit-il, une excellente idée de ce qu'est notre perception du monde externe[1]. » Il serait donc intéressant d'examiner la discussion de Maine de Biran et sa solution de ce difficile et capital problème, ainsi que les considérations qu'il développe sur la confusion du désir et de la volonté sur les idées universelles, sur l'idée de l'étendue, mais le sujet est bien vaste et il est temps de clore cette trop longue introduction. Il en est des rapports de Maine de Biran avec Destutt de Tracy comme de ses rapports avec Ampère ; c'est un chapitre trop important de l'histoire de ses idées pour le traiter en courant. D'ailleurs nous avons entre les mains une très volumineuse correspondance de Maine de Biran avec de Tracy ; c'est en la publiant qu'il serait temps d'approfondir ce sujet. Nous le réservons donc à dessein et pour le même motif qui nous a complètement interdit d'aborder la question plus importante encore des rapports de Maine de Biran avec Ampère.

ALEXIS BERTRAND.

Lyon, le 16 mai 1887.

1. *Les Émotions et la Volonté*, trad. fr. de P.-L. Le Monnier, p. 563.

MÉMOIRE

SUR LES RAPPORTS

DE L'IDÉOLOGIE ET DES MATHÉMATIQUES[1]

(1803)

I

Depuis cette obscure origine où la géométrie (comme dit Bonnet dans son style poétique) « née comme un ver des fanges du Nil, traçait en rampant les bornes des possessions, jusqu'à cette époque brillante où prenant des ailes, elle s'élève au sommet des montagnes, mesure d'un vol hardi les plaines célestes et perce enfin dans la région de l'infini », on voit le cercle de cette science s'étendre, s'élargir progressivement : il enveloppe en avançant le système entier des objets, des idées, ou des rapports susceptibles de *mesure* ; il exclut et repousse tout le reste. Ainsi se forme, dans le système général des connaissances ou des produits infiniment variés de l'activité de l'esprit humain, un domaine isolé, où doit, pendant longtemps, se concentrer l'évidence. Le contour du cercle séparera la lumière de l'ombre et les empêchera de se mêler, de se confondre.

Soit qu'on envisage les progrès des sciences mathématiques dans leur application pratique aux arts, résultats nécessaires

1. En marge du manuscrit original, on lit cette note écrite de la main de Cabanis : « Tout ce paragraphe XXIX est encore, comme le précédent, la copie d'un mémoire sur les rapports de l'Idéologie et des Mathématiques, qui nous a été envoyé par un idéologiste qui est en même temps un géomètre distingué, mais qui n'appartient à l'Institut national que par les prix qu'il y a remportés. » (A. B.)

des besoins et des intérêts compliqués de l'homme en société, soit qu'on les suive dans ces recherches théoriques profondément abstraites qui (en attendant leur application éloignée et contingente) fournissent toujours un attrait puissant à la curiosité, un aliment convenable à ces têtes fortement organisées qui ont besoin d'exercer toute leur activité : on voit ces sciences marcher d'un pas inégal, mais toujours indépendantes dans leurs progrès, des diverses branches de la *philosophie*.

Concentrée dans son objet simple, avec une méthode spéciale, une langue qui n'est propre qu'à elle, la géométrie dut rester étrangère surtout aux sciences qui ont la nature et les facultés de l'homme pour objet ; elle n'avait besoin de leur rien emprunter, et elle était trop éloignée pour pouvoir leur prêter. Malheureusement pour celles-ci, elles ne purent donc entrer en partage de sa certitude, et heureusement pour celle-là, elle ne put suivre et partager leurs écarts.

Quel point de contact, par exemple, pouvait-il y avoir entre cette science ténébreuse qui, sous le nom de *métaphysique*, erra si longtemps dans les espaces imaginaires, croyant avec des termes vides de sens, découvrir la nature des choses, pénétrer dans la région des essences — et la science réelle qui, sans sortir du monde sensible, empruntait tous ses matériaux des objets de nos perceptions les plus claires et les plus distinctes ? Jamais il n'y eut d'opposition plus marquée, de marche plus divergente ; jamais ligne de démarcation ne fut mieux établie que celle qui semblait devoir séparer à jamais la métaphysique de la géométrie. Aussi les voyons-nous toujours isolées quant à leurs produits et leur influence : l'une propage la lumière, l'autre accumule ses nuages dans les mêmes lieux, les mêmes temps et jusque dans les mêmes têtes. Nous voyons les mathématiques briller chez les Grecs du plus grand éclat depuis les Thalès, les Pythagore, les Platon, jusqu'à la destruction de cette école d'Alexandrie, où se conserva si longtemps le feu sacré de la science ; et dans ce long intervalle, chez les mêmes Grecs, dans le sein de cette même école, la métaphysique n'est qu'un jargon puéril, un tissu monstrueux de rêveries et d'absurdités. Après de longues et d'épaisses ténèbres si favorables au triomphe exclusif de cette métaphysique, la géométrie renaît de ses cendres. Le XVIe siècle, et surtout la fin du XVIIe, voient s'opérer la plus grande et la plus belle révolution dans les sciences mathématiques et physiques, et la scolastique, toujours dominante, continue à couvrir de son voile le fondement de nos connaissances et la génération simple et réelle de nos idées.

Cependant la révolution faite dans la géométrie et surtout son application nouvelle à la recherche des vérités physiques, frappe et éclaire tous les bons esprits ; on s'aperçoit que le monde réel est plus fertile en découvertes que le monde abstrait ; insensiblement on descend du vague de l'un pour observer les phénomènes de l'autre ; des génies du premier ordre emploient toute la force de leur tête à prouver la nécessité de ce passage, à en tracer les moyens, à prescrire des règles générales à l'observation et à l'expérience ; ils donnent eux-mêmes l'exemple avec le précepte, en appliquant l'observation directe au *microcosme* ou à l'homme, et l'origine que toutes ses facultés prennent dans ses sens est nettement démontrée, dès qu'il est prouvé qu'il ne peut rien connaître hors de la nature et que le seul moyen de connaître la nature est d'y appliquer ses sens.

On aperçoit ici une influence des progrès de la géométrie sur les commencements de l'analyse philosophique ; mais remarquons que cette influence n'est pas directe et qu'elle n'a pu produire son effet que par l'intermédiaire de la physique. Peut-être même doit-on principalement l'attribuer à cette tendance manifeste qu'ont tous les esprits à se mettre entre eux dans une sorte d'équilibre, lorsqu'un mouvement général leur est imprimé.

Quoiqu'il en soit, et comme par une suite de ce divorce premier et peut-être naturel de la métaphysique avec la géométrie, il est certain que les géomètres qui voulurent en même temps être métaphysiciens, bien loin d'activer les progrès de l'analyse intellectuelle, les suspendirent et les arrêtèrent autant qu'il était en eux, tandis que réciproquement les plus profonds analystes de l'entendement humain furent de mauvais géomètres ou restèrent du moins étrangers aux progrès de cette science. Sans remonter jusqu'aux Grecs, Pythagore, Platon, etc., Descartes, Leibnitz, Malebranche, nous confirment le premier fait ; Hobbes, Bacon, Locke et Condillac nous attestent le second, et il ne nous serait pas difficile de trouver parmi les savants de nos jours plusieurs exemples des mêmes vérités.

Cependant l'analyse philosophique (que plusieurs s'obstinent encore à appeler *métaphysique*) n'a, comme cette science futile, aucune opposition absolue avec la géométrie, ni dans son objet, ni dans sa manière de procéder ; nous verrons bientôt au contraire qu'il y a entre elles une alliance possible dont la géométrie pourrait même retirer certains avantages. D'où vient donc cet éloignement de fait qui subsiste entre les deux sciences? et pourquoi, jusqu'à présent, ne paraissent-elles pas pouvoir sympathiser dans les mêmes têtes? Je crois en entrevoir plusieurs causes qu'il serait trop long de développer dans cette occasion ; je m'arrêterai seulement à celles qui me paraissent provenir de la différence des habitudes que l'esprit contracte en faisant son objet principal de l'étude de la géométrie ou de l'analyse de nos facultés. Je laisserai à mon maître[1] le soin d'examiner si ces deux genres d'études n'exigent pas des dispositions de tempérament ou d'organisation trop éloignées les unes des autres.

La géométrie, par la nature de son objet primitif, semble d'abord ne faire que seconder ce penchant qui entraîne l'homme hors de lui-même. Alors qu'elle a le plus dépouillé cet objet, les formes abstraites, sous lesquelles elle les considère, laissent encore une prise aux sens. Ces abstractions, tantôt figurées aux yeux, deviennent elles-mêmes objets directs de la perception ; tantôt revêtues de signes précis, déterminés ou toujours

1. Cabanis, à la demande duquel ce mémoire avait été rédigé. (A. B.)

aisément déterminables, elles conservent dans la mémoire une clarté, une fixité supérieure. L'analogie des signes, correspondante à l'homogénéité des idées, la symétrie et la brièveté des formules, qui offrent dans une simple expression le résultat des déductions les plus longues et les plus compliquées, la manière uniforme, assurée et absolument mécanique dont on procède dans ces déductions, tout concourt à ménager des points de repos à l'attention, à assurer la fidélité de la mémoire qui dirigera bientôt toute seule le raisonnement ou le calcul avec la promptitude et la facilité de ses habitudes.

L'objet de l'idéologie est tout intérieur, infiniment complexe sous une apparence de simplicité. Il faut aussi l'abstraire, le diviser ou le prendre par parties pour l'étudier et apprendre à le connaître. Mais ici, combien les abstractions sont plus difficiles à saisir et à coërcer ! Tantôt fugitives et se rejoignant au composé, sans laisser de traces distinctes dans le souvenir, tantôt se confondant avec leurs signes et prenant une consistance, une réalité illusoires — quelle surveillance, quelle attention continuelle ne faut-il pas pour éviter ces dangers qui sont nuls pour le géomètre ! Pendant que ce dernier brise son modèle à volonté pour en étudier les parties, parcourt, mesure successivement chaque dimension, sans avoir à tenir compte des autres, puis, rassemblant ces débris dans le même ordre, retrouve et reconnaît le composé premier, l'analyste ne sait presque jamais ce qu'est une propriété, une modification considérée hors de l'ensemble ; il a toujours à craindre que son imagination n'altère les éléments, en voulant les fixer ; et attribue à leur nature individuelle des formes qui n'appartiennent qu'à leur relation avec l'agrégat dont ils font partie[1]. Enfin les propriétés de tous les objets qui sont du ressort de la géométrie peuvent toujours se représenter par des symboles ou signes abrégés qui tiennent lieu de la représentation

1. C'est là, comme on sait, ce qui a trompé Bonnet et Condillac. (Note de M. de B.)

directe et détaillée des modèles, les combinaisons diverses de ces signes exprimant toujours fidèlement les rapports que l'on considère, et indiquant les opérations à effectuer pour reproduire à volonté les formes, les figures ou les quantités déterminées. L'analyse de nos opérations intellectuelles au contraire, est toute dans la conscience distincte de chacune de ces opérations ; les signes qu'emploie cette analyse, loin de tenir lieu des idées ou opérations mêmes, n'ont pour but que d'en raviver les souvenirs trop fugitifs, trop légers par eux-mêmes, d'y ramener, d'y fixer une attention souvent rebelle. L'analyse a, de plus, sans cesse à se méfier de la mobilité d'acception de ces signes ; la nature des idées qu'ils expriment, la complexité et l'hétérogénéité des éléments qu'ils réunissent, et par ces raisons, le défaut d'analogie qui règne entre eux, rendent leur emploi souvent douteux et incertain ; rien ne garantit ici la fidélité de la mémoire, rien ne peut dispenser d'un examen profond, d'une réflexion assidue. Marche circonspecte, lente, mesurée et toujours réfléchie ; analyses, comparaisons et vérifications fréquentes des signes et des idées, tels sont les premiers titres de succès pour l'idéologiste. Ceux du géomètre, au contraire, sont dans l'assurance et la rapidité de sa marche, dans la sécurité avec laquelle il emploie des termes suffisamment connus. Pour celui-ci, l'évidence est dans l'identité des signes, il ne la voit le plus souvent que dans les rapports fidèles de ses souvenirs ; pour celui-là l'évidence n'est que dans les idées, il a toujours besoin de la *sentir*. Je pourrais étendre beaucoup ce parallèle ; mais en voilà assez sans doute, pour faire voir la contrariété des habitudes qui doivent résulter de la culture assidue des deux sciences comparées et pour rendre raison du fait de leur incompatibilité ordinaire dans les mêmes esprits. Ajoutons cependant un autre trait de comparaison qui nous conduira plus directement à l'objet principal que nous avons en vue.

L'idéologiste ne peut atteindre quelques résultats utiles et vrais qu'en portant dans son langage et dans ses principes la plus scrupuleuse exactitude. Les *principes* sont pour lui l'origine même des idées dont il veut connaître la composition intrinsèque ; il s'agit ici non seulement de déterminer tous les éléments, mais encore de retrouver l'ordre successif et simultané de leur association. Il aura donc toujours un travail plus ou moins long et difficile à exécuter sur chaque idée principale avant de faire entrer dans ses raisonnements le terme qui l'exprime et de pouvoir fonder sur ce terme quelque déduction légitime. Le géomètre n'a pas, ou du moins ne sent pas actuellement le besoin de remonter si haut dans la génération des idées ou des termes sur lesquels il opère : il prend souvent ces idées toutes faites, telles qu'une expérience commune et irréfléchie les lui a procurées. Il ne veut les comparer que par leurs propriétés les plus générales, les plus simples, les plus aisées à noter ; il ne cherche à en déduire qu'une seule espèce de rapports qui pourront toujours être appréciés ou exactement évalués dans les signes mêmes, sans qu'il soit ou qu'il paraisse nécessaire de remonter jusqu'au fondement de leur institution, encore moins de scruter la nature intrinsèque des idées. Qu'importe, par exemple, au géomètre le fondement réel des idées d'étendue, d'espace, de temps, de mouvement, et la manière dont nous les acquérons ? Qu'importe au mécanicien la nature hétérogène des termes qu'il réunit et compare dans la formule $V = \frac{E}{T}$, et par conséquent l'insignifiance absolue de cette formule considérée en elle-même ? Lorsqu'il aura substitué des nombres à la place des lettres dans le second membre et effectué la division, il n'en aura pas moins un nombre abstrait qui servira à déterminer la vitesse relative V d'un autre mobile qui parcourt l'espace E dans le temps T, en indiquant que cette vitesse est double ou triple ou etc. de la première, — ce qui remplit le but actuel du géomètre qui cherche des rapports de signes et non des rapports d'idées, ou plutôt qui identifie les uns avec les autres.

On voit par cet exemple que l'indétermination des *principes*, et par conséquent des expressions qui s'y rapportent, n'influe pas d'une manière sensible sur les résultats secondaires; ou que les rapports abstraits auxquels on parvient en comparant deux termes, peuvent avoir toute la certitude et la clarté désirables dans le but géométrique, malgré l'inexactitude, l'obscurité ou même l'absence totale des idées ou notions primordiales d'où ces termes sont dérivés. Ici se manifeste la ligne de démarcation qui sépare ce qu'on appelle la *métaphysique* de la science et la science même ou ses applications pratiques, et l'indépendance absolue où ont été jusqu'à présent les mathématiques, non seulement de la théorie générale de nos idées, mais même de la théorie particulière de celles sur qui elles se fondent immédiatement. Veut-on voir encore cette double indépendance prouvée par les faits? Qu'on examine si on trouvera beaucoup de géomètres, je ne dis plus maintenant versés dans l'analyse philosophique en général, mais même possédant la métaphysique propre de leur science. « Les plus grands géomètres, dit d'Alembert, dont le témoignage en ce genre n'est pas suspect, sont le plus souvent de mauvais métaphysiciens, même dans leur science; leur logique est toute renfermée dans leurs formules et ne s'étend pas au delà[1]. » Si une mauvaise métaphysique avait pu influer sur la certitude et les résultats pratiques du calcul, que serait devenue cette branche de la géométrie sublime à laquelle le calcul différentiel et intégral a donné naissance? N'est-ce pas dans le temps même où ce nouvel instrument, sorti de la filière du génie créateur des *monades*, portait dans son principe l'indétermination, le vague et l'obscurité d'une métaphysique abstruse et fausse, n'est-ce pas dès lors, dis-je,

1. *Éléments de philosophie*, chap. XV, p. 179. « Il semble que les grands géomètres devraient être excellents métaphysiciens, au moins sur les objets dont ils s'occupent; cependant il s'en faut bien qu'ils le soient toujours. La logique de quelques-uns d'entre eux est renfermée dans leurs formules, et ne s'étend point au delà. On peut les comparer à un homme qui aurait le sens de la vue contraire à celui du toucher, ou dans lequel le second de ses sens ne se perfectionnerait qu'aux dépens de l'autre. » (A. B.)

qu'il produisit ses plus grandes merveilles, et, encore mystérieux lui-même, servit à dévoiler des mystères? Ne lui suffit-il pas d'être manié par des mains habiles et exercées qui l'employaient avec confiance, sans s'inquiéter autrement d'où il leur venait, ni quelle était sa nature? Et lorsque notre illustre Lagrange, conduit lui-même par cette vraie métaphysique qui est l'instinct du génie (ou plutôt des bons esprits), saisissant l'*esprit* d'une méthode naturalisée en quelque sorte dans son intelligence, trouva dans la forme générale du développement des fonctions en séries, la véritable origine du calcul différentiel, dégagée ainsi de toutes ces considérations vagues d'infiniment petits de différents ordres, ce calcul éprouva-t-il quelque révolution? Ses applications pratiques en devinrent-elles plus exactes, plus certaines, plus étendues? Non. Satisfaits de la certitude spéculative du principe, les mathématiciens n'ont rien changé à l'ancienne forme du calcul; ils conservent l'algorithme de Leibnitz comme plus commode et écrivent ou parlent encore à peu près comme lui.

Ajoutons un exemple plus simple : le philosophe déjà cité, d'Alembert, se plaint encore (dans ses *Mélanges*) que « l'algèbre, toute certaine qu'elle est dans ses principes et dans les conséquences qu'elle en tire, n'est pas exempte d'obscurités à beaucoup d'égards[1]. » Il cite en preuve la théorie des quantités négatives qui n'a été (selon son opinion, à laquelle on peut bien s'en rapporter) encore éclaircie dans aucun ouvrage. Ces obscurités, dans une science qui se pique de n'en point avoir, ne peuvent évidemment provenir que de l'inexactitude des principes ou de celle du langage qui s'y rapporte. Et cependant la certitude des résultats obtenus par l'analyse

1. Voici le texte exact de d'Alembert : « Néanmoins, toute certaine qu'elle [l'algèbre] est dans ses principes et dans les conséquences qu'elle en tire, il faut avouer qu'elle n'est pas encore tout à fait exempte d'obscurité à certains égards. Pour n'en citer qu'un exemple, je ne connais aucun ouvrage où ce qui regarde la théorie des quantités négatives soit parfaitement éclairci. Est-ce la faute de l'algèbre? Ne serait-ce pas plutôt celle des auteurs qui l'ont traitée jusqu'ici? » (*Éléments de philosophie*, chap. XIV, p. 154.) (A. B.)

algébrique en éprouve-t-elle quelque altération ? Les procédés mécaniques qui donnent les véritables valeurs des inconnues dans la résolution des équations en sont-ils moins sûrs ? Et quand même le génie idéologique, uni à une connaissance profonde des règles et de la pratique du calcul, parviendrait à faire subir à sa langue les réformes dont elle est susceptible, ces nouveaux degrés de précision et d'exactitude ne demeureraient-ils pas renfermés dans le sein des principes spéculatifs, sans influer sur la certitude pratique, comme il est arrivé dans le calcul différentiel ?

On voit donc encore ici une des causes principales qui tiennent éloignées l'une de l'autre la géométrie et l'idéologie, et qui retardent leur alliance. Les mathématiciens sont considérés comme les juges naturels des réformes à opérer dans leur science. Or, d'après tout ce qui vient d'être dit, ils ne doivent point reconnaître la nécessité de ces réformes ni en sentir le besoin; la certitude des résultats qu'ils obtiennent en suivant aveuglément certaines méthodes ou en partant de certains principes, leur fait conclure sans autre examen la bonté des unes et la rectitude des autres. Il n'est point nécessaire, il serait même inutile et dangereux, dans leur opinion, d'en examiner les fondements. En outre, la grande habitude qu'ils ont de leur langue, les empêche d'en reconnaître les vices et de songer à les rectifier. De là leur opposition presque générale contre la science qui ne fait grâce à aucune habitude, et qui met les règles de l'évidence, et jusqu'à l'évidence même en discussion.

Je trouve un exemple frappant de cette opposition trop réelle dans l'écrit d'un géomètre estimable qui paraît s'être un peu occupé d'idéologie, quoiqu'il soit loin d'en connaître l'objet ni l'esprit, ni la méthode. « En comparant, dit Lacroix dans la préface de sa *Géométrie*, ce que la *métaphysique* a *perdu* d'un côté et gagné de l'autre, peut-être est-il temps qu'on s'arrête et qu'on reconnaisse que *seule* entre toutes les sciences, la métaphysique n'est susceptible que d'un progrès limité, et qu'il existe dans la théorie des opérations de l'entendement un point que l'on ne pourra jamais dépasser. » Non, citoyen Lacroix, il n'est point temps qu'on s'arrête ; à peine même a-t-on commencé. La science que vous nommez métaphysique a encore bien longtemps à travailler utilement, car elle ne devra s'arrêter que lorsqu'il n'y aura plus d'idées vagues et obscures, d'idées dont on ne puisse clairement démontrer l'origine, de termes dont on n'ait exactement circonscrit l'acception. Et votre science, toute certaine qu'elle est, peut lui fournir encore un assez vaste champ. Pourquoi les bornes de la métaphysique seraient-elles plus resserrées que celles des autres sciences, que celles de nos idées mêmes? La sphère de ces idées ne peut s'agrandir dans un genre quelconque sans fournir de nouveaux matériaux à la science qui s'occupe de leur origine, de leur ordre de filiation, de leurs classifications méthodiques. Et combien cette physique, cette théorie des probabilités, auxquelles vous nous renvoyez, n'ont-elles pas besoin de son secours! Combien son alliance avec les diverses branches des mathématiques ne pourrait-elle pas offrir d'avantages précieux, quoique jusqu'à présent inaperçus!

Ceci me conduit à une seconde question. Je crois avoir prouvé que la métaphysique ou la science de nos idées, leur théorie enfin, bonne ou mauvaise, n'avait eu dans aucun temps d'influence directe et sensible sur les progrès des mathématiques. J'en ai cherché les causes dans la nature comparée des objets que traitent et des buts que se proposent le géomètre d'un côté et l'analyste philosophe de l'autre, dans les habitudes opposées que font contracter à l'esprit ces deux genres d'étude. Passant maintenant en quelque sorte du fait au droit, j'examinerai brièvement comment l'idéologie peut s'appliquer aux sciences mathématiques et quelle espèce de réformes elle pourrait leur faire subir.

II

L'idéologie plane, pour ainsi dire, sur toutes les sciences, car les sciences ne se composent que de nos idées et de leurs divers rapports. Ces idées forment comme un pays immense et infiniment varié, partagé en une multitude de districts, coupé par un plus grand nombre de routes de communication. Pendant que les savants *voyageurs* se dispersent dans ces districts, vont et viennent dans ces routes, l'idéologiste, placé sur une éminence et comme immobile, observe leurs directions, en tient note, en dresse la *carte* : de là, il arrive que souvent il connaît mieux les chemins que les voyageurs eux-mêmes, qu'il peut leur fournir d'utiles indications et en quelque sorte les *orienter*. Mais toutes ces routes ont une origine ; la plupart même partent d'un point commun pour diverger ensuite ; c'est cette origine, ces points communs, ordinairement ignorés des voyageurs, que l'idéologiste se charge principalement de leur apprendre. Pour suivre encore notre comparaison, la carte la plus simple à dresser, la direction la plus aisée à suivre, est celle du géomètre ; il est dans une grande et large route et il va tout droit, mais toujours avec une telle rapidité qu'on le perd aisément de vue et que lui-même ne sait souvent où il a passé. Si l'idéologie, qui ne partage pas cet entraînement, peut, en le suivant de loin, tenir note de tous ses pas, elle aura ensuite bien des particularités curieuses à lui révéler sur sa propre marche.

Si on ne sort pas de la route ordinaire du mathématicien, ou, pour revenir au langage propre, si on ne prend les idées dont il s'occupe qu'au point où il les prend lui-même, sans remonter au delà, on voit qu'elles sont de formation postérieure ; ouvrages de notre entendement, elles ne contiennent que ce que nous y avons mis, ne se composent que de matériaux pris dans nos perceptions les plus simples, les plus familières, les plus clairement représentables. L'idéologie appliquée à ce système d'idées, s'y trouvera donc en quelque sorte dans sa sphère ; elle n'aura point à lutter contre les difficultés qui l'arrêtent quelquefois dans certaines profondeurs ; elle ne craindra point l'infidélité des souvenirs et ne sera pas tenue d'en renouer laborieusement ou d'en suppléer la chaîne interrompue. Partant de l'origine conventionnelle des différentes idées de quantité, et *commençant* par le *commencement*, elle parcourra lentement et par ordre la série des conditions qui ont déterminé successivement toutes les formes des termes et des idées, depuis leur simplicité première jusqu'à leur plus haut degré de composition. Dans ce travail, elle n'abandonne jamais le fil de l'analogie ; le suivant partout où il pourra la conduire, elle déviera souvent de la route frayée par les géomètres, mais pour la raccourcir ou rejoindre les traces trop distantes de leurs pas et remplir les lacunes qu'ils ont laissées dans leur marche précipitée et leurs sauts. — C'est ainsi qu'elle trouvera les moyens de dissiper toutes les obscurités, tout ce qui peut rester de vague et de mystérieux dans l'énoncé de certains principes. Ainsi sera parfaitement nettoyé le champ de l'évidence. C'est ainsi enfin que Condillac appliquait l'idéologie aux principes de l'arithmétique et de l'algèbre [1]. Mais, dans plusieurs cas, les obscurités, les vices de langage et de principes viennent de plus loin et ne peuvent être rectifiés, si on ne remonte jusqu'à cette origine réelle des idées, où les mathématiciens qui sont partis des notions communes et des préjugés vulgaires, ont cru pouvoir se dispenser de puiser. L'idéologie, qui a pour fonctions de creuser jusqu'à cette origine, jusqu'à ces formes vraiment *génératrices*, pourra seule alors approfondir et raffermir les bases chancelantes de la certitude, donner un sens à ce qui n'en a pas, substituer des définitions de choses à des définitions de mots, des démonstrations rigoureuses à des paralogismes.

1. Son ouvrage pourrait être refait maintenant, et beaucoup mieux, en s'astreignant moins servilement aux expressions et aux *formes* inexactes que les mathématiques ont consacrées. (Note de M. de B.)

Les abstractions géométriques peuvent être considérées, soit dans le sujet réel et perceptible d'où elles ont été tirées, soit dans la langue ou l'ensemble des signes naturels ou conventionnels qui représentent ou fixent ces abstractions. L'idéologie les considérant sous le premier rapport qui tient à ce qu'on appelle *physique générale*, révélera le secret de leur origine ; elle dira ce qu'est pour nous ce sujet étendu, solide, *résistant*, auquel nous rapportons nos propres modifications et que nous nommons *corps*, ce que sont pour nous ses *propriétés* générales, comment, dans quel ordre et par quelle suite d'expériences, nous acquérons les idées simples qui nous représentent ces propriétés ; elle fera voir comment, étant toutes engendrées d'une première et prenant leur origine commune dans l'exercice d'une seule et même *faculté*, elles sont liées et subordonnées entre elles, suivant un ordre fixe dont l'observation et la connaissance peuvent seules nous diriger sûrement dans l'étude des sciences naturelles ou abstraites, et dont l'interversion est la principale cause de l'obscurité, des erreurs mêmes qui règnent dans plusieurs principes de ces sciences. La géométrie, la mécanique et toutes les branches physico-mathématiques (en proportion même qu'elles retiennent un plus grand nombre des propriétés sensibles de leur sujet), devront donc emprunter des principes de l'idéologie, et ce n'est qu'en s'alliant à elle, en partant de ses données, qu'elles pourront acquérir les degrés de précision et de clarté qui manquent encore dans plusieurs points de leur théorie, l'exactitude, l'enchaînement et la rigueur que l'on désire dans plusieurs de leurs démonstrations.

Il ne serait pas difficile de prouver ces vérités par des exemples, et on ne pourrait être embarrassé que du choix. Mais, comment douter qu'une conception nette de la manière dont nous acquérons les idées de ligne droite, brisée, etc., et en général de l'étendue et de ses modes divers, celle de mouvement, d'espace, de temps, de force, ne soit une introduction utile et nécessaire même aux sciences qui se fondent sur ces idées et qui font un emploi continuel de leurs termes? Ne sera-ce pas là qu'il faudra remonter lorsqu'on voudra sortir du mécanisme des opérations et des rapports abstraits des signes conventionnels, pour trouver dans la nature des *termes* de rapports fixes, réels et non arbitraires? Croit-on que l'on serait encore à désirer des principes clairs sur la mesure des angles, sur les propriétés des parallèles, etc., si l'on eût bien cherché à se rendre compte de la vraie génération de ces idées? Aurait-on si longtemps et si vaguement disputé sur la mesure des forces, sur la nécessité ou la contingence des lois du mouvement? Tournerait-on encore dans ce cercle vicieux qui détermine l'espace par le temps, le temps par l'espace, le mouvement par l'un et par l'autre et *vice-versa*, si on eût bien connu la vraie filiation de ces idées? Voyez sur tout cela ce que dit d'Alembert dans ses *Mélanges*[1] et jugez ensuite si les géomètres entendent bien la métaphysique de leur science. Celui-là, du moins, a le mérite d'avoir senti qu'il y en avait une et qu'il pouvait être utile d'y remonter.

Si jamais quelque idéologiste profond fait des éléments de mathématiques, et désirons que cela arrive pour l'utilité de celle-ci et pour le triomphe de l'idéologie, on verra comment toutes ces obscurités disparaissent, lorsqu'on sait se placer au véritable point de vue et commencer par le commencement; on appréciera l'utilité de cette science aujourd'hui tant décriée, qui tendant toujours à remonter le plus haut possible dans la première formation de nos idées, fournit des principes à toutes les sciences et les lie ensemble par leurs extrémités convergentes.

Les abstractions géométriques considérées sous le second rapport, c'est-à-dire dans le système des signes qui les suppri-

1. Article *Mécanique* des *Éléments de philosophie :* « Le philosophe mécanicien doit... non seulement déduire les principes de la mécanique des notions les plus claires, mais encore les étendre en les réduisant. » (P. 184.) — « La réduction de toutes les lois de la mécanique à trois, celle de la force d'inertie, celle du mouvement composé et celle de l'équilibre, peut servir à résoudre le grand problème métaphysique proposé, il y a quelques années, par une des plus célèbres académies de l'Europe, *si les lois du mouvement et de l'équilibre des corps sont de vérité nécessaire et contingente?* » (P. 211.) (A. B.)

ment, les fixent ou les remplacent, offriront encore à l'idéologie, un vaste champ où elle pourra recueillir d'abondantes et d'utiles moissons. La langue des mathématiciens, où le calcul algébrique a, comme toutes les autres, sa métaphysique, c'est-à-dire des principes ou idées primitives, fondamentales, qui ont servi de types à ses premières expressions, en ont déterminé les premières valeurs réelles. Ces idées ou principes ne pourront être éclaircis sans que le langage ne s'en ressente et n'éprouve par là même d'utiles réformes. Ceux qui pratiquent mécaniquement une langue, sans avoir une connaissance exacte, ou sans se rendre compte de l'esprit des conventions premières qui durent déterminer sa formation, risquent souvent de dénaturer ses acceptions, de forcer ses tours, d'altérer son génie. Si, comme il est arrivé plus ou moins à toutes les langues, elle s'est étendue peu à peu, suivant l'extension des besoins, quelquefois par le mélange des idiomes, il est encore plus à craindre que l'arbitraire et l'obscurité ne s'y soient glissés à la place de cette analogie, de cette clarté et simplicité qui compensaient la pauvreté du langage primitif. Ici, comme ailleurs, les embarras et les inconvénients accompagnent souvent les richesses.

La métaphysique de la langue algébrique avait sans doute, dans l'esprit des inventeurs, une clarté qu'elle n'a plus. La multitude des problèmes dont le besoin ou la curiosité ont déterminé successivement la proposition, ayant conduit à des expressions diversement compliquées, les mathématiciens se sont trouvés entraînés, sans s'en apercevoir, bien loin des règles originaires. Ces règles ne s'étendant plus aux cas nouveaux (du moins en apparence), on ne pourrait pas atteindre directement par leurs moyens les solutions désirées. Il fallait donc y procéder par des essais, des tâtonnements, des voies détournées ; il était rare, dans ces cas embarrassants, que l'on cherchât les moyens de solution dans l'analogie, ou que l'on se traînât régulièrement du connu à l'inconnu. L'impatience du génie aimait mieux couper le nœud que le délier, il avait plutôt fait d'inventer une méthode nouvelle, que de consulter et de suivre laborieusement l'esprit de l'ancienne. Ainsi se sont perdues les traces de l'analogie, ainsi s'est obscurcie la vraie métaphysique de la langue, ainsi se sont accumulées tant de règles, tant d'éléments hétérogènes dont il est si difficile et quelquefois impossible de trouver les liaisons. De là tant de pratiques, tant de formules dont un esprit attentif et réfléchi cherche en vain les fondements dans les idées claires antérieurement acquises.

Cependant on jouit des résultats, et les mathématiciens qui ne tendent que vers eux, sans se soucier de la manière dont ils les atteignent, se laissent conduire dans la pratique de toutes ces règles par la même habitude aveugle et mécanique qui dirige ceux qui parlent leur langue maternelle sans en connaître la grammaire, ou encore ces grammairiens ordinaires qui ont étudié les règles sans remonter jusqu'à leur esprit. Mais le philosophe, l'idéologiste médite cet esprit des règles, cette grammaire générale des langues dont les principes se tirent de l'origine commune des idées ; il l'aperçoit, le sent, le devine, quand il se cache, et peut enfin l'interpréter au besoin.

Transporté dans la langue du calcul, le génie idéologique, accoutumé à d'autres formes, habitué surtout à réfléchir, à refaire lui-même tous les signes dont il se sert, à percer jusqu'à leurs racines, ne saurait se livrer en aveugle à ces méthodes formulaires et purement mécaniques, avant d'en avoir sondé les bases. Témoin de l'entraînement commun, il ne le partagera pas ; il voudra se diriger lui-même, mesurer sa route, savoir d'où il vient, où il va. Comme il est en quelque sorte en pays étranger, il sera choqué de certaines dissonances de langage que l'habitude cache aux gens du pays. Rencontre-t-il des expressions paradoxales en apparence, des termes obscurs et presque mystérieux, tels qu'il s'en présente quelquefois en algèbre, il en soupçonnera dès lors l'exactitude, car il sait que la vérité se distingue ordinairement par la simplicité, la clarté et la facilité de l'expression ; il ne se laissera point éblouir par certaines explications dont les *habi-*

tués se contentent, ni même par la certitude pratique des résultats auxquels peuvent conduire ces formules paradoxales. Tant qu'il restera quelque louche, ne fût-ce que dans les termes, il ne sera point tranquille ; il n'est descendu dans le pays de l'évidence que pour y voir clair sur tous les points. Comment d'ailleurs peut-il subsister des obscurités, des énigmes dans un système d'idées qui ne contient que ce que l'homme y a mis? L'idéologiste appellera ici sa méthode ordinaire, remontera jusqu'aux formes *génératrices*, suivra de nouveau et avec toute la force de son attention toutes leurs *dérivées*, sans en omettre aucune, sans faire aucun écart, aucun saut; et en consultant toujours l'analogie la plus rigoureuse, il recréera, s'il le faut, toute la langue et peut-être la fera mieux. C'est ainsi qu'il trouvera la vraie source des obscurités qui l'avaient frappé dans quelque convention illégitime et contraire à l'esprit des conditions fondamentales, dans quelque omission essentielle, quelque supposition arbitraire ou vicieuse. Il aura ainsi pour toujours fait disparaître ces taches et encore une fois nettoyé le champ de l'évidence.

C'est ainsi, pour citer encore quelques exemples, qu'il pourra éclaircir (et peut-être mieux que ne l'a fait Condillac lui-même dans sa *langue des calculs*) l'article essentiel des quantités négatives, qu'il reconnaîtra l'insignifiance de l'énoncé du principe paradoxal — *multiplié par* — donne +, ou que — *divisé par* — donne —, car les signes + et — ne sont point par eux-mêmes les *sujets* des opérations, mais indiquent seulement les opérations d'ajouter ou de soustraire, et voilà tout. Dès qu'on admet des expressions inexactes, il faut s'attendre qu'on s'en ressentira tôt ou tard, et c'est ce qui est arrivé dans ce cas-ci. L'idéologiste prouvera qu'il n'y a point réellement de *nombres négatifs ;* il s'attachera à faire voir que certains résultats ou formules algébriques, uniquement susceptibles d'être construits ou traduits en lignes, n'ont aucun sens, aucune valeur arithmétique ; il assignera la cause de cette différence dans la nature de la quantité *continue* et celle de la quantité *discrète*, comme dans les formes particulières de numération qui s'appliquent à cette dernière; il ne lui sera pas difficile de prouver que l'absence de cette distinction fondamentale a occasionné une multitude d'obscurités, de mésentendus et de disputes dans un sujet et avec une langue qui ne paraîtrait pas devoir en souffrir, les uns soutenant la réalité d'un résultat ou d'une expression algébriques, parce qu'ils les concevaient traduits en lignes, d'autres leur impossibilité, parce qu'ils voulaient les effectuer en nombres. La fameuse dispute de Leibnitz et de Bernouilli, au sujet des logarithmes négatifs, en fournit une preuve bien remarquable [1]. Enfin, suivant toujours les mêmes principes, il éclaircira la nature des quantités et des racines qu'on appelle *imaginaires* et trouvera peut-être quelque moyen d'écarter cette pierre d'achoppement de l'analyse algébrique; il soumettra encore à une nouvelle analyse ce fameux principe, fondamental dans la théorie des équations et qui n'est pas encore exempt de nuages, savoir: que dans toute équation d'un degré quelconque, l'inconnue a autant de valeurs particulières qu'il y a d'unités dans son plus haut exposant, principe que l'on conçoit bien si on en regarde l'inconnue comme l'*abcisse* ou l'*ordonnée* d'une courbe qui varie dans ses valeurs successives, mais qui n'est plus concevable dès que l'on veut que cette même inconnue soit une quantité numérique *une* et déterminable.

Voilà sans doute assez et peut-être trop de détails pour prouver ce résultat incontestable, que l'idéologie est susceptible d'une application directe aux sciences mathématiques, et qu'en y portant son esprit, sa méthode, sa manière de procéder, elle peut et elle peut seule faire subir à leurs principes des réformes essentielles. On attendrait vainement ces réformes des mathématiciens eux-mêmes; les *algébriers* porteront toujours de l'algèbre, mais ne se redresseront pas, ne se *tailleront* pas d'eux-mêmes.

1. Voyez le *Commercium epistolicum*. (Note de M. de B.)

Je n'ai point parlé de l'application de l'idéologie au calcul le plus important de tous par son objet, celui des probabilités, parce que cette branche du calcul est évidemment, et presque tout entière de son ressort ; c'est elle qui déterminera la nature et l'espèce des différentes probabilités, assignera les idées ou objets qui fourniront des chances plus ou moins nombreuses, plus ou moins faciles à évaluer, et qui enseignera pourquoi, comment, et avec quelles restrictions le calcul leur est applicable. L'idéologiste fournit les données, et met presque le problème en équation ; le calculateur le résout mécaniquement. Ici donc le mathématicien doit être idéologiste pour concevoir, et celui-ci mathématicien pour exécuter.

En réunissant toutes les réflexions qui précèdent, on peut voir quel est surtout le genre d'influence que l'idéologie doit exercer sur les mathématiques, et dans quelles limites doit se renfermer cette influence pour avoir son utilité prochaine la plus désirable. L'idéologie est contiguë à toutes les sciences par leurs extrémités commençantes ; elle a donc des rapports immédiats avec leurs éléments, et peut-être qu'elle seule peut leur en fournir de bons. Si l'idéologiste était *ex professo* un grand calculateur, un grand géomètre, il ne serait peut-être plus idéologiste, il aurait changé ses habitudes. Il n'étendra donc pas directement les progrès de la science ; il ne prétendra pas à allonger le bout où elle finit ; mais c'est précisément parce qu'il n'a ni la prétention ni les moyens d'agrandir actuellement le champ de la science qu'il est plus propre à en raffermir la base, à en éclairer les principes. S'il remplit une fois cette grande fonction, s'il parvient à donner enfin aux sciences mathématiques de bons et de véritables éléments, à réformer leur langue dans plusieurs points essentiels, à systématiser tous les signes et toutes les notions qui les composent, en comblant leurs vides et les ralliant à leurs vrais et communs principes, il aura rendu deux services inestimables, l'un particulier à ces sciences, l'autre général aux progrès de la philosophie ou de la raison humaine.

Les conquêtes de la géométrie en deviendraient d'abord

plus nombreuses, plus assurées et plus importantes; elle se concilierait et s'attacherait pour toujours de bons esprits qui l'abandonnent souvent pour l'avoir mal apprise, ou dont la raison profonde et sévère ne peut se plier au joug de sa méthode actuelle, au mécanisme de ses formes. Qui sait même jusqu'où ces bons esprits, ces têtes naturellement saines, fortifiées par une culture appropriée, par des méthodes toujours rigoureuses, pourraient pousser à l'avenir les progrès réels de la science? Tout dépend des bons principes ou des bons commencements : on le dit, on le répète, on le sait, et cependant on a fait jusqu'ici comme si on ne le savait pas. Mais ce qui est plus important encore, c'est que l'étude de la géométrie, dirigée par l'esprit idéologique, commencée et continuée dans cet esprit, ne formerait pas seulement de bons géomètres, mais serait éminemment propre à former de bons et profonds penseurs. Des têtes bien faites et convenablement exercées, accoutumées à n'admettre que des idées claires et des termes exactement déterminés, à ne se rendre qu'à l'évidence, à ne céder qu'à la raison et jamais à aucune autre autorité, auraient vraiment les *anses* de la philosophie (*ansæ philosophiæ*), seraient capables de la défendre, d'en étendre, d'en propager l'empire.

On dit souvent que rien n'est plus propre que l'étude de la géométrie à rectifier *l'esprit*, à former le *raisonnement*, et cependant pourquoi voit-on tant de bons géomètres qui, hors de leur science, ne sont plus que de pitoyables raisonneurs, des esprits faibles et boiteux? Ce n'est point aux géomètres que l'analyse logique ni même (à quelques rares exceptions près) cet esprit philosophique qui distinguera à jamais notre siècle, doivent leurs progrès. Si, loin de diriger ces progrès, de marcher à la tête, la plupart sont restés en arrière, si quelques-uns même ont fait leurs efforts pour en ralentir ou suspendre la marche, n'est-ce pas en grande partie à des habitudes mécaniques et pour ainsi dire *serviles*, contractées dans l'étendue de leur science, qu'il faut s'en prendre? Il appartient à l'idéologie de briser le joug de ces habitudes. Après avoir apporté sa méthode dans les sciences mathématiques, dissipé le vague et l'obscurité de plusieurs de leurs principes, s'être associé à leurs progrès, avoir rattaché enfin à son domaine le propre champ de l'évidence, quel triomphe pour elle d'opposer tous ces produits communs, toutes ces forces réunies et conspirantes aux ennemis de la raison, — de les en accabler !...

FIN

OBSERVATIONS

SUR

LE SYSTÈME DU DOCTEUR GALL

(1808)

MESSIEURS,

Il y a huit mois que l'on parlait dans toute la France du docteur Gall et de sa doctrine ; nos journaux les plus savants comme les plus frivoles nous donnaient chaque jour un article de craniologie, et la place intéressante consacrée dans certains feuilletons aux modes du jour, était remplie par un exposé plus ou moins léger et divertissant des leçons du docteur allemand, qui était venu offrir lui-même son hypothèse comme une mode digne d'occuper la capitale. Cette mode est passée, et assurément, je n'ai pas l'intention de la ressusciter. Mais, comme j'avais eu l'occasion de connaître le système de Gall, assez longtemps avant qu'il en fût question dans les cercles de Paris, je puis bien m'en occuper encore à ma manière après qu'il a cessé d'être en vogue.

Les réflexions que j'offre ici à la société savante que j'ai l'honneur de présider ne sont point particulièrement relatives au système du docteur Gall ; elles embrassent, dans un commun point de vue, toutes les hypothèses du même genre, qui tendent à rattacher les facultés de l'intelligence à des organes ou sièges séparés dans le cerveau ; elles remontent au principe commun de ces hypothèses, en démontrent le vide et préviennent leurs illusions. Sous ce rapport, je crois qu'elles sont utiles, sinon comme ouvrant quelque route nouvelle ou portant la lumière dans des endroits ténébreux, du moins comme faisant l'office de garde-fous, ou de ces pieux placés à l'entrée des lieux escarpés, ou sur le bord des précipices, pour avertir le voyageur et l'empêcher de se perdre dans des abîmes.

Ce petit travail que le temps ne m'a pas permis de soigner davantage, se présentera sans doute sous des formes trop abstraites, trop dépouillées de ces images qui donnent de l'intérêt et de l'attrait surtout à une lecture publique. Mais la nature du sujet et ma manière particulière de le considérer éloignaient les ornements que l'imagination répand sur tout ce qu'elle saisit, mais dont la réflexion, concentrée dans son champ propre, redoute et fuit le talisman.

Tout physiologiste qui prétend diviser ou analyser organiquement les facultés de l'intelligence humaine, fait une excursion dans la métaphysique ; il prend là nécessairement ses données, ses premières bases de division et son point d'appui. Il se place donc sous la juridiction des métaphysiciens ; il les reconnaît pour arbitres et renonce à être exclusivement jugé par ses pairs. Si je profite ici des droits que me donne la science que je cultive plus particulièrement, je ne perdrai point de vue, messieurs, les intérêts de la nôtre. Toujours attentif à saisir les points de contact qui nous unissent, je ne laisserai pas échapper une occasion de me rapprocher de vous et de prouver à une société dont la bienveillance et l'estime me sont si chères, combien je suis pressé du désir et du besoin constant de m'occuper d'elle, de lui consacrer tous les moments que je puis dérober à mille autres travaux et de diriger mes pensées vers l'objet important de ses études, savoir la connaissance de l'homme intellectuel et moral, qui n'est pas séparé de l'homme physique.

L'analyse, ou la division naturelle des facultés de l'homme comme être organisé, vivant, sensible et intelligent, fut et sera toujours un des problèmes les plus importants et les plus difficiles dont la philosophie ait à s'occuper. On pourrait prouver aisément que c'est à cette analyse exacte et bien faite que vont se rattacher les divisions encyclopédiques des sciences et des arts, tous les objets divers d'étude ou de connaissance, les méthodes d'éducation et d'enseignement, toutes les questions particulières de psychologie, de morale et d'économie politique, toutes les règles de l'art qui apprend à connaître les hommes et à les diriger, et avant tout à se connaître soi-même pour remplir sa véritable destination, éclairer son esprit, régler sa conduite et ses mœurs, et se rendre par là plus sage, meilleur et plus heureux. Plus, en effet, on médite profondément le précepte de l'oracle *nosce te ipsum*, plus on s'assure que tout est renfermé là, mais plus on a lieu aussi de se convaincre qu'il n'est pas donné aux forces humaines de remplir le précepte dans toute son étendue. Mais si le dernier progrès de la science consisterait à se connaître parfaitement soi-même, c'est déjà une assez grande disposition à la sagesse que de diriger un œil attentif sur son être, sur sa nature, son but, ses moyens, ses dispositions et ses facultés. Homme, prends l'homme pour l'objet de ton étude, *stude* au lieu de *nosce*, voilà le seul précepte qui nous convienne, celui aussi que cette société a choisi pour épigraphe. Il n'offre rien qui soit au-dessus de notre volonté constante, rien qui ne soit propre à exciter notre émulation, à encourager nos efforts.

La condition première et essentielle à remplir pour atteindre à la connaissance tant soit peu exacte d'un objet composé, c'est de le diviser en parties subordonnées les unes aux autres. Mais la division faite, chaque partie séparée peut offrir un sujet d'étude assez vaste pour remplir et surpasser même la capacité de l'esprit. L'homme est un être mixte, infiniment composé, sujet multiforme, où se développent, successivement ou à la fois, plusieurs facultés de différents ordres. Chacun de ces ordres constitue une science particulière et si riche en principes et en résultats, que les génies les plus étendus ne sauraient en épuiser la fécondité. Le premier ordre qui embrasse les facultés de l'être organisé, vivant et sentant, appartient à la physiologie ou à la dynamique des corps vivants. Le deuxième appartient à la psychologie qui explique la génération des connaissances humaines, et planant sur le vaste champ des idées, forme à elle seule la théorie de toutes les théories. Un troisième ordre de facultés appartient à la morale et à l'économie, sciences ou plutôt arts pratiques et d'application qui sont à la psychologie ou à la science spéculative des idées et des fonctions intellectuelles, ce que la médecine ou l'art de guérir les maladies et de conserver la santé est à la théorie des fonctions physiologiques des organes et instruments de la vie ou de la sensibilité.

Vous voyez, messieurs, que cette division fondamentale des sciences ou plutôt de la science unique qui a l'homme pour objet, se réfère à une première division calquée sur la nature même de cet être mixte, dont l'existence se compose de tant de phénomènes divers, qui peuvent être étudiés ainsi séparément les uns des autres, dans chacun des ordres respectifs où l'analogie les a placés. Mais, descendant de cette première distribution générale dans les divisions particulières et propres à chacune des parties de la science de l'homme, nous trouvons encore une extrême variété dans les points de vue relatifs au même sujet ; et une diversité proportionnée dans les moyens, les procédés et le but de l'analyse, quand il s'agit d'observer les phénomènes de différents ordres, de les classer, d'en poser les lois, d'en assigner les causes. Nous bornant ici aux deux sciences qui paraissent avoir entre elles un degré d'affinité que j'aimerai bien à reconnaître, puisqu'il forme le principal lien qui m'unit à vous, je veux dire à la science des fonctions organiques et à celle des sensations et des idées, j'observerai d'abord que l'analyse physiologique des fonctions vitales n'a, ni ne peut avoir réellement presque rien de commun dans son objet ou son but, dans ses procédés théoriques et les résultats qu'elle se propose, avec l'analyse psychologique des idées et opérations de l'entendement humain. Cette différence ou ligne de démarcation bien tranchée, que Stahl et ses disciples ont vainement tenté d'effacer, en transportant la métaphysique dans la médecine, ou mettant au rang des opérations du même sujet pensant les fonctions vitales de l'organisme le plus obscur comme les actes intellectuels que la conscience éclaire et s'approprie, cette ligne de démarcation, dis-je, qui sépare les deux sortes d'analyse dont il s'agit, se fonde sur la différence et l'opposition même existante entre deux facultés qui les dirigent respectivement, savoir l'imagination qui, représentant ce qui est hors de nous, s'attache exclusivement dans la formation de ses tableaux à ce qui peut se voir, se toucher, se décrire ; et la réflexion qui, se concentrant sur ce qui est en nous, s'attache tout entière à ces modes les plus intimes qui n'ont point, hors de la conscience, de signe de manifestation, ni d'objet ou d'image qui les mette dans un relief sensible.

De là donc, deux analyses ou deux méthodes de division essentiellement distinctes : la première, représentative et descriptive, qui est propre aux sciences anatomiques et physiologiques ; la seconde, purement réflexive, qui doit être exclusivement employée dans la science propre des idées et des facultés du sujet pensant.

La première travaille sur un objet naturellement composé et qui s'offre de lui-même aux sens externes, comme une machine dont on peut apercevoir séparément les pièces, les ressorts, les mouvements, le jeu et les produits ; la seconde s'applique à un sujet essentiellement un et simple, qui n'offre aucune prise aux sens extérieurs, ni aucune partie qui puisse se représenter à l'imagination. Ce sujet est une *force toute en dedans dont on ne peut que distinguer, énumérer les actes ou les modes successifs, sans aucune division possible.*

L'analyse physiologique tend ainsi toujours à décomposer les fonctions considérées comme mouvements, et à les localiser dans les sièges ou organes particuliers en qui et par qui seuls elles peuvent être connues. L'analyse idéologique ou intellectuelle *ne décompose jamais à proprement parler.* Les phénomènes intérieurs à qui elle s'applique, n'ont aucune analogie avec des mouvements conçus dans l'espace. Avec elle tout tend essentiellement à se simplifier et s'individualiser, et l'idée de siège, de lieu se trouve nécessairement exclue de toutes les notions sur qui elle peut s'exercer, comme de tous les résultats auxquels elle peut atteindre.

On peut donc voir déjà combien serait illusoire tout parallèle entre les divisions physiologiques des fonctions vitales ou de leurs sièges organiques et la division psychologique des idées, ou facultés intimes du sujet pensant. Aussi, les physiologistes qui ont hypothétiquement établi un parallèle, prenant l'inverse de la doctrine stahlienne, c'est-à-dire transportant la physiologie dans la métaphysique, ont dénaturé le sujet et le but de cette dernière science, l'ont entraînée dans une fausse direction, lui ont prêté une méthode et des instruments ou moyens d'analyse, qui lui sont tout à fait étrangers.

Arrêtons-nous à examiner les motifs et le fond de cette transformation réciproque des idées et des méthodes propres à deux sciences faites pour s'entendre et non pour se confondre. Ainsi placés dans un point de vue assez élevé au-dessus de toutes les hypothèses particulières, nous pourrons juger la doctrine du docteur Gall comme toutes celles qui ont pu lui servir de modèle, prévenir leurs écarts communs et dissiper leurs prestiges.

I

C'est la nature même qui a fait le partage de nos sensations extérieures en cinq classes ou espèces, relatives à autant d'instruments ou d'organes particuliers qui les reçoivent et les transmettent ; et par là aussi, elle semble bien avoir effectué et préparé à l'avance la sorte de décomposition ou d'analyse physiologique qu'on peut faire d'abord des modifications spécifiques et vraiment distinctes de notre sensibilité extérieure. Cette sorte d'analyse, que j'ai déjà appelée représentative ou objective, s'applique toute en effet au corps qui est objet externe, par rapport au sujet individuel et *un* qui sent et perçoit ; elle a aussi pour fondement unique une circonstance palpable, matérielle, qui n'exige pas le moindre retour réfléchi sur les modifications mêmes inhérentes au sujet sentant, modifications qui peuvent d'ailleurs être toutes différentes ou opposées, quoique venant par le même organe ou ayant le même siège, suivant la nature diverse des causes externes ou internes qui les déterminent. Cette analyse a, en un mot, même base et aussi même certitude et même clarté que toutes les représentations qui ont pour objet immédiat et actuel l'étendue, le lieu. Aussi, pour le dire en passant, voyons-nous le chef d'une institution célèbre en Allemagne, et dont les effets bienfaisants sont arrivés jusqu'à nous, Pestalozzi, commencer le développement des facultés d'intuition et de raison de l'enfance, par l'analyse descriptive de l'objet le plus près de nous et aussi le plus intéressant à connaître : le corps humain. C'est en apprenant à distinguer et à nommer toutes ses parties extérieures et avant tout les organes séparés des sensations, que Pestalozzi donne à ses jeunes élèves, les premières habitudes d'analyse et d'observation qui forment le caractère éminent de sa méthode.

Il n'y a point de doute en effet que l'espace et le lieu ne soient comme les formes naturelles de nos représentations primitives, et que pour concevoir distinctement une idée, une modification quelconque, nous n'ayons besoin de la revêtir de l'une de ces formes sensibles, de la rapporter à quelque siège, de la localiser enfin. C'est là ce qu'on appelle concevoir par l'imagination, et c'est à cette sorte de conception, exclusivement propre à un certain ordre d'idées, que l'on a dû chercher dans tous les temps à ramener tous les systèmes de notions intellectuelles ou réflexives qui s'éloignent le plus de cette sphère. Puisqu'en effet, a-t-on dû dire, la nature nous offre une division précise et tranchée de notre faculté extérieure de sentir en cinq domaines ou sièges séparés, qu'y a-t-il de plus simple et de plus convenable, ce semble, que de suivre ces premières indications et de continuer à suivre, d'après l'analogie, un plan de division semblable, en l'appliquant à un ordre de phénomènes où la lumière directe nous abandonne? puisque nous distinguons si nettement les odeurs, les saveurs, les sons, les couleurs et les qualités tactiles, lors même qu'elles nous affectent simultanément et qu'elles nous viennent d'un même objet, et cela parce que nous les rapportons à autant d'organes extérieurs qui forment comme des districts séparés pour chaque espèce de sensations ; puisque d'ailleurs il n'y a aucune difficulté pour la formation d'espèces ou classes de ces modifications, aucune divergence dans l'acception des signes imposés à chacune d'elles, pourquoi ne chercherions-nous pas à étendre les avantages de cette méthode de division naturelle à toutes les autres espèces de modes et de facultés, soit passives de la sensibilité, soit actives de l'intelligence?

En partant de là, et suivant l'analogie, on a pu songer d'abord à étendre jusqu'aux sensations individuelles, la division que la nature avait établie pour les espèces ; et tel a été en effet le point de vue de Hartley et de Bonnet, qui ont fondé toutes leurs analyses sur cette induction assez vraisemblable, que, comme il y a autant d'organes séparés que d'espèces de sensations, il doit y avoir aussi dans chaque organe commun, tel que l'odorat, la vue, etc., autant de fibres nerveuses distinctes qu'il y a d'impressions ou de sensations individuellement différentes. L'odeur de la rose, par exemple, aurait sa fibre appropriée, distincte de celle de l'odeur d'œillet ; la couleur rouge en aurait une distincte de la couleur verte, et ainsi des autres. Ainsi, cet appareil nerveux qu'on appelle l'organe commun d'un sens, se trouverait composé d'une multitude indéfinie de fibres et de fibrilles, ayant chacune une fonction particulière et différente. Mais ces fibres, s'offrant par une de leurs extrémités à l'action des objets ou corpuscules qui leur sont appropriés, vont aboutir de l'autre à un point quelconque dans l'intérieur du cerveau : il faudra donc rapporter à cette division cérébrale, toutes les sensations spécifiques qui nous viennent par tel organe particulier ; de plus, comme ces sensations extérieures, après que leur cause a cessé d'agir, donnent lieu à une suite de phénomènes tout intérieurs qu'on distingue sous les noms d'imagination, de mémoire et d'associations ou combinaisons d'idées, on sera bien fondé à rapporter aux diverses parties du cerveau, auxquelles ont été respectivement transmises les impressions de chaque sens externe, les phénomènes subséquents relatifs à la conservation, à la reproduction et comparaison des images qui correspondent à ces impressions. De là autant de sièges attribués dans l'intérieur du cerveau aux facultés spéciales de perception, d'imagination, de mémoire, de jugement.

Tel est à peu près le point de vue de Hartley dans son explication physique des sens et des idées, ou dans la doctrine des associations, qu'il fait dépendre des vibrations correspondantes des fibres ou fibrilles du cerveau, à chacune desquelles il rattache séparément une sensation et une idée particulières. Telle est surtout la théorie de Ch. Bonnet qui nous a donné, sous le titre d'*Essai analytique de l'âme*, une analyse presque entièrement physiologique d'instruments infiniment variés et multipliés, auxquels il rattache les différentes idées et les modifications ou opérations de l'âme que l'observation intérieure peut découvrir, et que la science proprement dite psychologie a pour but de distinguer, d'énumérer et de classer sous différents titres.

On voit par là que le nombre et la diversité de sièges hypothétiquement établis par le docteur Gall, ne s'approche pas à beaucoup près d'être égal à celui qu'ont admis de la même manière, d'autres philosophes qui ont donné cette espèce de direction hypothétique ou symbolique, à l'analyse de nos facultés sensitives et intellectuelles, puisque le docteur allemand admet seulement autant de facultés spéciales de perception, d'imagination, etc., et de sièges organiques qui leur correspondent dans le cerveau, qu'il y a de sens externes, tandis que les deux analystes que je viens de citer, admettent autant de ces facultés spéciales et de ces sièges cérébraux qu'il y a de fibres nerveuses correspondantes chacune à telle impulsion ou modification particulière d'un sens. Gall n'a donc rien innové dans ce qui tient à la distinction des facultés spéciales et de leurs organes appropriés dans le contre cérébral, distinction que certains journalistes lui ont attribuée cependant comme une grande découverte.

Mais, remontant à un autre point de vue plus général, pris encore dans l'imagination, quoique plus rapproché en apparence de la réflexion, celui qui n'établit qu'un seul centre pour tous les modes ou opérations du sujet pensant, un siège unique en un mot pour une âme ou un *moi* unique et indivisible, on trouve déjà de grandes divergences sur la véritable place ou point du cerveau réellement affecté à ce siège. Les uns, comme Descartes, le placent dans la glande pinéale ; d'autres comme La Peyronie et Lancisi, l'attribuent au corps calleux ; des anatomistes plus modernes, à cette espèce de collet qui unit la moëlle allongée au cervelet ; toutes hypothèses qui d'abord établies, ce semble, sur certains faits physiologiques, ont été renversées ensuite par d'autres faits d'anatomie comparée plus exactement observés. L'anatomie, écrivait Halles à Charles Bonnet, dans un temps où cette sorte de recherche était suivie avec le plus d'ardeur, est muette sur le propre siège de l'âme. Elle n'a pas parlé plus clairement malgré les progrès réels qu'a faits la science depuis l'époque de cet homme d'un génie si profond, si étendu et si sage.

Sans doute la simplicité métaphysique du sujet pensant n'a point de rapport essentiel, ni même aucune analogie avec cette sorte de simplicité physique attribuée à tel atome, tel point unique de la substance cérébrale qu'on voudrait considérer comme le siège propre de l'âme, ou comme l'organe ou l'instrument immédiat au moyen duquel elle exerce toutes ses opérations, perçoit, meut, juge ou se ressouvient, etc. Sans doute, les bornes plus ou moins étroites qu'on est conduit à attribuer physiologiquement à ce siège, appelé vulgairement *sensorium commune*, ne sauraient nous éclairer en rien sur la liaison de l'âme et du corps, pas plus que sur l'unité ou la divisibilité du siège affecté aux diverses opérations de l'entendement et de la volonté. La manière dont une organisation quelconque, toujours conçue ou imaginée comme étendue, divisible et composée, peut-être liée à un sujet pensant, à un *moi* réflexif; essentiellement un et simple, sera la pierre éternelle d'achoppement de toutes les philosophies. Si elles tentent de l'expliquer, c'est parce qu'elles n'ont pas su déduire de la nature même de nos facultés, ou de nos moyens de connaître, le principe ou la raison de l'hétérogénéité absolue des deux espèces d'idées primitives, essentiellement opposées sous lesquelles il nous est permis de concevoir d'une part le sujet pensant et ses opérations, d'autre part les organes matériels, leur jeu et les objets auxquels ils s'appliquent; hétérogénéité d'idées telle qu'il demeurera toujours nécessairement entre elles une lacune impossible à remplir et une sorte de hiatus que tous les efforts du génie ne sauraient franchir.

S'il a été impossible jusqu'à présent d'assigner, même anatomiquement, dans la masse encéphalique un point où viennent précisément converger tous les nerfs qui ont pour fonctions reconnues de transmettre jusqu'au cerveau les impressions diverses faites par les objets externes, un point unique où l'âme, avertie de ces impressions, exerce sur elles son activité de conscience, les perçoive, les compare, les juge et les rappelle, il n'est sûrement pas moins impossible de dire, s'il y a réellement autant de sièges séparés que d'opérations diverses, ni à plus forte raison d'assigner précisément ces divers sièges dans le cerveau. Et comment saisirait-on mieux par les disséminations hypothétiques des facultés dans divers centres, ce qu'on n'a pu concevoir par concentration dans un *sensorium* unique? Comment la multiplicité des sièges serait-elle plus aisée à prouver que l'unité de centre, comme de sujet pensant? Assurément l'un de ces systèmes n'est pas mieux appuyé que l'autre sur les faits anatomiques, mais la supposition d'une convergence de tous les nerfs cérébraux dans un point unique, regardée comme nécessaire quoique non prouvée par Haller et Bonnet, a l'avantage supérieur de représenter à l'imagination comme indivisiblement unis dans un même centre des modifications et actes que la réflexion conçoit sûrerement comme indivis soit entre eux, soit par rapport au même sujet pensant. Et comment d'ailleurs se faire une idée de ces facultés spéciales et diverses qui, selon le docteur Gall, ne se rapportent à aucun centre ? Comment allier avec l'unité du *moi* ces actes de perceptions, de souvenirs, de jugements représentés comme multiples, et répartis entre plusieurs divisions cérébrales, sans rendez-vous commun ? Et ici, en ne prenant la direction et le jeu des organes cérébraux que pour ce qu'ils sont, c'est-à-dire pour les simples représentations symboliques des opérations intellectuelles auxquelles on les fait correspondre, on perd absolument de vue l'espèce d'analogie qu'il pourrait y avoir entre le symbole ou le signe, et la chose représentée ou signifiée, entre des organes séparés qui tous sont dits percevoir, se souvenir, imaginer, juger, chacun à leur manière, et le sens univoque, individuel et précis qu'emportent dans le sens intime chacun des signes que la réflexion seule a pu attacher à nos actes intellectuels.

Remarquez aussi en premier lieu que dans les hypothèses de Bonnet et de Hartley, quoique les diverses *partioncules* du centre cérébral qui est le propre siège de l'âme et que Bonnet considère comme un système nerveux en abrégé, comme une névrologie en miniature, quoique ces parties, dis-je, mues ou ébranlées chacune à sa manière par les impressions directes des sens extérieurs qui y aboutissent, y laissent des traces, s'y conservent et s'y combinent, et doivent sous ce rapport être considérées comme autant d'organes distincts de perceptions, de souvenirs et d'images, il n'en est pas moins vrai qu'au moyen du concours essentiel de toutes les impressions et opérations dans le même organe central, tel qu'il est toujours établi par les hypothèses dont il s'agit, il y a moins de difficulté à concevoir comment tant de modifications ou d'impressions diverses peuvent se rapporter au même sujet individuel qui sent et agit avec la conscience de sa simplicité permanente dans la multiplicité des impressions comme de son activité et de sa causalité unique dans la variété des mouvements qu'il détermine et qu'il produit.

La supposition d'un centre unique pour toutes les modifications ou opérations qui ne peuvent être rapportées qu'à un même sujet sensible et moteur, est tellement accommodée, pour ainsi dire, au principe métaphysique de la simplicité et identité du *moi*, tellement appropriée au témoignage même du sens intime, que les esprits sages et tant soit peu difficiles sur les inductions des faits ou la probabilité des hypothèses, se sont toujours accordés à reléguer au rang de conjectures dénuées de vraisemblance, et opposées même à nos connaissances les plus certaines, les tentatives qui ont été souvent hasardées, avant le docteur Gall, pour disséminer ou circonscrire dans divers sièges cérébraux plus ou moins multipliés les organes de ces facultés métaphysiquement distinguées entre elles. Ainsi, lorsque Willis, prétendant assigner dans le cerveau des domaines séparés à diverses opérations intellectuelles, loger le sens commun dans le *corps cannelé*, l'imagination dans le *corps calleux*, la mémoire dans la *substance corticale*, il eut également contre lui les physiologistes et les métaphysiciens de son temps. Les premiers purent lui répondre comme le plus savant et le plus réservé de nos anatomistes, M. Cuvier, a répondu au docteur Gall, que tant s'en faut qu'on soit en état d'établir ou de démontrer quelque relation entre les fonctions du cerveau, ou des diverses parties dont il se compose, et les perceptions, sentiments ou actes intellectuels et moraux, qu'on est même très éloigné de pouvoir assigner quelque rapport certain entre la structure de ce viscère et ses fonctions purement physiques ou organiques. C'est que le scalpel, travaillant sur cette masse molle et pulpeuse, a bien de la peine à y démêler des organes vraiment distincts, qu'on ignore probablement l'existence de la plupart de ces parties, et qu'un voile obscur enveloppe l'usage auquel la nature a destiné plusieurs même de celles qu'on connaît; que toute découverte réelle sur l'anatomie du cerveau se borne donc à déterminer quelque circonstance nouvelle dans les formes, les connexions et le tissu de certaines parties qui pouvaient avoir échappé aux anatomistes précédents, et que toutes les fois qu'on croit aller plus loin, on ne fait qu'intercaler entre tel mode de structure découverte et les effets connus quelque hypothèse que repoussent tous les esprits raisonnables.

Ces objections que les physiologistes auraient opposées contre une division de sièges cérébraux, conçus à la manière de Willis, et affectés à des facultés générales, telles que la perception, l'imagination, la mémoire et le jugement, s'appliquent encore avec plus de force à la division hypothétique des organes cérébraux, considérés comme sièges des facultés *spéciales* à la manière de Gall, c'est-à-dire, par exemple, des facultés de percevoir, de rappeler et de comparer les couleurs, respectivement distinctes d'autres facultés de percevoir, de rappeler et de comparer les sons ; d'où la distinction d'un organe de la peinture, d'un organe de la musique, d'un autre pour la mémoire des choses, d'un quatrième pour la mémoire des mots, etc., hypothèse dont nous avons déjà prouvé l'incompatibilité avec les faits du sens intime et avec la signification vraie que la réflexion peut attacher aux termes perception, mémoire, jugement.

Remarquez, en second lieu, que l'observateur des fonctions physiologiques n'étudie les effets et ne cherche à les rapporter à leurs causes naturelles qu'autant qu'il considère ces effets et ces causes comme étant d'une même nature. C'est toujours un mouvement réel et apparent qui est censé produit par un autre mouvement intérieur que l'on suppose caché dans les profondeurs de l'organisation. Ainsi, c'est le mouvement du cœur qui produit celui de la circulation ; c'est la compression lente des parois du tissu de l'estomac qui contribue à transformer les aliments en chyle, et ainsi de toutes les fonctions secrétoires où les effets organiques produits sont toujours homogènes avec leur cause réelle ou hypothétique, et sont pris dans le même point de vue objectif, quoique, sans sortir de cet ordre uniforme de phénomènes, on ignore le plus souvent le comment de leur liaison ou production réciproque. Mais quelle espèce de liaison, de rapport, de causalité, de ressemblance ou d'analogie peut-on concevoir entre des phénomènes d'une nature aussi différente et pris dans des points de vue aussi essentiellement opposés que le sont les fonctions physiologiques attribuées à diverses parties de l'organe cérébral, le mouvement, par exemple, ou l'ébranlement réel ou supposé produit dans un centre du système nerveux, et telle modification sensible, tel acte intellectuel ou moral qui est censé en résulter ? Car si l'on prétendait ici faire un rapprochement contradictoire et absurde, dans l'expression même qui le consacre, en comparant la pensée à une sécrétion organique, nous demanderions à voir ou à pouvoir nous représenter à l'aide de quelqu'un de nos sens externes le produit matériel d'une telle sécrétion. Qu'on nous montre comment l'impression reçue se transforme en perception, souvenir, image, jugement, de même qu'on nous montre physiologiquement la pâte alimentaire successivement transformée en chyle, en sang et en différentes humeurs sécrétoires ou excrétoires qui restent toujours accessibles aux sens dans leurs diverses métamorphoses.

Aussi, et c'est là mon observation la plus importante, est-il bien remarquable que le docteur Gall n'a pu déduire son système craniologique de la théorie nouvelle anatomique ou physiologique exposée dans son mémoire à l'Institut. Si le système eût été réellement déduit de la théorie, de telle manière qu'il eût fallu nécessairement étudier l'une pour arriver à l'autre, il est à croire que la craniologie aurait été moins en vogue et moins à la mode parmi notre gent spirituelle et frivole. Mais, tout au contraire, la craniologie, ou l'art de reconnaître par certaines protubérances du crâne les dispositions morales et les facultés de l'esprit, est tout à fait indépendante de la théorie physiologique du même auteur, sur les divisions et fonctions du système nerveux ; l'une subsiste sans l'autre ; il y a plus, c'est qu'elles paraissent opposées entre elles, comme je m'engage à le faire voir dans un autre article.

La manière dont le docteur Gall a exposé son système dans

les cours publics, faits à Paris, et celle dont il annonce lui-même qu'il est parvenu à l'établir, consiste dans une sorte d'observation purement empirique, qui ne s'étaie absolument d'aucun principe théorique ou positif. En examinant les crânes d'une certaine quantité d'hommes doués de telles facultés ou qualités morales, sujets à tel penchant ou telle passion, ayant tel caractère, adonnés à tel vice, comparant ces divers crânes, soit entre eux, soit à ceux des animaux en qui se manifestent des facultés ou dispositions correspondantes, le docteur Gall prétend avoir trouvé constamment que chacune de ces facultés intellectuelles ou affectives se marquait au dehors par une bosse ou protubérance située dans un point fixe et déterminé de la surface du crâne. Tous les individus, hommes ou animaux, qui sont doués de la même disposition, ont une saillie apparente dans le même endroit de la boîte osseuse; tous ceux qui n'ont pas cette faculté ou qui en ont une opposée, se distinguent par un petit enfoncement ou aplatissement dans la même partie du crâne. Voilà un fait qui est vrai ou qui ne l'est pas, un rapport d'organisation avec les facultés morales qui est fondé sur une loi réelle et constante de la nature, ou qui n'est qu'une pure hypothèse basée sur quelques observations vagues, illusoires et précipitamment généralisées. C'est l'un ou l'autre. Si le rapport dont il s'agit est réel et constant, ou si les observations directes dont on prétend l'appuyer ont été multipliées, assez répétées et constamment vérifiées dans un nombre indéfini de cas et de circonstances diverses, la craniologie, l'art de connaître les hommes par l'inspection ou l'attouchement du crâne est véritable quoique prouvée seulement d'une manière *empirique;* et lors même qu'il serait de toute impossibilité de concevoir ou d'expliquer ce rapport qui pourrait ainsi demeurer toujours au nombre des phénomènes *occultes* quant à leur cause, mais qui n'en sont pas moins empiriquement certains. C'est ainsi que le baromètre annonce le temps sec ou pluvieux quoiqu'on ne soit pas bien fixé sur la cause qui le fait monter ou descendre. Ainsi l'apparition de Sirius annonce à l'antique Égypte, depuis des millions de siècles, les inondations fécondantes du fleuve qui l'arrose, quoiqu'on n'ait connu que de nos jours la cause de ces débordements périodiques.

L'astronomie, science si certaine et si exacte aujourd'hui, n'a guère été, depuis les Chaldéens jusqu'au XVIe siècle, qu'un recueil d'observations empiriques et de rapports vraiment occultes. Plusieurs branches de la physique ne nous offrent encore même rien de plus. Que dirons-nous, messieurs, de l'art si beau et si utile que vous professez ? et quoique vous soyez initiés dans les plus profonds secrets de sa théorie, en combien d'occasions n'êtes-vous pas obligés, par la nature même des choses, de vous laisser aller à un véritable empirisme, qui, pour n'être pas raisonné, n'en est peut-être que plus sûr ? Il n'y a qu'à connaître un peu les fondements de la séméiotique et de la thérapeutique, deux principales branches de votre art, pour sentir la vérité de cette remarque. Comme, en effet, en lisant les signes actuels ou précurseurs de certaines maladies dans tels caractères de la physionomie, telle couleur ou forme des traits du visage, telle habitude du corps, vous prononcez avec assurance sur l'invasion ou les suites prochaines de la maladie, et déterminez le remède préservatif ou curatif, sans pouvoir dire ni avoir besoin de connaître l'espèce de rapport qu'il peut y avoir entre telles apparences extérieures du corps et tels désordres cachés des organes internes : de même, si une expérience aussi constante, ou également fondée sur une loi de la nature qui nous dérobe ses moyens et ne nous montre que des résultats, avait sanctionné le prétendu rapport découvert par le docteur Gall entre telle protubérance craniologique et la disposition secrète de l'esprit ou du cœur dont elle est le signe, on pourrait parvenir à lire ces dispositions dans leurs signes apparents, institués par la nature même, sans qu'il fût besoin d'autre explication ni théorie scientifique pour motiver leur confiance.

Il est vrai que le docteur allemand a ainsi d'abord naïvement présenté au public français le fondement de son hypothèse, comme offrant une suite de moyens pratiques ou symboliques de parvenir à connaître à l'aide des protubérances les secrets de l'esprit et du cœur, du tempérament et du caractère. Mais il ne s'en est pas tenu strictement à cette vue expérimentale : les justes prétentions qu'il peut avoir au titre de novateur éclairé dans les sciences anatomiques et physiologiques ne lui permettaient pas tant de réserve et de modestie en présence du monde savant où il savait qu'il aurait des juges.

Entre telles protubérances extérieures, marquées sur la boîte osseuse du crâne, et la disposition intellectuelle et morale qu'elle annonce, ou entre le signe et la chose signifiée, il y a une suite d'intermédiaires, ou un enchaînement d'effets et de causes qu'une méthode empirique et le sentiment d'une ignorance invincible ne tenteraient pas même de démêler, mais que le dogmatisme de la science ne permet pas de laisser à l'écart. La conformation générale et extérieure du crâne étant absolument calquée sur la figure externe de la masse cérébrale pulpeuse, qui y est logée comme dans une boîte, tous les détails de forme ou de figure de la substance contenue doivent correspondre exactement à ceux de la boîte contenant. Autant il y a donc de petites bosses solides, marquées sur le crâne, autant il y a de petits appendices ou de saillies répandues sur la surface hémisphérique du cerveau, et auxquels ces petites bosses servent d'étuis. C'est ainsi que la substance molle et organisée des coraux, des madrépores et des polypes est logée dans ces ramifications solides et écailleuses qui nous représentent le zoophyte sous l'apparence d'une véritable végétation. Mais, pour suivre cette dernière comparaison qui me paraît exprimer assez bien le point de vue du docteur Gall, comme chaque bras du polype ou chaque branche du polypier total est une petite machine organisée, complète, qui, étant séparée ou détachée de la souche commune, vit ou fonctionne à part, croît, se nourrit, se propage, etc., de même chacune des petites protubérances cérébrales dont la place est marquée par la bosse du crâne qui lui sert d'étui, est un organe particulier, qui fonctionne à sa manière, donne lieu à une certaine espèce de modifications ou d'opérations spéciales de l'être sensible et intelligent. Celles-ci peuvent donc être étudiées, observées dans l'exercice prédominant de leur organe, séparément des produits ou opérations spécifiques de tous les autres organes qui ont aussi leurs protubérances distinctes. On voit ici comment le docteur Gall, conduit par une première analogie fondée sur la distinction et séparation des cinq organes de nos sens externes, a pu d'abord former le projet d'établir une division semblable entre les facultés intellectuelles ou morales qui se rapportent originairement à leur exercice, comment en s'emparant des titres nominaux de perception, mémoire, imagination, jugement, passion, etc., sans en scruter la valeur, sans constater par l'emploi du véritable *criterium*, le nombre précis des modifications ou des facultés réellement distinctes, il a cru pouvoir ainsi *ex abrupto* assigner dans telle ou telle protubérance un siège réel distinct et séparé à chacune de ces facultés nominales dont un signe abstrait ou conventionnel forme le plus souvent toute l'essence. On conçoit aussi comment il a pu rallier ainsi son système de division ou de dissémination des facultés intellectuelles et affectives dans divers sièges cérébraux à sa doctrine scientifique des divisions et fonctions du système nerveux, ou comment peut-être, en fondant cette dernière, il songeait déjà à l'hypothèse craniologique qui devait s'y raccorder. Telle est du moins l'idée qui se présente quand on lit attentivement l'exposé, fait à l'Institut par M. Cuvier, de la théorie anatomique et physiologique du docteur Gall sur le système nerveux et le cerveau.

Sans entrer ici sur cette théorie dans des détails qui seront mieux placés ailleurs, je crois qu'il serait aisé d'indiquer et de suivre le fil continu des idées systématiques du docteur allemand, depuis l'origine de ses recherches savantes sur l'anatomie des nerfs et du cerveau, jusqu'à ce résultat pratique auquel il paraît tendre comme au principal mobile de l'intérêt général et de la curiosité que peut inspirer sa doctrine, à part toute spéculation scientifique, et, par suite, comme au moyen le plus sûr de la populariser.

Mais, considérée sous ce dernier rapport purement empirique, ou comme offrant une espèce particulière de signes extérieurs propres à distinguer et reconnaître les facultés diverses, ou les modifications variées de la sensibilité et de l'intelligence humaines, l'hypothèse du docteur Gall est loin de pouvoir passer pour nouvelle, et, dans ce point de vue particulier comme dans ceux sous lesquels nous l'avons précédemment envisagée, nous trouvons plusieurs autres hypothèses de la même espèce dont il est intéressant de la rapprocher.

Et d'abord, tout le monde connaît le système physiognomonique du fameux Lavater qui n'emploie pas, il est vrai, les protubérances du crâne comme moyens de connaître les facultés de l'esprit et du cœur, mais qui voulut faire servir à cette connaissance tous les signes qu'il est possible de tirer de la conformation et de l'expression des traits du visage, considérés séparément et un à un, ou dans leur ensemble ; en quoi il établit une suite de rapports vagues, mystérieux et tout à fait occultes, étrangers aussi à toute théorie physiologique, mais auxquels il ne manque, comme à ceux du docteur moderne, que d'être sanctionnés par une expérience générale, constante et irrécusable, pour être aussi empiriquement prouvées. Il n'est pas probable, en effet, qu'on démontre jamais d'une autre manière l'espèce de liaison qu'il peut y avoir entre telle conformité du nez, de la bouche, etc., et telle faculté de l'âme, pas plus qu'avec la science réunie de tous les docteurs allemands, on n'expliquera jamais le rapport qui peut exister entre les mêmes facultés et les protubérances qui leur correspondent, si jamais un rapport de cette espèce a présenté les caractères de généralité et de fixité qui peuvent motiver une confiance raisonnable dans les choses qui sont uniquement du ressort de l'empirisme et non pas de celui de la science. C'est le rapport ou la proportion de grandeur que Camper a saisi et révélé le premier, en comparant le cerveau de l'homme à celui des diverses espèces d'animaux, où l'on voit successivement l'industrie décroître à mesure que l'angle facial devient aigu, et que par suite la cavité cérébrale se rétrécit.

L'angle facial est, comme on sait, formé par deux lignes tirées, l'une de l'extrémité supérieure du front jusqu'à la mâchoire inférieure, l'autre du coin de l'oreille jusqu'à cette même mâchoire. Voilà un terme de rapport constant et fixe. Il est susceptible d'être apprécié, avec une exactitude suffisante, par les lumière directes de l'anatomie comparée, et par l'observation des mœurs, ou de l'industrie, des différentes classes d'animaux depuis l'huître et les poissons jusqu'à l'homme. On peut encore le vérifier par les comparaisons faites entre les hommes le plus inégalement doués des facultés de l'esprit, où le rétrécissement de la cavité cérébrale et le degré d'ouverture de l'angle facial offrent aussi les différences les plus notables. Ici le signe physiognomonique a, pour ainsi dire, une grande étendue d'acception; il repose sur une base large, sur une division bien tranchée et facile à saisir comme à vérifier; car si l'on ne s'entend *ni sur le nombre ni sur la nomenclature* des diverses facultés de l'esprit, des sentiments de l'âme, des modifications ou nuances de caractère qui donnent lieu à telles passions, à telles dispositions morales, à telles habitudes soit vertueuses soit vicieuses; s'il entre enfin beaucoup d'arbitraire dans ces classifications artificielles, beaucoup de vague dans le langage qui s'y rapporte; si enfin la plupart des facultés nominales ne sont que des abstractions de l'esprit, de purs êtres de raison qui, sous ce rapport, ne peuvent évidemment être localisés dans un siège cérébral réel, il n'en est pas de même lorsqu'on cherche seulement à établir un rapport général entre tel signe constant pris dans l'organisation et le degré de raison, d'esprit ou d'intelligence attribué à divers hommes, comme les degrés d'industrie attribués à diverses espèces d'animaux. Ici tout le monde s'entend, parce qu'on a la latitude nécessaire pour comparer et juger. Là, au contraire, dans l'hypothèse de Gall, les comparaisons reposent sur des points exigus, sujets à discussion, à exception, à mille incertitudes, dans les signes et dans leurs applications variées.

Disons donc que Camper paraît avoir trouvé la véritable

craniologie, le vrai signe naturel qui peut nous conduire empiriquement de la conformation générale du cerveau aux degrés d'intelligence qui peuvent s'y rapporter. En décomposant ce rapport général, ou fractionnant les signes matériels de l'intelligence, pour en rattacher un particulier à chaque faculté spéciale, le docteur Gall s'est perdu dans un dédale de subdivisions contraires aux lois de la psychologie, et que la physiologie même est loin de pouvoir avouer. Il n'a pas craint de risquer le sort de son hypothèse, en l'appliquant à une multitude de faits, de détails, qui sont comme les pierres de touche et presque toujours les pierres d'achoppement des systèmes; et la craniologie ne pourrait résister à cette épreuve. Mais son exemple vient à l'appui d'une vérité bien justifiée par l'histoire de la philosophie et les révolutions des opinions humaines, c'est que les systèmes les plus absurdes doivent leur origine à l'abus de quelques observations incontestables, et que les erreurs les plus grossières sont le résultat de certaines vérités auxquelles on donne une extension forcée, ou dont on fait une mauvaise application.

Sans doute, s'il était donné à l'homme de soulever un coin du voile qui couvre la partie la plus noble de son être, ce serait dans des comparaisons prises des points extrêmes de l'échelle où sont répartis les divers degrés de sensibilité et d'intelligence ; ce serait surtout dans ces anomalies, ou dans ces grandes aberrations de la nature sentante et intelligente que nous pourrions, ce semble, nous attendre à trouver quelque lumière ; car rien ne nous éclaire comme les contrastes, et, c'est dans ces écarts et ces digressions, hors de l'état ordinaire et habituel, que la nature nous révèle ses secrets, nous excite à l'étudier et nous apprend à la connaître. Aussi les signes indicateurs d'une division ou d'une séparation réelle des sièges cérébraux affectés à des facultés diverses, ont-ils paru à certains philosophes, même très judicieux et très circonspects dans leurs assertions, pouvoir être induits avec un assez haut degré de certitude, de ces états de délire, de manie et de vésanies partielles où l'on a cru s'apercevoir que certaines facultés, désignées sous tel titre nominal et conventionnel, étaient absolument oblitérées, pendant que d'autres facultés, distinguées de la même manière, continuaient à s'exercer et semblaient prendre *même un surcroît d'énergie*. Le savant et sage Pinel conclut de plusieurs cas semblables, qu'il a été à portée d'observer, que cet être abstrait et complexe, appelé entendement dans la langue psychologique, est réellement multiple, divisible et actuellement divisé en diverses facultés, telles qu'attention, mémoire, imagination, jugement, affectées chacune à un siège particulier, ou à une division cérébrale dont, à la vérité, moins hardi que le docteur Gall, il ne se permet pas d'assigner la place. Le même auteur reproduit une assertion semblable dans sa nosographie philosophique où, parlant encore des vésanies, il dit que l'action nerveuse n'a point un centre unique dans le cerveau, mais qu'il y a divers départements où une même cause irritante peut porter séparément atteinte à diverses fonctions, altérer ou abolir tour à tour, et encore séparément, tantôt les fonctions des sens et des mouvements volontaires, tantôt telles autres fonctions organiques ou vitales, etc.

Je ferai quelques observations sur ces faits émanés d'une autorité infiniment respectable, et mes remarques s'appliqueront à plus forte raison à l'hypothèse de Gall.

1° On peut bien admettre la dernière assertion, relative aux divers effets produits par une même cause irritante qui, se portant tour à tour sur différents points cérébraux, altère séparément les fonctions sensitives ou organiques qui y ont respectivement leur siège ou leur foyer ; mais ce fait, bien vérifié et constaté qu'il soit, ne peut prouver autre chose qu'une division ou séparation réelle de fonctions physiologiques, et on ne peut en tirer aucune induction légitime pour une autre division, supposée parallèle, des facultés ou opérations de conscience, qui tiennent à la même âme, au même *moi* indivisible, dont les modifications et les actes divers ne peuvent être ainsi conçus par représentation ni par dissémination dans des sièges cérébraux particuliers.

2° Avant d'affirmer que tel maniaque ou aliéné exerce actuellement une faculté partielle, telle que l'attention ou la contemplation, pendant que d'autres opérations intellectuelles, comme le jugement ou la mémoire demeurent sans exercice, à cause d'une altération ou lésion organique de leur siège, il faudrait bien fixer d'abord le sens psychologique qu'il est permis d'attacher à ces termes : faculté ou opération intellectuelle d'attention ou de jugement, etc., comme au signe complexe, général, *entendement;* car le sens propre et réel de tels termes se référant toujours nécessairement à la conception réflexive d'un sujet individuel ou d'un *moi*, qui exerce avec conscience l'acte désigné par cela même sous le titre d'intellectuel, il implique contradiction d'attribuer une faculté ou une action quelconque de cette espèce à l'être qui, poursuivi et absolument dominé par quelques fantômes, se trouve dénué de la première condition essentielle de l'intelligence, savoir du *conscium* ou du *compos sui*. Ainsi les termes tels qu'attention, contemplation ne pourraient donc trouver absolument aucune application dans les cas cités ; et comment aller chercher les signes et les caractères propres d'une division des phénomènes, ou actes intellectuels, dans l'état qui exclut précisément la condition fondamentale et vraiment caractéristique de l'intelligence et de la pensée ?

3° On voit que la division de cet être abstrait qu'on nomme *entendement*, pour nous servir de l'expression de M. Pinel, en plusieurs facultés distinctes, rattachées aux divers sièges cérébraux, se réfère à un système idéologique particulier, ou à une classification arbitraire des phénomènes de la sensibilité et de l'intelligence ; classification dont on ne peut s'empêcher de discuter les bases, pour entreprendre de les raccorder avec les phénomènes physiologiques, dont la division est conçue sur un autre plan et dans un autre point de vue. Par exemple, M. Pinel n'a pu transporter à l'état d'aliénation mentale, partielle ou complète, que les signes conventionnels de certaines facultés nominales, prises, pour ainsi dire, en dedans de la sensation, qui est dite se transformer pour les produire, tandis que, dans une acception plus vraie, les facultés ou actes intellectuels sont des phénomènes hypersensibles, qui sont en dehors de toute sensation, supérieurs à elle comme l'ouvrier est supérieur à la matière qu'il emploie. En un mot, les divisions hypothétiques de M. Pinel, et plus encore celle du docteur Gall, ne peuvent se concilier qu'avec le système idéologique de Condillac, tel que ce métaphysicien l'a si ingénieusement déduit de la supposition d'une statue animée dont il ouvre successivement les sens. Mais, avant de partir de ce système, ou avant d'adopter les définitions, classifications et divisions qui s'y rattachent, ne fallait-il pas examiner si les facultés attribuées au fantôme hypothétique de Condillac, sont précisément égales ou identiques en nature, en espèce ou en nombre à celles dont l'homme seul peut reconnaître en lui le modèle intérieur, et acquérir les idées vraies par une réflexion concentrée sur les propres actes de sa sensibilité et de sa pensée.

Rien ne peut donc dispenser de recourir d'abord à cette analyse première du sens intime, qui seul nous apprend à connaître ce que nous sommes et ce que nous faisons et sentons; et c'est dans cette source que doivent être puisés les signes propres et véritables d'une division des phénomènes intellectuels. Mais cette analyse fondamentale pourrait être établie d'abord indépendamment de toute considération physiologique sur les instruments unis ou séparés au moyen desquels nos diverses facultés s'exercent. Si on vient ensuite à rapprocher ces deux sortes de divisions, et à employer celle-ci comme preuve ou terme d'explication de celle-là, on ne pourra que tomber dans une sorte de cercle vicieux et arriver à l'une des alternatives suivantes: ou la division des phénomènes intellectuels est déjà confirmée, en effet, et complètement vérifiée par son critère approprié, la réflexion et le sens *intime*, ou bien elle n'est qu'arbitraire, conventionnelle et provisoire.

Dans le premier cas, la diversité ultérieurement prouvée des sièges organiques auxquels on pourrait rapporter, chacune à chacun, les facultés psychologiquement distinctes, n'ajouterait rien à la réalité et à la vérité de cette distinction prise à sa véritable source ; on y gagnerait seulement de pouvoir établir un parallélisme et un accord satisfaisant entre deux sortes des connaissances qui ne doivent jamais être confondues, savoir : la connaissance objective des moyens ou instruments organiques par lesquels nos facultés intellectuelles peuvent s'exercer, et la connaissance intérieure ou réflexive de cet exercice ou de ses résultats positifs.

Dans le second cas, celui où la division des phénomènes intellectuels n'étant pas encore arrêtée et fixée sur une base réelle et naturelle se réduirait à une classification arbitraire, la division psychologique dont il s'agit pourrait fournir, il est vrai, des signes naturels à cette première classification, éclairer l'analyse philosophique, rectifier et préciser la nomenclature, en réduisant le nombre des facultés et celui de leurs titres nominaux au nombre précis de sièges organiques réellement distincts, comme cela a lieu pour les sens externes et les cinq classes de modifications sensibles qui s'y rapportent. Mais il faudrait alors que la division physiologique fût établie sur des faits positifs de cet ordre, et indépendamment des données conventionnelles empruntées de la métaphysique et de la logique ; au lieu que ce sont au contraire ces données arbitraires, telles, par exemple, que la division généralement admise par les métaphysiciens en entendement et volonté, puis les subdivisions de l'entendement étendues par les uns, abrégées par les autres, en perception, attention, mémoire, imagination, comparaison, jugement, raisonnement, etc. ; ce sont, dis-je, de telles classifications, aveuglément admises par les physiologistes, qui leur servent de point de départ, quand il s'agit de résoudre la question de savoir si les facultés intellectuelles ont différents sièges dans le cerveau. D'où il suit que si l'idéologiste ou le logicien dont on adopte le système a été déterminé, dans certaines vues systématiques, à multiplier ses signes de divisions arbitraire, le physiologiste croira avoir occasion de chercher et se croira peut-être suffisamment autorisé à assigner dans quelque division cérébrale le siège fictif de la nouvelle modification intellectuelle, ou faculté prétendue élémentaire. Ainsi, sans doute, si le docteur Gall eût été conduit d'avance à adopter le système métaphysique de son compatriote Kant, le nouveau chef de l'école allemande, il eut porté le nombre des organes cérébraux à l'égal de cette multitude de *formes* sensibles et pures, de *catégories*, dont le métaphysicien a surchargé sa nomenclature et hérissé sa doctrine critique. Mais on voit bien alors que l'hypothèse physiologique ainsi entée sur l'hypothèse métaphysique d'un autre ordre, ne contribuerait pas beaucoup à éclairer l'analyse de nos facultés, ni à étendre le champ de la science. Ne semblerait-il pas, en effet, que la nature, simple dans ses moyens comme dans son but, a dû proportionner la division des organes cérébraux à la multiplicité et à la variété des nuances et des distinctions artificielles, qu'il a plu à certains philosophes d'établir dans leur langage conventionnel, en considérant un sujet identique sous différents points de vue abstraits, ou une même disposition de l'esprit et du cœur par rapport à tels résultats extérieurs, telles conséquences fortuites auxquelles l'ordre éventuel des sociétés a pu seul donner une valeur et faire attacher de l'importance ? N'est-ce pas, par exemple, une disposition toute artificielle que cette coquetterie qui ne naît dans la femme qu'au moment où elle tend à échapper à sa distinction naturelle, à changer l'ordre de l'attaque et de la défense, à feindre la résistance quand elle aspire à la défaite, et l'intention de se rendre quand elle en est le plus éloignée ? Pourquoi donc accuserait-on la nature d'avoir fait à certaines femmes une nécessité de cet artifice en leur donnant l'organe de la coquetterie ? et comment ce prétendu organe se trouverait-il distinct de celui de la ruse, de celui de la vanité, de celui de l'orgueil, car il y a aussi des organes pour toutes ces dispositions qui ont cependant tant de rapports entre elles, qui ne sont guère que des nuances ou des empreintes d'un même type fondamental ? L'organe de la coquetterie se trouve-t-il donc aussi chez les femmes des

Hurons, des Iroquois, et des Hottentots ? L'organe du vol existait-il chez les Spartiates, qui ne connaissaient point la propriété ni la différence du tien et du mien ? Est-ce donc enfin que la nature a dû varier les formes du cerveau et les protubérances du crâne suivant les mœurs et les usages des différents peuples, suivant les degrés de civilisation, les conventions et les lois de la société ?

Ceci nous donne lieu de répondre à un argument dont le docteur Gall prétend tirer grand parti pour appuyer sa division des organes cérébraux. Les animaux, dit-il, ont les mêmes organes que nous relativement aux sensations extérieures. La plupart même d'entre eux ont quelqu'un de ces organes plus fin et plus délié que nous, pourquoi donc n'ont-ils pas les mêmes facultés intellectuelles ou morales, si ce n'est parce qu'il y a dans l'intérieur du cerveau des organes particuliers que nous avons et dont ils sont dénués ? Cet argument, très fondé en tant qu'on l'emploie comme preuve de fait et pour établir un rapport général tel que celui que Camper a fondé sur l'ouverture de l'angle facial et le rétrécissement de la cavité cérébrale, cet argument, dis-je, ne prouve rien en faveur de la division hypothétique de Gall, et peut même être retorqué avantageusement contre son système. On pourrait lui dire en effet : l'homme ayant plusieurs facultés que l'animal n'a pas, il s'ensuit, selon vous, que l'organisation commune du cerveau humain doit comprendre diverses parties qui sont étrangères au cerveau de l'animal, mais les hommes de tous les pays et de tous les siècles doivent et ont dû avoir ces organes dont vous parlez, et bien certainement le même homme les a en tout temps; pourquoi donc y a-t-il une si prodigieuse différence entre les individus de notre espèce qui sont soumis à des circonstances accidentelles diverses de sol, de climat, d'institutions? Comment se fait-il surtout, si la supériorité des facultés tient uniquement à la multiplicité des organes cérébraux, que tel homme se trouve si différent de lui-même, suivant les climats, les saisons, la température?

Mais pourquoi, messieurs, m'arrêterais-je à combattre ici

la nouvelle hypothèse du docteur allemand, en la prenant dans ces détails singuliers, qui ont déjà donné des prises si faciles à la critique, tant prêté à rire aux esprits frivoles et fourni aux *singes* de la littérature une si belle occasion de mordre jusqu'au sang, en ayant l'air de se jouer? J'aurais pu trouver aussi dans la craniologie des sujets de m'égayer avec vous; j'ai cru qu'il convenait mieux à une assemblée aussi grave d'y chercher de nouveaux moyens de s'instruire et de se prémunir contre l'illusion commune à toutes les hypothèses du même genre. J'ai cherché à creuser jusqu'aux racines de l'arbre, laissant à d'autres le soin de courir aux branches. J'ai voulu montrer que toute division physiologique de sièges cérébraux, auxquels on prétendrait rapporter les facultés diverses, par analogie avec les organes séparés relatifs aux sensations extérieures, ne peut être fondée que sur une espèce de rapport occulte et purement empirique, étranger aux théories, à toute observation anatomique directe, comme aux inductions légitimes et sages qui peuvent s'en tirer. A cette occasion, j'ai fait voir que la craniologie du docteur Gall était tout à fait indépendante de son exposition anatomique et physiologique des fonctions des nerfs et du cerveau. Je me suis attaché à prouver que la multiplicité des sièges attribués à des actes intellectuels qui tiennent au *moi*, ou à l'unité essentielle du sujet pensant, par confusion avec des impressions purement sensitives et passives, qui n'ont point la même relation essentielle avec cette unité de principe, était absolument contraire aux premières lois de la psychologie et aux vérités immédiates du sens intime. J'ai démontré que toute division de sièges cérébraux, affectés à diverses facultés, supposait une division antérieure, et psychologiquement établie, de ces mêmes facultés; et que la division des sièges, au lieu de servir à donner à la division psychologique une base plus solide, en la calquant sur la nature organique, tendait au contraire à plier cette nature même à des systèmes logiques, à des classifications arbitraires et conventionnelles.

J'ai conclu de là qu'un pareil abus, étant inhérent à toutes les hypothèses de l'espèce de celle qu'a reproduite le docteur Gall, devait éloigner les bons esprits de ces prestiges, et les empêcher de se livrer à des recherches qui ont été et qui seront éternellement sans succès, comme il est démontré par l'expérience de tous ceux qui, depuis Démocrite jusqu'au docteur Gall, ont étudié, disséqué et morcelé le cerveau de toutes les manières, dans le vain espoir d'y trouver le siège de l'âme et les instruments immédiats de ses opérations.

Je n'ai pas cru devoir séparer, dans l'ordre des idées que je viens d'exposer d'une manière générale, ce qui a rapport à la division organique du système intellectuel proprement dit de ce qui se rapporte à des facultés d'un autre ordre. Comme on convient généralement que le cerveau est l'organe ou l'instrument essentiel de l'intelligence, quoi qu'on soit loin de s'accorder sur la manière dont cet organe fonctionne dans les opérations de la sensibilité et de la pensée, et qu'il n'y ait à cet égard, comme nous l'avons assez vu, que des conjectures ou des hypothèses peu propres à satisfaire les esprits sages, le physiologiste pourtant qui prétend avoir découvert quels sont dans le cerveau les sièges ou les instruments propres des facultés de l'ordre intellectuel, tels que la perception, le jugement, la mémoire, ne paraît pas du moins choquer le bon sens ni se mettre en lutte avec l'opinion commune. Il n'en est pas de même pour ce qui a rapport aux facultés *affectives*, telles que les déterminations de l'instinct, les appétits, les penchants en général, les affections de l'être purement sensitif, comme aussi les passions développées, les inclinations et les sentiments de l'être moral. Ici on est loin de convenir généralement que les organes divers de ces affections et passions soient concentrés dans le cerveau et exclusivement rattachés à des divisions partielles de ce siège de l'intelligence.

L'opinion des philosophes, depuis l'antiquité jusqu'à nos jours, appuyée, ce semble, du propre témoignage du sens intime, a placé dans des organes précordiaux ou dans ceux de la vie intérieure qui sont les plus éloignés et paraissent les plus indépendants du cerveau, les sièges de nos plus vives émotions, de nos passions les plus entraînantes; et quand le docteur Gall élève la voix contre ces autorités, il lui faudrait pour les combattre des armes plus puissantes, des preuves autrement fortes que celles qu'on trouve dans son hypothèse craniologique.

Ici surtout, il paraît bien que toutes les assertions dogmatiques du docteur Gall sur les sièges cérébraux attribués aux facultés affectives, aux passions, comme aux facultés intellectuelles, ont été établies, non d'après les faits, mais uniquement en vue de parvenir à un résultat pratique, arrêté d'avance pour éblouir et entraîner la multitude curieuse. Il faut, a dû se dire le docteur en commençant, que je mette tout l'homme intérieur en une sorte de relief, tel qu'on puisse le connaître d'abord à l'inspection ou à l'attouchement des bosses du crâne. Mais la pensée et l'intelligence ne sont pas tout l'homme, et quoique ce soit la portion la plus noble de son être, ce n'est pas celle qui offre le plus d'intérêt, ni qu'il importe le plus de connaître pour les usages pratiques de la vie sociale. L'homme agit et influe sur ses semblables, sur la société entière, par ses passions et ses affections, qui tiennent à son caractère ou à son tempérament. Ces passions ont sans doute leurs signes naturels de manifestation extérieure et leur caractère physiognomonique; mais ces caractères sont variables, mobiles et fugitifs comme les affections même qu'ils dénotent. Il s'agit de les rattacher à des signes fixes et permanents ; or, rien en effet, de plus fixe et de plus solide que les protubérances du crâne. Il faut donc absolument trouver des protubérances pour les passions. Mais, d'un autre côté, les bosses solides ne sont que les enveloppes des organes cérébraux qui font saillie en dessous. Il y aura donc, dans le cerveau, par une suite nécessaire, des organes affectés aux passions ; et il faut que cela soit ainsi pour compléter l'hypothèse, en dépit des observations physiologiques et même de la nouvelle manière de voir de l'auteur sur les fonctions du système nerveux et du cerveau, en dépit surtout des preuves contraires tirées du sens intime.

C'est ici le côté le plus faible du système craniologique ; et d'après tout ce qui précède, je croirais inutile de m'y arrêter, si je n'y trouvais l'occasion de faire quelques autres rapprochements intéressants et de préciser quelques idées encore vagues, même chez nos meilleurs physiologistes, sur ce qui tient aux passions ou aux diverses facultés affectives, comme à leurs sièges.

II

DES SIÈGES DES PASSIONS DANS LA DOCTRINE DE GALL COMPARÉE A CELLE DE BICHAT.

Nous connaissons très bien la nouvelle théorie anatomique et physiologique du docteur Gall sur les fonctions des nerfs et du cerveau ; et dire que nous en tenons l'exposé de M. Cuvier, c'est bien annoncer que cet exposé a toute l'étendue, la précision et l'exactitude désirables. Mais ce savant naturaliste s'adressant à la classe de l'Institut qui s'occupe exclusivement de sciences exactes et de faits positifs, s'est imposé dans son rapport sur la nouvelle théorie des fonctions du système nerveux et du cerveau, l'obligation stricte de mettre à l'écart tout ce qui était relatif à l'hypothèse craniologique. D'un autre côté, divers journaux nous ont offert, dans les premiers mois de cette année, des extraits assez étendus et assez complets des leçons du cours public fait à Paris par le docteur, pour que nous ayons pu acquérir une idée assez exacte de cette hypothèse ; mais les rédacteurs de ces journaux, étant pour la plupart étrangers aux sciences anatomiques et physiologiques, ont dû laisser absolument de côté tout ce qui, dans les leçons publiques, pouvait se rapporter à une théorie savante.

Ce qui nous manque donc pour connaître à fond le système du docteur Gall, c'est un rapprochement ou une comparaison exacte de sa nouvelle théorie des fonctions des nerfs et du cerveau, avec les détails de son hypothèse craniologique, rapprochement tel qu'on puisse concevoir nettement comment cette dernière se déduit de l'autre, s'y rapporte ou s'y coordonne. J'ignore si un semblable travail a été entrepris jusqu'à présent, mais l'exécution m'en paraît d'autant plus difficile qu'en lisant séparément le rapport de M. Cuvier et l'extrait des leçons craniologiques du docteur allemand, j'avoue que non seulement il m'a été impossible d'y saisir un véritable rapport de déduction et d'analogie, mais que j'ai cru trouver une opposition remarquable entre la théorie anatomique d'une part et la craniologie de l'autre.

Le résultat qui attire particulièrement notre attention dans le nouveau système anatomique, c'est le déplacement de l'origine des nerfs que presque tous les physiologistes, jusqu'à Bichat exclusivement, se sont accordés à faire sortir du cerveau considéré comme la souche ou la matrice commune, avec cette différence pourtant que les nerfs spécialement nommés *cérébraux* sont censés émaner de cette souche d'une manière directe et immédiate, pendant que les nerfs dits *spinaux* et tous ceux qui, placés dans les régions intérieures du corps, le thorax, l'abdomen, y servent aux fonctions de la vie organique ou nutritive, ne se rapportent au cerveau que d'une manière médiate, par l'entremise de la moelle épinière, ou de quelque partie du système cérébral auquel ils s'abouchent. Bichat, génie destiné, ce semble, à faire une révolution dans la science et à en changer la face, mais qu'un sort funeste et à jamais déplorable moissonna, dès l'ouverture de sa carrière, avant qu'il eut pu consolider le grand œuvre de la réformation physiologique et féconder tous les germes précieux qu'on trouve répandus dans ces pages écrites avec la précipitation d'un jeune homme qui, plein du feu sacré, semble pressentir confusément que la mort est là et qu'il n'aura pas le temps de tout dire, Bichat apporta un changement notable dans la doctrine des physiologistes qui l'avaient précédé, sur l'origine du système général des nerfs ou leur dérivation commune du cerveau.

On peut voir dans ses recherches immortelles sur la vie et la mort, et dans son anatomie physiologique, comment il établit une division nette et précise, fondée sur les observations les plus approfondies entre le système nerveux de la vie animale, dont il laisse l'origine dans le cerveau considéré toujours comme le centre unique des fonctions de cette vie, et le système nerveux de la vie organique ou nutritive qu'il prouve n'avoir point de connexion directe et nécessaire avec le cerveau, mais prendre son origine dans les divers centres nerveux qui sont les ganglions. Ces ganglions sont répandus dans les différentes régions du corps ; chacun est un foyer particulier d'action nerveuse, irradiée de là par plusieurs ramifications vers les organes qui sont en rapport avec lui. Ainsi, comme le terme de la sensibilité animale et l'origine de la contractilité de même espèce se trouvent toujours dans le cerveau, de même le terme de la sensibilité organique et l'origine de la contractilité correspondante se rapportent au ganglion dont chaque organe interne reçoit ses nerfs. Voilà une division physiologique bien tranchée, et on peut voir déjà comment viennent s'y coordonner naturellement, d'une part, les facultés perceptives ou intellectuelles qui ont le même centre ou même siège *un*, que les fonctions de la vie animale, et d'autre part les facultés affectives ou passives, qui, étant liées aux fonctions de la vie organique doivent avoir et ont aussi, les mêmes centres ou sièges intérieurs variés et multiples.

Le docteur Gall est venu armé de nouveaux faits anatomiques, qu'il prétend avoir découverts, et surtout armé d'une hypothèse qu'il veut mettre en vogue dans le monde. Il commence à faire pour le système nerveux cérébral ce que Bichat avait déjà fait pour le système nerveux de la vie organique, D'abord il semble soustraire en effet à l'empire du cerveau les fonctions de l'une comme de l'autre vie. Il ramène également ces deux classes de fonctions à celle d'un seul système nerveux commun, subdivisé en plusieurs systèmes, et semblable à un réseau dont les portions séparées participent selon leur volume à l'organisation et aux fonctions de l'ensemble, plutôt qu'à un arbre qui, n'ayant qu'une souche unique, se distribuerait en branches et en rameaux à la manière du système artériel par exemple. Le docteur Gall appuie cette manière de voir sur les dissections qu'il a faites des nerfs du cerveau, en commençant par les couches inférieures, et où il prétend avoir constamment observé que les nerfs dits cérébraux qui sortent de dessous l'encéphale, et principalement de la moelle allongée, ne viennent pas plus du cerveau que les nerfs vulgairement appelés spinaux ; qu'en suivant séparément les racines de ces nerfs prétendus cérébraux jusques dans l'épaisseur de la moelle allongée, on les voit directement remonter de celle-ci vers le point du cerveau où ils aboutissent, et non pas, comme on l'avâit cru généralement, descendre du cerveau pour traverser la moelle. C'est donc à cette moelle allongée, dont l'épinière n'est que la prolongation, et qui forme avec elle le grand cordon médullaire que se rattachent toutes les parties du réseau nerveux. C'est là que gît le véritable lien de communication de toutes les parties. Le docteur Gall prétend, en effet, et c'est là la partie vraiment neuve de son système, avoir observé le long de ce cordon médullaire une suite de renflements, ou de tubercules ou protubérances, d'où sortent autant de paires de nerfs, formant chacune un système particulier, dont les fonctions sont indépendantes jusqu'à un certain point, quoique concourant à celles du même tout vivant. Le cerveau lui-même et le cervelet ne sont autre chose qu'un de ces renflements plus gros et plus considérables qui a aussi des tubercules ou protubérances partielles. C'est ainsi qu'on voit sortir du bourrelet d'un arbre greffé, plusieurs branches séparées et jusqu'à un certain point indépendantes du tronc, quoique vivant avec lui d'une vie commune.

De cet exposé il suit que le cerveau, dans le système de Gall, ne joue guère que le rôle d'un ganglion nerveux dans le système de Bichat, avec cette différence néanmoins que, suivant le physiologiste français, les ganglions servent d'origine ou de matrice aux nerfs de la vie organique, comme le cerveau, centre unique, donne naissance aux nerfs de la vie animale, tandis que, suivant le docteur allemand, les nerfs de ces deux vies tirent également leur origine de la moelle épinière ; d'où il paraît que la grande division de Bichat n'aurait presque plus de fondement, et qu'il n'y aurait pas plus de centre unique et essentiel pour les fonctions de la vie animale, qu'il n'y en a pour celles de la vie organique, mais que, dans l'une comme dans l'autre vie, il existerait divers foyers d'action nerveuse et sensitive, dans les protubérances ou renflements du cordon médullaire, foyers d'action ne dépendant pas essentiellement du cerveau, et exerçant aussi leurs fonctions indépendamment les uns des autres.

Tout cela posé, on voit très bien comment s'explique dans le système de Gall, le double jeu des sensations et des mouvements, dans les êtres acéphales, comme dans ceux où le cerveau (qui est essentiel et prédominant dans les animaux placés au haut de l'échelle), n'est en effet qu'un petit appendice ou un renflement très peu considérable de la moelle épinière. On voit aussi comment dans des êtres ainsi organisés, les fonctions de la vie, du mouvement et de la sensibilité peuvent se répartir ou se disséminer entre divers centres qui vivent et fonctionnent séparément les uns des autres, ainsi que cela a lieu dans les vers de terre, les naïdes et plusieurs espèces de chenilles. Mais ce qui ne s'explique pas, à beaucoup près, aussi bien dans la même doctrine, et qui paraît même être en contradiction avec elle, c'est qu'en considérant le cerveau comme un organe subordonné au grand cordon médullaire, dont il est censé tirer son origine et n'être qu'un simple appendice, on nous le représente d'un autre côté comme s'il était le véritable centre des fonctions des deux vies, puisqu'on y établit les sièges respectifs de toutes les facultés spéciales de différents ordres, les organes ou instruments nécessaires des affections, de l'instinct et des passions de l'être sensitif, comme des idées et des volontés libres de l'être intelligent. Pourquoi donc cette concentration de toutes les facultés diverses dans un seul organe qui ne joue pourtant, dit-on, qu'un rôle accessoire et dépendant dans l'organisation générale ? Pourquoi un simple appendice de la moelle allongée jouit-il du privilège exclusif de réunir en lui les sièges de toutes les facultés? et comment se fait-il que tant d'autres renflements partiels, qui donnent naissance à des paires de nerfs formant autant de systèmes qui ont leurs fonctions propres et distinctes, n'entrent d'aucune manière en partage de ce privilège? Quand nous accorderions présentement la concentration des facultés intellectuelles dans le cerveau, et leur dissémination possible dans les diverses portions de cet organe (et nous avons assez vu ce qu'il fallait penser des preuves de cette dissémination prétendue), du moins nous sommes en droit de demander par quels motifs on veut encore borner exclusivement au cerveau les sièges divers des instincts, des appétits, des affections et des passions. Docteur inconcevable, pourrions-nous dire, mettez-vous donc d'accord une fois avec vous-même et avec vos propres observations. Vous avez voulu d'abord, ce semble, ravir au cerveau l'empire que tout le monde lui accordait sur les fonctions de la vie animale, pourquoi voulez-vous lui attribuer maintenant une influence générale et exclusive qu'aucun observateur n'avait admise avant vous? Vous poussez un peu loin l'esprit de contradiction. Quand nous disons que tout ce qui tient à l'intelligence et à la vie de relation se rapporte dans le cerveau à un centre unique, vous prétendez nous montrer qu'il y a autant de centres ou de sièges physiquement séparés, que de facultés ou de manières d'être et d'agir du même sujet, psychologiquement distinctes. Quand nous disons, au contraire, que la vie intérieure et toutes les affections ou passions qui y prennent leur source ou y portent leur influence, ont divers centres ou sièges séparés, et comme indépendants dans l'organisation, vous nous assurez qu'elles sont concentrées dans le même organe cérébral. Ainsi ce que le sens intime et l'expérience réunissent, vous le divisez; ce qu'ils divisent, vous le réunissez; et cela sans autres preuves que certaines observations empiriques particulières, sur lesquelles il faut s'en rapporter à vous et dont, sans blesser la politesse due à un étranger, nous pourrions bien au moins vous contester la généralité. Mais, dites-nous, grave docteur, qui placez l'organe d'une passion telle que l'amour physique dans la nuque, en allant ainsi directement contre les droits bien légitimes du sixième sens, vous qui expliquez si bien les fonctions vitales et sensitives des êtres qui n'ont point de cerveau, apprenez-nous quel sera le siège de cette affection dans des acéphales, qui n'ont pas été tellement maltraités par la nature qu'ils ne jouissent pourtant à leur manière des douceurs de l'amour? Où sont aussi, dans les mêmes êtres, les sièges des appétits et des diverses affections qu'ils manifestent? Et comment conciliez-vous, en effet, le cercle des fonctions assez étendu que parcourent tant d'êtres organisés qui sentent, se meuvent, se nourrissent, se reproduisent sans cerveau, avec l'opinion qui assigne exclusivement dans ce siège les organes de toutes les facultés [1] ?

Ici la contradiction est tellement manifeste que je m'étonne vraiment qu'elle n'ait pas frappé d'abord tous les critiques du système de Gall. Sans avoir besoin d'y insister plus longuement, nous continuerons le parallèle de ce système avec celui de Bichat, sur les sièges des passions, en levant à cet égard quelques équivoques et cherchant à éclaircir quelques doutes.

Toute espèce de sensations, dit Bichat, a son centre dans le cerveau, car là où l'action de cet organe est suspendue, toute sensation cesse. Au contraire le cerveau n'est jamais affecté dans les passions; les organes de la vie interne en sont le *siège unique* [2]. A l'appui de ce principe, l'ingénieux auteur

1. Le docteur Ackermann a fait contre la doctrine de Gall, en ce qui est relatif aux organes des passions, des objections qui me paraissent très bien fondées, et auxquelles l'élève de Gall a fort mal répondu (voyez les pages 278 et 279 de la *Craniologie*). « A l'idée des passions, » dit le docteur antigalliste, « appartiennent non seulement les changements qui s'opèrent dans le cerveau, mais aussi principalement l'action de l'imagination exercée sur le nerf sympathique et, à l'aide de celui-ci, sur les opérations de la vie organique. Gall n'a tenu aucun compte de cet effet caractéristique des passions. » (Note de M. de B.).

2. Voici le texte exact de Bichat, abrégé par Maine de Biron : « Toute espèce de sensations a son centre dans le cerveau, car toute sensation suppose l'impression et la perception. Ce sont les sens qui reçoivent l'impression, et le cerveau qui la perçoit ; en sorte que là où l'action de cet organe est suspendue,

du *Traité de la vie et de la mort* cite une multitude de faits qui tendent à prouver que l'effet de toute passion constamment étrangère à la vie animale, est de faire naître un changement, une altération quelconque dans la vie organique ou dans les fonctions diverses dont elle se compose, savoir la circulation, la respiration, les sécrétions, etc. Ici tous les faits semblent s'accorder avec la théorie ; et la division des facultés affectives et des facultés intellectuelles, justifiée en quelque sorte par la réflexion intérieure, paraît l'être encore par les divisions anatomiques et physiologiques, qui sont d'ailleurs fondées sur un tout autre ordre d'observations.

Qu'oppose le docteur Gall à tous ces faits? rien qu'un système d'observations empiriques, étrangères, contraires même au sens intime, comme à ses propres divisions d'anatomie ou de physiologie.

On avait toujours pensé, lui fait dire un des journalistes qui ont exposé sa doctrine, que les facultés intellectuelles seules avaient leur siège dans le cerveau, tandis que celui des affections, des passions et des penchants était dans les organes intérieurs. Cette opinion est contredite, en ce que les organes internes ont tous leurs fonctions bien connues, et qu'il est impossible de concevoir comment le cœur, par exemple, qui n'est qu'un muscle, pourrait engendrer des actes moraux. Le docteur conçoit-il bien mieux que la pulpe cérébrale, avec toutes les protubérances possibles, soit plus propre que le cœur à engendrer des actes *moraux?* On connaît bien, dit Gall, toutes les fonctions des organes internes, et c'est pour cela qu'il répugne à leur en attribuer de relatives à telles affections ou passions. Mais quand bien même il serait vrai que nous connussions parfaitement toutes les fonctions physiologiques des organes internes, qu'est-ce que cette connaissance aurait de commun avec celle de l'espèce d'impressions ou d'affections immédiates, qui peuvent naître de ces fonctions

toute sensation cesse. Au contraire, il n'est jamais affecté dans les passions; les organes de la vie interne en sont le siège unique. » (*Recherches physiologiques sur la vie et sur la mort*, 1re partie, art. 6, § 2.) (A. B.)

ou qui s'y rapportent? C'est ici une confusion bien étrange des deux espèces de connaissances ou d'idées, que nous nous sommes tant attachés à distinguer : celles qui naissent exclusivement du sens intime et qui ne se représentent point au dehors, et celles qui ont, au contraire, tout leur mobile dans l'observation extérieure. Y a-t-il quelque rapport, en effet, entre la connaissance des fonctions physiologiques du cœur et de l'estomac, et une affection gastrique, une cardialgie, etc. ?

Remarquez en outre l'abus que le docteur Gall fait du mot *organe* et la restriction qu'il donne à ce terme pour appuyer son hypothèse. Un sentiment intime et qui paraît bien immédiat, nous fait rapporter telle impression ou modification de notre sensibilité à tel siège particulier dans l'intérieur du corps ou à sa surface, et nous dirons que cette partie où nous sommes naturellement entraînés à localiser l'impression, en est l'organe ou le siège corporel. La langue savante, d'accord avec la langue vulgaire, a consacré cette acception. Maintenant, quoique nous sachions par la théorie et l'expérience physiologique que l'impression doit être transmise jusqu'au cerveau ou à un foyer nerveux principal, pour être ce que nous appelons perçue ou sentie par le *moi*, néanmoins, quand on admettrait dans le cerveau même autant de divisions et de points, où chaque impression spécifique individuelle devrait aboutir pour être ainsi perçue, jamais pourtant on ne serait fondé à regarder ce point cérébral comme le véritable et l'unique organe de ces sensations diverses ; car ainsi ceux qui n'admettent qu'un siège unique de l'âme seraient fondés à n'admettre qu'un organe de sentiment ou de perception. Il est de fait que nous ne sentons rien dans les points du cerveau dont il s'agit ; nous ignorons même, en ne regardant qu'en nous, s'il existe de pareils centres, tandis que nous sentons bien réellement l'impression agréable ou douloureuse, dans le lieu physique où nous la rapportons et nous ne la sentons que là. Et quel motif aurait-on d'appeler organe la partie où l'impression aboutit, à l'exclusion de la partie qui la transmet? Comme tout cet appareil nerveux et membraneux qui forme le nez sera toujours dit avec raison l'organe de l'odorat, et également pour les appareils extérieurs visuels et auditifs, etc., de même les viscères internes auxquels nous rapportons certaines affections immédiates, produites par une cause quelconque physique ou morale, sont bien proprement nommés les sièges ou les organes de ces affections.

Je demande ici, par exemple, pourquoi le docteur Gall n'a pas placé dans le cerveau les organes de la faim, de la soif, comme il y place celui de l'amour physique? S'il ne croit pas devoir admettre pour ces premiers appétits d'autres sièges que ceux auxquels le sens *intime* les rapporte, pourquoi va-t-il en chercher de différents pour l'appétit vénérien, l'instinct maternel, etc. Pourquoi?... C'est qu'il fallait que l'amour, dont le nom seul s'empare si vivement de notre imagination, eût sa protubérance marquée; mais je ne puis voir là que le signe d'un rapport empiriquement établi et non point l'organe vrai d'une passion ou d'un appétit naturel. Eh! comment peut-on confondre ainsi le signe que l'homme imagine ou découvre, avec l'organe que la nature attribue à telle fonction? Des physiologistes plus exacts ont bien trouvé aussi un rapport entre la largeur de la poitrine ou l'étendue de l'appareil de sanguification et la force génératrice; s'ensuit-il que l'organe de cette force soit dans la protubérance de la poitrine? Le docteur allemand, comme tous les faiseurs d'hypothèses, connaît bien tout l'ascendant de certains mots et les illusions qu'on peut produire par leur moyen. Mettons-nous à l'abri de semblables prestiges par une analyse exacte des faits et des idées qui se trouvent renfermées sous ce terme *passion*.

1° Les impressions immédiates passives, que le sens intime seul nous porte à localiser dans certains organes intérieurs, comme la faim, la soif, une douleur de colique, un mal d'estomac, ont bien pour sièges les parties mêmes auxquelles nous les rapportons et il n'y a point de motif pour leur chercher d'autres organes.

2° Mais il y a une autre espèce d'affections immédiates qui ne se localisent pas ainsi directement. Le sens intime ne les rapporte à aucun siège particulier du corps ; on peut savoir physiologiquement qu'elles naissent toujours à la suite de telle lésion organique ou qu'elles accompagnent tel mode d'altération de certaines fonctions essentielles à la vie ; mais l'individu ne les sent point réellement dans les organes lésés, pas plus, ou précisément par la même raison qu'il ne sent ou ne perçoit point les impressions et mouvements constitutifs des fonctions vitales de ces organes. Le propre des affections dont il s'agit est d'influer directement sur le sentiment général de notre existence, de nous rendre immédiatement heureux ou malheureux, sans que nous connaissions la cause intérieure réelle du bonheur ou du malheur, et que nous puissions dire ce qui nous fait souffrir ou jouir, quelle est la partie de nous-mêmes qui s'affecte en bien ou en mal. Aussi n'est-il pas étonnant que nous allions toujours chercher les causes de ces affections dans les objets externes perçus, à l'exclusion des causes vraies, qui ne sont autre chose que ces impressions immédiates, obscures pour la conscience, et sur lesquelles tout retour nous est interdit.

Les affections, par exemple, d'hilarité ou de tristesse, de calme ou d'anxiété, de courage ou de timidité, de confiance ou de méfiance en ses forces et tant d'autres semblables qui n'ont point de nom et sont vraiment *ineffables*, tiennent bien sûrement à tel mode d'exercice des fonctions vitales du foie, du poumon, du cœur, de la rate, etc., et aux impressions organiques immédiates qui leur correspondent, impressions ou passions proprement dites, qui affectent l'être sensitif par *consensus* et en masse. Elles ne se localisent ou ne se distinguent point dans des sièges particuliers, comme les sensations extérieures, parce que, ainsi que le prouve la physiologie, il n'y a point de connexion directe, essentielle, entre le centre cérébral et les organes où elles sont reçues. Aussi la volonté, la force motrice de l'âme, ne peut rien pour les exciter, les faire naître, les suspendre et les élever au rang de véritables perceptions.

Rien ne peut donc favoriser ici l'hypothèse qui tendrait à

déplacer le siège organique interne des affections et passions dont il s'agit, pour les rapporter à quelque division cérébrale fixe et déterminée. Toutes les observations sont contraires, et encore un coup, le système anatomique et physiologique de Gall lui-même s'y oppose. Et vraiment s'il y avait un organe ou siège fixe dans le cerveau pour chaque espèce d'affection, chaque disposition passagère de la sensibilité ou chacune de ces modifications du tempérament ou du caractère dont le médecin expérimenté ne peut lire les signes que dans l'ensemble de l'organisation, dans la prédominance reconnue de tel organe interne, s'il y avait, dis-je, un siège célébral fixe pour chaque passion comme pour chaque ordre de perceptions, d'où pourraient venir ces variations continuelles que chacun de nous éprouve nécessairement dans ses affections ou dispositions sensitives? Celui qui a dans la tête l'organe du courage, par exemple, ne devrait-il pas toujours se sentir à peu près également fort et courageux, comme celui qui a les sens de la vue et de l'ouïe bien constitués voit et entend toujours à peu près également bien? Pourquoi donc la protubérance affectée à tel sentiment ou à telle passion particulière restant la même, y a-t-il tant et de si continuelles vicissitudes dans l'affection ou disposition sensitive correspondante? Si l'amour physique ou l'appétit vénérien a son siège organique dans une protubérance située derrière la tête, pourquoi l'intermittence, les variations, les degrés d'énergie ou d'affaiblissement d'une telle passion se proportionnent-ils toujours à l'état d'irritation ou d'atonie d'un autre foyer particulier de sensibilité ou de cet appareil nerveux dont l'influence est assez connue? Et si c'est la prédominance d'un tel foyer, son excitation actuelle par le fluide séminal qui l'impressionne et l'irrite, qui détermine l'appétit et fait naître la passion physique de l'amour; pourquoi ne serait-ce pas là aussi qu'elle aurait son organe ou son siège propre? Il en est de même sans doute de l'amour des mères pour leur progéniture, considéré dans ce qu'il a d'instinctif ou de vraiment animal, et abstraction faite de toutes les habitudes morales qui viennent s'y rattacher.

S'il est prouvé par les observations les plus constantes que cette affection immédiate tient essentiellement aux dispositions de la matrice, de l'utérus, de l'organe sécréteur du fluide nourricier d'où naît le besoin de l'allaitement et l'impression agréable qui l'accompagne ; comment peut-on transporter ailleurs et dans une division cérébrale particulière le siège d'une semblable affection ? C'est donc bien à cette classe d'affections ou de passions immédiates, naturelles et simples, que s'applique complètement le principe de Bichat, opposé à l'hypothèse craniologique, savoir que toute passion a son siège déterminé dans quelque organe de la vie intérieure ; que c'est là le terme où aboutissent et le centre d'où partent toutes les passions, résultat bien prouvé, non seulement en ce que les passions portent essentiellement sur les fonctions organiques, en affectant leurs viscères d'une manière spéciale, mais de plus en ce que l'état de ces viscères, leurs lésions, les variations de leurs formes concourent d'une manière très marquée à la production de telle espèce de passions, comme la joie, la tristesse, le courage ou la timidité, la colère impétueuse ou froide et l'apathie.

Nous pouvons donc encore affirmer avec assurance, d'après les espèces d'observations de tout ordre, qu'aucune des impressions passives ou des facultés affectives de l'espèce que nous venons de considérer, n'a de siège ou d'organe proprement dit dans aucune division cérébrale particulière, à moins qu'on n'abuse étrangement de ces mots *siège* et *organe* et qu'on ne mette de côté tous les faits et les principes sur lesquels le docteur Gall lui-même a basé ses propres divisions physiologiques.

3° Considérons maintenant les passions dans un autre ordre de phénomènes plus relevés, auxquels donne lieu le développement de la vie morale, le mélange et la succession continuelle de sentiments et d'idées qui s'exécutent et se produisent réciproquement les uns par les autres et tendent de plus en plus à compliquer la valeur du terme *passion* et par suite l'analyse de tout ce que ce terme résume.

Ici, le point de vue sous lequel on peut envisager le phénomène mixte appelé passion est vraiment double. On peut en effet avoir égard surtout à la partie purement intellectuelle du phénomène, c'est-à-dire à la production des diverses idées, jugements de l'esprit qui se rapportent à l'objet d'une passion ; on peut n'avoir égard aussi qu'aux sentiments affectifs qui constituent proprement cette passion et à tous ses effets organiques, comme le trouble ou le désordre, et quelquefois le surcroît d'énergie que prennent certaines fonctions dans ces mouvements ou ces violentes tempêtes de l'âme sensitive.

Sous le premier rapport ou en ne considérant que la cause qui produit et détermine la passion ou la fixe sur un objet particulier, on peut lui attribuer même siège, même organe ou mêmes instruments qu'à l'imagination, la mémoire ou le jugement et en général aux phénomènes intellectuels qui interviennent dans sa production et qu'elle sert à exalter à son tour. Mais dans ce cas, il n'y aurait pas lieu à rattacher les facultés affectives à des sièges cérébraux distincts de ceux qu'on attribue aux facultés de perception ou de représentation. Par exemple, l'idée ou l'image qui me représente un monceau d'or est la même dans mon cerveau que dans celui de l'avare ; c'est toujours à la même division cérébrale qu'elle doit se rapporter par l'hypothèse ; la seule différence consiste dans une affection particulière, une tendance, un attrait très énergique qui se joint à cette image dans l'avare et qui en est séparée dans la représentation indifférente que je puis me faire du monceau d'or. Il est vrai que cette espèce d'affection détermine dans le premier cas un surcroît d'activité, de persistance et de force dans les phénomènes de l'imagination ; mais cela ne fait rien au siège de l'idée fondamentale relative à *l'objet* de la passion, auquel seul on paraît avoir égard dans le point de vue dont il s'agit.

Prenons encore pour exemple les effets de cette disposition tendre qu'on appelle *complexion amoureuse*. Dans cet âge où le sang s'allume, où toutes les facultés organiques et morales acquièrent une vie nouvelle par l'influence de l'irradiation puissante d'un nouveau centre de sensibilité, l'amour constitue la modification intime, habituelle de l'existence et même l'existence tout entière ; l'être sensible trouve partout des sujets d'aimer, des objets de la plus douce sympathie. C'est alors que tout dans la nature devient l'objet d'une sorte de culte et que, comme l'a dit un grand observateur, Cabanis, on est porté à adorer, à aimer les puissances invisibles comme on aimerait ou parce qu'on a besoin d'adorer une maîtresse.

Et remarquons ici en passant, contre Gall, que l'amour physique et le sentiment de la théosophie ou de l'amour divin, paraissent bien alors fondus dans la même disposition sensitive et non point disséminés dans des organes séparés. Mais le siège de l'imagination qui conserve et reproduit sans cesse les images voluptueuses pour le jeune homme plein de vie et d'amour, sera le même encore quand l'âge aura tout desséché, tout glacé et que les mêmes formes purement idéales se produiront nues et dépouillées dans l'organe central de l'imagination.

Il faut conclure de là, qu'en considérant les passions dans un ordre moral, ces phénomènes se composent de sentiments et d'idées, des produits de l'imagination et de ceux de l'affectibilité intérieure. En ayant égard seulement au travail intellectuel qui se joint aux appétits et aux affections immédiates, soit que ces affections élèvent la pensée et lui impriment sa direction ou qu'elles ne lui soient que consécutives, et naissent de son exercice, il y a lieu à contredire le principe absolu et général de Bichat, que toute passion a son siège exclusif dans les organes de la vie intérieure; mais il faudra nier en même temps, que les passions aient dans quelques divisions du cerveau un siège différent de celui des idées qui représentent leur objet, ou des opérations intellectuelles relatives au même objet, ce qui n'est pas moins contraire à l'hypothèse de Gall.

Mais pourquoi, dans les phénomènes mixtes dont il s'agit, s'attacherait-on exclusivement à la partie intellectuelle et à l'œuvre de l'imagination, en laissant absolument à l'écart toute la partie affective, et toutes ces impressions ressenties dans les organes de la vie intérieure, tous les changements opérés dans l'ordre de leurs mouvements et fonctions ? N'est-ce pas là vraiment la portion la plus notable du phénomène? n'est-ce pas là ce qui caractérise véritablement la passion, et qui la distingue des scènes muettes, calmes et réfléchies qui se passent uniquement dans l'intelligence? Ce n'est point en effet, quant à la production des idées, que nous pouvons être dits passifs ou éprouver une passion ; bien au contraire, c'est dans le champ des idées intellectuelles, dépouillées de ce qui tient aux affections, que s'exerce toute l'activité de l'âme pensante. Or, elle est bien nulle, en effet, cette activité, sous l'empire exclusif ou la prédominance d'une nature simplement affective (*simplex in vitalitate*), qui ne connaît point de régulateur ou de contrepoids dans l'entraînement de la passion proprement dite. Le cerveau, considéré comme centre unique de la perception et de la volonté, ne fait plus que réagir sympathiquement, sous les impressions des organes intérieurs, qui prennent sur ses fonctions propres l'initiative et la prédominance. On reconnaît bien les produits de cette réaction sympathique et passive au caractère brusque et tumultueux des mouvements, à la succession irrégulière et spontanée des fantômes, à la vivacité des images, aux couleurs sensibles dont elles se revêtent, à leur opiniâtre persistance que la volonté enchaînée ne peut interrompre ni distraire.

Quelle que soit donc l'origine ou la cause déterminante du phénomène proprement caractérisé *passion*, que ce soit un appétit instinctif dont le siège ne saurait être douteux, comme dans les passions naturelles et simples, ou une idée produite d'abord par le libre exercice de l'imagination ou des facultés perceptives, comme dans les passions artificielles et composées qu'on pourrait appeler aussi *intellectuelles*, une fois que telle affection est devenue dominante, et qu'elle a acquis par l'habitude le pouvoir de réveiller les séries d'images qui lui sont associées, elle a déjà planté des racines plus ou moins profondes dans la vie organique ; et c'est alors seulement que, transformée en tempérament, identifiée pour ainsi dire avec les fonctions de cette vie intérieure, elle revêt les caractères d'une véritable passion : résultat général qui, s'appliquant à diverses classes de phénomèmes compris sous le même titre, justifie sans doute les principes de Bichat sur le siège réel des passions, autant qu'il contredit l'hypothèse craniologique et toutes les observations empiriques du docteur Gall. Et comment dans ce dernier système pourrait-on expliquer l'*homo duplex* qui ressort avec une si grande force de conviction du témoignage même du sens intime bien consulté? Si les facultés affectives ont leur siège dans le cerveau comme les facultés intellectuelles, d'où vient donc cette opposition et cette lutte que nous sentons en nous-mêmes, entre deux principes de mouvements et de déterminations: cette puissance de vouloir, véritable force motrice, tantôt dominante sur celle des passions, des instincts et des appétits qui tirent en sens contraire comme dans le Sage stoïque, tantôt en équilibre avec elle, comme dans les affections raisonnables; tantôt subjuguées, comme dans ces passions vraiment malheureuses où l'on se sent entraîné par une sorte de *fatum?*

Si tout est sous la dépendance du même centre cérébral, et de ses divisions multiples, comment se fait-il que divers mouvements des muscles, comme différentes espèces d'idées ou d'images se trouvent excitées par des causes physiques dont l'influence se porte d'abord tout entière sur des organes intérieurs, tels que le cœur, le foie, le poumon, ainsi qu'on en trouve tant d'exemples dans la pratique de l'art de guérir, appliqué particulièrement aux vésanies et aux différentes espèces d'aliénations mentales? Que devient enfin, dans ce système, la belle division établie par Bichat, entre les phénomènes des deux vies, et ceux des passions considérées par rapport à l'une et à l'autre, division qui peut seule nous donner l'explication et la clef d'un des phénomènes les plus remarquables de l'action et réaction du physique sur le moral, d'où aussi le médecin éclairé tire l'un des plus profonds et des plus utiles secrets de son art, celui de remédier aux altérations organiques en influant sur le moral, et aux désordres moraux en agissant sur le physique ?

Concluons donc enfin, avec le célèbre auteur du *Traité de la vie et de la mort*, qu'il n'y a point pour les passions de centre fixe et constant, comme il y en a un pour les sensations extérieures et les facultés perceptives qui s'y rattachent.

« Camper, dit Bichat, en déterminant l'angle facial, a donné lieu à de lumineuses considérations sur l'intelligence respective des animaux. Il paraît que non seulement les fonctions du cerveau, mais toutes celles en général, de la vie animale qui y trouvent leur centre commun, ont à peu près cet angle pour mesure de perfection. Il serait bien curieux d'indiquer aussi une mesure qui, prise dans les parties servant à la vie organique, pût fixer le rang de chaque espèce sous le rapport des passions[1]. »

Ce que Bichat désirait, mais dont il paraît bien avoir senti toutes les difficultés, le docteur Gall a voulu l'exécuter sans sortir de l'enceinte des divisions cérébrales, et des protubérances du crâne. Il n'a fait ainsi que décomposer, ou fractionner le rapport unique trouvé par Camper entre les degrés de l'angle facial et ceux de l'intelligence, et en a déduit hypothétiquement divers signes pour les passions comme pour les idées, pour les facultés affectives comme pour celles de l'entendement. Mais les véritables signes naturels ont échappé à cet esprit systématique, et le problème proposé par Bichat restera sans doute encorelongtemps indéterminé.

1. *Recherches physiologiques sur la vie et sur la mort* (Ire partie, art. 6, § 4.) (A. B.)

FIN

COMMENTAIRE

SUR

LES MÉDITATIONS MÉTAPHYSIQUES DE DESCARTES

(1813)

MÉDITATIONS I, II ET IV

« L'indifférence à affirmer ou à nier ne s'étend pas seulement aux choses dont l'entendement n'a aucune connaissance, mais généralement aussi à toutes celles qu'il ne découvre pas avec une parfaite clarté, au moment que la volonté en délibère; car pour probables que soient les conjectures qui me rendent enclin à juger quelque chose, la seule connaissance que j'ai que ce sont des conjectures et non des raisons certaines indubitables, suffit pour me donner occasion de juger le contraire : ce que j'ai suffisamment expérimenté ces jours passés, lorsque j'ai posé pour faux tout ce que j'avais tenu auparavant pour très véritable[1]. » Descartes a mis au rang des conjectures probables, des vérités nécessaires que nous sommes obligés de croire, en vertu des lois mêmes de la pensée; or, ce que nous croyons ainsi en vertu de ces lois, il n'est pas libre à la volonté d'en délibérer; mais le jugement immédiat et primitif précède toute délibération, comme il exclut toute possibilité de douter. La fiction même du doute repugne à l'esprit relativement à des vérités de cet ordre : « Je pense, j'existe comme chose pensante ou substance; je suis cause de certains actes ou modifications actives de mon être; je suis sujet passif d'autres

1. *Méd.* IV, § 11. La phrase se termine ainsi : « ... pour cela seul que j'ai remarqué qu'on ne pouvait en quelque façon douter ». — Nous rapportons les citations à l'édition J. Garnier ; nous les rectifions quand elles ne sont pas conformes au texte de cette édition, ce qui arrive quelquefois quand M. de Biran cite ce mémoire. (A. B.)

modes qui commencent et finissent sans ma volonté; il y a des causes et des substances autres que *moi*, etc. » En supposant qu'on pouvait douter de ces relations et vérités nécessaires, et n'admettre que la première comme évidente, Descartes a méconnu l'autorité des lois primitives, inhérentes à l'esprit humain. Il n'a pas vu que s'il était possible de mettre en doute un seul instant les vérités nécessaires, il ne pourrait plus y avoir rien de vrai, ni de certain pour notre esprit. Rien ne saurait être établi par le raisonnement, car ce raisonnement doit s'appuyer d'abord sur des choses dont il ne soit pas possible de douter. Or, il s'agit de distinguer, d'abord, quelles sont ces choses. Si l'on en trouve une seule, par exemple notre existence à titre d'êtres pensants, il s'ensuivra qu'il y en a d'autres qui, étant inséparables de cette existence, ne comportent pas plus qu'elle le moindre doute. En effet, la certitude que j'ai de mon existence n'est pas celle d'un être abstrait, mais d'un individu qui se sent modifié dans un corps étendu, inerte, organisé, sur lequel il agit. La certitude de l'existence de ce corps étendu fait donc partie essentielle de celle que j'ai de mon être. J'aperçois dans cette étendue certains attributs inséparables d'elle, comme la divisibilité, le nombre, et lorsque j'affirme ces attributs du sujet, je suis aussi assuré de ne pas me tromper que lorsque j'affirme la pensée ou le sentiment du *moi* qui en a conscience. Il ne peut donc pas se faire que je me trompe, lorsque je dis que deux et trois font cinq, ou qu'un carré a quatre côtés; et s'il était possible que je fusse dans l'erreur sur les rapports nécessaires de ces idées auxquelles j'ai moi-même attribué des signes, ou que j'ai moi-même définis d'une certaine manière je ne pourrais jamais avoir confiance dans aucune chose; je ne pourrais établir aucune sorte de vérité ; l'existence de Dieu ne saurait jamais être prouvée, car elle ne peut s'appuyer que sur des vérités premières nécessaires dont il est impossible de douter.

« Je suis contraint d'avouer, dit Descartes, qu'il n'y a rien de tout ce que je croyais autrefois être véritable dont je ne puisse en quelque façon douter; et cela non point par inconsidération ou légèreté, mais pour des raisons très fortes et mûrement considérées : .... mais je ne me désaccoutumerai jamais de déférer à mes anciennes et ordinaires opinions et de prendre confiance en elles tant que je les considérerai telles qu'elles sont en effet, c'est à savoir en quelque façon douteuses, et toutefois fort probables, en sorte que l'on a beaucoup plus de raison de les croire que de les nier. C'est pourquoi je pense que je ne ferai pas mal si, prenant de propos délibéré un sentiment contraire, je me trompe moi-même, et si je feins pour quelque temps que toutes ces opinions sont entièrement fausses et imaginaires; .... si par ce moyen il n'est pas en mon pouvoir de parvenir à la connaissance d'aucune vérité, à tout le moins, il est en ma puissance de suspendre mon jugement [1].» Voilà l'erreur fondamentale de Descartes, savoir : Qu'il est en notre pouvoir de douter de certaines choses inséparables de notre pensée, de notre existence, et aussi évidentes, aussi certaines qu'elle ; que nous pouvons suspendre notre jugement au sujet de ces vérités, que nous sommes maîtres de les croire ou de ne pas les croire. Cette supposition erronée, contraire aux lois de la pensée, ôte toute base certaine à la connaissance et ferme à l'esprit toute issue pour sortir du labyrinthe de doutes dans lequel il a cru pouvoir s'engager par un emploi malentendu ou même impossible de sa liberté [2].

1. *Méd.* I, §§ 8, 9 et 10.

2. « La lumière naturelle nous enseigne que la connaissance de l'entendement doit toujours précéder la détermination de la volonté. » (*Méditation* IV.) Descartes entend ici par détermination de la volonté le consentement ou l'adhésion que l'esprit donne à une chose qui lui paraît vraie après délibération. Mais ce n'est que dans les choses douteuses ou probables qu'il peut ou qu'il doit y avoir délibération, et que la connaissance de l'*entendement* doit précéder la délibération de la volonté. Quand il s'agit des vérités nécessaires, évidentes par elles-mêmes, l'adhésion de l'esprit ou, si l'on veut, la détermination de la volonté n'a pas besoin d'être précédée par la connaissance de l'entendement ; elle est indépendante de cette connaissance antérieure, et simultanée avec elle quand elle a lieu. « L'erreur, dit avec raison Descartes, se rencontre dans l'opération en tant qu'elle dépend de moi » (c'est-à-dire qu'il dépend de moi de juger qu'une chose est vraie *ou ne l'est pas*) « *mais non dans* la faculté que j'ai reçue de Dieu, ni même dans l'opération en tant qu'elle dépend de lui. » A quoi reconnaissons-nous qu'une opération dépend de Dieu ?

Il y a des vérités premières évidentes par elles-mêmes qu'il est impossible de ne pas croire dès qu'elles se présentent à l'esprit. Ces vérités portent avec elles un caractère absolu, et non point un caractère relatif à la nature ou aux dispositions variables de l'esprit qui les conçoit en temps ou lieu. Il s'agit de bien distinguer ces vérités premières, nécessaires, absolues, des vérités contingentes et relatives, de bien constater leur différence. Mais lorsque dès le début de la science on prétend révoquer également en doute ces deux sortes de vérités, on décide déjà une grande question, savoir : qu'il n'y a point de vérités nécessaires, qu'il peut y avoir erreur ou illusion dans l'esprit qui les adopte à ce titre de nécessité, par suite que tout est également contingent et relatif. Le scepticisme triomphe dès ce premier pas dans le doute universel, on lui accorde justement ce qu'il demande, savoir : qu'il est possible de prendre pour fausses, imaginaires ou relatives les vérités que tous les hommes admettent comme évidentes, nécessaires et absolues; car de cette possibilité de douter de tout, il s'ensuit bien directement que tout est relatif et contingent. S'il dépendait de l'esprit de se mettre pour ainsi dire *table rase* pour la vérité, il suivrait aussi de là qu'il n'y a en lui aucune vérité innée; car, s'il y a quelque vérité innée, il devra être complètement impossible à l'esprit de ne pas la prendre comme évidente et nécessaire, aussitôt qu'il viendra à y penser.

Que l'esprit s'éloigne de tout ce en quoi il peut imaginer le moindre doute, tout de même que s'il connaissait que cela fût absolument faux, j'y consens. Mais il faut savoir s'il n'y a pas des choses dans lesquelles il est impossible *d'imaginer le moindre doute*, et quelles sont ces choses; si les vérités mathématiques, par exemple, ne sont pas dans ce cas; et, s'il

C'est justement en ce que nous ne sommes pas maîtres de la changer, que nous jugeons ou croyons de telle manière sans pouvoir croire autrement. On peut dire que l'intuition des vérités nécessaires est garantie par la véracité de Dieu qui nous la donne. Les inductions ou déductions qui viennent de nous sont seules sujettes à l'erreur. (Note de M. de B.)

en est ainsi, on aura supposé faussement que tout est douteux et peut être rejeté comme faux.

« Puis-je assurer que j'aie la moindre chose de toutes celles que j'ai dites naguère appartenir à la nature du corps? Je m'arrête à y penser avec attention, je passe et je repasse toutes ces choses en mon esprit, et je n'en rencontre aucune que je puisse dire être en moi... Passons aux attributs de l'âme et voyons s'il y en a *quelqu'un* qui soit en moi. Les premiers sont de me nourrir, de marcher; mais s'il est vrai que je n'ai point de corps, il est vrai aussi que je ne puis marcher ni me nourrir[1].» Supposition impossible qu'ainsi je puisse exister et dire *moi* sans avoir la conscience du corps propre, et que je puisse avoir cette conscience de l'effort si le corps n'existe pas. Je puis bien rêver que je marche pendant que je suis dans le repos du sommeil, mais non pas que j'ai un corps sur lequel ma volonté agit, pendant que ce corps n'existe pas.

« Un autre attribut de l'âme est *de sentir*; mais on ne peut aussi sentir sans le corps; outre que j'ai pensé sentir autrefois plusieurs choses pendant le sommeil, que j'ai reconnu à mon réveil n'avoir point en effet senties[2].» Ce mot *sentir* est pris ici, comme il l'est presque toujours, d'une manière équivoque. Il n'est pas vrai qu'on puisse reconnaître au réveil qu'on n'a pas senti en effet ce qu'on croyait avoir senti dans le sommeil. Au contraire les sensations que l'âme a éprouvées pendant le sommeil, il est toujours vrai qu'elle les a eues. L'illusion consiste seulement à croire ou à juger que les objets ou les causes auxquelles ces sensations intérieures se rapportent sont présentés aux sens pendant qu'elles ne le sont pas réellement. Mais ce jugement n'est pas la sensation. L'âme ne peut sentir sans le corps, voilà ce que nous savons maintenant. L'âme peut sentir dans *son corps* par lui ou avec lui sans connaître ce corps ni elle-même comme distincte; et

1. *Méditation*, II, § 5.
2. *Ibid*.

c'est en cela même que consiste la sensation purement animale. Mais quand l'âme perçoit la sensation en l'attribuant au corps dont elle se distingue, il est impossible que cette aperception la trompe; et s'il y avait sur ce fait primitif possibilité de doute ou d'erreur, rien ne serait vrai ou certain pour nous.

« Un autre attribut est de *penser*, et je trouve ici que la pensée est un attribut qui m'appartient; elle seule ne peut être détachée de moi [1]. » N'y a-t-il pas contradiction à dire que je ne suis qu'autant que je pense et que je cesserais d'exister si je cessais totalement de penser, et à dire d'un autre côté en croyant n'admettre rien qui ne soit nécessairement vrai, je ne suis précisément parlant qu'une chose qui pense, savoir un esprit. En effet si vous êtes une chose durable, et dont la pensée est un mode, il répugne d'affirmer que le mode étant ôté, la chose qui en est douée s'évanouisse. Cette expression, *une chose qui pense* indique la relation d'un attribut ou d'un mode qu'on appelle la *pensée*, à une substance durable qui est conçue ou crue permanente, indépendamment de cet attribut, quoique nous ne puissions dire quelle est cette substance ni en avoir aucune sorte d'idée séparée. Et c'est là le cas de tout ce qui est donné à notre esprit sous une relation nécessaire dont les deux termes sont nommés et crus exister distinctement quoique nous ne puissions jamais les représenter l'un sans l'autre.

En énonçant le fait primitif de l'individualité reconnue, *je suis, j'existe*, Descartes n'a pas vu qu'il n'exprimait qu'une relation. Il a cru pouvoir réduire cette relation à un seul terme absolu. L'être et l'existence sentie ou aperçue, l'*âme* et *le moi* se sont identifiés dans son esprit. Il a pris une notion abstraite pour le premier pas de la connaissance, sans voir que cette notion avait son origine dans une relation antérieure qui est le fait de conscience. Or le fait comprend l'individualité tout entière; et il n'y a pas d'individualité sans le

1. *Méditation* II, § 5.

sentiment de l'action exercée sur le corps. Le sujet qui agit et le terme présent qui lui résiste sont les deux éléments indivisibles du même fait. L'un n'est pas plus susceptible que l'autre d'être mis en doute; et lorsque je pense ou que je veux et agis sur mon corps, il ne m'est pas plus possible de supposer que ce corps n'est rien que de supposer que je ne suis pas pendant que je pense. Car le *je* n'est pas la substance abstraite qui a *pour attribut la pensée, mais l'individu complet dont le* corps propre est une partie essentielle, constituante.

« Je connais que j'existe, et je cherche quel je suis moi que je connais être. Or il est très certain que la connaissance de mon être, ainsi précisément pris, ne dépend point des choses dont l'existence ne m'est pas encore connue; par conséquent, elle ne dépend d'aucunes de celles que je puis feindre par mon imagination [1]. » Il faut savoir si la connaissance de mon individu *précisément pris n'emporte pas nécessairement* avec elle la connaissance ou le sentiment propre de la présence d'un corps sur qui la force agissante se déploie; et c'est ici une des choses qui ne se peuvent feindre par l'imagination, mais qui sont l'objet de l'aperception intérieure. Si imaginer n'est rien autre chose que contempler la figure ou l'image d'une chose corporelle, assurément le corps organique sur qui l'âme déploie sa force et dont la présence est sentie immédiatement ne peut être feint par l'imagination. Mais n'y a-t-il point une manière de sentir et d'apercevoir le corps propre autre que l'imagination? C'est ce que Descartes n'a pas examiné.

Le fait de conscience a été réduit par lui à un seul terme absolu, uniquement parce qu'il ne renferme rien qui puisse être imaginé.

« Etiamsi supponamus Deum alicui tali substantiæ cogitanti substantiam aliquam corpoream tam arctè conjunxisse, ut arctius jungi non possint, et ita ex illis duabus *unum quid* conflavisse, manent nihilominus realiter distinctæ; quia

1. *Méd.* II, § 6.

quantumvis arctè ipsas univerit, potentiâ, quam ante habebat ad eas separandas, sive ad unam absque aliâ conservandam, se ipsum exuere non potuit, et quæ vel a Deo possunt separari vel sejunctim conservari realiter sunt distincta[1]. » Il ne s'agit pas de ce que Dieu a fait ou peut faire, mais de ce que nous sentons ou apercevons intérieurement. Nous ne supposons pas, mais nous apercevons immédiatement que notre individualité consiste dans une relation à deux termes qu'il est impossible de concevoir séparés, quoiqu'ils soient donnés distincts dans l'aperception même du *moi*. Et si de cette distinction réelle entre la force qui agit et le terme inerte qui résiste, nous concluons la possibilité d'une séparation absolue, nous fondons une conclusion hypothétique sur un principe de fait évident. Nous ne saurons jamais si ce qui est distinct dans nos idées, peut ou non être séparé réellement dans les choses.

MÉDITATION III

« Les choses que nous concevons fort clairement et fort distinctement sont toutes vraies[2]. » Voilà l'unique *criterium* de toute vérité selon Descartes, à partir de la première de toutes : Je suis une chose qui pense, etc. « Toutefois, dit-il, j'ai reçu et admis ci-devant plusieurs choses comme très certaines et très manifestes, lesquelles néanmoins j'ai reconnu par après être douteuses et incertaines. Quelles étaient donc ces choses-là ? C'étaient la terre, le ciel, les astres, et toutes les autres choses que j'apercevais par l'entremise de mes sens. Or qu'est-ce que je concevais clairement et distinctement en elles ? Certes rien autre chose sinon que les idées ou les pensées de ces choses-là se présentaient à mon esprit. Et encore à présent je ne nie pas que ces idées ne se rencontrent en moi[3]. »

1. Descartes, *Principia philosophiæ*, pars prima, § 60.
2. *Méd.*, III, § 1.
3. *Ibid.*, § 2.

Vous avez tort de ne pas le nier, car s'il y a quelque chose que vous puissiez dire apercevoir clairement et distinctement, c'est que ce que vous appelez les idées ou *images* du ciel, des astres, est hors de vous ou se représente comme étranger à votre *moi*, tant s'en faut qu'elles se rencontrent dans le *moi*. Ce qui est en vous, ou vous appartient, c'est le jugement, ou la pensée que ces choses vous sont extérieures ou étrangères à vous-même; et vous ne pouvez faire autrement que de l'affirmer, en ce que vous l'apercevez aussi clairement et distinctement que vous apercevez que vous êtes un être pensant. Lorsque vous jugez ainsi qu'il y a hors de vous des choses d'où procèdent ces idées, vous ne vous trompez point et n'avez pas besoin d'aucune autre connaissance pour appuyer la vérité de ce premier jugement. Mais quand vous affirmez que vos *idées* sont *semblables aux choses*, ou plutôt que la chose perçue est en elle-même telle que vous l'apercevez par l'entremise d'un sens qui peut n'être pas approprié à l'objet, vous affirmez au delà de la perception et votre jugement peut être erroné ou douteux. Je vois dans l'éloignement une tour ronde et c'est un polygone. Je vois le ciel comme une voûte bleue surbaissée. J'affirme que telles apparences visibles ont lieu parce que je l'aperçois clairement et distinctement; j'affirme de même que ce que j'aperçois est *hors de moi*, quoique je hasarde un faux jugement en attribuant à l'objet nécessairement aperçu comme extérieur des modes ou qualités qui ne sont pas en lui.

C'est dans l'espèce d'attribution, et non dans le genre, encore moins dans le rapport plus général et nécessaire de l'effet à la cause qu'il peut y avoir de l'incertitude et du doute. Voilà ce que Descartes ne distingue point. Il transporte au jugement primitif ce qui ne peut convenir qu'aux rapports particuliers d'attribution des modes ou qualités à l'objet. Que tel mode, senti ou perçu par l'entremise des sens diffère réellement de ce qui est dans l'objet, cela peut être, mais ne prouve rien contre la réalité de cet objet, *cause* de ce que nous sentons en nous ou apercevons au dehors. C'est sur les qualités spécifiques que nous nous trompons, et non pas sur les relations universelles, nécessaires, inséparables de notre pensée. En rêvant même, nous ne nous trompons point lorsque nous pensons qu'il y a hors de nous des causes réelles qui nous modifient, qu'il y a un espace étendu qui prend différentes formes, etc.; nous ne nous trompons qu'en transportant des qualités imaginaires à des objets qui ne les ont point.

« Entre mes pensées quelques-unes sont comme les images des choses, et c'est à celles-là seules que convient proprement le nom d'idée; comme je me représente un homme, ou une chimère, ou le ciel, ou un ange ou Dieu même[1]. » Descartes confond ici les notions avec les idées ou images. Les notions ne nous représentent rien; elles nous assurent seulement de la réalité absolue et nécessaire des choses ou des êtres que leur nom signifie, sans que nous puissions nous représenter ou imaginer ces choses ni aucun de leurs attributs. Cette confusion des idées ou images avec les notions est la principale erreur de la métaphysique de Descartes.

Il est remarquable que Reid, prenant la chose en sens inverse, a attribué aux idées ou aux images ce qui ne convient qu'aux notions, quand il a nié la différence établie par Descartes et ses disciples entre les idées et les choses qu'elles sont dites représenter. Il est vrai que nous avons les notions ou croyances d'existences réelles, de substances, de causes, d'étendue, de nombre, dont il n'y a aucune idée ou image dans notre esprit. Mais il est vrai aussi qu'il y a en nous des images ou idées de qualités ou d'effets et de phénomènes qui peuvent être conformes ou non aux vraies qualités ou attributs des choses, aux vrais phénomènes ou effets des causes ou forces de l'univers.

De ce qu'il y a *notion* et persuasion d'existence réelle sans images ou idées, Reid a eu tort de nier qu'il y eut des images ou idées.

De ce que certaines images ou idées sont rapportées à des

1. *Méd.*, III, § 5.

objets ou choses hors de nous qui ne sont jamais représentés par ces idées, quoique leurs modes ou effets le soient, Descartes a eu tort aussi de conclure que les notions représentaient des objets; qu'il y avait par exemple dans notre esprit une idée de Dieu, ou de la cause suprême, représentative de cette cause et différente d'elle, pouvant y être conforme ou non; car la notion que nous avons de Dieu, comme toutes celles que nous avons des substances ou causes subordonnées de l'univers, nous assurera seulement de leur existence réelle et ne les représentera point. Les images qui s'ajoutent à ces notions, ou les qualités que nous affirmons des substances tiennent à une autre source : c'est là le champ de nos doutes et de nos erreurs[1].

« Pour ce qui concerne les idées, si on les considère seulement en elles-mêmes et qu'on ne les rapporte point à quelqu'autre chose, elles ne peuvent, à proprement parler, être fausses[2]. » Il s'agit de savoir : s'il est possible de considérer les idées, les images en elles-mêmes, sans les rapporter à quelque existence, et si cette attribution ne fait pas partie essentielle de l'idée.

« Si les idées sont prises en tant seulement que ce sont *certaines façons de penser*, je ne reconnais entre elles aucune différence ou inégalité : et toutes me semblent procéder de moi d'une même façon. Mais les considérant comme des

1. Fontenelle dit très bien que toute idée ne *représente* pas; mais il l'entend seulement des idées abstraites, générales qu'il nomme universelles, et qui sont un résultat de la limitation de notre esprit. Aussi, dit-il qu'il n'y a point d'idées universelles en Dieu. Mais il faut distinguer des idées générales les notions universelles, abstraites par réflexion, qui à la vérité ne représentent point pour nous les existences absolues qu'elles comprennent, mais qui nous assurent seulement de la réalité de ces existences. S'il n'y avait pas de notions primitives et naturelles à notre esprit, il n'y aurait pas d'idées générales, artificielles. S'il n'y avait pas d'unité naturelle, il n'y aurait pas d'unité artificielle. Le modèle est en nous, les copies sont au dehors et multipliées à l'infini.

Les notions peuvent être des idées représentatives en Dieu; il voit les forces, les causes, l'espace et le temps. Il se représente clairement ce que nous concevons seulement exister; ce qui est notion en nous peut être intuition en Dieu. (M. de B.)

2. *Méd.*, III, § 6.

images dont les unes représentent une chose et les autres une autre, il est évident qu'elles sont fort différentes les unes des autres [1]. » Descartes ici ne tient aucun compte de la différence naturelle qui existe entre les affections et les intuitions passives, comme entre celles-ci et les aperceptions qui résultent de notre activité. Ces façons de penser, de sentir ou d'agir n'ont pas besoin d'être considérées même comme images pour être différentes. Il n'est donc pas vrai que les idées, considérées même comme nos propres manières d'être, procèdent de nous, ou soient en nous de la même façon. Il y a une autre cause générale de différence dans l'activité et la passivité.

« Les idées qui me représentent des substances sont sans doute quelque chose de plus, et contiennent en soi, pour ainsi parler, plus de *réalité objective*, c'est-à-dire participent par représentation à *plus de degrés* d'être ou de *perfection*, que celles qui me représentent seulement des modes ou accidents [2]. » Descartes me semble abandonner ici l'analyse et la langue philosophique. Qu'est-ce que la réalité objective ? Que sont des degrés d'être ou de perfection ? L'être est-il susceptible de degrés différents d'intensité ? La perfection n'est-elle pas une idée morale, relative à un archétype ? Et quel est cet archétype ? Les notions de substances renferment seules la réalité absolue ; et il n'y a pas deux sortes de réalités. Les idées de modes ou de phénomènes n'ont par elles-mêmes aucune réalité. Entre les notions et les images, comme entre les noumènes et les phénomènes, il n'y a point de degré de réalité.

Je puis me faire une idée de beauté, de perfection qui n'a point de réalité hors de mon esprit. Je trouve en moi la faculté d'exagérer pour ainsi dire des qualités, attributs ou perfections qui sont dans mon esprit. Est-ce que l'exercice de cette faculté prouve nécessairement qu'il y ait un objet ou un

1. *Méd.*, III, § 10.
2. *Ibid.*

sujet réel qui se manifeste? Quels seraient les moyens de cette manifestation?

« C'est une *chose manifeste* par la lumière naturelle, dit Descartes, qu'il doit y avoir pour le moins autant de *réalité* dans la *cause* efficiente et totale que dans son *effet*; car d'où est-ce que l'effet peut tirer sa réalité, sinon de sa cause, et comment cette cause la lui pourrait-elle communiquer, si elle ne l'avait en elle-même[1]. » Cela prouve bien qu'il y a des facultés réelles appartenant à un sujet réel qui produit certaines idées ou modes de l'esprit, et sans lequel ces modes n'auraient aucune réalité, mais non pas que ces idées aient un objet à qui elles correspondent, ou une cause extérieure qui les produise dans l'esprit.

« Ce qui est plus parfait, c'est-à-dire qui contient en soi plus de réalité, ne peut être une suite et une dépendance du moins parfait. » De cette vérité Descartes conclut que l'idée de l'infini et de la perfection de Dieu ne peut être un ouvrage de notre esprit fini et imparfait. D'où il suit que cette idée doit avoir une cause et un objet supérieur à notre esprit à qui l'existence appartienne, et partant que Dieu existe.

Ce raisonnement n'est pas du tout convaincant. L'emploi que fait Descartes du rapport de causalité est toujours ambigu, parce qu'il comprend également au rang des effets, les substances et les modifications et les phénomènes. Nulle modification ou idée n'a de réalité qu'en tant qu'on la considère par rapport à une substance ou une cause. Tout ce que nous considérons comme substance a dans son genre toute la réalité et la perfection possible; et il n'y a pas de plus ou de moins dans la réalité. Quoiqu'une substance ait moins d'attributs, ou, selon nous, ait des attributs moins parfaits qu'une autre, ce n'est pas une raison pour que la moins parfaite dépende de l'autre, quant à son existence. En réduisant donc le rapport de causalité à ce qu'il peut et doit être dans notre esprit, savoir à la

1. *Méd.*, III, § 11.

production d'un mode ou d'un effet transitoire par l'activité d'une force qui est dite *cause*, il n'y a pas de comparaison à établir entre les degrés de réalité et de perfection du mode et ceux de sa cause efficiente.

L'esprit humain a la faculté de faire des compositions d'idées qui lui représentent des choses plus parfaites, plus excellentes que tout ce qu'il connaît; il n'est pas nécessaire que cette idée soit mise en lui par une cause étrangère qui contienne en soi pour le moins autant de réalité qu'il en conçoit dans son idée ; car ainsi que le dit Descartes lui-même, « toute idée étant un ouvrage de l'esprit, sa nature est telle qu'elle ne demande de soi aucune autre réalité formelle que celle qu'elle reçoit et emprunte de la pensée ou de l'esprit, dont elle est seulement un mode, c'est-à-dire une manière ou façon de penser[1] ». Il semblerait par ce passage que nos idées ne tirent que de l'esprit ce qu'il y a de réel ou de substantiel en elles ; car la réalité formelle dans le langage de Descartes est la seule réalité proprement dite. Celle qu'il appelle *objective*, n'étant autre chose que le caractère distinctif des idées ou leur manière d'être et de se présenter à l'esprit n'a pas besoin d'une cause différente de l'âme ou de l'esprit, qui agit pour se modifier lui-même de ces manières diverses qu'on appelle *réalité objective*. De ce point de vue ressortirait un idéalisme complet systématisé.

Mais Descartes cherche à éviter cet écueil par l'explication qui suit : « Afin, dit-il, qu'une idée contienne une telle réalité objective plutôt qu'une autre, elle doit sans doute avoir cela de quelque cause dans laquelle il se rencontre pour le moins autant de réalité formelle que cette idée contient de réalité objective; car si nous supposons qu'il se trouve quelque chose dans une idée qui ne se rencontre pas dans sa cause, il faut donc qu'elle tienne cela du néant[2] », Il y a dans ce passage beaucoup d'obscurité. La réalité objective qui se trouve dans une perception ou idée de couleur, par exemple, diffère

1. *Méd.*, III, § 11.
2. *Ibid.*

de la réalité objective de la perception d'une qualité tactile, d'un son ou d'une odeur. Ces réalités objectives diverses se rapportent-elles nécessairement à autant de causes différentes ou ne peuvent-elles dépendre d'une seule et même cause qui agit différemment sur des organes divers ou disposés de diverses manières? Quand on dit que ces causes ou cette cause unique doivent avoir pour le moins autant de réalité formelle qu'il y a de réalité objective dans les idées ou modes de l'âme qui en sont les effets, peut-on entendre autre chose, sinon que les idées ou ces modes n'auraient pas lieu, s'ils n'étaient pas produits par quelque *cause réelle*, et qu'ils ne seraient pas différents les uns des autres s'il n'y avait pas une diversité réelle, soit dans leurs causes productives, soit dans la manière d'agir de la même cause. Mais qu'est-ce qui nous dit que cette cause est nécessairement extérieure à l'âme? Certes on ne peut pas dire que cette façon d'être d'une chose qui la rend objectivement présente à l'entendement par son idée ne soit rien, ni par conséquent que cette idée tire son origine du *néant*. Mais ne suffit-il pas qu'elle soit un produit de l'activité de l'âme pour être quelque chose de positif ou qui ait une origine réelle et positive?

Jusqu'ici donc Descartes n'a rien dit qui prouve que la différence de réalité objective qui existe entre les idées se rapporte à des causes différentes de l'âme et qui aient chacune une réalité formelle correspondant à la réalité objective des idées. Il y a plus, c'est qu'il n'a point prouvé la nécessité d'une réalité formelle dans les causes des idées, et que cette réalité pourrait être réduite à la simple réalité objective qui serait dans les causes comme dans les effets ou les idées. « Tout ainsi, dit-il, que cette manière d'être objectivement appartient aux idées de leur propre nature, de même aussi la manière ou la façon d'être formellement appartient aux causes de ces idées (à tout le moins aux premières et principales) de leur propre nature[1]. » Voilà une manière commode

1. *Méd.*, III, § 11.

de trancher le nœud de la difficulté sur le premier problème de la philosophie.

Aucune idée ou mode ne peut être dit objectivement ou par représentation dans l'esprit, qu'autant qu'il y a un *moi* ou un sentiment d'individualité distinct de tout ce qui est ainsi représenté. Si en admettant ou présupposant l'existence du *moi*, on peut dire que la *manière d'être objectivement* appartient aux intuitions de leur propre nature, on ne peut pas le dire également des impressions affectives qui ne prennent cette manière d'être objective qu'en s'associant au sentiment de l'effort, et se localisant dans les parties du corps. La seule perception ou idée qui soit objective de sa nature, c'est celle de l'étendue tangible et visible, jointe à la résistance ou séparée d'elle. Toutes les autres modifications ne prennent le caractère objectif qu'en s'associant avec cette première. Il n'y a donc pas plusieurs réalités objectives différentes, mais une seule à laquelle participent des modes ou phénomènes divers qui n'auraient par leur nature aucune réalité objective ou formelle.

Quant aux causes des idées, on ne peut dire que la manière ou la façon d'être formellement, c'est-à-dire la réalité formelle leur appartienne, qu'en tant qu'après avoir tiré les notions de cause ou de substance de l'aperception de notre être propre, agissant ou pensant, nous appliquons hors de nous ces notions qui contiennent vraiment et de leur propre nature la réalité formelle. Les notions se rattachant ainsi au fait de conscience ; celle de la force intelligente est déduite du sentiment de notre volonté efficace ; celle de la substance matérielle est déduite de l'aperception de notre propre corps inerte, étendu, obéissant à la volonté. Toute la réalité formelle qui est contenue dans les éléments du fait primitif se retrouve dans les notions, originaires de ce fait, et n'a pas une autre source.

Une idée ou un phénomène ne peut être dit cause d'un autre que dans un sens impropre, et en tant qu'il s'agit de causes physiques ou d'une succession d'effets. Cette succession nous conduit toujours à un premier terme qui n'est plus un phénomène dont la réalité soit purement objective dans l'esprit, mais une force ou une substance ayant une réalité formelle. Descartes oppose toujours cette réalité, la seule qui puisse être ainsi proprement nommée, à ce qu'il nomme improprement la réalité objective; et il entend que la première doit nécessairement être contenue dans les causes des idées, comme la seconde l'est dans les idées mêmes. C'est là qu'est toute l'obscurité et le faux de la doctrine.

« Les idées, conclut-il, sont en nous comme des tableaux ou des images qui peuvent à la vérité facilement déchoir de la perfection des choses dont elles ont été tirées, mais qui ne peuvent jamais rien contenir de plus grand ou de plus parfait [1]. » Les notions de substances, de causes ne sont pas des images. La réalité formelle s'y attache immédiatement; et il n'y a rien là qu'on puisse appeler réalité objective. Les notions, appliquées hors de nous, ne peuvent d'abord renfermer rien de plus grand ou de plus parfait que la source d'où elles ont été tirées, savoir: notre être propre. Il est vrai que notre esprit est doué de la faculté d'amplifier ou d'étendre ce qui lui est donné sous certaines limites. Ainsi dès qu'il a la notion d'une force ou puissance motrice qui surmonte certains obstacles et est arrêtée par d'autres, il peut faire abstraction de ces obstacles et concevoir une force supérieure à la sienne, à laquelle rien ne résiste. De même en partant d'une étendue limitée telle que celle de son propre corps, il a la faculté d'étendre indéfiniment ces limites ou même de les écarter tout à fait. Ainsi il conçoit quelque chose de plus grand et de plus parfait que la source à laquelle se rattache cette grandeur et perfection supérieure, mais qui n'ont cependant point d'autre réalité formelle que celle de l'âme ou du *moi* où elles prennent naissance. De là, il résulte que le raisonnement suivant n'est pas aussi fondé en principe que le croit l'auteur des Méditations, quand il dit: « Si la réalité ou perfection objective de

1. *Méd.*, III, § 11.

quelqu'une de mes idées est telle que je connaisse clairement que cette même réalité ou perfection n'est point en moi ni formellement ni éminemment, et que par conséquent je ne puis moi-même en être la cause, il suit de là nécessairement que je ne suis pas seul dans le monde, mais qu'il y a encore quelqu'autre chose qui existe et qui est la cause de cette idée; au lieu que s'il ne se rencontre point en moi de telle idée, je n'aurai aucun argument qui me puisse convaincre et rendre certain de l'existence d'aucune autre chose que de moi-même[1]. »

Je réponds : 1° que je puis bien connaître clairement que la réalité d'une idée n'est pas contenue en moi, quoi je me reconnaisse néanmoins comme la cause de cette idée qui pourrait d'ailleurs n'avoir aucune réalité formelle autre que celle que mon esprit lui attribue par induction de la réalité de mon être propre. Ainsi quand je serais seul au monde, il suffirait que j'eusse le sentiment de mon activité identique à celui de mon individualité complète, et que je fusse doué des mêmes facultés d'abstraire, de généraliser, d'amplifier mes conceptions pour que j'eusse des notions de forces, de substances, ayant la réalité de mon être et une perfection supérieure, sans que je fusse en état de prouver par le raisonnement que les causes dont j'ai les notions existent réellement ou ont une réalité formelle absolue et séparée de moi.

Je réponds : 2° qu'en m'en tenant au fait de conscience et aux notions de force et de substance qui en sont les éléments nécessaires, sans rien ajouter, ni sans rien amplifier, je n'en serais pas moins assuré qu'il existe quelqu'autre chose que *moi*, que je le suis de l'existence de *moi*, cette certitude ne se fondant pas à la vérité sur le raisonnement, mais l'aperception interne d'un fait ou d'un rapport primitif à deux termes.

Tout ce que notre esprit conçoit, comme ayant une *réalité formelle* absolue, est aussi conçu comme ne pouvant avoir sa cause en nous-même, mais comme existant d'une manière indépendante. Le *moi* ne peut être cause des substances, mais

1. *Méd*, III, § 12.

seulement des modifications produites dans les substances. Il ne peut pas non plus se concevoir comme effet, puisque sa force propre, constitutive, est au contraire l'antécédent nécessaire de tout rapport de causalité. Les modes passifs seuls sont sentis comme effets de quelque cause qui n'est pas lui.

La notion de Dieu, cause suprême, substance infinie ne peut pas contenir une réalité formelle supérieure à celle des autres forces ou substances de l'univers dont nous croyons nécessairement l'existence. Il n'y a pas de degré dans cette réalité.

Il n'est pas besoin de remonter jusqu'à Dieu pour trouver des notions de choses dont la réalité n'est pas contenue en nous-mêmes, et dont par conséquent nous ne sommes pas causes, bien que toute existence séparée de la nôtre soit dans le même cas. Descartes passe en revue les différentes espèces de nos idées pour savoir celles dont la réalité peut être contenue en nous, et dont par conséquent nous pouvons être causes, et celles dont nous ne pouvons pas être causes par cela seul que leur réalité n'est contenue ni formellement ni éminemment dans le *moi*. Il énonce d'abord l'idée qui représente le *moi* à lui-même, sur laquelle il ne peut y avoir, dit-il, aucune *difficulté*. Il me paraît, au contraire, que toute la difficulté gît dans ce premier point, et que les écarts de la philosophie de Descartes, comme de tous les métaphysiciens, viennent précisément de ne pas assigner les vrais caractères de ce fait par lequel le *moi* se représente, ou, pour parler plus exactement, *s'aperçoit lui-même*. De là, en effet, dépend la question de savoir — si par cela seul que je m'aperçois moi-même en disant, je pense, j'existe, je ne reconnais pas quelqu'autre chose qui agit et qui réagit sur moi, ou si je ne suis certain que de l'existence de moi-même.

Sans s'arrêter à ce premier pas, Descartes passe immédiatement à l'idée de Dieu, des choses corporelles, des anges, des animaux, enfin des hommes semblables à lui. Les deux premières idées, Dieu et les choses corporelles (l'étendue) sont, suivant lui, les éléments de toutes les autres qui pourraient être formées par leur mélange ou composition, quand il n'y aurait aucun homme, ni ange, ni animal au monde. Ceci revient à dire : donnez-moi une force agissante et une substance étendue, et je ferai des hommes, des animaux, etc.; ce qui pourtant ne suffit pas, car il entre dans ces idées outre les deux notions qui en sont les bases ou les éléments nécessaires, des modifications accessoires qui ne peuvent venir de nous-mêmes.

Dans les rêves, certaines images se forment en nous, sans nous, par la combinaison seule des sensations ou impressions antérieures, reçues dans le cerveau. Mais lorsque nous sommes nous-mêmes les auteurs de certaines idées archétypes, nous savons par cela même que ces idées n'ont point de réalité formelle, jusqu'à ce que nous les réalisions hors de nous, en donnant à la matière les formes plastiques qui sont objectivement ou par représentation dans notre pensée; auquel cas nous pouvons être dits à juste titre les causes efficientes des objets représentés dont notre pensée a fourni le modèle et que l'art a exécutés, réalisés. On peut dire que la perfection surnaturelle et idéale, exprimée dans les chefs-d'œuvre de l'art, est contenue objectivement dans l'esprit de l'artiste; et, en la réalisant hors de lui dans la nature, il devient la cause efficiente de cette réalité formelle. Souvent l'artiste exprime ainsi une beauté, une perfection idéale qu'il sent bien n'être pas contenue en lui.

En tant que nous concevons une chose, on peut dire qu'elle est contenue dans notre esprit; mais il y a différentes manières de concevoir, savoir : d'une manière distincte et adéquate, lorsque nous embrassons par la pensée tout ce qui constitue l'objet ou lui appartient; et d'une manière confuse et imparfaite, lorsque nous savons seulement que l'objet existe, sans avoir aucune notion distincte de sa nature. C'est ainsi que nous concevons l'infini, Dieu, une perfection, une beauté idéale dont les traits échappent à notre intelligence. Nous ne sommes pas causes ou sujets réels de ce que nous concevons ainsi; c'est comme la présence d'une divinité supérieure qui nous remue.

Mais pour qu'une chose, notion ou idée, puisse être dite venir de nous-mêmes, il ne suffit pas que le degré de perfection ou d'excellence que nous y trouvons soit inférieur à celui que nous remarquons en nous-mêmes; comme aussi de ce que nous avons l'idée de quelque chose plus parfait, plus grand que nous ne le sommes réellement, il ne s'ensuit pas que cette idée soit un objet réel, ou ait été mise dans notre esprit par quelque cause, différente de notre esprit, qui ait une réalité formelle au moins égale à la réalité objective de l'idée. Cette échelle comparative de degrés supérieurs ou inférieurs de perfection est un mauvais *criterium* pour juger si nous sommes ou non les auteurs de telles idées.

Suivant Descartes, les idées de modes tels que la lumière, les couleurs, les sons, les odeurs, les saveurs, la chaleur, le froid et les autres qualités qui tombent sous l'attouchement, se rencontrent dans la pensée avec tant d'obscurité et de confusion, que même en les supposant vraies, c'est-à-dire représentatives de choses réelles, il est impossible de distinguer la chose représentée d'avec le non-être; et de là l'auteur conclut qu'il ne voit pas pourquoi notre esprit n'en pourrait pas être l'auteur. Mais il est facile de répondre que les modes dont il s'agit sont vraiment inséparables des substances en qui nous les apercevons ou des causes étrangères à qui nous les attribuons comme effets. Sous l'un et l'autre rapport nous savons très certainement, *certissimâ scientiâ et clamante conscientiâ*, que nous ne sommes pas les auteurs de ces modes que nous percevons et sentons malgré nous. Les idées de modes puisées dans la relation sous laquelle seule il nous est permis de les concevoir, ont toute la réalité de la substance et de la cause à qui elles se rapportent. Si on les abstrait de la relation, ce sont de pures abstractions qui n'ont aucune réalité; nous sommes les auteurs de ces abstractions, quoique nous ne fassions pas les éléments abstraits ou les phénomènes.

Venant aux idées claires et distinctes des choses corporelles, Descartes reconnaît qu' « il y en a quelques-unes qu'il me semble avoir pu tirer de l'idée que j'ai de moi-même;

comme celles que j'ai de la substance, de la durée, du nombre, et d'autres choses semblables. Car lorsque je pense que la pierre est une substance, ou bien une chose qui de soi est capable d'exister, et que je suis aussi moi-même une substance; quoique je conçoive bien que je suis une chose qui pense et non étendue, et que la pierre, au contraire, est une chose étendue et qui ne pense point, et qu'ainsi entre ces deux conceptions il se rencontre une notable différence, toutefois elles semblent convenir en ce point qu'elles représentent toutes deux des substances[1]. » Descartes manque ici d'exactitude; ce n'est point par l'acte de la pensée ou de la réflexion seule que je me forme de moi-même une notion de substance à laquelle puisse participer une chose matérielle. Par cet acte, je m'aperçois seulement comme force agissante, capable de produire des modes actifs; et lorsque je sens des modes passifs, je reconnais par induction l'existence réelle d'une cause étrangère à ma volonté ou à moi. L'idée de cause vient bien de moi, mais non pas le mode passif, ni l'association qui se fait naturellement de la notion d'une force étrangère. Quant à la notion de substance étendue, elle a bien son origine dans l'aperception de mon individualité dont mon corps est une individualité nécessaire, et de là elle se transporte aux corps étrangers.

Après avoir cherché à établir, mais bien vainement ce me semble, qu'il n'y a pas d'idée ou de représentation objective de substance, ou de mode extérieur à nous, dont notre esprit ne puisse être l'auteur ou qui ne puisse être contenu en lui formellement ou éminemment, Descartes vient enfin à l'idée de Dieu, dans laquelle il se propose de considérer s'il y a quelque chose qui n'ait pu venir de nous-même. « Par le nom de Dieu j'entends, dit-il, une substance infinie, éternelle, immuable, indépendante, toute connaissante, toute puissante, et par laquelle moi-même et toutes les autres choses qui sont (s'il est vrai qu'il y en ait qui existent), ont été créées et pro-

1. *Mé.*, III, § 14.

duites. Or, ces avantages sont si grands et si éminents, que plus attentivement je les considère et moins je me persuade que l'idée que j'en ai puisse tirer son origine de moi seul. Et, par conséquent, il faut nécessairement conclure de tout ce que j'ai dit auparavant que Dieu existe : car, encore que l'idée de la substance soit en moi de cela même que je suis une subtance, je n'aurais pas néanmoins l'idée d'une substance infinie, moi qui suis un être fini, si elle n'avait été mise en moi par quelque substance qui fût véritablement infinie[1]. » Cette preuve de l'existence de Dieu, que Descartes admet comme d'un ordre supérieur ou antérieur à celui de la réalité de toutes les autres existences, se fonde sur plusieurs hypothèses qu'il serait difficile de justifier :

1° Que nous avons l'idée positive d'une substance infinie comme actuellement existante. Je doute que les hommes les plus réfléchis, se laissant guider par les seules lumières de la raison, trouvent en eux cette idée, comme ils y trouvent la notion distincte d'une substance étendue, et aussi celle d'une cause ou force indéterminée productive des phénomènes. Or, si l'esprit ne trouve pas en lui cette notion, comment s'y prendra-t-on pour lui prouver sa *réalité formelle ?*

2° Que toute notion qui représente une chose supérieure à ce que nous sommes, ou à ce que nous apercevons être, a un objet, un modèle ou un type réel de perfection extérieur à notre esprit ; et que cet objet réel a gravé, pour ainsi dire, en nous la notion qui le représente ou qui en est la copie. Voilà encore une hypothèse impossible à justifier. D'abord savons-nous bien ce que nous sommes ? N'y a-t-il pas dans la nature de notre âme des puissances que nous ignorons complètement[2] et qui sont destinées à se développer dans un autre

1. *Méd.*, III, § 15.

2. Descartes se fait à lui-même cette difficulté un peu plus bas ; mais il la résout en disant que l'être objectif d'une idée ne peut être produit par un être qui existe seulement en puissance, lequel, à proprement parler, n'est rien ; mais seulement par un être formel ou actuel. Mais c'est précisément là ce qu'il s'agit de prouver, savoir si de ce que nous avons la notion d'un être infini, parfait, on peut conclure qu'il y ait un être formel ou actuel,

mode d'existence? Qui sait s'il n'y a pas en elle une perfectibilité infinie, une science infinie mais confuse? Ne pourrait-elle pas se créer d'après ce type intérieur le modèle d'un être tout-puissant, tout parfait, omniscient, sans que ce modèle eût un objet externe, cause de la notion qui le représente? Pourquoi serait-ce en Dieu seulement et non en nous-même que nous trouverions l'infini?

La preuve que notre âme a en elle la faculté de concevoir l'infini, la perfection, c'est qu'elle a de telles notions. Nous concluons très bien des actes aux facultés qui sont en nous, mais non des facultés aux causes supérieures qui les ont produites avec notre âme, car il faudrait pour cela que nous puissions nous faire une idée de la création et après que nous sommes parvenus à reconnaître une cause efficiente première de ce qui se fait, remonter encore jusqu'à la cause de ce qui *est*, ou à une substance qui a produit toutes les autres, quoique celles-ci soient comme indépendantes par leur nature ou par celle de la notion même qui les représente. Ce progrès de l'esprit, qui remonte à la cause première des substances et des forces, causes naturelles des phénomènes, n'est pas dans l'ordre naturel de la raison; d'où l'on peut conclure qu'une telle notion n'a pas été mise dans notre esprit par quelque substance infinie qui en soit le modèle extérieur, mais qu'au contraire nous nous élevons à la conception d'un tel modèle en réalisant hors de nous par induction la cause, la substance que nous trouvons en nous-même.

3° On prouverait l'existence nécessaire de la substance matérielle, étendue, plutôt que celle de Dieu, par l'argument de Descartes, en disant : Je n'aurais pas l'idée d'une substance

hors de notre âme. Kant a très bien distingué la possibilité réelle de la possibilité logique. « Pour qu'une chose, dit-il, (Voyez *Kinker*, page 164) soit logiquement possible, il suffit qu'elle ne soit pas en contradiction avec elle-même; pour qu'elle soit réellement possible, il faut en outre qu'elle s'accorde avec les principes de notre sensibilité ou de notre entendement. La possibilité réelle suppose bien la possibilité logique mais non *vice-versâ*. Tout ce qui est possible dans la pensée ne l'est pas pour cela dans la réalité. » (M. de B.)

étendue, moi qui suis une chose qui pense, non étendue, si elle n'avait été mise en moi par quelque substance qui soit véritablement étendue ; donc une telle substance existe réellement. Et cet argument me paraît sans réplique, dès qu'on fait l'application nécessaire du principe de causalité, puisqu'il est vraiment impossible de concevoir comment nous pourrions avoir l'intuition de l'étendue, comme étant hors du *moi* et opposée à lui, s'il n'y avait pas une substance étendue ou une cause extérieure quelconque de cette intuition. Nous sommes assurés par le fait de conscience que nous ne contribuons en aucune manière par notre activité à cette représentation ; et la manière seule dont elle se produit à nos sens, son antagonisme avec notre moi, nous atteste qu'elle ne peut être tirée de lui, qu'elle n'y est point contenue d'avance. Autant vaudrait-il dire que l'ombre était contenue dans la lumière.

Descartes a prévenu cette objection fondée sur ce que ne pouvant pas trouver en nous-même la notion d'une substance étendue, il faut qu'elle y ait été mise par une substance réellement étendue, et, par conséquent, que nous savons premièrement que les corps existent. « Il est vrai, dit-il, que l'étendue, la figure, la situation et le mouvement, ne sont point formellement en moi, puisque je ne suis qu'une chose qui pense ; mais parce que ce sont seulement de certains modes de la substance, et que je suis moi-même une substance, il semble qu'elles puissent être contenues en moi éminemment[1]. » Ce passage est très remarquable ; c'est le point de la doctrine de Descartes où l'on aperçoit le mieux sa connexion intime avec celle de Spinoza. La substance qui pense peut contenir éminemment l'étendue ; l'étendue est un des modes de la substance ; pourquoi la substance infinie et une ne contiendrait-elle pas éminemment la pensée et l'étendue, comme des attributs ou modes inséparables d'elle ?

Si je m'en tiens à l'aperception interne de mon individua-

1. *Méd.* III, § 14.

lité, sans division ni abstraction, je trouve en *moi* ou dans le corps propre qui actualise le sentiment de l'effort, l'étendue (non figurée), la situation ou le mouvement joints à la pensée dont l'objet immédiat est le corps propre qui réunit ces qualités. Mais en tant que j'abstrais l'un de l'autre les deux termes du fait de conscience, l'étendue qui se représente à distance comme objet d'intuition, et le moi ou l'effort sont indépendants et ne peuvent en aucun sens être dits contenus l'un dans l'autre. Descartes décèle son embarras, quand il dit : que l'étendue, la figure, quoique n'étant pas contenus formellement dans l'âme, peuvent y être éminemment ; ce qui veut dire sans doute qu'elle a la puissance de les former comme étant d'une nature supérieure ; mais ici la prééminence de nature ne fait rien. Il est certain par l'expérience intime que nous ne formerions pas l'idée la plus simple, la plus grossière, si nous ne l'avions pas reçue. Celle de l'étendue est tout à fait dans ce cas.

« Je ne me dois pas imaginer que je ne conçois pas l'*infini* par une véritable *idée*, mais seulement par la négation de ce qui est fini, de même que je comprends le repos et les ténèbres par la négation du mouvement et de la lumière : puisqu'au contraire je vois manifestement qu'il se rencontre plus de *réalité* dans la substance infinie que dans la substance finie ; et partant que j'ai en quelque façon premièrement en moi la notion de l'infini que du fini, c'est-à-dire de Dieu que de moi-même ; car comment serait-il possible que je pusse connaître que je doute et que je désire, c'est-à-dire qu'il me manque quelque chose et que je ne suis pas tout parfait si je n'avais en moi aucune idée d'un être plus parfait que le mien [1] ? » J'avoue que je ne conçois rien à ce paragraphe ; et il m'est impossible de concevoir sur quelle faculté de l'esprit Descartes appuie les assertions qui y sont contenues. Je conçois en moi la faculté de faire abstraction de toutes limites

1. « ... par la comparaison duquel je connaîtrais les défauts de ma nature. » (*Méd.* III, § 16.)

d'espace et de temps, de saisir ainsi ces notions comme celles de substance et de cause par une sorte de vue générale et indéterminée ; mais quant à l'idée positive de l'infini, de l'absolu, je ne crois pas qu'elle se perçoive distinctement dans l'esprit de quelque homme que ce soit. Dans la formation réfléchie de nos idées distinctes, nous partons bien certainement du déterminé et du fini, quoique nous soyons forcés par une loi de notre esprit d'admettre ou de croire un absolu, un infini antérieur dont nous ne pouvons nous faire en aucune manière une idée ou notion distincte. Ce sont là des principes et non pas des idées. Avant de me connaître moi-même, je ne connais rien, je ne suis pas même un être pensant. Je n'ai donc en moi en aucune façon *premièrement* la notion de l'infini ou celle de Dieu avant l'aperception ou la connaissance de moi-même. Mais comme j'ai la relation de cause et d'effet présente à mon esprit, en même temps que mon existence est indivisible d'elle, et qu'aussitôt que je viens à penser à la substance, à la cause, je conçois que ce que j'appelle ainsi a préexisté à *moi* et à ma connaissance et en est indépendant, on peut dire que le *principe formel* de telles notions est premièrement non en *moi*, avant que je fusse ma personne, mais dans l'âme substance, quoiqu'il n'y eût aucune notion ni idée.

Quant à la connaissance réflexive de ces modes de mon être pensant et sentant que j'appelle *doute*, *désir*, elle ne suppose certainement pas la notion de Dieu. Mais il est vrai que pour reconnaître que ces états sont des imperfections, il faut se faire quelqu'idée d'un autre état plus parfait relativement auquel on compare celui où il manque quelque chose. Et il suffit pour cela d'avoir éprouvé cet état de l'esprit jouissant de l'évidence pour sentir que le doute est une imperfection. Descartes confond ici les réflexions que nous pouvons faire sur certains états sensitifs, intellectuels et moraux, et les comparaisons que nous pouvons faire entre eux et avec ces états eux-mêmes.

MÉDITATION V

« Il n'y a rien de contenu dans le concept du corps de ce qui appartient à l'esprit, et réciproquement dans le concept de l'esprit rien n'est compris de ce qui appartient au corps [1]. » Dans le concept de l'objet résistant et solide, tel que celui que l'aveugle peut se figurer, il peut n'y avoir rien de ce qui appartient à la vue, et réciproquement. Peut-on en conclure qu'il y ait là deux objets différents ?

« De ce que je conçois clairement et distinctement une substance sans une autre, je suis assuré qu'elles s'excluent mutuellement l'une l'autre, et sont réellement distinctes [2] : » Je l'accorde. Nous concevons clairement et distinctement des substances séparées à l'aide de la même faculté de représentation ou d'intuition externe. Mais il s'agit de savoir si ce que nous concevons par réflexion ou aperception interne est aussi une substance complète, ou peut être appelée ainsi, comme ce sujet étendu en qui nous voyons se succéder différentes modifications ; voilà la grande difficulté. Que l'esprit soit conçu comme une chose subsistante, quoiqu'on ne lui attribue rien de ce qui appartient au corps, c'est ce que Descartes prétend avoir démontré, et qu'on peut bien regarder comme une illusion de l'esprit qui attache la réalité à ses abstractions. Conçoit-on l'esprit comme une chose ?

« Il est très évident que tout ce qui est vrai est quelque chose, *la vérité étant une même chose avec l'être* [3]. » La vérité est dans les relations que nous concevons entre nos idées, soit que nous les rapportions aux choses ou aux êtres, soit que nous ne les y rapportions pas. Dans le premier cas, la vérité est physique ; dans le second métaphysique, ou logique. Lorsque les relations sont perçues entre les idées générales ou abstraites, la vérité est purement logique. Elle n'est pas

1. Voy. *Réponse aux secondes Object.*, § 5 et *Méd.* VI, § 8.
2. *Ibid.*
3. *Méd.* V, § 2.

une même chose avec l'être, ou avec la réalité absolue des choses, et on se trompe, lorsqu'on confond cette vérité de convention avec une réalité absolue. C'est ainsi qu'on réalise dans la nature des classifications arbitraires, ou des rapports numériques, géométriques qui n'ont lieu que dans notre esprit.

« Si de cela seul que je puis tirer de ma pensée l'idée de quelque chose, il s'ensuit que tout ce que je reconnais clairement et distinctement appartenir à cette chose, lui appartient, en effet, ne puis-je tirer de là une preuve démonstrative de l'existence de Dieu[1] ? » Lorsque je tire de ma pensée l'idée d'une chose, il s'ensuit que tout ce que je reconnais clairement et distinctement appartenir à cette chose, lui appartient en effet, en tant que son idée est dans mon esprit ou que je la conçois. Mais il ne s'ensuit pas que cette chose existe réellement hors de mon esprit avec les attributs que j'y reconnais. Les vérités mathématiques en sont un exemple. Nous concevons clairement et distinctement ces idées et leurs relations sans pouvoir en conclure rien pour la réalité absolue de leur objet.

« L'existence de Dieu doit passer en mon esprit au moins pour aussi certaine que les vérités mathématiques qui ne regardent que les nombres et les figures[2]. » J'admets la parité quant au genre de la vérité.

« Ayant accoutumé, dit Descartes, dans toutes les autres choses de faire distinction entre l'*existence* et l'*essence*, je me persuade aisément que l'existence peut être séparée de l'essence de Dieu, qu'ainsi on peut le concevoir comme n'étant pas actuellement. Mais lorsque j'y pense avec plus d'attention, je trouve manifestement que l'existence ne peut non plus être séparée de l'essence de Dieu que de l'essence d'un triangle rectiligne la grandeur de ses trois angles égaux à deux droits, ou bien de l'idée de montagne l'idée d'une vallée ;

1. *Méd.* V, § 3.
2. *Ibid.*

en sorte qu'il n'y a pas moins de répugnance de concevoir un Dieu, c'est-à-dire un Être souverainement parfait auquel manque l'existence, c'est-à-dire auquel manque quelque perfection, que de concevoir une montagne qui n'ait point de vallée[1]. » Je trouve un véritable sophisme dans ce raisonnement. Sans doute lorsque, ayant défini Dieu un être qui a toutes les perfections, vous considérez l'existence comme une de ces perfections, il répugne à notre définition d'exclure l'existence de l'idée de Dieu. Mais c'est là une vérité logique fondée sur le principe de contradiction : point de montagne sans vallée, point d'effet sans cause, etc. Cela serait logiquement vrai quand il n'y aurait pas de montagne ni de cause réelle au monde.

On a objecté contre l'argument de Descartes qu'il ne prouvait pas que Dieu, ou qu'un être souverainement parfait, fût possible, et que l'argument n'était vrai, ou l'existence de Dieu certaine, qu'autant que cette notion était possible, c'est-à-dire qu'elle n'admettait pas d'éléments incompatibles entre eux. Mais quand même il n'y aurait pas d'incompatibilité entre les éléments que l'esprit réunit sous cette idée, il ne s'ensuivrait pas nécessairement qu'elle eût hors de l'esprit un tel objet ou un modèle réellement existant. Descartes met l'existence au nombre des attributs ou perfections de l'être réel ou purement idéal qu'il appelle Dieu. Mais avant de concevoir des attributs dans un sujet, il faut savoir s'il y a un sujet existant[2]. Or, la manière dont nous pouvons nous assu-

1. *Méd.* V, § 3.

2. « De cela seul que je ne puis concevoir Dieu que comme existant, il s'ensuit que l'existence est inséparable de lui, et partant qu'il existe véritablement, non que ma pensée puisse faire que cela soit, ou qu'elle impose aux choses aucune nécessité ; mais au contraire la nécessité qui est en la chose même me détermine à avoir cette pensée. » (*Méd.* V, § 4.) On confond ici la nécessité des idées avec la nécessité des choses. Je trouve dans mon esprit la nécessité de concevoir des causes efficientes quand je vois des phénomènes qui commencent, et je suis conduit par l'exercice de mes facultés à pousser cette notion de cause jusqu'à celle de Dieu. Mais la nécessité d'un être souverain, parfait, n'est pas imposée à mon esprit comme une vérité nécessaire. Car combien d'hommes en qui elle ne se trouve

rer de la réalité du sujet extérieur ou étranger à nous-mêmes ne ressemble nullement à la manière dont nous lui rapportons certains attributs, certaines qualités. L'existence réelle, absolue peut être affirmée ou crue d'un sujet avant qu'il y ait quelques attributs distingués du sujet. Cette distinction est le premier pas de la connaissance. Mais avant elle est la croyance nécessaire que la chose existe ; et si cette existence n'est pas crue nécessairement ou primitivement, il faut qu'elle soit justifiée par l'expérience ou par le fait. Je puis me faire l'idée ou l'image d'une chose ou d'une personne douée de telles qualités, ayant telle physionomie, tel caractère ; je pourrai feindre que cette personne a fait certaines actions conformes à son caractère ; je ferai le roman de sa vie, etc. Il n'y a rien d'impossible dans mon roman ; il pourrait même arriver par hasard que je rencontrasse une personne semblable à celle que mon imagination représente, ayant passé par les circonstances que j'ai imaginées ; mais avant la rencontre, tout ce que j'ai imaginé n'a point de réalité extérieure, ou du moins je n'ai pas le moyen de le savoir. Le raisonnement et les comparaisons répétées entre ce que je conçois par l'imagination et ce que je perçois peut me convaincre de la possibilité de mon idée, mais il ne m'assurera jamais de la réalité formelle de leur objet. Cette réalité n'est jamais susceptible de démonstration : on la croit nécessairement, ou on reste toujours dans le doute à son égard.

Ceux qui assimilent les moyens qui peuvent nous servir à prouver des existences, avec la méthode des hypothèses physiques ou mathématiques, employées à démontrer que tels faits s'accomplissent réellement dans la nature de manière à nous montrer certaines apparences, se trompent évidemment ;

pas ! Tandis que la notion de l'existence réelle des substances, des causes de phénomènes est universelle ou commune à tous les esprits. L'idée de l'existence peut être prise pour l'existence même, quand il s'agit des figures mathématiques, car il dépend de moi de les réaliser. Mais il n'en est pas de même de l'idée d'un être indépendant ; supposer son existence ou en avoir l'idée n'est pas l'apercevoir. (M. de B.)

car avant qu'une chose soit de telle manière, il faut qu'elle existe. Si la croyance d'une existence réelle n'était pas nécessairement jointe à l'idée du soleil que je vois, grand comme un plat, attaché à une voûte bleue, elle ne s'associerait jamais à la notion astronomique du véritable soleil, plusieurs milliers de fois plus gros que la terre et reculé dans l'espace à trente-quatre millions de lieues. En établissant par le raisonnement et la méthode des géomètres cette dernière vérité, comme celle des relations des lignes qu'on suppose tirées dans l'espace, je ne trouverais jamais que l'idée d'un soleil possible avec telles dimensions, et non point la croyance d'un soleil actuellement existant.

« Nous sommes tellement accoutumés, dit Descartes, à distinguer dans toutes les autres choses l'*existence* de l'*essence*, que nous ne prenons pas assez garde comment elle appartient à l'*essence* de Dieu, plutôt qu'à celle des autres choses. Mais pour lever cette première difficulté, il faut faire distinction entre l'existence *possible* et la *nécessaire*, et remarquer que l'existence possible est contenue dans la distinction de toutes les choses que nous concevons clairement et distinctement ; mais que l'existence nécessaire n'est contenue que dans la seule idée de Dieu. Car encore que nous ne concevions jamais les autres choses sinon comme existantes, il ne s'ensuit pas néanmoins qu'elles existent, mais seulement qu'elles peuvent exister, parce que nous ne concevons pas qu'il soit nécessaire que l'existence actuelle soit conjointe avec leurs autres propriétés, mais de ce que nous concevons clairement que l'existence actuelle est nécessairement et toujours conjointe avec les autres attributs de Dieu, il suit de là nécessairement que Dieu existe[1]. » L'existence n'est point un attribut ; mais tout attribut, toute propriété ou qualité suppose nécessairement et toujours l'existence réelle et actuelle de quelque être[2]. Je dis que l'existence actuelle (et non pas seulement

1. Descartes, *Réponse aux premières objections*, § 12.

2. Gassendi a objecté avec raison que l'existence ne peut être considérée dans une chose comme une perfection (ni par suite comme un attribut) ; et

possible) est nécessairement contenue dans toute notion; et quoiqu'il puisse être vrai de dire que l'existence n'est contenue dans aucune notion autre que celle de Dieu, entendant par là qu'il est impossible d'apercevoir un phénomène sans croire ou sans avoir nécessairement présente à l'esprit la notion d'une substance en qui réside le mode phénoménique ou d'une cause qui le fait commencer. Et cette notion emporte avec elle indivisiblement l'existence réelle et actuelle de la substance et de la cause indépendante du phénomène produit, puisqu'elle est censée rester après lui comme subsister avant. L'existence et l'essence sont complètement identiques toutes les fois qu'il s'agit de cause ou de substance. Cette double notion de substance et de cause ne peut avoir qu'une réalité formelle; elle n'a point de réalité objective, puisque la substance ni la cause ne se représentent point absolument à l'esprit. Nous savons seulement, nous assurons qu'elles existent dès que les phénomènes se présentent à nos sens. Lorsqu'on oppose l'existence possible de toutes les choses que nous apercevons à l'existence nécessaire, on a égard aux procédés du raisonnement qui remonte dans la série des notions aux causes efficientes, plutôt qu'aux lois naturelles de notre esprit dans la perception ou la connaissance.

Considérant que nous avons commencé et que nous cessons d'être, que toutes choses fluent sans garder de formes constantes, que les générations et les destructions se succèdent sans cesse dans la nature, nous reconnaissons des êtres contingents qui peuvent être ou ne pas être; et nous disons que leur existence quoiqu'elle soit réelle et actuelle n'est pas nécessaire, c'est-à-dire qu'ils pouvaient être ou ne pas être, que leur existence est contingente. C'est le contingent qui est ici opposé au nécessaire. Un être contingent et passager n'en est pas moins réel et actuel pendant qu'il dure; tandis qu'un

si une chose manque d'existence, on ne dit pas qu'elle soit imparfaite, mais bien qu'elle est nulle ou qu'elle n'est point du tout. Il n'y a point de choses, dit M. Ancillon, si l'on ne peut affirmer leur existence; il n'y a point d'existence, s'il n'y a quelque chose qui existe. (M. de B.)

être simplement possible n'est pas actuel ni réel. Le langage de Descartes, souvent inexact, l'est surtout dans cette occasion. On peut donc dire que la cause suprême est la seule en qui l'existence nécessaire soit conjointe avec tous les autres attributs; mais non qu'elle est la seule en qui l'existence soit conjointe avec ces attributs. Car cette *conjonction* en l'existence actuelle est aussi nécessaire quand il s'agit d'une substance ou d'une cause subordonnée quelconque, que lorsqu'il s'agit de Dieu. Et nous ne nous élevons à cette dernière notion que longtemps après avoir conçu qu'il y a nécessairement des substances et des causes dans le monde des phénomènes et que nous sommes nous-mêmes des causes, des substances. D'ailleurs que seraient des attributs et des modes qui ne seraient pas nécessairement conjoints avec l'existence réelle et actuelle d'une substance? Ne seraient-ce pas de pures abstractions?

Concluons que si l'existence nécessaire n'appartient qu'à Dieu, en tant qu'il est la cause suprême et la dernière raison des existences, *ultima ratio rerum*, l'existence réelle et actuelle n'en est pas moins conjointe avec toutes les perceptions des choses hors de nous et inhérente à toute notion de substance et de cause qui entre comme élément nécessaire dans ces perceptions.

« Ne distinguant pas assez soigneusement les choses qui appartiennent à la vraie et immuable essence d'une substance de celles qui ne lui sont attribuées que par une fiction de notre entendement, encore que nous apercevions assez clairement que l'existence appartient à l'essence de Dieu, nous ne concluerons pas de là nécessairement que Dieu existe, parce que nous ne savons pas si son essence est immuable et vraie, ou si elle a seulement été faite et inventée par notre esprit... Mais pour ôter cette seconde difficulté, il faut prendre garde que les idées qui ne contiennent pas de vraies et immuables natures, mais seulement de feintes et composées par l'entendement, peuvent être divisées par l'entendement, non seulement par une abstraction ou restriction de la pensée, mais par une claire et distincte opération ; en sorte que les choses que l'entendement ne peut pas ainsi diviser n'ont point sans doute été faites ou composées par lui[1]. » Ce *criterium* me paraît juste, et je l'adopte pour prouver que toute relation de substance au mode, de cause à effet ne peut avoir été composée par notre entendement, puisqu'il nous est impossible de concevoir un mode qui ne soit pas inhérent à une substance actuellement existante, non plus qu'un phénomène qui commence sans une cause, que nous ne pouvons non plus nous empêcher de croire existante. Ainsi ce n'est pas seulement avec la notion de Dieu, mais de plus avec celle de toute cause ou substance que l'existence est nécessairement conjointe, quoique dans un autre sens Dieu seul existe nécessairement et par soi. Toute substance ou cause a une vraie et immuable nature que notre esprit n'a point faite et qu'il ne peut changer. L'argument de Descartes a donc le défaut d'être pris dans un sens particulier, pendant qu'il est universel.

Chaque faculté porte avec elle son témoignage ou son *criterium* de vérité ; et nous ne nous trompons qu'en voulant appliquer l'une quelconque de ces facultés à ce qui n'est pas de son domaine. Descartes ne reconnaît que l'autorité de l'aperception interne. On ne voit pas pourquoi il récuse celle de la mémoire, et veut absolument qu'il n'y ait de vérité dont nous ne puissions être assurés invariablement, qu'autant que Dieu existe.

Tout tient à bien distinguer les caractères qui constituent pour nous l'existence réelle des choses ou des êtres, de ceux d'où dépendent seulement leur vérité ou possibilité idéale. Cette possibilité est ce que les métaphysiciens appellent l'essence de l'objet tel qu'il est représenté par une idée de l'esprit. Je conçois, par exemple, l'essence d'un dodécaèdre régulier, ou d'un corps solide compris sous douze plans, en ce qu'un tel corps est possible et que son essence est véritable, quoique j'ignore s'il y a quelque dodécaèdre existant. Mais je ne puis

1. Descartes, *Réponse aux premières objections*, § 12.

concevoir un décaèdre régulier, quoique l'analogie des mots me conduise à inventer un tel signe, parce qu'un tel corps est impossible ou qu'il n'a point d'essence, même dans mon entendement. Après avoir reconnu cette impossibilité ou nullité d'essence idéale, j'affirme positivement qu'il n'existe point de décaèdre régulier dans la nature.

Il paraît par cet exemple :

1° Que dans les idées que nous composons nous-mêmes, l'essence véritable, ou la possibilité de la chose conçue suffit pour nous assurer non pas que la chose existe actuellement telle que nous la concevons, mais qu'elle peut réellement exister, ce que nous parvenons à constater par des expériences ou des recherches dont l'inutilité ne saurait jamais nous convaincre que la chose n'existe en aucun lieu de l'espace ou aucune époque de la durée. Mais tout doute disparaît lorsque nous réalisons nous-mêmes ces idées, comme font les géomètres et les artistes qui peuvent faire qu'un objet dont ils conçoivent l'essence idéale, passe du possible à l'actuel.

2° Dans les choses que la nature compose, nous connaissons l'existence avant de connaître l'essence véritable, et indépendamment de cette essence, ou de ce qui fait précisément qu'un tel être était possible avant qu'il existât. Nous n'avons pas besoin de connaître cette essence pour nous assurer de l'existence des êtres, les moyens naturels que nous avons, nous sont donnés avec les perceptions des sens.

3° Quant aux idées ou notions qui ne sont pas notre ouvrage, qui sont données toutes faites à notre esprit avec la croyance nécessaire d'une existence réelle et actuelle, il n'y a aucune distinction à faire à leur égard entre l'essence et l'existence, aucun doute possible à former sur celle-ci, ni aucune lumière à acquérir au-dessus de celle que nous donne la nature. Reste à savoir si la notion de Dieu, celle de l'âme séparée, est au nombre de ces dernières ; auquel cas il n'y aurait pas plus de *démonstration possible* de sa réalité qu'il n'y en a de celle de la substance matérielle, des forces actives, etc. Et l'argument de Descartes serait inutile ; car il n'y a rien à démontrer sur des notions qui emportent avec elles la réalité : il ne s'agit que de les constater. On dirait, à entendre Descartes et les métaphysiciens, qu'il est libre à notre esprit de faire entrer l'idée d'existence dans une notion ou idée, ou de l'en séparer, ou de montrer par le raisonnement qu'elle lui appartient. Assurément si l'existence réelle n'était pas donnée à notre esprit, il ne la concevrait jamais par déduction.

MÉDITATION VI

Descartes distingue l'*imagination* de la pure *intellection* ou *conception*. Il cite en exemple le triangle qui n'est pas seulement conçu comme une figure composée de trois lignes, mais de plus représenté ou rendu présent par la force ou l'application intérieure de l'esprit, ce qu'il appelle *imaginer*.

A cet exemple, il oppose celui du chiliogone où l'esprit conçoit qu'il s'agit d'une figure composée de mille côtés, aussi facilement qu'il conçoit que le triangle est composé de trois lignes seulement, mais sans regarder ces mille côtés comme présents avec les yeux de l'esprit. Descartes emploie le mot *concevoir* pour exprimer une pensée quelconque que l'esprit attache à un signe, lorsqu'il n'y a pas d'images ou d'idée claire réveillée en lui, pourvu toutefois qu'on entende le sens du mot. C'est ce que Leibnitz appelle : *pensée aveugle ou symbolique*. Et il faut bien distinguer les cas où les signes sont destinés à représenter des choses dont il y a des images possibles, de ceux où il n'y a proprement rien à représenter, comme lorsqu'il s'agit de notions purement intellectuelles et morales. Lorsque nous mettons une pensée aveugle ou symbolique à la place d'une idée claire que nous pourrions avoir au moyen d'une contention d'esprit suffisante, ou encore qu'il nous est impossible d'obtenir actuellement à cause de la faiblesse de notre imagination, on ne peut pas dire que l'esprit procède par pure intellection. Il y a plutôt défaut d'exercice d'une faculté qu'emploi d'une autre faculté particulière. Mais nous appliquons l'intellection et la conception aux signes qui expriment des notions dont il n'y a pas d'images.

« La faculté d'imaginer qui est en moi, autant qu'elle diffère de la puissance de concevoir, n'est en aucune façon nécessaire à ma nature ou à mon essence, c'est-à-dire à l'essence de mon esprit ; car encore que je ne l'eusse point, il est sans doute que je demeurerais toujours le même que je suis maintenant : d'où il semble que l'on puisse conclure qu'elle dépend de quelque chose qui diffère de mon esprit..... L'esprit en concevant se tourne vers lui-même et considère quelqu'une des idées qu'il a en soi ; mais en imaginant il se tourne vers le corps, et considère en lui quelque chose de conforme à l'idée qu'il a lui-même formée ou qu'il a reçue par les sens. Je conçois aisément que l'imagination se peut faire de cette sorte, s'il est vrai qu'il y ait des corps ; et parce que je ne puis rencontrer aucune voie pour expliquer comment il se fait, je conjecture de là que probablement il y en a [1]. » Le corps concourt aussi nécessairement à l'intellection qu'à l'imagination. En effet, je ne concevrais pas plus le triangle que le myriogone si je n'avais des signes auxquels ces conceptions fussent attachées, et de plus s'il n'y avait l'idée d'une étendue extérieure dont l'aperception immédiate de mon propre corps est le type nécessaire. Tout signe est nécessairement matériel ou tiré de quelqu'un de nos organes. Pour concevoir, il faut donc que l'esprit s'aidant de quelques signes se tourne aussi vers le corps d'une manière quelconque. Il est vrai que la fonction du corps ou du cerveau, dans la pure intellection ou dans la conception des idées qui ne se rapportent pas aux sens externes, est différente de celle qui a lieu dans l'imagination ou la représentation des idées qui se rapportent à un sens externe quelconque, le cerveau étant plus actif dans ce dernier cas, ou requérant un déploiement d'effort plus énergique, plus précis de la part de l'âme. Mais l'on ne peut pas conclure de là que le corps ne prend aucune

1. *Méd.* VI, § 2.

part à l'intellection ou à l'acte quelconque de la pensée; et s'il n'y prenait aucune part, il n'y aurait point de *moi*, par suite point de pensée.

De là on peut mieux comprendre le sens suivant lequel on peut dire avec Descartes que l'imagination en tant qu'elle diffère de la puissance de concevoir (ou d'apercevoir) n'est pas nécessaire à l'essence de l'esprit ou du *moi*. En effet, pour être *moi* ou apercevoir mon existence individuelle, pour penser et agir enfin, il n'est pas nécessaire que mes sens externes, affectés du dehors, transmettent des impressions au cerveau, ni que cet organe central retenant ces impressions ou conservant les images des objets, les retrace ensuite soit spontanément, soit par un effort déterminé de l'âme ; il suffit que l'âme exerce une action ou un effort déterminé sur le corps, par l'intermédiaire du cerveau, et qu'en commençant le mouvement elle l'aperçoive comme un effet dont elle est cause. Cet effort appliqué au rappel des signes, et par eux à celui de quelque notion antérieure est un acte d'aperception, d'intellection pure sans imagination.

Descartes examine ensuite ce què c'est que *sentir*, et si de ces idées reçues dans l'esprit par cette façon de penser qu'on appelle ainsi, on ne peut pas tirer quelque preuve de l'existence des choses corporelles.

« Certes, dit-il, en considérant les idées de toutes ces qualités sensibles (couleurs, odeurs, saveurs, sons, etc.) qui se présentaient à ma pensée et lesquelles seules je sentais proprement et immédiatement, ce n'était pas sans raison que je croyais sentir des choses entièrement différentes de ma pensée, à savoir des corps d'où procédaient ces idées; car j'expérimentais qu'elles se présentaient à elle sans que mon consentement fût requis, en sorte que je ne pouvais sentir aucun objet, quelque volonté que j'en eusse, s'il ne se trouvait présent à l'organe de l'un de mes sens, et en ce cas il n'était pas en mon pouvoir de ne pas le sentir [1]. »

1. Descartes dit plus bas (avant d'avoir reconnu l'existence de Dieu) : « Quoique les idées que je reçois par les sens nè dépendent pas de ma

L'auteur se sert ici du rapport de causalité et de la faculté que nous avons de percevoir certaines modifications comme effets de quelque force ou cause différente du moi et opposée à lui pour établir l'existence réelle des corps.

Mais, à moins qu'on appelle *corps* les causes inconnues des

volonté, je ne puis en conclure qu'elles procèdent de choses différentes de moi, puisque peut-être il se peut rencontrer en moi quelque faculté inconnue jusqu'ici qui en soit la cause et qui les produise. » Je réponds que dans toute hypothèse, cette cause n'étant pas moi, ou lui étant même opposée, la faculté dont il s'agit ne pourrait pas plus être dite en *moi* ou à *moi* que ne l'est la faculté de nutrition, de sécrétion, quoiqu'on pût dire par hypothèse qu'une telle faculté de produire des sensations sans le concours d'aucun objet extérieur et contre l'impulsion de la volonté appartînt à l'âme ou au corps. Car je ne puis dire qu'une chose est en *moi* ou m'appartient qu'autant que je puis la reconnaître ou l'apercevoir par une attention suffisante de l'esprit ; et il répugne de supposer que ce que je reconnais ainsi comme étranger ou opposé à moi soit l'effet d'une faculté ou puissance que j'aurais sans le savoir. Cette amphibologie prouve clairement la nécessité de restreindre ce qu'on appelle *moi* au fait de conscience ou à la volonté en exercice.

Dans ses réponses aux premières objections, Descartes reconnaît qu'une puissance telle que celle de se conserver ne peut être dans un être pensant sans qu'il s'en aperçoive : « Car, dit-il, comme celui qui s'interroge soi-même, ne se considère que comme une chose qui pense, rien ne peut être en lui dont il n'ait ou ne puisse avoir connaissance, à cause que toutes les notions d'un esprit, comme serait celle de se conserver soi-même, si elle procédait de lui, étant des pensées et partant présentes et connues à l'esprit, celle-là comme les autres lui serait aussi connue et présente, et par elle, il viendrait nécessairement à connaître la faculté qui le produirait ; toute action nous menant nécessairement à la connaissance de la faculté qui la produit. » En tant que je suis un être pensant, *moi*, il est évident que je connais tout ce qui m'appartient ou me constitue *moi*, puisque je ne suis tel que par l'aperception interne ou la conscience. Ce qui n'est pas dans les limites de cette conscience ou connaissance intérieure ne saurait donc être dit en *moi*. Mais il n'en est pas ainsi en tant que je prends pour *moi* mon individualité tout entière, savoir : le corps propre en qui et par qui je *sens des impressions*, j'exécute des mouvements, et la *force qui* se déploie sur lui, avec la conscience d'elle-même. Je puis dire ainsi qu'il se passe en moi beaucoup de choses qui ne viennent jamais à ma connaissance, telles sont toutes les fonctions de la vie organique. Le principe vital a, en effet, comme en réserve des forces qu'il déploie dans le besoin et dont le *moi* ne se doute pas. Il en est de même de l'âme pensante qui a souvent en elle des trésors ignorés jusqu'à ce que les circonstances en permettent le développement. Mais il est vrai de dire, comme Descartes, que toute action dont nous avons conscience mène nécessairement à la connaissance de la faculté qui la produit. (M. de B.)

modifications passives que nous éprouvons par des sens quelconques externes ou internes, il est impossible de dériver de cette source unique l'idée que nous avons d'une substance matérielle comme existante réellement et actuellement hors de nous ; et nos idéologues modernes qui se sont plus particulièrement attachés à l'analyse de cette question, n'ont pas beaucoup ajouté à ce que Descartes en avait dit dans ce passage des *Méditations*. Ce philosophe ajoute :

« Parce que les idées que je recevais par les sens étaient beaucoup plus vives, plus expresses, et même à leur façon plus distinctes qu'aucune de celles que je pouvais feindre de moi-même en méditant, ou bien que je trouvais imprimées en ma mémoire ; il semblait qu'elles ne pouvaient procéder de mon esprit ; de façon qu'il était nécessaire qu'elles fussent causées en moi par quelques autres choses. Desquelles choses n'ayant aucune connaissance, sinon celle que me donnaient ces mêmes idées, il ne pouvait me venir autre chose à l'esprit, sinon que ces choses-là étaient semblables aux idées qu'elles causaient[1]. »

Ici je trouve que l'auteur échoue complètement dans le projet d'exposer fidèlement ce qui se passe en nous dans l'acte de la perception. Certainement en n'examinant que cet acte par lequel nous rapportons ou attribuons certaines modifications passives à quelque cause ou force indéterminée connue à l'instar de notre *moi*, par induction, et supposant que nous n'eussions aucune connaissance de cette cause étrangère autre que son effet sensible actuel, il ne viendra jamais à l'esprit d'un être intelligent que les causes soient semblables aux sensations ou aux idées qu'elles produisent ; que la cause de la sensation de chaleur ou de piqûre, par exemple, sente le chaud, la piqûre ; que la cause de l'odeur de rose éprouve elle-même cette modification. Cette assimilation ou identité de la cause efficiente avec l'effet produit est absolument opposée à la nature de la relation de causalité, où l'antécé-

1. Méd. VI, § 5.

dont est essentiellement distinct et séparé en temps de son effet transitoire, et n'a par conséquent aucune analogie de nature avec lui.

Descartes a confondu dans cet exemple, comme partout, les intuitions où nous percevons immédiatement quelque chose d'étendu et d'extérieur à nous, comme dans un espace étranger, avec les affections où nous ne sentons que les modifications de notre propre substance.

Lorsque nous avons l'intuition d'une étendue colorée, si nous pensons à la cause qui fait commencer pour nous ce phénomène, nous reconnaissons que c'est l'étendue elle-même qui reste, soit que nous la percevions ou non, et qui se manifeste elle-même au sens disposé convenablement. Dans ce cas seulement, il peut venir à l'esprit que la cause qui fait commencer une intuition étendue est étendue. Mais l'idée que nous avons ainsi de la substance étendue, colorée, ne ressemble pas seulement à cette substance, elle lui est identique. L'étendue colorée elle-même, en tant qu'elle se manifeste, est improprement dite cause de sa manifestation, puisqu'elle ne l'est que des moyens ou des signes naturels de cette manifestation. Elle est cause en tant qu'elle est censée agir sur nos sens; mais l'effet sensible de cette action ne ressemble pas à la cause qui le produit; et lorsque l'esprit perçoit la substance d'après un tel effet sensible, c'est elle-même et non pas son idée, son image ou sa copie qu'il perçoit.

Il y aurait encore des recherches importantes à faire sur la nature et l'origine de notre idée d'étendue, et particulièrement sur le rapport de cette idée avec celle de l'impénétrabilité, en prenant garde de bien distinguer ce qui appartient à deux points de vue presque toujours confondus par les métaphysiciens, savoir : les *phénomènes* ou le résultat des rapports que les choses du dehors ont avec nos sens, et les *noumènes* ou les choses considérées comme elles sont dans leur rapport les unes avec les autres et indépendamment de notre esprit qui conçoit ou entend ces rapports entre les choses sans les percevoir.

Ce que nous appelons l'*étendue* est la forme commune des perceptions de la vue et du toucher. On peut la considérer comme l'effet de l'impression produite par le contact immédiat de nos organes et des objets sur les sens et sur le cerveau, effet dont la cause est indéterminée, inconnue par sa nature, et induite du sentiment de notre causalité. On peut considérer aussi l'étendue comme la chose même ou l'attribut essentiel de la chose qui nous est représentée par le sens de la vue et du toucher.

Le premier point de vue est philosophique et réfléchi : le second est vulgaire, naturel et irréfléchi. Dans le premier, il y a lieu à chercher ce que peut être en elle-même la cause qui produit pour nous le phénomène de l'étendue, et les systèmes de Leibnitz, de Boscovich tendent à résoudre cette question. Dans le second, il n'y a rien à demander. Nous percevons immédiatement la chose étendue, parce qu'elle est telle par sa nature ; il n'y a point là de rapport entre une cause et un effet produit, dont on puisse demander le comment. L'étendue se manifeste comme elle existe, mais elle n'existe point parce qu'elle se manifeste.

Descartes qui a identifié l'étendue avec la substance matérielle, n'en a cherché la raison dans aucune cause autre que Dieu qui l'a créée. Leibnitz et ceux qui, comme lui, ont distingué le phénomène de l'étendue de la substance réelle ou de la cause qui le produit ou le manifeste à nos sens, ont cherché la raison du composé sensible dans des êtres simples qui échappent à nos sens et ne peuvent être conçus que par la raison.

Mais avant de philosopher ou de raisonner, nous avons des intuitions immédiates, et nous croyons à la réalité extérieure et indépendante de l'étendue qu'elles renferment. Cette faculté d'intuition ou de croyance porte avec elle son témoignage ; elle a son autorité irrécusable et qui ne peut être contrôlée par aucune autre. Avant de pouvoir expliquer le rapport de causalité hors de moi et pour que cette application puisse se faire, il faut qu'il y ait un *hors de moi*, c'est-à-dire un espace qui m'est donné comme la base réelle, nécessaire[1] de mes intuitions et même de mes affections internes ; c'est

1. Nous ne contribuons en aucune manière à former ou à composer notre intuition d'étendue visible ; nous la recevons ainsi faite, composée de parties continues juxtaposées. Il est vrai que pour connaître cette composition, pour avoir l'idée des parties juxtaposées du composé, il faut penser, abstraire, exercer l'activité de l'esprit. Mais il n'y aurait pas lieu à concevoir ces parties, à penser par abstraction, si la chose sur laquelle l'esprit opère ne lui était donnée premièrement. En second lieu, il faut observer que cette notion ou ce concept de l'étendue formée de parties juxtaposées dont on est conduit à s'informer si elles sont encore étendues, ou composées, ou simples et non étendues, comme Leibnitz et Boscovich prétendent concevoir les éléments de la matière, que cette notion, dis-je, toute autre que l'intuition sensible, conserve à peine quelques rapports avec elle ; comme le soleil que conçoit l'astronome n'a plus qu'un rapport éloigné avec l'intuition du soleil, attaché à la voûte bleue, que les sens atteignent directement, quoique ce soit toujours sur cette image que l'entendement opère, et qu'elle soit la base essentielle du raisonnement des calculs de la parallaxe. On ne dispute pas sur l'intuition de l'étendue, mais bien sur la notion pour savoir si elle exprime réellement ce qu'est l'étendue en elle-même, indépendamment de notre esprit ; si elle a vraiment des parties contiguës, juxtaposées et par conséquent étendues, comme on le croit généralement, ou si les éléments simples de la matière ne peuvent se toucher, étant doués de forces répulsives qui croissent à l'infini lorsque les distances diminuent, suivant l'opinion du père Boscovich. On regarde dans ces systèmes l'intuition d'une étendue continue comme un pur phénomène qui n'a pas plus de ressemblance avec la chose ou la matière réelle, que les simples apparences célestes n'en ont avec la réalité des faits astronomiques. Alors il ne faudrait plus parler d'une étendue extérieure réelle, mais de la cause de cette étendue ; et les philosophes se tromperaient autant lorsqu'ils parlent de l'étendue visible, comme d'une chose qui est hors de l'esprit, que le vulgaire se trompe lorsqu'il parle de l'odeur comme étant dans la fleur. Et pourtant rien de plus clair, ni de plus distinct dans notre esprit que l'idée d'une étendue continue, formée de parties juxtaposées, et donnée ainsi composée, comme extérieure réelle. Comment pouvons-nous affirmer contre le sens intime que cette idée ne ressemble à rien de ce qui est hors de nous, n'est la copie d'aucun modèle réel ? Comment la raison peut-elle nous convaincre que la notion formée par notre entendement avec les débris de notre intuition, exprime mieux ce qui existe réellement ? Pourquoi m'en rapporterais-je à l'autorité de mes facultés de raisonner, de déduire et d'abstraire, après avoir récusé le témoignage de ma faculté de percevoir qui est la base de toutes les autres ? On a distingué des qualités premières de la matière, qui sont : l'étendue, l'impénétrabilité, la divisibilité, la mobilité, le nombre. Si les systèmes de Leibnitz et de Boscovich étaient fondés, il faudrait rayer l'étendue du nombre des qualités premières et la considérer comme une qualité seconde, puisque le phénomène qui porte ce nom ne serait que

dans cet espace que les sens de la vue et du toucher perçoivent naturellement les couleurs et les qualités tactiles, en lui que ma pensée place aussi les causes indéterminées de mes affections passives, et nous ne pouvons concevoir de cause étrangère que dans un espace, comme d'affection agréable ou douloureuse qui ne soit répandue dans un espace du corps propre, partie essentielle de notre individualité.

L'espace est donc la condition commune et, comme dit Kant, la *forme* essentielle de toutes nos représentations ; ce qui n'empêche point qu'il n'ait par lui-même la réalité extérieure, absolue, certifiée par notre faculté d'intuition.

L'espace, qui entre dans toutes les représentations, ne constitue pas notre idée des *corps extérieurs*, même en y joignant la résistance, la cause qui arrête nos mouvements et nous empêche de passer outre. Cette cause, en tant qu'elle est opposée au *moi* et hors de lui, ne peut être conçue que dans l'espace ; mais rien ne peut nous apprendre si elle est spirituelle ou ma-

l'effet d'une cause non étendue, comme les sensations d'odeur, de chaud, de froid sont les effets de causes qui ne ressemblent nullement à ces sensations. *Mais dans tous les systèmes on ne peut s'empêcher de prendre l'espace comme une chose réelle* ; et cet espace est nécessairement continu, sans parties composantes proprement dites. Lorsque nous parcourons l'espace, nous mesurons, nous comptons nos mouvements ; nous apprenons que cet espace indéfini peut être limité, borné dans certains sens ; et nous y reconnaissons des parties. Il suit de là que ce qui est donné primitivement par la forme de nos intuitions de la vue et du toucher est réellement et ne peut être mis en doute, quelque système qu'on adopte sur la nature des éléments de la matière.

Nos sensations, nos intuitions sont destinées par leur nature à nous assurer de la réalité des choses et des rapports qu'elles ont avec nous ; et non point à nous *faire connaître ce que les choses sont en elles-mêmes*. Le sophisme perpétuel des sceptiques est de prétendre infirmer le témoignage des sens sur la seule réalité à laquelle ils atteignent, en opposant leurs prétendues erreurs sur ce qui n'est nullement de leur ressort.

Nos sensations seront les mêmes, dit Boscovich, soit que la matière consiste en des points absolument inétendus et séparés entre eux par des intervalles plus petits que tout ce qui peut tomber sous nos sens et que les forces qui appartiennent à ces intervalles affectent les fibres de nos organes sans aucune interruption sensible ; soit que la matière consiste dans des éléments contigus, juxtaposés, étendus eux-mêmes, et qu'elle agisse sur nous par un contact immédiat. (M. de B.)

tériello, tant qu'on n'y ajoute pas l'étendue, c'est-à-dire la propriété des parties contiguës et juxtaposées, qui, en s'appliquant à des parties sensibles également contiguës et juxtaposées de notre corps, font éprouver au toucher cette impression continue d'une étendue solide.

Nous pouvons savoir et parvenir à démontrer, par le raisonnement, que sans l'impénétrabilité qui est essentielle à toute matière, il n'y aurait pas d'intuition d'étendue, ou d'étendue perceptible à nos sens. Ce qui fait que la matière est perceptible, dit Boscovich dans son ouvrage très curieux intitulé : *Philosophiæ naturalis principia ad unicam legem reducta* (page 78), ne provient pas d'une extension continue, mais de l'impénétrabilité, propriété de laquelle il résulte que les fibres de nos organes sont tendues par les corps qui sont arrêtés par elles, et que le mouvement est propagé vers le cerveau ; car supposez que les corps fussent étendus et dénués d'impénétrabilité, ils n'arrêteraient pas les mouvements des fibres de la main qui les saisirait, et n'y produiraient aucun mouvement ; ils ne refléchiraient pas non plus les rayons lumineux, mais se laisseraient librement traverser par la lumière qui ne recevrait d'eux aucune modification nouvelle.

Voilà ce que nous apprennent l'expérience et le raisonnement sur les propriétés de la matière considérée en elle-même. Nous croyons que si les molécules de la matière n'étaient pas douées d'impénétrabilité, c'est-à-dire de la faculté d'exclure du lieu de l'espace que chacune d'elle occupe toute autre molécule, les phénomènes ne pourraient être tels qu'ils nous paraissent, et la matière ne pourrait se manifester à nous telle que nous la connaissons par les sens. Mais il s'agit moins de savoir ce que la matière doit être en elle-même pour se produire à nos sens sous telles apparences, que de savoir comment et dans quel ordre ces apparences sont produites de manière à ce que nous ayons l'idée de corps extérieur telle qu'elle est primitivement dans notre esprit, et quels sont les éléments essentiels qui entrent dans cette idée. Or, d'abord quoique l'espace (ou le dehors indéfini) et la propriété de résister à nos organes soient au nombre de ces éléments, s'ils étaient seuls, nous n'aurions pas l'idée de ce corps, mais celle d'une cause inconnue qui résiste hors de nous et à laquelle nous n'attacherions pas la notion d'impénétrabilité absolue. Car la résistance ou la capacité d'arrêter nos mouvements pourrait être conçue comme une force active, différente de la propriété passive qu'a une molécule de matière d'exclure toute autre du lieu qu'elle occupe, ou de coexister dans le même point de l'espace avec une autre en restant différente d'elle.

Que faut-il donc de plus? il faut qu'une impression ou une sensation quelconque marque dans cet espace indéfini une portion déterminée *dont* les limites d'avec le reste de l'espace constitueront pour nous le *corps* qui est proprement une portion d'étendue limitée. Quelle que soit la sensation qui marque cette limite, ce sera elle qui complétera notre idée de corps extérieur ; et, sous ce rapport, on pourrait dire que l'espace, joint ou non à l'impénétrabilité, est la matière du corps et que la sensation limitante en est la forme.

La perception de résistance n'est pas un élément essentiel de notre idée, ou intuition immédiate du corps, quoique celle d'impénétrabilité d'où dépend la résistance et les qualités sensibles qui servent à nous manifester les corps, soit la propriété la plus essentielle de la matière. Je sais, par exemple, que la lumière, traversant l'espace vide et impénétrable, ne peut en aucune manière se manifester à la vue. Mais sans éprouver aucune résistance matérielle, si une couleur ou un mélange de couleur tel que le spectre coloré ou le bouquet du miroir concave, marque dans l'espace indéfini une portion éclairée, colorée, en la séparant de celle qui ne l'est pas, j'ai la perception d'une étendue colorée, d'un corps dont je pourrai ignorer s'il est pénétrable ou non. La même chose pourrait avoir lieu avec d'autres sensations, avec celle de chaud ou de froid, par exemple. Si en parcourant avec ma main l'espace pénétrable, et ayant la perception de ces mouvements, je trouvais une sensation de chaud, qui succédât à une sensation de froid, continue pendant que je parcours telle portion de l'espace, et cessant lorsque je passe dans une autre, je pourrais avoir la perception d'un espace pénétrable, chaud ou froid, séparé par certaines limites de l'espace indéfini où je n'éprouve pas la même sensation, et partant celle d'une cause étendue de modifications passives ou d'un corps. Ceci suppose que l'exercice de notre faculté de mouvoir notre corps volontairement est essentiellement accompagnée de la conscience de ce mouvement, et inséparable de l'espace ou de l'étendue pénétrable dans laquelle il s'accomplit comme du temps pendant lequel il s'accomplit.

On objecte à cela que, pour sentir le mouvement, il faut avoir la perception d'un point fixe dont on s'approche ou s'éloigne, c'est-à-dire connaître hors de nous quelque objet visible ou tangible. Mais le *hors de moi* est l'espace (y compris notre propre corps) et cet espace est l'objet immédiat et propre du sens du mouvement, comme la résistance est l'objet propre de celui de l'effort inséparable de tout mouvement. Quand je n'aurais rien vu ni palpé, il suffit que je me meuve pour apercevoir immédiatement l'espace continu dont les parties correspondent à celles du temps ou à la succession de mes sensations de mouvement. Nous ne sentons notre propre mouvement d'une manière immédiate, qu'autant que nous nous le donnons à nous-mêmes : *Motum nostrum non sentimus nisi ubi nos ipsi motum inducimus* (Boscovich).

Tout changement produit ou aperçu dans l'espace immobile n'est qu'un mouvement. On demande un point ou un cadre fixe dans cet espace pour que le mouvement (qui n'est que le changement de distance à ce point) puisse être reconnu. Mais le cadre fixe est l'espace lui-même donné d'abord comme immobile à la vue et au tact externe ou interne de notre corps ; et la perception d'un changement arrivé dans cet espace ou dans la sensation qui sert à marquer les limites d'une portion de cet espace est la perception du mouvement même. L'espace immobile que ma vue embrasse lorsque j'ouvre les yeux, ou encore la toile nerveuse appelée rétine, dans laquelle j'ai l'aperception interne immédiate comme de toutes les parties de mon corps, voilà le cadre fixe ; et je n'ai besoin d'aucune autre comparaison pour percevoir les mouvements des objets visibles, comme les déplacements successifs de mon corps ou de quelqu'une de ses parties. S'il s'agit des propres mouvements de mon corps que je produis à volonté, je les aperçois immédiatement comme indivisiblement unis avec cette sensation particulière qui accompagne la courbure et la contraction de mes muscles ; cette sensation diffère essentiellement de toutes les autres en ce qu'elle est la seule que je produise, commence et suspende à volonté. Il est vrai qu'elle n'est pas la sensation même du mouvement, qu'elle ne paraît même avoir aucune ressemblance avec la perception du déplacement ou du changement de situation dans l'espace ; il est vrai qu'on pourrait supposer un être qui aurait la sensation interne musculaire sans connaître qu'il change de place, comme on pourrait en supposer un autre qui aurait la perception des mouvements produits dans l'espace visible sans éprouver de sensation musculaire, quoique cette dernière hypothèse soit inadmissible, parce qu'elle exclut la première condition de l'individualité et par suite de tout jugement ; mais il n'est pas moins vrai que la sensation musculaire emporte avec elle l'aperception interne de l'inertie du terme organique et étendu sur qui la volonté se déploie ; et quoique la connaissance précise de la situation des parties du corps les unes par rapport aux autres, telle que nous l'avons par le sens de la vue et du toucher, ne soit pas comprise immédiatement dans le simple exercice du sens musculaire, on ne peut douter néanmoins que ce dernier sens ne soit spécialement approprié à l'aperception de l'espace intérieur et illimité du corps propre, comme à celle des changements qui y arrivent ; ce qui suffit pour constituer une sorte de sensation du mouvement inséparable de celle de la contraction musculaire, identique avec elle et qui ne ressemble en rien à la perception des mouvements produits dans l'étendue visible ou tangible où notre volonté ne s'étend pas immédiatement. Quant à ces derniers mouvements, nous ne les sentons pas, à proprement parler, mais nous jugeons qu'ils ont lieu, en tant que telle intuition ou situation, localisée dans une partie déterminée de l'espace extérieur, se trouve localisée l'instant d'après dans une autre partie, comme lorsque l'image d'un point coloré correspond successivement à différentes parties de la rétine, ou qu'une sensation quelconque de chatouillement, de pression passe d'une partie à l'autre de notre corps. Il suffit que la première sensation soit localisée pour que son déplacement ou son mouvement dans l'espace fixe soit perçu. Et il ne peut y avoir d'illusions dans ces perceptions immédiates. Si je produis moi-même le mouvement dans une partie du corps appliquée à l'objet, il est impossible que j'attribue le mouvement à cet objet. Ce n'est que dans le cas où l'objet et l'organe qui s'y applique, sont transportés l'un et l'autre par une force étrangère qu'il y a de l'incertitude et de la difficulté à reconnaître auquel des deux appartient le mouvement. Mais ici ce n'est pas le sens qui est juge naturel entre deux apparences égales. Le mouvement qu'il perçoit est toujours réel. C'est ici un des cas où il faut distinguer et reconnaître avec soin une différence essentielle entre le phénomène et la réalité, entre l'idée et la chose.

Il n'y a de sensation simultanée que dans l'espace ou par l'espace ; et je crois impossible de concevoir qu'un être pût éprouver deux modifications à la fois sans les confondre, s'il ne rapportait pas ces impressions à deux points coexistants dans l'espace. En effet, toute impression non localisée et non susceptible de l'être par sa nature ne peut être considérée que comme une modification du *moi*, dont l'existence interne est opposée à celle de l'espace ; or, l'existence du *moi* est essentiellement successive, c'est-à-dire qu'elle constitue le temps dont il répugne qu'aucune partie infiniment petite, ou instant indivisible coexiste avec une autre partie ou un autre instant. Ainsi toute modification simple ou composée de l'existence du *moi* ne peut correspondre qu'à un seul instant de sa durée ; et il ne peut y avoir qu'une seule modification dans un seul et même instant, comme il n'y a qu'un seul *moi*. Mais il est de la nature de l'espace que toutes ses parties coexistent distinctement et séparément les unes des autres dans le même instant, et restent immuables.

De cette propriété qu'a l'espace ou l'étendue de se représenter comme un tout permanent, susceptible d'être divisé en parties, aussi permanentes, dont chacune existe avec le tout dans la division même, de là, dis-je, résulte la possibilité de *nombrer* ou de réunir sous une même idée, un même signe, plusieurs unités qu'on fait coexister par la numération même. La géométrie ou la science de l'étendue est donc avant celle de la numération ou l'arithmétique. De là résulte la preuve la plus directe que les affections ou les intuitions ne sont pas, comme disent les métaphysiciens, des modifications de l'âme ou du corps, mais bien des modes ou manières d'être de l'étendue organique où le *moi* les perçoit. Et il ne perçoit deux ou plusieurs impressions à la fois, comme une douleur aux pieds et à la tête, une odeur, un son ou une couleur, qu'en tant qu'il les localise actuellement dans deux parties distinctes de l'espace intérieur ou extérieur.

Donc s'il n'y avait pas un sentiment de l'existence du corps propre, indivisible de celui du *moi*, et en faisant partie essentielle, il ne pourrait y avoir de sensations simultanées, distinguées et reconnues multiples, mais seulement des modifications internes, senties comme simples à chaque instant qui seraient distinguées de celles qui les suivraient à l'aide de la mémoire comme un instant de l'existence du *moi* est distingué d'un autre instant.

Le même raisonnement prouve qu'il ne peut y avoir plusieurs modes intellectuels ou plusieurs opérations de la pensée exécutés à la fois. Si la comparaison exige impérieusement que deux idées soient présentes à la fois, on peut dire hardiment que ces idées sont rapportées à deux parties de l'espace qui leur servent comme de signe. De là il résulte aussi que deux parties coexistantes de l'espace ne peuvent être distinguées l'une de l'autre ou perçues par l'esprit qu'en tant qu'elles correspondent à deux choses ou modifications sensibles dont chacune d'elles est le lieu. Les relations à l'espace comme au temps sont au nombre de ces relations primitives qu'on peut aussi appeler *faits primitifs*, et dont il nous est impossible de concevoir les éléments ou les termes séparés par la raison que nous n'avons pas fait ou composé nous-mêmes leur relation et qu'ils nous sont donnés ainsi par la nature des choses ou celle de la pensée.

Qu'est-ce que l'espace ou l'étendue sans quelque chose ou mode visible, tangible, qui nous paraît étendu ? Qu'est-ce que le temps ou la durée en faisant abstraction des choses ou modes déterminées qui durent ou se succèdent ? Qu'est-ce que la substance séparée de toute modification, la cause efficiente ou force productive sans l'effet produit ? Toutes ces questions ne tendent à rien moins qu'à concevoir séparément les éléments des faits primitifs, donnés à notre esprit comme indivisibles, et qui cessent pour nous d'être des faits ou des existences réelles intelligibles, dès qu'en donnant des signes à chacun des éléments distingués, dans le fait même, nous voulons effectuer la séparation complète et faire comme le départ des deux membres de la relation, en poussant l'analyse intellectuelle au delà des bornes de la nature ou de l'esprit humain.

Nous croyons que les premiers termes de relation, la substance, la cause, l'espace, le temps, existent réellement et absolument, que les modes ou les effets n'existent que dans ou par ces premiers termes ; mais nous n'avons point d'idée séparée de cet absolu de l'espace. Nous ne percevons, ni ne pouvons imaginer aucun mode qui ne soit rapporté actuellement à une substance. Au contraire, nous sentons ou imaginons très bien certains effets sans penser à la cause ou même en en faisant abstraction, comme font les physiciens. La relation du mode à la substance semblerait donc avoir un caractère supérieur de nécessité et de primauté.

D'un autre côté, puisque le *moi* ne s'aperçoit ou n'existe pour lui-même qu'à titre de *cause*, il ne peut y avoir aucune perception ou idée antérieure à la relation de causalité qui semblerait ainsi devoir être plus intime à l'esprit. N'y a-t-il pas là une sorte de contradiction? La relation de substantialité est déjà dans le sentiment confus de l'existence avant la personnalité distincte. Elle est renfermée dans les intuitions ou les affections qui sont avant le *moi*. Mais cette relation n'est connue distinctement qu'après la naissance du *moi* et par suite après la relation de causalité. De là vient qu'au moment où nous existons pour nous-mêmes à titre de causes, la notion de substance étendue se présente à notre esprit, non point comme une chose nouvelle ou qui commence à exister, mais comme une chose qui préexiste à notre connaissance et qui était déjà dans les intuitions confuses de la sensibilité ou de l'instinct même.

FIN

RAPPORTS

DES

SCIENCES NATURELLES

AVEC

LA PSYCHOLOGIE

OU

LA SCIENCE DES FACULTÉS DE L'ESPRIT HUMAIN

(1813)

Corporeæ machinæ mentibus inserviunt et quod in mente est providentia, in corpore est fatum. LEIBNITZ.

INTRODUCTION

§ 1

Fondements de la distinction entre les points de vue des deux sciences.

Observer les faits, les classer, poser les lois, chercher les causes, tel est l'ordre des procédés assignés par la philosophie de l'expérience à l'esprit qui tend à s'élever des premiers échelons de la connaissance jusqu'au plus haut degré qu'il soit permis d'atteindre.

Cette marche régulière et progressive devinée par le génie et en quelque sorte par l'heureux instinct des premiers observateurs de la nature, a été tracé et en quelque sorte régulièrement jalonnée dans les ouvrages modèles du célèbre restaurateur des sciences naturelles, Bacon, qui s'en servit lui-même avec succès pour dresser la mappemonde de nos connaissances, en distinguant la vraie science formée d'après ces procédés méthodiques de la fausse dont le vide et les erreurs systématiques paraissent évidemment se rattacher à la transgression des mêmes procédés. Dans l'état actuel des lumières et vu les progrès immenses que toutes les sciences naturelles doivent, surtout depuis un siècle, à cette heureuse et même méthode d'*expérience* et d'*induction*, celui qui prétendrait élever des doutes sur sa prééminence, provoquer un examen plus approfondi des principes sur lesquels elle repose pour savoir si elle est également et aussi exclusivement appropriée aux branches diverses de nos connaissances, si elle s'applique à la philosophie première, comme aux sciences dérivées, à la détermination des faits et des lois de l'expérience intérieure, comme à celles de l'expérience extérieure, serait jugé sans doute par les successeurs de Bacon comme le serait celui qui contesterait l'existence de la lumière à ceux qui voient et le mouvement à ceux qui marchent. Je ne crains pourtant pas de m'exposer, dès mon début, à une prévention défavorable en observant d'abord :

1° Que s'il y a plusieurs facultés de l'esprit humain, et non pas une seule, comme on a prétendu l'établir et peut être en violant la méthode elle-même ou classant avant d'observer, il doit y avoir avant tout plusieurs méthodes et non pas une seule, pour donner à chacune de ces facultés l'emploi et la direction qui leur conviennent ;

2° Qu'ainsi cette unité de méthode ne saurait être conçue comme praticable, s'il est vrai qu'en appliquant aux choses extérieures certains moyens ou certains sens, appropriés à la connaissance objective, notre esprit est disposé d'une toute autre manière, que lorsqu'il s'applique à se reconnaître lui-même par l'emploi d'autres moyens ou d'autres sens appropriés ; si l'entendement humain a pour ainsi dire telle face dirigée vers le monde extérieur, et telle autre concentrée sur ses propres modifications ou actes, etc ;

3° Enfin qu'on prétendrait vainement transporter à la philosophie première ou à la science des phénomènes de l'esprit humain, les procédés de la méthode expérimentale, si l'observation intérieure diffère essentiellement par ses moyens et son objet de celles qui sert de base aux sciences naturelles ; si les faits de la première ne sont nullement susceptibles de l'espèce d'analogie ou de ressemblance qui détermine les classifications physiques ou si le point de vue qui rapproche et réunit sous une idée et un terme communs les phénomènes qui coexistent dans l'espace, est opposé à celui qui distingue et sépare les modes ou actes de l'esprit humain qui se succèdent dans le temps; si les lois métaphysiques et nécessaires de la pensée contrastent avec les lois physiques, contingentes et variables; enfin, si les causes physiques conçues dans un ordre déterminé de sucession expérimentale des phénomènes, à laquelle s'attachent exclusivement les physiciens, diffèrent *totâ naturâ* des causes *efficientes*, auxquelles s'attache le psychologue comme au pivot sur lequel roule toute sa science.

Ainsi il n'y aurait d'identique ou de commun dans les procédés des deux sciences que les signes : *observer*, *classer*, etc., tandis que les choses ou les opérations sont réellement d'une autre nature, puisque observer en psychologie n'est pas voir ni exercer aucun sens externe, que classer n'est pas apercevoir des ressemblances, que poser des lois contingentes ou chercher des causes physiques n'est pas constater des lois nécessaires de l'esprit humain et l'existence des causes efficientes.

La distinction générale que nous annonçons ici entre les deux sciences considérées sous le rapport de leur objet, de leurs moyens de connaître, et par suite de la méthode respectivement appropriée à chacune d'elles, a besoin d'être éclaircie et confirmée par des considérations de détail plus particulières, dans lesquelles nous entrerons après avoir posé quelques définitions essentielles.

I. — Tout ce qu'un être pensant et sentant aperçoit ou sent actuellement en lui ou hors de lui par quelque sens externe ou interne, devient pour cet être ce qu'on appelle un *fait*.

II. — Tout fait a un caractère de relation essentielle ; c'est un rapport à deux termes ou un composé de deux éléments distincts et non séparés l'un de l'autre, savoir d'un *sujet* qui perçoit et d'un *objet* qui est perçu.

III. — Sous le titre d'*objet*, on peut renfermer tout ce que l'être pensant perçoit, comme actuellement distinct du sentiment de son existence individuelle, identique et permanente. Ainsi une modification, même intérieure, peut être un objet par rapport au *moi*, s'il la distingue du sentiment qu'il a de lui-même ou de son durable.

IV. — Une modification ne peut se distinguer du *moi* et s'objectiver par rapport à lui, qu'en se référant soit à un sujet permanent d'inhérence, si elle est constante et fixe, soit à une cause productive, si elle est variable ou passagère.

Il n'y a de fait actuellement perçu par nos sens, ou conçu par notre esprit que sous l'une ou l'autre, si ce n'est sous l'une et l'autre de ces deux relations essentielles et primordiales : de l'effet à sa cause productive, du mode ou de la qualité à son sujet d'inhérence.

V. — Comme cette cause et ce sujet sont ou le *moi* lui-même ou autres que le *moi*, il y a deux sortes de faits essentiellement distincts : des faits extérieurs que nous ne pouvons nous représenter que hors de nous, ou comme des êtres étrangers à nous, et des faits intérieurs que nous ne pouvons sentir ou apercevoir qu'en nous-mêmes.

Néanmoins en remontant à l'origine des idées et jusqu'aux premiers rudiments de la pensée humaine, ou encore en nous observant nous-mêmes dans certains états où la sensibilité physique est seule prédominante et absorbe presque toutes nos facultés actives, nous sommes conduits à reconnaître qu'il y a eu originairement et qu'il peut y avoir encore en nous des phénomènes simples que nous appelons *intuitions*, ou *affections simples*, séparés, je ne dis pas de tout sujet d'inhérence ou de toute cause absolue efficiente, mais de toute aperception ou conscience de ce sujet et de cette cause[1]. Nous sommes même conduits à croire qu'il n'ay que des phénomènes de cet ordre pour les animaux, pour tous les

1. Nous donnerons ailleurs des exemples qui prouveront la réalité de ces phénomènes sensitifs purs, simples, séparés de toute conscience ; il suffit ici qu'on considère la séparation comme possible. Nous dirons aussi en quoi consiste l'élément intellectuel pur. (M. de B.)

êtres purement sentants, comme pour l'enfant qui vient de naître et pour l'homme même dans l'état du sommeil, de délire, etc., et enfin que la perception du rapport qui constitue un fait complet, tel que notre esprit se le représente au moyen des sens, n'appartient qu'à l'intelligence.

Ainsi les intuitions et les affections ne sont point de purs concepts abstraits, mais bien des modes positifs et réels de l'existence de certains être organisés, vivants, qui n'ont aucun moyen de percevoir leurs impressions ou de connaître leur existence.

VI. — Si d'un fait quelconque externe ou interne nous abstrayons le phénomène, il nous restera le concept pur de cause ou de substance. Ce concept, pris hors de toute relation avec les phénomènes, et sous l'acception universelle et éminemment abstraite que nous attachons actuellement aux signes de substance, ne sera sans doute qu'un être logique, une catégorie, une abstraction sans réalité tant qu'on ne la ramènera pas à sa véritable et unique origine, savoir, au fait primitif de la conscience ou de l'existence du moi.

Mais ce fait primitif, originaire de toute connaissance, doit être tel qu'il emporte avec lui le sentiment indivisible de la cause et de son effet, du sujet et de son mode permanent. Il aura donc encore le caractère d'une *relation*, mais d'une relation qui ne sera plus susceptible d'analyse ultérieure, comme les rapports ou les faits secondaires qui se forment de l'association des phénomènes intuitifs et affectifs avec les concepts de cause et de substance. Nous montrerons dans cet ouvrage comment ce double concept s'identifie avec le fait primitif de la conscience, ou s'y ramène médiatement ; en second lieu comment tous les phénomènes qu'il compose, et auxquels il communique le caractère de fait, sont des rapports composés ou de véritables jugements synthétiques, à partir des idées de sensation que Locke a considérées comme simples.

VII. — Comme j'ai appelé intuition ou affection le phénomène qui reste, quand on en sépare le concept de cause ou de substance, je nommerai *aperception interne immédiate* ce qui reste du même fait quand on en sépare tout élément phénoménique.

L'aperception interne est le seul fait qui soit primitif en sa nature, elle ne peut être résolue en phénomène et emporte avec elle la réalité des deux éléments subjectif et objectif qui s'y trouvent indivisiblement unis en restant toujours distincts l'un de l'autre.

VIII. — Unie avec un phénomène intérieur ou une affection simple, l'aperception constitue le fait que j'appelle *sensation*. La sensation ou, suivant le langage de Locke, l'idée de sensation emporte avec elle la connaissance immédiate du sujet qui l'éprouve, et la notion médiate ou immédiate de quelque cause qui la produit. Lorsque c'est le *moi* lui-même qui agit pour produire la sensation (comme nous en verrons des exemples), la connaissance de la cause est immédiate et s'identifie avec celle du sujet sentant. Lorsque le *moi* ne produit pas actuellement la sensation, la notion de la cause est médiate et distinguée du sujet sentant.

Il y a donc des sensations actives et passives. J'appellerai les premières aperceptions internes médiates, et les secondes simplement *sensations*.

IX. — Unie avec un phénomène extérieur ou une *intuition*, l'aperception constitue le fait que j'appellerai en général *représentation*. La représentation emporte avec elle : 1° la connaissance de l'intuition, comme *phénomène extérieur* dont l'espace est la *forme* indivisible; 2° la conscience du sujet qui se représente; 3° la notion ou croyance d'un être, d'une substance ou d'une cause par qui se réalise le phénomène de l'intuition.

X. — Le *moi* ne peut être la cause *efficiente* d'une représentation, pas plus que d'une affection, mais il peut concourir à se la donner par son activité (ainsi que nous le verrons); comme aussi il peut éprouver des affections, ou avoir des intuitions passives, sans y concourir en aucune manière par son activité, sans en être cause.

Dans le premier cas la *cause* partielle et le sujet de la représentation se trouvent identifiés dans le même fait de conscience et distingués de l'intuition qui se rapporte toujours et nécessairement à l'espace extérieur. Dans le second cas c'est la cause et l'objet de la représentation qui se trouvent identifiés dans l'espace et distingués ou séparés du sujet qui s'aperçoit dans le temps. Il y a donc aussi des représentations actives et passives. Je distinguerai les représentations actives sous le titre d'aperceptions externes; et je me servirai du mot générique de perception pour exprimer toute représentation, dans laquelle le sujet se distingue de l'objet et de la cause de l'intuition.

XI. — L'aperception interne immédiate ou médiate emporte essentiellement avec elle la réalité du sujet et de la cause du phénomène intérieur senti ou aperçu sous l'un et l'autre rapport d'inhérence ou de causalité; et il n'y a pas d'argument sceptique qui puisse ébranler la ferme persuasion où nous sommes que nous existons comme sujets identiques, permanents, causes libres de certains modes ou phénomènes que nous produisons à volonté, et passibles d'autres modes que nous sentons sans vouloir ni agir.

L'aperception externe emporte aussi avec elle la croyance d'un objet ou d'une *cause* étrangère, sans laquelle le phénomène de l'intuition que notre volonté ne produit pas, ne saurait se réaliser ou commencer à paraître à nos sens. Mais ici la notion de cause et d'objet durable ou de substance extérieure, n'est qu'associée au phénomène, et, transportée du moi à l'objet extérieur, ne jouit que d'une évidence secondaire et déduite du fait du sens intime, sur qui elle a besoin de s'appuyer et qui seul la justifie.

§ 2

Division des sciences parallèle à celle des faits premiers qui leur servent de base.

Il résulte des analyses ou définitions qui précèdent que nous sommes fondés à reconnaître trois ordres de *faits* qui serviront de fondements à autant de sciences distinctes par leur objet et peut-être aussi par leurs procédés méthodiques.

1. Les faits extérieurs sont des composés primitifs résolubles en deux éléments ou deux termes de rapport, savoir : le *phénomène* externe ou l'*intuition* qui est comme la matière du fait conçu ou représenté ; et la notion d'un sujet substantiel ou cause permanente qui est comme la forme intellectuelle du fait et sous laquelle l'esprit saisit ou se représente les phénomènes.

La physique, ou science de la nature, est la science des faits extérieurs représentés par intuition. Ces faits y sont d'abord considérés en eux-mêmes, comme s'ils étaient simples et absolus, et sans relation au sujet qui les perçoit, à la substance à qui ils sont inhérents ou à la cause efficiente qui les produit.

Cette relation subsiste bien toujours, il est vrai, dans l'intimité de la pensée ; mais parce qu'elle est première, fondamentale de la connaissance et profondément habituelle, l'esprit la perd de vue pour s'attacher uniquement aux intuitions phénoméniques dont il cherche à saisir les ressemblances ou analogies sensibles, et l'ordre des successions ou liaisons *en temps,* que l'expérience répétée convertit en *lois*.

Ainsi la science de la nature, considérée dans son objet premier et sa méthode appropriée, est moins celle des faits que celle des phénomènes extérieurs et de leur ordre de succession, pris dans l'intuition absolue qui les représente, et en faisant abstraction ou plutôt confusion du sujet qui se représente, de l'objet permanent représenté. et de la cause efficiente de la représentation ;

2. Les faits *intérieurs* sont des composés *primitifs*, résolubles aussi en deux éléments, savoir : les phénomènes ou affections simples de la sensibilité animale, et la notion d'un sujet permanent, à qui ces affections sont inhérentes comme modalités, ou d'une *cause* intérieure qui les effectue dans un *temps*.

La science de ces phénomènes intérieurs organiques, connue sous le titre de *physiologie*, est la science de la nature *vivante*. Suivant les procédés de la physique dont elle est une branche, cette science s'attache également d'une manière exclusive aux affections ou aux *phénomènes* de la vie et de l'organisation, en faisant abstraction ou confusion du sujet identique et permanent qui les perçoit, et en même temps de la *cause* interne qui les effectue, comme de la volonté qui peut concourir quelquefois à les produire et toujours à les modifier. La physiologie plus encore que la physique est une science de purs phénomènes, dont l'observation par les sens et l'expérience extérieure répétée, déterminent l'ordre d'analogie et de succession, sans qu'il y ait lieu pour elle à chercher ni même à concevoir l'existence réelle de substance ou de cause ;

3. Les faits primitifs du sens intime ou plutôt le fait primitif unique (*sui generis*) qui réunit en lui le caractère du *genre* et de l'individu, consiste dans un rapport fondamental simple, ou irrésoluble en termes phénoméniques, où la cause et l'effet, le sujet et le mode actif se trouvent unis indivisiblement dans le même sentiment ou la même perception d'effort (*nisus*) dont les muscles soumis à la volonté sont les organes propres. C'est de cette impression originelle d'un effort que dérivent toutes les idées de forces ou de causes.

On appelle *psychologie* la science qui, s'attachant d'abord à ce fait primitif et à ses dérivés immédiats, se propose de faire l'analyse complète des *faits* externes, en y distinguant la part phénoménique de l'objet et la part réelle du sujet ; d'y reconnaître ainsi les véritables éléments formels de ces faits, de rappeler à leur source primitive les notions de cause et de substance ; de justifier la réalité absolue que nous leur attribuons ; de donner ainsi une base à la science des phénomènes et d'en garantir la solidité en l'appuyant sur le fait évident et irrécusable de la conscience ou de l'existence du *moi*.

La psychologie se propose de justifier les titres auxquels nous possédons une connaissance quelconque, de déterminer ce que nous pouvons connaître de *réel* et comment nous le connaissons, en partant des *faits* complets et déterminés, tels qu'ils sont donnés actuellement en relation, et d'après nos habitudes, aux sens externes et internes. Cette science première s'attache d'abord aux éléments formels communs à tous les faits, en faisant abstraction des phénomènes variables et particuliers. Si elle s'arrête aux notions ou aux concepts universels et nécessaires de substance, de cause, tels qu'ils se trouvent actuellement dans l'esprit, élaborés par nos facultés, rattachés à des signes généraux ou érigés en catégories, si elle considère l'ensemble des êtres sous leurs rapports les plus généraux d'existence, de substance durable, de cause — c'est la métaphysique pure, ou la science des formes qui flottent dans une sorte de vague intellectuel jusqu'à ce qu'elles aient trouvé un fond ou une base solide, où elles puissent se rattacher.

La psychologie seule assigne ce fond ou cette base dans la conscience du *moi* ; elle s'appuie sur une première expérience tout intérieure et diffère pourtant de ce qu'on appelle les sciences expérimentales, par son point de vue et ses procédés méthodiques.

La psychologie est synthétique ou rationnelle, lorsqu'elle considère le fait primitif de sens intime, hors de son association avec les phénomènes externes ou internes pour les y voir ensuite. Elle est analytique et plus spécialement expérimentale, lorsqu'elle part des faits composés comme de principes élémentaires, et qu'elle se borne à l'analyse des sensations ou des idées associées entre elles et aux signes ou surcomposées par l'expérience.

Locke a poussé assez loin la psychologie expérimentale ou analytique, mais ce qu'il y a d'incomplet, de défectueux et de contradictoire même dans sa doctrine prouve combien il est dangereux de s'attacher à un fait composé avant d'avoir reconnu le simple, et d'arrêter l'analyse, avant d'avoir trouvé un fond où l'on puisse bâtir solidement.

On peut remarquer combien Locke est embarrassé lorsqu'il s'agit d'assigner la cause d'une existence réelle quelconque et de dire en quoi consiste la convenance de nos idées avec quelque modèle *réel* donné hors de nous, lorsque nous n'avons et ne connaissons que des idées.

Descartes, Leibnitz, Kant et leurs disciples ne se sont attachés qu'à la métaphysique pure ou à la science des relations universelles et nécessaires des êtres ; ils sont partis des notions de cause, de substance et ne semblent pas avoir soupçonné que ces notions pussent être ramenées à quelque fait primitif ; bien plus, ils ont soigneusement écarté tout recours à un tel fait originel ou à une expérience intérieure, comme ne pouvant donner qu'une base contingente à la science, dont toute la certitude doit reposer selon eux sur des principes à priori. Aussi ont-ils sacrifié le plus souvent l'évidence de fait à celle de raison, et pris une certitude purement logique pour la certitude métaphysique qu'ils avaient en vue.

Malgré les essais de quelques esprits excellents, placés dans un point de vue moyen entre la psychologie purement expérimentale et la doctrine métaphysique *pure*, il nous manque encore une véritable *psychologie* rationnelle ou élémentaire, où se trouve une garantie suffisante non pas seulement de la *certitude*, mais de la réalité de notre connaissance des êtres, des causes ou des substances. J'essaierai de poser les premières bases de cette science, en établissant les rapports qu'elle a avec celles qui ont pour objet les purs phénomènes de la nature morte ou vivante.

Les rapports des sciences dont je viens de parler sont ceux qui existent d'une part :

1° Entre les phénomènes externes et internes, considérés dans leur liaison en temps, ou leur correspondance harmonique, abstraction faite de la vraie relation de la cause efficiente à l'effet produit, relation qui ne peut avoir lieu entre de purs phénomènes, puisqu'elle suppose comme nous le verrons, l'existence réelle et absolue des *êtres* ou des *substances* qui sont censés agir ou réagir les uns sur les autres, et par conséquent quelque chose de plus que de purs phénomènes, ou qui soit indépendant d'eux.

2° D'autre part, entre ces deux sortes de faits composés, externes et internes, et le fait primitif du sens intime qui comprend l'existence réelle, la cause efficiente. Ici les rapports vrais d'où peuvent se déduire des systèmes quelconques d'explications de ces faits les uns par les autres, exigent évidemment que l'esprit remonte d'un fait primitif et simple aux faits secondaires et *composés* qui en dérivent, car l'explication ou la raison du composé ne peut se trouver que dans le simple, qui ne peut lui-même être expliqué par cela même qu'il est simple, mais qui ne doit pas être non plus une pure abstraction. D'où il suit qu'en limitant la psychologie à la science des faits primitifs ou des notions élémentaires, cette science pourrait bien fournir des moyens d'explication ou d'analyse aux sciences dérivées qui ont un objet extérieur, mais non en recevoir d'elles ; et l'on voit d'ici comment la question proposée[1] prise dans ce point de vue général ne serait susceptible que d'une solution négative ; on voit de même que les phénomènes simples qui font respectivement l'objet des sciences physiques et de la physiologie, étant conçus ou représentés sous deux points de vue divers de l'intuition et de l'aperception interne médiate, ne sauraient avoir rien de commun entre eux, ni s'expliquer ou s'éclairer les uns par les autres ; mais nous verrons bientôt que ce que l'on entend par l'explication d'un ordre de faits par un autre, se prend dans une latitude beaucoup plus grande que celle du rapprochement ou de la liaison des phénomènes simples, et qu'elle peut se fonder sur d'autres rapports d'analogie ou de causalité.

§ 3.

Des différents points de vue de la science de la nature de l'homme.

Le premier procédé de l'esprit suivant la méthode des sciences physiques, consiste à observer ou recueillir les phénomènes des sens externes.

Les sens de l'intuition externe, la vue et le toucher sont les

1. Par l'Académie de Copenhague. — On lit à la première page du manuscrit : « *Moniteur, 14 mai 1810, Programme de l'Académie de Copenhague.* » Le texte de ce programme est donné par Maine de Biran, *Œuvres inédites*, t. I. p. 29 (A. B).

premiers et presque les seuls instruments de cette observation. Or, comme le développement ou le progrès de ces sens est très rapide, qu'ils ont une prédominance marquée dans l'organisation, il est naturel que la connaissance objective ou représentative à laquelle ils sont spécialement appropriés, prédomine également dans l'ensemble de notre cognition.

L'analyse d'un fait quelconque, connu ou représenté objectivement hors de nous, nous a donné trois rapports élémentaires, savoir : le rapport de l'intuition avec un sujet qui perçoit, avec un objet perçu et de plus avec une cause qui produit ou fait commencer le phénomène. Cette cause s'identifie, comme nous l'avons vu (au n° VI), ou avec l'objet extérieur permanent dans les représentations passives, ou en partie avec le sujet dans les représentations actives, mais forme dans tous les cas une troisième relation essentiellement différente du rapport d'inhérence, ou d'une modification à son sujet ou d'une qualité à son objet permanent. — Ces trois rapports se trouvent confondus d'après les lois de l'habitude dans un seul et même fait dont l'observateur de la nature n'a pas besoin de faire l'analyse pour avoir une représentation claire, ou pour saisir d'abord le monde extérieur avec cette assurance qui tient de l'instinct et que la raison ne saurait motiver. Il ne s'agit jamais, en effet, pour l'observateur de la nature extérieure d'une analyse de décomposition d'un fait dans ses derniers éléments, mais de l'analyse de description d'un objet dans ses parties ; il ne s'agit pas non plus de la relation d'un phénomène transitoire, à la cause *efficiente* qui le produit ou le fait commencer, mais de la simple liaison en temps d'un fait avec un autre qui le précède.

Le physicien qui entreprendrait d'analyser un fait donné quelconque dans ses éléments qui le constituent sous tels rapports simples au sujet qui le perçoit ou à la cause qui le produit, changerait de rôle ou de point de vue ; il ne serait plus borné à observer ou à se représenter des phénomènes, mais il devrait concevoir quelque chose de supérieur aux intuitions. — quelque existence qui ne serait plus représentée sous des images ; il sortirait enfin du monde des objets visibles et palpables pour entrer dans celui des substances, des forces simples, invisibles, impalpables, sur qui l'imagination n'a plus de prise, et accessible à l'entendement seul qui s'appuie sur l'aperception immédiate interne, d'après le type original qu'il trouve dans l'aperception réelle, immédiate du *moi*.

Que si l'observateur, s'élevant par la pensée jusqu'à ce dernier monde, essayait d'y transporter les lois ou rapports d'analogie, de composition, de succession empruntées des phénomènes de la nature extérieure, il se créerait un univers fantastique sans modèle et sans règle, hors de toute proportion avec ce qui peut être aperçu au dedans, ou représenté au dehors de nous.

Ainsi s'ouvre et s'agrandit le champ trop fécond de ces hypothèses explicatives, qui ont si souvent et si longtemps mis des erreurs et des préjugés pires que l'ignorance à la place des véritables lois de la nature dont elles ont empêché l'exploration et retardé la découverte.

Nos modernes physiciens eux-mêmes, heureusement conduits d'un côté par une méthode d'expérience et d'induction si bien appropriée au but et aux véritables progrès de leur science, mais entraînés nécessairement d'un autre côté à croire ou à supposer l'existence réelle absolue de certaines substances ou causes ou agents invisibles des phénomènes auxquels ils voudraient exclusivement s'attacher, nos physiciens, dis-je, n'ont pu échapper à toutes les hypothèses gratuites, lorsqu'ils ont tenté de soumettre au point de vue de l'imagination et aux lois de l'expérience extérieure, la manière d'agir ou le *comment* de l'efficace de ces causes supersensibles, dont il n'est donné à l'homme que de connaître ou de penser l'existence sans en rien savoir de plus.

L'observateur de la nature qui affirme cette existence *réelle*, ou qui croit invisiblement que tout phénomène qui commence pour ses sens a une cause hors d'eux ou hors de lui, affirme ou croit certainement au delà de ce que l'observation ou même l'expérience répétée peuvent lui apprendre.

Il semblerait donc pécher directement et dès son début contre le premier précepte de sa méthode qui consiste à ne rien admettre au delà des faits d'expérience ou des inductions raisonnées de ces faits; mais l'influence de cette méthode ne s'étend point jusqu'à ces croyances ou persuasions qui semblent être comme les lois naturelles de l'esprit humain... Bornée à la *science* des objets ou des phénomènes extérieurs et ne remontant point jusqu'aux conditions premières de toute science, elle doit se subordonner d'elle-même à ces conditions ou à ces lois, dont il n'est jamais en son pouvoir de contrarier ou de modifier l'application.

Ce n'est donc point lorsqu'il *croit* ou admet de prime abord et sans examen, la réalité des substances et des causes qui sont par leur nature hors de toute observation ou expérience, que le physicien peut aller contre les principes d'une méthode quelconque; mais il sort vraiment des limites de sa science, lorsqu'il prétend savoir sur ces causes quelque chose de plus que leur existence, lorsqu'il substitue l'hypothèse au fait, ou qu'il abstrait au lieu d'observer, analyse ou décompose au lieu de décrire, lorsque posant ainsi des causes permanentes, indépendantes des phénomènes, il tend à *deviner* ou à concevoir par l'imagination ce qu'elles sont en elles-mêmes et comment elles agissent pour produire les effets qui leur sont attribués; comment, par exemple, le monde actuel que nous voyons a pu commencer (d'où les systèmes de cosmogonie, de théogonie, etc.), ce que sont en eux-mêmes les premiers éléments de toutes choses, indépendamment des composés phénoméniques qui en résultent; quelle est la forme des globules lumineux, comment ils se meuvent dans l'éther avec une prodigieuse rapidité et frappent nos yeux; ce que sont les fluides magnétique électrique, gravifique, et comment ils circulent dans les pores des corps et produisent les phénomènes d'attraction ou de répulsion, etc. Toutes ces recherches ou explications sont trop évidemment incohérentes avec les faits positifs et réels de la nature, tels qu'il nous est donné de les concevoir ou de les connaître dans l'ordre concret et sous la relation nécessaire de la cause à l'effet et non dans l'abstrait ou l'absolu de la cause efficiente indépendamment de son effet.

Lorsqu'on a prétendu trouver dans la sensation l'origine et la réalité de toutes nos connaissances, a-t-on assez profondément réfléchi sur cette nécessité de croire, avant toute science instituée, à la réalité de certaines causes ou de substances, nécessité imposée à tous les hommes et dont les empiristes les plus décidés en théorie ne sauraient s'affranchir? A-t-on bien sérieusement cherché d'où nous viennent ces notions d'agents invisibles, de causes permanentes, identiques, productives des phénomènes variables représentés à nos sens?

Pourquoi l'esprit de l'homme ne s'arrête-t-il pas à ce qui est ainsi représenté ou imaginé? Pourquoi faut-il qu'il admette toujours quelque chose qui reste quand le phénomène est changé? Pourquoi rapporte-t-il tout ce qu'il voit ou palpe à quelque cause qu'il ne peut ni voir ni palper? En serait-il de même si les facultés de percevoir, de juger ou de croire n'étaient autres que celle de sentir? — Nous trouverons assez d'occasions de résoudre ces difficultés dans les considérations où nous entrerons bientôt sur le principe de causalité et sur son application originelle aux objets hors de nous. Arrêtons-nous d'abord à constater la diversité des points de vue, sous lesquels l'homme peut se considérer lui-même en se prenant pour objet ou sujet propre de son étude.

Dans l'observation des faits de la nature, les sens externes ou l'intuition et l'imagination sont les premiers mobiles en exercice. — Mais que pourraient-ils seuls et s'ils n'étaient dirigés par nos facultés actives, éclairés par la conscience ou la réflexion comme par une lumière intérieure? — Dans ces premiers procédés pour ainsi dire excursifs de l'esprit humain, qui est pour lui-même le dernier et le moins important des objets à connaître, l'être sentant et pensant, absorbé par les impressions affectives ou les images vivantes du dehors, semble se perdre de vue lui-même comme agissant, voulant et pensant ; il pourra méconnaître longtemps et peut-être toujours ce qu'il met du sien propre dans les faits qu'il perçoit, et tout ce que les lois de son intelligence, de son activité propre ajoutent à ce qu'il appelle lois physiques de la nature.

Vient-il à tourner ses regards sur lui-même ? L'homme ne se considère d'abord que comme objet de cette nature phénoménique dont il fait partie dans le point de vue extérieur où il se trouve placé. Il n'est encore pour lui-même en effet, qu'une combinaison organisée qui vit, sent, et meut ou se meut en vertu de certaines impressions communiquées par divers agents physiques auxquels il attribue le *pouvoir* efficace d'entretenir sa vie, d'exciter sa sensibilité, de mettre en jeu son imagination, sa pensée et sa volonté même...

Ainsi il se voit ou se sent entraîné dans ce cercle fatal où roulent tous les êtres passifs, animés comme inanimés, soit qu'ils sentent ou connaissent le mouvement nécessaire auquel ils obéissent, soit qu'ils le suivent d'une manière tout à fait aveugle sans le sentir ni le connaître.

Comme les corps célestes suivent sans le savoir dans l'espace et le temps absolus les lois constantes de l'attraction, qui détermine la forme de leurs orbites ; comme les molécules infinitésimales de la matière obéissent aussi constamment aux affinités *électives* qu'elles ignorent, les machines organisées considérées dans la manière dont elles se forment, se propagent ou s'entretiennent par une suite de mouvements, d'actions ou de réactions mutuelles, nécessaires et étroitement liées, paraissent également soumises à certaines attractions, sympathies ou antipathies, que les lois de la sensibilité organique rendent plus obscures et plus compliquées encore, en les laissant également sous l'empire du *fatum*.

En qualité d'être organisé vivant et sentant, l'homme obéit il est vrai, comme tous les êtres de la nature vivante ou morte, à des lois constantes et nécessaires qui l'entraînent à son insu ; l'ensemble des fonctions par lesquelles il végète, se nourrit, croît et se développe, s'exécutent en lui, sans lui. Il vit, sent et se meut, ou plutôt est mû, sans connaître sa vie, ses sensations et ses mouvements : *vivit et est vitæ nescius ipse suæ.*

Mais en sa qualité d'être intelligent, voulant et pensant, l'homme se place lui-même en dehors et au-dessus de cette nature qui lui est donnée comme objet de son intuition ; il la domine en effet par sa pensée et par sa volonté, en même temps qu'il en fait partie et lui est soumis par son organisation matérielle et sa sensibilité physique ; non seulement il vit de la vie commune à tous les êtres sentants, mais il vit de plus d'une vie de relation ou de conscience, dont il est à la fois sujet et témoin ; non seulement il sent ou a des sensations, mais de plus il sait qu'il sent, il a l'idée ou la connaissance de ses sensations ; non seulement il a des rapports avec les divers agents ou objets de la nature, mais encore il aperçoit ces rapports et peut s'en rendre compte ; de plus il les modifie, les étend, les complique ou les multiplie sans cesse, ou s'en crée de nouveaux à chaque instant par l'exercice d'une puissance, d'une force agissante qui l'affranchit des liens du *fatum*, et le constitue individu, personne morale, intellectuelle et libre. De là deux points de vue de la science de l'homme non seulement différents, mais de plus opposés entre eux : celui du naturaliste qui s'attache à l'homme extérieur et le considère dans son enveloppe matérielle, et par les côtés sous lesquels il se trouve par sa capacité réceptive d'impressions, en dépendance nécessaire de tout ce qui l'environne ; et celui du psychologiste qui s'attache à l'homme intérieur et le considère tel qu'il est, non pour un spéculateur étranger, qui l'observe du dehors, mais pour lui-même. Ces deux points de vue de la science du même être vivant, sentant et voulant ou agissant, se fondent sur la distinction essentielle établie auparavant entre les facultés d'intuition et d'aperception immédiate, auxquelles correspondent respectivement les deux ordres de faits externes et internes.

Les premiers constituent notre monde physique, celui de la *nécessité* où l'homme est entraîné, comme tous les objets de la nature, vers un but qu'il ne connaît pas, par une série de moyens dont il n'a ni le sentiment ni la disposition ou qu'il peut sentir sans en disposer.

Les seconds constituent le monde moral et intellectuel, celui de la volonté, où l'homme se détermine et se dirige lui-même vers un but qu'il prévoit, par des moyens dont il a la conscience et la libre disposition. Que ce sentiment intime de moyens, joint à celui d'un *pouvoir*, d'une cause libre qui les met en jeu, soit le *fait primitif* de la *conscience*, tel que nous l'avons caractérisé (n° XI) c'est ce qu'on aura d'abord de la peine à admettre mais qui se justifiera peut-être par des analyses ultérieures. Tout phénomène qui se lie d'une manière immédiate ou médiate à un tel pouvoir senti d'agir est un fait intérieur du ressort de la psychologie.

Au contraire tout phénomène dénué du sentiment de pouvoir et joint à l'idée d'une *cause* étrangère au *moi* est un fait de la nature physique.

La maxime de Leibnitz, *quod in mente est providentia*, *est in corpore fatum*, que nous avons prise pour épigraphe, exprime avec une précision énergique tout le fondement de ces divisions qui devront à leur tour servir de preuve à la maxime quand elles auront été développées et justifiées, comme elles sont susceptibles de l'être, par les considérations et les recherches où nous allons entrer sur l'origine et la valeur réelle du principe de causalité.

SECTION PREMIÈRE

CONSIDÉRATIONS RATIONNELLES SUR L'ORIGINE ET LA NATURE DU PRINCIPE DE CAUSALITÉ, ET LE CARACTÈRE DES NOTIONS QUI EN SONT DÉRIVÉES.

CHAPITRE PREMIER

Valeur du principe de causalité.

§ 1

Que cette relation diffère du rapport de succession des phénomènes.

Toute représentation d'un phénomène ou ce que nous appelons un *fait* emporte actuellement la relation à une cause. Ce principe se trouve clairement exprimé par la formule que *tout ce qui commence a une cause*; proposition évidente par elle-même et qui se peut regarder comme le premier *axiome de fait*. Tout homme dirigé par le simple bon sens croit fermement que tout ce qui commence a une *cause*, ou qu'un phénomène, un mouvement par exemple a été produit par quelque force ou cause. Demandez-lui pourquoi il le croit ainsi; s'il répond à cette question singulière, qui suppose un doute sur une chose dont il regarde le contraire comme impossible, ce sera en disant : qu'il le croit parce que la chose *ne peut être autrement*. Demandez-lui de plus quelle espèce d'idée il attache à ce mot *cause* : s'il appelle exclusivement du nom d'idée, les images, ou les copies d'*intuitions phénoméniques*, il sera obligé de convenir qu'il n'a absolument aucune idée de cette cause; mais seulement qu'il conçoit une certaine puissance, force, énergie ou tendance, comme on voudra l'appeler, en vertu de laquelle le phénomène est produit, et qui a avec lui (ou plutôt lui avec elle) une relation tellement nécessaire que si la puissance, la force n'existent pas réellement et indépendamment du phénomène transitoire, celui-ci ne pourrait jamais avoir lieu ou commencer tout seul.

Du reste, il conviendra de bonne foi que tout ce qu'il sait ou peut concevoir d'une telle force productive se réduit à la notion de son existence et de sa relation nécessaire avec le phénomène. Pour peu qu'on le pousse, il ne sera pas embarrassé de montrer à ceux qui l'interrogent qu'ils sont eux-mêmes forcés, malgré toute leur science, de reconnaître et d'affirmer à chaque instant l'existence absolue d'êtres dont ils ne se font aucune idée représentative ou image, à commencer par leur être propre ou le *moi* pensant et voulant.

Ceux qui prétendent exclure du domaine de l'entendement humain tout ce qui n'y est pas à titre d'images qu'ils appellent claires, ayant leur origine médiate ou immédiate dans la sensation ou l'intuition externe, ont besoin pour justifier leur point de vue, de ramener la causalité à la succession, ou à l'ordre expérimental de priorité et de postériorité des phénomènes. — Et c'est même là le pivot sur lequel tourne et s'appuie la doctrine des sensations. Si l'un est ôté, l'autre ne peut se maintenir ; et réciproquement si le principe de causalité est d'un ordre supérieur aux phénomènes et à leur succession, il faudra reconnaître que tout ce qui est dans notre esprit ne s'origine pas de la *sensation*.

Or, je dis que ce principe emporte avec lui un caractère particulier qui le distingue éminemment de toute liaison ou succession de phénomènes. Pour le prouver, essayons de traduire l'axiome précédent : *tout ce qui commence a une cause*, dans cet autre : *tout phénomène est précédé d'un autre phénomène* ou a *pour antécédent nécessaire un autre phénomène*. Ces deux énoncés devraient être identiques. Or, tout homme doué de quelque réflexion ou capable d'entendre ce qu'il dit, n'a qu'à se consulter sur l'espèce d'impression que fait dans son esprit chacun de ces énoncés, pour juger qu'ils diffèrent essentiellement par leur nature, leur caractère et peut-être par l'origine des idées ou notions dont ils se composent.

Le premier énoncé, quoiqu'il se compose de termes indéterminés ou qui ne réveillent dans l'esprit aucune idée ou image particulière, ne l'affecte pas moins du sentiment d'évidence qui s'attache à toute vérité nécessaire, universelle, absolue, ne comptant aucune exception et dont le contraire ne peut pas même être supposé ou pensé.

La seconde proposition, composée de termes particuliers qui demandent à être déterminés pour pouvoir être conçus, loin d'être accompagnée d'un sentiment d'évidence, n'a pas même un *sens* quelconque, tant qu'elle reste dans cet état d'indétermination, sous une forme générale ou universelle qui ne peut lui convenir.

Le signe *cause* emporte, dans son indétermination, même la plus complète, la notion d'une existence réelle et nécessaire, universelle, la même sous les attributs ou effets les plus divers, sans laquelle aucun phénomène déterminé ne saurait commencer.

Dans le second énoncé au contraire, la proposition n'est générale que dans la forme logique; et comme les termes correspondent à des idées particulières qui demandent à être déterminées pour pouvoir être conçues, elle ne saurait avoir aucun sens, tant qu'en effet elle reste sous cette forme universelle, indéterminée qui ne lui convient pas. Comme il n'y a pas d'affection de la sensibilité ou d'intuition objective qui ait un caractère universel et nécessaire [1], il n'y a point de phénomène qui ne soit variable, particulier, contingent.

Cette formule : un *phénomène général*, permanent, implique contradiction dans les termes, car ce qui constitue le général, l'universel, le *unum et commune* des divers êtres, ne peut avoir le caractère phénoménique. Aussi, quand on dit que tout phénomène doit avoir été précédé par un autre, ou se

1. Kant a accordé ce caractère à ce qu'il appelle l'intuition pure de l'*espace* et du *temps;* mais il faudrait examiner s'il n'a pas pris des notions abstraites pour des intuitions; on peut lui contester dès son premier pas qu'il y ait des intuitions pures, universelles, et tout le sort de sa doctrine dépend de là. Nous reviendrons ailleurs sur cette question importante. (M. de B.)

réclame comme conséquent d'un autre phénomène antécédent, l'imagination demande à voir l'antécédent comme le conséquent ; elle ne peut concevoir leur liaison qu'autant qu'ils se représentent à la fois ou successivement dans son point de vue, et l'indétermination de l'antécédent équivaut pour elle au pur néant. Mais pourquoi d'ailleurs ce recours a un antécédent ? et qu'a-t-on besoin de chercher un rapport là où l'imagination conçoit clairement un fait déterminé, qui suffit et n'en demande aucun autre avant lui ?

De plus, et enfin, si tel fait qui se représente isolément était le conséquent d'un rapport dont un autre fait indéterminé serait l'antécédent nécessaire, ou le premier en temps, il faudrait bien concevoir celui-ci à son tour sous le même rapport, ou comme ayant encore un terme avant lui, et ainsi de suite en allant à l'infini, dans cette progression de faits successifs, sans qu'il fût possible d'assigner le premier terme. De là est venue la question élevée par tous les métaphysiciens, savoir : si toute succession a nécessairement un premier terme ; tandis qu'on n'a jamais mis en problème, si tout ce qui commence doit avoir une cause. C'est que dans le premier cas l'imagination s'attachant à une suite de phénomènes ou d'états dont chacun est déterminé à part et indépendamment de celui qui précède dans l'ordre du temps, il n'y a point de nécessité ni à borner la série ni à l'étendre au delà d'un certain terme connu ; tout se réduit à affirmer d'après l'expérience répétée ou l'habitude que tel phénomène précède tel autre qui est suivi d'un troisième, d'un quatrième, d'un n^{me} jusqu'au dernier. Mais l'habitude ne saurait ériger cette succession déterminée en loi universelle ou nécessaire. Elle motive bien l'énonciation particulière : *telle succession a tel premier terme aussi déterminé ;* mais non point l'énonciation absolue : *toute succession doit avoir un premier terme sans pouvoir déterminer quel il est.*

Dans le second cas au contraire, celui de la causalité, l'imagination n'intervient pas et ne veut jamais être consultée, puisque la cause ou la force productrice, quelle qu'elle soit, n'est pas de son ressort ou ne saurait jamais être représentée. — Il suffit de savoir qu'elle existe ou qu'elle a dû agir pour produire ou faire commencer ce phénomène.

L'esprit trouve immédiatement la notion de cette cause dans un seul fait qui se présente, et sans aucune succession phénoménique. Il peut remonter aussi jusqu'à elle par une série plus ou moins longue de phénomènes ; mais lorsqu'il y est arrivé, il s'arrête là sans aller plus loin, non comme à un premier terme antérieur en temps seulement (*primus tempore*), mais comme à un terme supérieur de nature (*prius naturâ*), dans l'ordre de production ou de génération des effets successifs. Et ce qu'il y a de remarquable, c'est que le motif ou la nécessité de s'arrêter à tel principe générateur se trouve dans l'indétermination même de l'idée ou de la notion qui s'y rattache. C'est ainsi que ce qui tombe sous tel sens ou sous l'imagination ne peut jamais être considéré comme primitif (*prius naturâ*), mais toujours dépendant de quelque cause.

Demande-t-on quelle est cette cause ? Pour s'en faire une notion quelconque, il faut concevoir quelque être qui ne soit pas du même genre que l'objet ou le phénomène représenté. Ainsi la cause des couleurs sera conçue dans un fluide qu'on ne voit pas ; celle des odeurs dans des molécules émanées ou expansives qu'on ne sent point ; on assignera de même la cause ou la raison de l'étendue représentée, qui sera dans des monades ou des forces simples ; celle du mouvement musculaire dans une tendance, effort de la volonté qui n'est point ce mouvement, mais qui le produit. En général, l'esprit humain ne saurait jamais s'arrêter à un phénomène ou à un état déterminé par l'imagination, comme au premier terme nécessaire ou à la cause d'une suite donnée. Et la tendance invincible que nous avons à nous élever toujours dans la progression indéfinie des termes jusqu'à un premier, non dans l'ordre du temps seulement, mais de plus dans l'ordre de génération, prouve assez qu'il y a en nous d'autres besoins que ceux de la sensibilité, d'autres facultés que l'imagination, qui, si elle était seule, ne s'élèverait jamais jusqu'à la notion d'un *pre-*

mier nécessaire et inconditionnel. De là nous pourrions conclure, si c'en était le lieu, qu'en bonne métaphysique, il est impossible de prendre un phénomène de l'âme, tel que la sensation, l'impression affective ou intuitive, pour origine *des idées*, pour cause ou principe générateur des connaissances comme des facultés de l'entendement, par la raison qu'une sensation est un état déterminé de l'âme, qui, en le supposant premier dans le temps (ou à telle époque de la durée que l'imagination et la mémoire peuvent atteindre), n'est point le premier quant à la *génération*, puisqu'en sa qualité de phénomène il se réclame lui-même d'une cause qui le fasse commencer. Cette cause est ou la force propre du *moi* que nous attribuons à l'âme dans l'ordre absolu, ou une force étrangère conçue par induction à l'instar de celle du *moi* et que nous transportons aux substances matérielles. Ces notions de force et de substance n'ont rien de commun avec les représentations des sens, elles ne sont rien pour eux ni pour l'imagination ; elles sont tout pour l'entendement, la raison et la connaissance de l'homme qui, sans elles, ne pourrait penser ni exister pour lui-même. Les physiciens peuvent se borner à observer les faits extérieurs, les phénomènes de leur ressort et à saisir leur liaison ou ordre de succession d'après l'expérience. Ils supposent la réalité absolue des causes des substances... Ils n'ont pas besoin d'en déterminer la nature ni de s'informer à quels titres nous connaissons ou croyons ces réalités. Mais dans la psychologie, même la plus expérimentale, il est si peu possible de faire abstraction de la cause efficiente de certains phénomènes, que cette cause en tant qu'elle s'identifie originairement avec le *moi*, devient le sujet même de la science, que ses actes et leurs produits immédiats font partie essentielle des phénomènes intérieurs, enfin, que les notions des forces, des substances durables, et les croyances invincibles attachées à leur réalité sont placées au premier rang des faits, et constituent les premiers éléments de la science de l'homme, d'où il suit qu'on ne peut en faire abstraction sans dénaturer entièrement le sujet même de l'étude qu'on se proposait, savoir : l'être agissant et pensant, doué de la faculté de connaître et les choses et lui-même selon certaines formes ou lois inhérentes à sa nature, en lui substituant un être fantastique que l'imagination habille et compose à sa manière, mais qu'on peut à peine considérer comme le squelette de l'entendement humain.

§ 2.

Que la notion de causalité n'est pas une pure abstraction, une catégorie ou une idée générale. — Caractères des différences essentielles entre les notions et les idées générales.

Nous venons de voir que le véritable énoncé du principe de causalité ne pouvait se traduire en un autre, où le rapport de succession de deux phénomènes serait substitué. D'où nous avons conclu l'hétérogénéité essentielle de ces deux relations que l'on a si souvent prises l'une pour l'autre.

Voulons-nous maintenant substituer cet autre énoncé, tant répété dans les écoles, que *tout effet a une cause* ? nous aurons un axiome logique à la place *d'un principe de fait*, cet axiome emportera bien aussi avec lui un caractère d'évidence immédiate ou de nécessité, mais ce sera une autre espèce d'évidence, une tout autre nécessité. Dire que tout effet a une cause, c'est dire que tout ce qui a une cause, en a une ; ce qui *est*, *est* : proposition frivole qui n'apprend rien du tout, puisqu'elle se borne à la simple concordance de deux signes conventionnels, *cause* et *effet* corrélatifs l'un de l'autre, ou à l'identité même d'un terme répété, qui joue dans la même proposition le rôle du *sujet* et celui de l'*attribut*.

L'évidence aura toujours ce même caractère *logique*, tant qu'elle se fondera uniquement sur l'identité reconnue entre des notions que l'entendement a lui-même composées, et abstraites et liées à des signes destinés à lui retracer les œuvres de sa création. En comparant ces termes abstraits ou complexes, l'esprit ne peut qu'y retrouver ce qu'il y avait mis ; il reconnaît que les conventions faites antérieurement avec lui-même sont remplies ; que le même signe répété dans des temps différents, ne peut conserver que la même valeur ou exprimer non pas deux idées identiques, mais absolument la *même idée* ; que deux signes différents attachés à deux modifications de l'esprit, ou à deux points de vue sous lesquels il a considéré un seul et même sujet, expriment encore l'identité de ce sujet ; d'où le sens absolu et universel des axiomes dont le seul énoncé emporte avec lui cette évidence logique, immédiate et irrésistible, ou ce repos de l'esprit, cette impossibilité de douter qui tient à la stabilité des conventions qui ont présidé à la formation de notre langage.

Lorsqu'on substitue dans ces expressions la définition au terme défini, il est naturel qu'on doive toujours retrouver l'identité du nom, d'où l'on conclut celle de la chose ou de la notion signifiée. Dire par exemple, que le tout est plus grand que sa partie, ou que la partie est plus petite que le tout, c'est dire que ce qui est plus petit que le tout est plus petit que le tout ; et dans le même sens dire que tout effet a une cause, c'est dire que tout ce qui a une cause a une cause ; tous les axiomes de cette espèce viennent donc se résoudre dans l'axiome et sous la formule unique du principe : ce qui *est*, *est*.

Leibnitz, qui a donné une grande importance à cet axiome, en le considérant comme la base de la *philosophie première*, l'a très bien caractérisé sous le titre de *principe de contradiction*, puisque en effet, il consiste tout entier dans l'impossibilité qu'il y a, à ce que les signes, étant une fois institués ou employés à noter certaines choses ou relations, contredisent leur institution même en exprimant des relations différentes ou opposées ; en deux mots, qu'il y ait contradiction entre la définition et le défini.

Il est bien évident que, si ce principe n'avait pas lieu, ou s'il n'y avait pas dans la valeur des signes de notre langage une fixité ou permanence qui correspond dans l'ordre *logique* à ce que nous appelons la constance des lois de la nature dans l'ordre physique, il n'y aurait aucune base aux jugements que nous portons sur nos propres idées abstraites, pas plus qu'il n'y aurait lieu à quelque jugement absolu, sur les faits et sur les existences (y compris la nôtre propre), si tout changeait à chaque instant, hors de nous, comme en nous-mêmes, c'est-à-dire s'il n'y avait que des *phénomènes* sans fond, sans consistance. C'est sur cette double permanence observée dans l'ordre logique de nos signes d'une part, et dans les *faits* positifs et réels de la nature d'autre part, que se fondent deux grandes classes de vérités; les unes conditionnelles, ou de définition, les autres absolues ou de *fait*; classes qui ne peuvent être ramenées ou se rattacher à un seul principe sans confondre toutes les lois de notre connaissance et compromettre à la fois la certitude apodictique de l'une et la réalité de l'autre. La différence qui sépare ces deux classes de vérités, ou les deux principes sur qui elles se fondent respectivement, est justifiée par celle des deux espèces d'évidence que chacun de leur énoncé emporte avec lui dans l'esprit.

Quand on dit : *tout effet a une cause*, le mot effet institué par la convention du langage pour noter *ce qui a une cause*, rappelle à l'esprit sa définition qui étant mise à la place du défini convertit la proposition sous cette forme : ce qui *est*, *est*, ou A = A. La convention première est observée, et il n'y a plus rien à demander. Mais si l'on s'en tient là, il est évident que la proposition exprimée ne suppose dans l'esprit aucune sorte d'idée ou d'opération autre que le rappel des signes et le souvenir de leur valeur ; il est évident aussi que le principe de contradiction se réfère uniquement à l'institution du langage, et ne serait rien sans les signes ; c'est-à-dire que sa valeur est purement logique et que l'espèce d'évidence ou de nécessité qui accompagne son expression, comme celle de tous les axiomes qui s'y ramènent, tient moins à l'impossibilité sentie ou reconnue *a priori* de penser ou d'apercevoir le contraire, qu'à celle de *parler* autrement, quand on a une fois convenu de la signification de certains mots. D'où il suit, pour le dire en passant, qu'on ne saurait admettre le principe de contradiction et ses dérivés immédiats comme innés sans admettre aussi un langage inné avec telles formes, etc.

Au contraire dans l'énoncé du principe *tout ce qui commence*, ou *tout phénomène a une cause* qui le fait commencer, il n'y a point d'identité même partielle, entre les idées du sujet et de l'attribut de la proposition, de manière qu'en substituant l'un à l'autre, on puisse parvenir à cette expression ou équation identique A = A. Il n'y a pas seulement défaut d'identité entre l'idée ou l'image de l'effet ou phénomène qui commence à exister, à apparaître à nos sens, et la notion d'une cause ou force qui le fait commencer ; il y a de plus hétérogénéité de nature, de caractère et de source entre cette notion et cette image. Les deux termes de la proposition qui affirme l'un et l'autre sont, il est vrai, essentiellement corrélatifs. En vertu d'une induction première dont nous assignerons bientôt le fondement et que plusieurs philosophes regardent comme une loi première de notre esprit, l'intuition du phénomène ou l'idée de l'effet suggère nécessairement à la pensée, la notion d'une cause. Mais il suit de cela même, que la corrélation ou le lien d'un terme avec l'autre ne se fonde nullement sur les conventions ou les définitions arbitraires de notre langage.

Quand il ne serait point exprimé par des signes, le principe de causalité, bien différent en cela de celui de contradiction, n'en serait pas moins toujours intimement présent à la pensée ; il n'en serait pas moins le résultat d'une loi nécessaire, imposée à notre esprit, loi que les signes expriment sous la forme d'axiome métaphysique, où ce qui est *pensé* est en accord nécessaire avec ce qui *est*, mais que le langage ne crée pas comme il crée les axiomes *logiques*, où il suffit d'un accord idéal entre le défini et la définition.

Je dirai donc, au risque peut-être de choquer des opinions assez répandues de nos jours, parmi nos philosophes nationaux, que le principe de causalité, ou la proposition qui l'énonce est éminemment *synthétique*, c'est-à-dire qu'elle n'est point bornée à affirmer l'identité du sujet et de l'attribut, mais qu'en énonçant celui-ci elle ajoute à l'autre un élément qui n'y était pas compris et qui vient d'une autre source. La *cause*, ou force productive, et l'effet ou le phénomène qui commence ne sont pas une seule et même idée revêtue de deux expressions différentes, comme dans les axiomes logiques, ou dans l'expression de la vérité conditionnelle; c'est une notion intellectuelle qui s'ajoute à une image et lui imprime une forme, un caractère nouveau qu'elle n'avait point.

Séparée ou abstraite de cette image et de tout phénomène sensible, la notion d'une cause et toutes celles qui en dérivent, comme nous le verrons bientôt, s'*individualise* dans le sentiment de notre *moi* et participe toujours à sa réalité, bien différente de tout ce que nous appelons *abstractions, idées générales* qui, étant tirées uniquement des objets dont elles expriment des propriétés, qualités ou collections de qualités séparées, se trouvent réduites à de purs signes, lorsqu'on les prend à l'état d'abstraction le plus élevé, et hors de toute application déterminée à tels objets d'intuition. Essayez de prendre quelqu'un de ces termes universels, cause, substance, force, pensée hors de toute application objective, sans aucun recours à l'imagination et en exerçant uniquement l'aperception intérieure ou la réflexion, et vous trouverez encore un fondement et une acception vraie à ces termes, en tant qu'ils expriment des notions qui ont leur modèle individuel et réel dans le fait de conscience, indépendamment de leur application universelle aux objets ou phénomènes de l'expérience. Au contraire, employez quelqu'un de ces termes généraux qui expriment des idées collectives de genres ou de classes: homme, animal, plante, etc., ou encore quelques-uns de ces signes abstraits de qualités d'objets sensibles, que Locke appelle *idées simples* de *sensation* : couleur, saveur, son, etc., séparés de tout sujet d'inhérence ou de tout objet déterminé, si l'imagination ne prend aucune part à l'emploi des termes, ou ne vient pas y joindre le complément sensible nécessaire pour les mettre à sa portée..., vous aurez dans le premier cas un pur signe indéterminé qui ne fait que retracer à l'esprit ses propres inventions ou les souvenirs des opérations intérieures d'abstraire et de comparer, dont le résultat est exprimé par tel nom; ou quelque représentation vague et confuse de l'objet que l'attention tâche de saisir à l'aide du signe, séparément de l'objet ou du sujet d'inhérence, mais qui dans cet état d'abstraction n'offre à l'esprit qu'une sorte de fantôme fugitif sans consistance, sans réalité, sans modèle, sans appui ni dans le *moi* qui ne peut trouver en lui-même le type d'aucun mode objectif, tel que les couleurs, les qualités tactiles, ni *hors du moi* dans la nature extérieure où aucune qualité, aucune collection de modes n'existe réellement sans le sujet étendu qui en est le soutien et, comme on dit, le *substratum*.

Tels sont donc les caractères qui différencient essentiellement les idées générales (ou ce qu'on appelle vaguement en psychologie, *abstractions*) et les notions fondamentales dont l'esprit humain fait un emploi continuel et nécessaire :

1. Les notions étant séparées et pour ainsi dire purifiées de tout mélange avec les choses sensibles, en passant du monde des objets à qui elles s'appliquent au sujet où elles ont leur origine et leur fondement, s'individualisent et se déterminent tandis que les idées générales abstraites ou complètement séparées de tout objet déterminé, ne conservent plus aucun caractère réel, en perdant le fondement exclusif qu'elles avaient dans les objets du dehors, sans trouver un appui dans le sujet, et finissent ainsi par se réduire aux signes ou aux catégories logiques qui font toute leur valeur.

2. Dans l'emploi de ces idées générales ou de ces catégories, l'esprit reconnaît son ouvrage ; il pourrait sentir, imaginer, réfléchir sans les avoir ; tandis qu'à partir de celle de causalité qui est la base de toutes les notions, il trouve en lui la substance, la force ; il les constate ou reconnaît leurs caractères au dehors ; mais il ne dépend pas plus de lui de les avoir, de les écarter, ou de modifier leur nature, que d'exister, de se créer ou de s'anéantir lui-même.

3. Le sujet pensant qui abstrait ou sépare les qualités objectives les unes des autres et les conçoit ou les nomme ainsi séparément, en fait des collections ou des touts arbitraires hors de lui, et loin d'être nécessité à *croire* que ces abstractions existent réellement, il est averti du contraire par la liberté qu'il a d'en disposer, de les modifier, d'étendre ou de resserrer ces idées générales, collectives. Mais, en faisant abstraction de tout ce qui n'est pas *lui*, le *moi* abstrait en même temps les notions qui sont inséparables du sentiment de son être propre et individuel.

Lorsque par tel acte de réflexion, le sujet pensant distingue et sépare ainsi ce qui lui appartient en propre ou constitue sa nature, de tout ce qui est senti au dehors comme ne lui appartenant pas, peut-on dire qu'il s'abstraie lui-même du monde des phénomènes ou des choses sensibles, comme s'il en était une partie constituante et subordonnée, de même qu'une qualité est séparée par l'attention de la collection où elle entre comme partiellement ? Est-ce que le sujet qui abstrait (*abstrahens*) peut se prendre lui-même pour la chose ou l'objet abstrait[1] ?

4. Les qualités sensibles sont abstraites de divers objets dont le sujet pensant aperçoit la ressemblance en comparant leurs qualités ou propriétés analogues, telles que la forme,

1. Dans une dissertation latine que je serai encore amené à citer, Kant établit très précisément la même distinction que j'ai ici en vue, et s'il eût été plus conséquent, il n'aurait peut-être pas érigé le principe de causalité en catégorie, avant de chercher dans le *moi* individuel le vrai fondement de cette notion. — Quoiqu'il en soit, voici la manière dont il exprime sa distinction, qui me paraît mériter d'être pesée par tous ceux qui n'admettent qu'une sorte d'abstraction et confondent par là même les notions telles que l'être, la substance, la force, l'unité avec les idées générales. « *Necesse autem hic est, maximam ambiguitatem vocis abstracti notare, quam, ne nostram de intellectualibus disquisitionem maculet, antea abstergendam esse satius duco. Nempe proprie dicendum esset : ab aliquibus abstrahere, non aliquid abstrahere. Prius denotat : quod in conceptu quodam ad alia quomodocumque ipsi nexa non attendamus, posterius autem, quod non detur, nisi in concreto et ita ut a conjunctis separetur. Hinc conceptus intellectualis abstrahit ab omni sensitivo, non abstrahitur a sensitivis et forsitan rectius diceretur abstrahens quam abstractus.* » (M. de B.)

la couleur, la dureté, etc.; il exprime ces ressemblances par un terme général ou commun applicable à tous les objets qui ont entre eux le même rapport d'analogie. C'est là tout l'artifice des idées générales ou des classifications. Ces idées de genre ou de classe ainsi formées n'admettent donc aucun élément qui soit proprement *un* et identique pour tous les individus compris sous le même genre; car la ressemblance n'est pas l'*identité*, et lorsqu'on croit *éluder* cette difficulté en admettant une *identité partielle* entre les idées ou entre leurs objets, on ne fait que jouer sur les mots.

L'identité ne peut ainsi se *morceler*, se resserrer ou s'étendre; elle n'a qu'une nature et qu'un type, ce type est le *moi*. Toute notion qui peut se ramener au fait de conscience participe à l'identité, à l'unité et à la permanence du *moi*; — tout ce qui est représenté objectivement aux sens ou à l'imagination, exclut ce caractère ou n'en jouit que par emprunt; nos sensations et nos intuitions peuvent se *ressembler* plus ou moins, mais aucune n'est *identique* à l'autre ni à elle-même; elles se répètent dans des temps différents, et c'est ici que le principe des *indiscernables* s'applique sans aucune restriction.

Toutes les idées générales retiennent nécessairement les caractères des sensations ou des qualités sensibles comparées, et dont les rapports de ressemblance sont exprimés par le terme général dont il s'agit. Mais cherchez quelque ressemblance entre les notions et une espèce quelconque d'idées ou d'images sensibles, vous ne trouverez aucune analogie. — Car la ressemblance n'est qu'entre les composés et n'appartient nullement aux simples. Il n'y a qu'une seule manière de concevoir la substance, la cause, l'unité, etc., à quelque objet qu'on l'applique; la relation est unique et ne dépend nullement des termes comparés. — Il me semble que cette différence est assez saillante pour avoir frappé les métaphysiciens.

Toute notion de cause efficiente, de substance durable est parfaitement *une* et *identique*, quelle que soit la variété des objets ou phénomènes à qui elles s'appliquent. Tous les êtres de l'univers rapprochés, comparés et concentrés pour ainsi dire sous l'une ou l'autre de ces notions n'ont pas seulement entre eux une ressemblance parfaite ; on peut dire qu'ils sont numériquement identiques, comme l'unité répétée est identique à elle-même. Au contraire, tout genre embrasse nécessairement dans sa compréhension une multitude indéfinie d'éléments divers, de qualités hétérogènes. Chacun des individus d'où ces éléments ont été tirés, peut avoir avec un autre une ressemblance plus ou moins sensible, mais comme les qualités de l'une ne sont pas celles de l'autre, l'idée générale formée de la collection de ces qualités, ne s'applique distinctement et précisément à aucun des individus qu'elle comprend, par cela même qu'elle s'applique indéterminément et confusément à tous.

Les idées générales ou les catégories ne sont donc pas des notions premières, fondamentales, pas plus que les notions ne sont des idées générales. Mais on pourrait considérer celles-ci comme des symboles artificiels ou, comme disent les Allemands, le *Schema* des notions. De même que les notions impriment à tout le système de nos idées, le sceau de l'unité et de la réalité du moi, les idées générales, sous lesquelles se rangent les *représentations* éparses des phénomènes, servent à les coordonner entre elles, en les subordonnant à l'unité artificielle d'un signe. Ils se sont donc laissé aller à la pente des habitudes de l'imagination et du langage, les philosophes qui ont confondu les deux sortes d'éléments dont nous venons de signaler les caractères distinctifs ; soit que considérant les notions comme des idées abstraites ou des collections de qualités sensibles, ils aient voulu qu'elles dérivassent des sens ; soit que prenant d'abord les notions, au titre universel de catégories, en omettant le caractère individuel et réel qu'elles ont dans le *moi*, ils les aient considérées comme innées à l'âme ou préexistantes en elle à priori, comme des formes ou des catégories qui règlent l'expérience et sont indépendantes d'elle.

De là est résulté entre les doctrines abstraites et expérimentales une lutte où la raison se trouve obligée de balancer, sans prendre un parti décisif. En effet, si les notions telles que l'être, la substance, ne peuvent être prises qu'au titre *universel*, et comme *catégories*, elles ne sont autre chose que le genre le plus élevé, sous lequel tous les objets et les faits de l'expérience viennent se ranger ; il n'y a donc pas de raison suffisante pour les distinguer des autres idées générales dont nous reconnaissons très bien l'artifice logique et le propre ouvrage de l'esprit, sans conséquence pour les choses mêmes ; donc il n'y a point d'exception à faire à la maxime *nihil est in intellectu*..., etc., en faveur de ces notions qui se trouvent au sommet de la pyramide dont nos premières sensations sont la base, etc.

D'un autre côté ces notions ont un caractère réel, invariable, nécessaire, qui n'appartient à aucune idée déduite, ni à aucune de nos classes artificielles ; comment donc pouvoir les confondre avec elles ? Comment tirerions-nous du dehors et des objets de nos sensations l'être, la substance, la cause, si elles ne nous étaient pas données par cela seul que nous existons et pensons ? — Comment acquerrions-nous la première et la plus simple de toutes les connaissances objectives, si nous n'avions déjà par devers nous le fondement de ces notions ? Il faut donc qu'elles soient placées à la tête ou même en avant du système de la connaissance comme des conditions premières.

Ces deux points de vue sont également fondés. 1° Il est vrai que toute catégorie n'a aucune valeur logique, artificielle et dépendante de l'expérience ; donc si les notions ont un caractère et une valeur différente, elles ne sont pas des catégories. 2° Il n'est pas moins vrai que les notions ont un caractère réel, absolu, nécessaire qui les sépare essentiellement des idées adventices de sensation et de tout ce qui provient de la même source ; qu'elles sont indépendantes de l'expérience extérieure et de ses conditions, quoiqu'elles se lient à une autre sorte d'expérience et à un système de faits primitifs trop négligés dans les théories psychologiques.

Entre ces deux opinions, dont l'une veut que les notions soient absolues et universelles par essence et innées à l'âme à ce titre, et celle qui ne voit dans toute idée générale ou universelle qu'un pur artifice, ouvrage de notre esprit travaillant en dernier lieu sur les sensations et les produits de l'expérience extérieure, comme sur des matériaux indispensables, il y a donc un point de vue moyen que nous chercherons à établir.

Comment les doctrines des idées innées et des sensations laissent à l'écart ou dénaturent les notions premières et fondamentales de l'esprit humain. — Distinction essentielle à observer entre le système primitif de nos croyances et celui des idées ou des connaissances.

Lorsqu'on parle de principes ou de sentiments innés, dit Leibnitz, il ne faut pas entendre seulement que l'esprit a en lui la faculté de les connaître, mais de plus qu'il a la faculté de les trouver en lui-même, et en lui seul, comme une prédisposition à les approuver nécessairement, quand il viendra à y penser. Descartes entendit à peu près de la même manière ses idées innées, ainsi qu'on peut le voir dans ses réponses à Hobbes et à Gassendi, ces idées n'étant point innées suivant lui, dans ce sens qu'elles soient présentes objectivement à l'esprit avant toute expérience ou antérieurement à l'exercice des sens qui lui fournissent l'occasion ou les moyens de les concevoir ou d'y penser, mais dans ce sens qu'il les trouve uniquement en lui-même, ou qu'il a une prédisposition à les former sans aucune influence étrangère.

Sur quoi j'observerai d'abord que toutes les discussions élevées parmi les philosophes à ce sujet n'auraient peut-être pas existé, si au lieu de parler d'idées ou de notions innées, on se fût borné à reconnaître seulement des lois inhérentes à l'esprit humain qui dépendent de sa nature ou de sa constitution intime. — En effet, s'il y a un fond de sensibilité et d'intelligence commun à tous les hommes; si malgré la multitude infinie des différences accidentelles provenant de celles des temps, des lieux, du degré de culture ou de civilisation, il est pourtant incontestable que les hommes sentent ou perçoivent à peu près de la même manière ; que leurs idées se forment sur un plan semblable, se développent par les mêmes moyens et se rejoignent toujours aux mêmes anneaux, ce qui fait qu'ils peuvent s'entendre et communiquer par des signes, apprendre les langues les uns des autres ; si tout cela est vrai, on ne pourra nier l'existence de lois primitives ou de principes régulateurs et nécessaires, auxquels notre entendement est assujetti par sa nature, et dont il ne peut s'écarter même dans les plus grandes excursions où l'emploi de sa libre activité peut l'entraîner, pas plus que les mobiles de quelque manière qu'ils soient lancés, à quelque force qu'ils obéissent, ne peuvent s'écarter des lois éternelles de la mécanique. Ne peut-on pas dire que les lois de la pensée n'ayant pas d'autre cause que la nature ou l'essence de l'esprit humain qui les sent dès l'origine, avant de pouvoir s'en rendre compte, sont nées avec lui, ou innées dans l'acception de Descartes et de Leibnitz, non comme préexistantes sous leur titre avant d'être conçues, mais comme prédispositions de l'esprit à les former et à les adopter comme siennes?

Qui peut nier sous ce rapport que les notions d'*êtres*, de *substances*, et avant tout de *causes efficientes* ou de *forces*, ne soient des résultats primitifs et nécessaires des lois constitutives mêmes de l'esprit humain ou des lois inhérentes à sa nature?

Leibnitz a toute raison de demander comment nous pourrions avoir quelque notion d'êtres, de substances, si nous n'étions pas nous-mêmes des êtres ; mais il pouvait et devait demander d'abord comment nous pourrions avoir quelque notion de force, de cause, si nous n'étions pas nous-mêmes des forces, des causes efficientes, si notre moi n'était pas une force motrice, une cause de mouvement.

Mais une grande cause d'erreurs, de mécomptes et de dissensions interminables parmi les métaphysiciens, y compris Descartes et Leibnitz, a été de partir des notions de l'être, de la substance, de la force comme ayant leur type exclusif et primitif dans l'absolu de l'*âme* substance ou force, au lieu de partir de l'idée ou du sentiment relatif du *moi* individuel qui ne s'aperçoit ou n'existe pour lui-même qu'à titre de cause ou de force agissante sur une substance étendue. Dans le premier point de vue, celui des métaphysiciens, le point de départ est une abstraction ou une notion très élaborée ; dans le second, c'est un fait, le fait primitif du sens intime, qui est l'origine de tout, d'où toute science doit être dérivée.

Si en partant de ce fait et l'analysant dans ses éléments, on peut montrer comment toutes les notions en dérivent médiatement ou immédiatement, on aura prouvé que celles-ci ne sont pas *innées*, quoique en remontant au delà de tout fait, de toute existence sentie ou aperçue, on trouve par la *raison* que les notions dont il s'agit, sont des résultats nécessaires de la nature de l'esprit humain, qui induit, d'après des lois premières et vraiment innées, la causalité étrangère, du sentiment de sa propre activité, l'existence absolue, universelle, de l'aperception de son existence relative et individuelle.

La manière dont l'esprit procède dans cette sorte d'induction, en partant du fait primitif de la conscience, n'a jamais fait l'objet de l'étude des métaphysiciens qui ont trouvé plus commode, soit de regarder comme innées ces notions dont ils reconnaissent la nature propre, en niant leur origine, soit de les exclure totalement du domaine de la science, en méconnaissant également leur nature et leur origine.

Je tâcherai de jeter quelque jour sur les notions considérées sous ce double rapport, et de chercher ainsi les fondements solides de la psychologie.

En s'attachant d'abord à la valeur étymologique des mots, d'après laquelle *principe* veut dire la même chose que commencement, un principe de la connaissance ne serait que telle connaissance déterminée, considérée au moment où elle commence. Le premier connu (*primus tempore*), serait le *principe*. Mais ce n'est pas ainsi que nous déterminons la valeur réelle de ce terme, pris dans le sens ordinaire et indépendamment de tout système. Ce n'est jamais au premier en temps que nous nous arrêtons et que nous sommes les maîtres de nous arrêter. Une loi de notre esprit nous impose la nécessité de remonter jusqu'à un premier générateur (*prius natura*) qui détermine le commencement de la suite, quoiqu'il soit lui-même tout à fait indéterminé ; ou qui est la condition de telle série commençante, quoiqu'il soit lui-même sans condition. C'est ce premier dans l'ordre de génération que nous appelons *principe*, et qui diffère par le genre et la nature (*toto genere et natura*) de tout ce qui est compris dans la succession phénoménique, à partir du commencement jusqu'à la fin.

Un principe n'a pas besoin d'être *connu* pour exister et pour avoir toute sa valeur, et la force que nous sommes fondés à lui attribuer, soit *a priori*, soit *a posteriori* quand nous venons à y penser *comme il faut* et à nous en rendre compte.

Ainsi, il y a des principes d'action communs à tous les êtres *animés*, à ceux qui ont l'intelligence en partage, comme à ceux qui ne pensent point ou qui suivent nécessairement les lois d'une nature qu'ils ignorent.

A voir les actions ou les mouvements coordonnés des animaux, ceux de l'enfant qui vient de naître, comme ceux de l'homme qui rêve ou qui se trouve accidentellement placé hors de toutes les lois de la connaissance, ne dirait-on pas en effet qu'il y a une sorte d'harmonie préétablie entre ce qu'ils font, appètent ou *croient*, sans le connaître encore, du moins à notre manière, et ce qui existe réellement hors d'eux ; entre ce qui doit être la conséquence infaillible de leurs actes nécessaires non déterminés par le vouloir, et destitués de prévoyance comme de conscience, — et ces actes mêmes. Cette sorte d'harmonie préétablie entre ce qui existe et ce que les êtres animés font, ou ce que les êtres même intelligents croient nécessairement et primitivement avant de pouvoir s'en rendre compte, paraît bien devoir se fonder sur des principes innés. Il est impossible de ne pas en admettre de tels. Ceux qui les nient le plus opiniâtrement, sont obligés de les reconnaître sous un titre quelconque. Qu'on substitue par exemple un terme tel que *principe de sensation*, de *mouvement*, à *vertu sentante* ou à celui d'âme ou d'être sentant, de substance à laquelle on est obligé de rattacher les diverses modifications comme à un sujet d'inhérence ou une cause, toujours faut-il admettre quelque chose qui préexistait à la première sensation, qui en est la condition nécessaire *sine qua non* et le *prius natura* : que ce soit une substance dite matérielle ou immatérielle, étendue ou inétendue, qui soit préjugée ou crue exister ainsi, cette réalité absolue n'en est pas moins admise comme principe antérieur à toute sensation ou connaissance acquise, et hors des lois de l'expérience qui ne sauraient l'atteindre, puisqu'elles-mêmes s'appuient sur ce principe.

Tout ce que nous connaissons ou pouvons connaître, a ainsi un principe nécessaire dans ce que nous ne connaissons pas, mais que nous croyons exister dans l'ordre absolu des existences. — L'étendue solide ou la matière, telle que nous pouvons la percevoir par le toucher, aidé ou non de la vue, a des principes constitutifs que nous sommes obligés d'admettre ou de croire quoiqu'ils ne tombent plus sous les sens ou l'imagination, etc.

Ainsi dans l'ordre relatif de nos connaissances, le fait primitif de la conscience ou du *moi*, qui comprend un effort voulu et une résistance du moins organique, a un double principe nécessaire : 1° Dans l'activité absolue d'une substance ou force que nous sommes obligés d'admettre, sans la concevoir, sous le nom d'âme ou tout autre quel qu'il soit ; 2° Dans une résistance ou inertie *absolue* aussi nécessaire d'une autre substance, que nous appelons corps. Nous croyons à ces deux existences, nous sommes certains qu'elles restent, qu'elles durent quand tout effort, toute résistance s'évanouit avec le *moi*, quoique nous n'ayons aucune idée de cet absolu, hors du sentiment ou de la connaissance présente.

Par suite, l'identité, la permanence de notre *moi* ou le senment de notre identité ou individualité constante, a son principe nécessaire dans le durable même de la substance de l'âme et du corps, et il en est ainsi de toutes les particularités ou connaissances élémentaires que nous pouvons distinguer dans le fait primitif de la conscience, identique à celui de la connaissance et dont chacun se réclame d'un principe pris nécessairement de l'ordre absolu des existences.

La distinction fondamentale que nous sommes conduits à établir entre le système de nos croyances et celui de nos connaissances, nous semble la seule propre à concilier jusqu'à un certain point les deux sortes de doctrines opposées, dont l'une part des croyances données à l'esprit humain ou inhérentes à sa nature, comme de notions complètes existant *a priori*, ou d'idées innées, et dont l'autre part d'idées particulières comme des premières données des sens pour en déduire toutes les *notions*, en dissimulant le titre et la valeur réelle des *croyances*, ou faisant totalement abstraction de celles-ci, ou ne les considérant que comme des chimères, par cela seul que ce ne sont pas des idées complètes venues par sensation ou par réflexion. — Pour rapprocher ces deux systèmes opposés, il suffira peut-être de rétablir l'élément intermédiaire omis ou méconnu également des deux côtés.

Faisons observer : 1° aux partisans des doctrines *a priori* : qu'il est aisé de voir en effet par ce que nous avons dit (et on n'a qu'à se consulter soi-même pour s'en assurer) que le système de nos croyances nécessaires tend toujours et invariablement vers un ordre d'*absolu*, qui élude par sa nature toutes les lois de notre connaissance raisonnée ou réfléchie. Si des métaphysiciens aussi profonds que Descartes, Leibnitz et leurs disciples les plus recommandables, qui ont abordé le premier problème de la philosophie, y ont laissé encore tant d'incertitudes et d'obscurités, c'est peut-être pour avoir voulu étendre les principes de notre croyance hors des limites où la nature les a circonscrits, en les plaçant à la tête de nos connaissances ou en les faisant rentrer dans le même système, sous le titre vraiment trompeur d'idées ou de notions innées ou *a priori*. Si ces métaphysiciens avaient nettement tracé la ligne de démarcation qui sépare d'une part les principes innés de nos croyances et les notions qui s'y rattachent, d'autre part ces notions premières, régulatrices et nécessaires, que nous ne faisons pas, mais que nous trouvons déjà toutes formées dans notre esprit, dès que nous y pensons, sans pouvoir penser le contraire, et les idées abstraites générales ou les catégories, appelées aussi notions *a posteriori* dont les principes se trouvent dans un langage artificiel et de convention ; si ces différences eussent été, dis-je, clairement *établies*, il n'y aurait pas eu lieu à tant de disputes sur la nature des principes, comme sur l'origine et la génération de la connaissance. Celles-ci étant nettement distinguées de nos croyances nécessaires et absolues, on aurait pu s'accorder à reconnaître que les unes n'ont ni les mêmes principes ni les mêmes limites que les autres ; que les croyances ont des caractères de primauté, d'universalité, de nécessité qui les distinguent éminemment de toutes les idées ou notions acquises, et en font un système à part dont il faut assigner la place dans l'entendement humain ; on aurait vu ce système antérieur, du moins en principe, à celui qui embrasse nos connaissances acquises, originelles ou dérivées, se joindre à lui dans sa naissance, l'accompagner, le suivre et s'y confondre dans certains points, s'en séparer dans d'autres, finir par n'avoir plus rien de commun avec lui, comme une ligne droite à laquelle une ligne courbe serpentante est coordonnée, la rencontre, la coupe, se confond avec elle dans les points tangents, et peut s'en éloigner ensuite à l'infini ; on aurait vu que les termes universels qui signifient des croyances, tels qu'être, substance, force, durée, espace, absolu, n'emportent avec eux dans l'esprit aucune idée déterminée de quoi que ce soit que nous puissions connaître distinctement et séparément ; que ces termes simples expriment ou déterminent l'objet de cet acte primitif de notre esprit que nous appelons *croyance* qui se joint à tout ce que nous pouvons apercevoir en nous et percevoir et connaître en dehors, sans que rien de ce qui est ainsi aperçu ou connu puisse en être déduit ou dérivé par ordre de génération ;

que cette croyance entrant ainsi comme élément nécessaire dans certaines idées ou notions de l'*esprit*, ne constitue pas à elle seule une *idée* ou notion complète, et qu'en admettant ainsi qu'il y a dans nos idées ou connaissances un principe[1], ou un élément inné, inhérent à la nature de notre esprit, on ne saurait regarder comme innée une idée ou notion complète quelconque, ni dire que ce que nous connaissons et croyons ait son principe générateur dans ce que nous croyons sans le connaître; car il faudrait pour cela qu'en partant d'un tel principe, c'est-à-dire de l'être, de la substance durable, de la cause absolue, universelle, objets indéterminés de notre croyance nécessaire, nous pussions en déduire quelque idée ou notion positive de telle existence déterminée, de telle durée relative, de telle cause ou force individuelle, enfin de quelques faits internes ou externes; or, cette dérivation impossible a été et sera toujours l'écueil des métaphysiciens qui voudront la tenter, en se fondant sur des paralogismes continuels, ou en donnant pour déduction de leurs principes *a priori*, ce qui leur était connu d'avance sans ces principes ou indépendamment de leur application fictive. On aurait reconnu enfin que toute connaissance ou notion proprement dite, ayant par sa nature ou par celle de notre esprit un caractère de relation ou n'étant jamais que le rapport nécessaire d'une chose conçue au sujet qui conçoit, s'il y a en nous (comme il est impossible d'en

1. Nous prenons ici le mot *principe* dans un sens bien opposé à celui de nos modernes disciples de Condillac ou de Locke. Suivant eux, le principe *est un fait* premier qui sert de fondement à tous les autres qui n'en sont que des *modifications*. C'est ainsi que le sentiment est un principe qui ne peut admettre rien avant lui, etc.

Au contraire les principes de croyance dont nous parlons, se retrouvent partout identiquement les mêmes, ne se transforment jamais pour produire quelque idée ou connaissance que ce soit; on ne peut en rien déduire ni dériver; ils sont les termes ou les antécédents nécessaires de toutes les relations qui ne sont connues que par eux et dont ils sont dits à juste titre les principes *sans être conçus en eux-mêmes* hors de nos relations.

C'est, ainsi que nous le disons, que le sentiment a son *principe* et sa raison dans l'âme et dans sa liaison avec le *corps;* dans un sens tout différent de celui où l'on dit que la connaissance a son principe dans le sentiment. (M. de B.)

douter) une faculté, une tendance invincible à croire ou à supposer sans cesse quelque absolu qui est le premier terme ou le fondement nécessaire de la relation, il est évident que cet absolu, en tant que tel, dont il y a croyance sans idée, ne saurait être l'origine pure d'aucune connaissance ou idée, et que le problème qui consiste à trouver cette origine doit avoir ses données en deçà des limites du champ de nos croyances, dans une première relation ou un fait primitif tel que nous allons bientôt le déterminer plus expressément ;

2° Faisons observer aux idéologistes disciples de Locke et de Condillac :

Qu'ils ne peuvent se dispenser d'admettre au moins comme *fait de l'esprit humain* la croyance invincible qu'attachent tous les hommes, même les sceptiques, les plus décidés, à quelque réalité *absolue ;* qu'une telle croyance ne peut venir de l'habitude ou de l'expérience répétée, car tout ce qui nous vient de cette source est susceptible de plus ou de moins, peut être conçu d'une autre manière, varie comme le nombre des répétitions, comme les circonstances de temps et de lieu qui l'ont amené, tandis que tous les hommes sans exception croient également à la première expérience comme à la millième, qu'ils sont des êtres et non pas des phénomènes, des idées de sensation, qu'ils ont un corps distinct et séparé d'autres corps durables et permanents, quand ils ne les voient pas; qu'il y a enfin sous les sensations passagères des substances et des causes permanentes différentes des sensations quoiqu'ils ne puissent s'en faire aucune idée ou *image;* enfin que s'il est vrai comme ce système l'*établit*, qu'il pût y avoir, et qu'il y eût originellement un système de connaissances ou d'idées dérivées de la sensation pure, sans aucun mélange de *notions* ou de croyances des êtres substantiels, durables en nous ou hors de nous, il s'ensuivrait bien que tout ce système de connaissances est indépendant de celui de nos croyances, ou des notions que les métaphysiciens ont considérées comme fondamentales, universelles, nécessaires; mais alors l'entendement humain serait pour ainsi dire tout en images et succession d'images, rien n'y aurait le caractère de permanence et d'identité, tout existerait dans des formes variables, des accidents passagers, sans aucun fond réel ; ce serait enfin une sorte de fantasmagorie toute différente du monde réel, externe et interne que nous croyons ; lorsqu'on rentre dans ce monde et qu'on veut en connaître les lois positives et constantes, il faut bien pouvoir dire ce qui fait la différence entre l'ombre et la réalité, entre les images ou les idées de sensations que nous connaissons sans croire aux substances, causes efficientes, et les idées de *faits* positifs, d'objets réels, les notions certaines que ces croyances viennent joindre aux phénomènes ou aux images.

De là donc une branche de recherches psychologiques toutes différentes de celles qui entrent dans un traité des sensations quelque ingénieux qu'il fût, ou même quelque fondé qu'il pût être dans sa manière d'originer nos idées et nos connaissances proprement dites. D'où nous vient la *croyance* de ces êtres durables, substances, causes ou forces qui échappent à notre faculté de connaître par les sens, l'imagination, comme à celle de raisonner, de généraliser ou d'abstraire qui se réduit en dernière analyse à l'art de parler? A quoi tiennent ces caractères d'universalité, de nécessité qui nous défendent de penser le contraire ou de penser autrement? En cherchant à nous donner la solution positive de ce problème, il faudrait faire un autre ouvrage que le *Traité des sensations* de Condillac ou même que l'*Essai sur l'entendement humain* de Locke. Que si l'on soutient qu'il n'y a rien de plus dans l'entendement que ce qui se trouve exprimé, observé, noté ou analysé dans ces ouvrages très estimables, il faudrait donner cette preuve négative en allant, je crois, contre le témoignage du sens intime le plus exprès, puisqu'on s'engagerait à prouver qu'il n'y a pas même lieu à poser les questions dont il s'agit, qu'il n'y a rien dans l'entendement qui n'y soit à titre d'*idée* claire, positive, déterminée ou particulière, que tout le reste ne consiste qu'en abstractions sans réalité, en purs signes, que l'*absolu*, l'*infini* ne sont pour nous que des mots vides de sens, que nous ne pouvons rien connaître ni rien affirmer de la réalité des êtres substances ou causes ; que nous n'attachons à ces termes aucune idée ou notion autre qu'à des *catégories* ou à des collections artificielles ; que le caractère de nécessité qui s'attache à certaines notions, qu'il est impossible que nous n'ayons pas ou que nous ayons d'une autre manière, est illusoire, chimérique et ne tient qu'aux habitudes du langage ; qu'il n'y a donc pour nous qu'une nécessité logique, qui consiste dans l'identité ; et que la nécessité *métaphysique* qui prétend s'étendre aux existences réelles n'est qu'un jeu de mots ; enfin que nulle croyance ne peut s'étendre au delà du témoignage des sens ou de celui de la mémoire qui en est une suite, lorsqu'il s'agit de *faits* ou de l'évidence logique, c'est-à-dire encore de l'identité, quand il s'agit des rapports de nos idées abstraites ou des notions improprement appelées principes ; qu'ainsi il n'y a aucune distinction possible à admettre ou à concevoir entre ce que nous connaissons souvent sans y croire, et ce que nous croyons exister réellement sans le connaître.

Quand on parviendrait à justifier par là ces assertions négatives, le plus difficile serait encore à faire ; ce serait de les raccorder avec le témoignage du sens intime, seul *criterium* que nous ayons de la vérité métaphysique. J'ose assurer hautement d'après ce témoignage qu'on n'y parviendra jamais. Je conclus de ce qui précède :

1° Que le défaut de distinction entre les principes et les lois de notre faculté de croire et de connaître a été la principale source des erreurs où sont tombés les métaphysiciens purs, quand ils ont cherché à dériver la connaissance de certaines idées positives, des principes innés de croyance. Mais,

2° Que l'oubli de la même distinction fondamentale, ou plutôt l'abstraction totale des principes de notre croyance rend tout au moins incomplètes les théories des psychologistes, qu'en s'attachant exclusivement aux lois de dérivation de nos connaissances et à la formation de nos idées d'espèces différentes, ces théories renoncent ainsi à en justifier la réalité. C'est ce que je m'attacherai à développer un peu plus dans les considérations suivantes qui nous paraissent propres à démontrer qu'il y a du moins beaucoup d'incomplet et de vague dans les doctrines qui s'appuient sur la sensation uniquement.

Objections aux idéologistes.

Toutes les doctrines en général, tant celle de métaphysique pure que celle de psychologie expérimentale, prennent pour point de départ nécessaire la *réalité absolue* de quelque *être*, *substance* ou *cause* qui est censé ou cru exister, avant qu'il commence à se manifester par quelque sensation, modification ou idée produite en nous. Il est bien reconnu aujourd'hui que ceux qui font des efforts pour se passer de cette donnée absolue ou qui prétendent la déduire, en construisant pour ainsi dire le monde des réalités, ne font que tourner laborieusement dans un cercle d'identités logiques, et que leurs prétendues déductions ne sont que de vrais paralogismes qui offrent, sous une forme trompeuse de résultats, ce qui a été nécessairement et implicitement supposé en principe, savoir l'*existence* réelle qui, quoi qu'on en dise, ne sera jamais pour nous identique à la *science*. C'est en voyant ces vains efforts qu'on est peut-être tenté de regarder la métaphysique comme une chimère et vraiment elle serait telle, si nous n'avions aucun moyen de nous assurer qu'il y a des causes et des substances réellement existantes dans l'univers. Assurément il n'y a pas lieu à demander comme ce roi des Mèdes dont parle complaisamment Voltaire, pourquoi existe-t-il quelque chose? Ce serait faire une question non moins insoluble et ridicule que de demander *comment* quelque chose existe?... mais ce qui peut et doit éveiller la curiosité d'un esprit raisonnable c'est de savoir comment quelque chose peut commencer à exister pour nous, sujets *pensants* et *sentants*, c'est-à-dire à être connu par notre esprit au titre quelconque absolu ou relatif de substances douées de certaines modifications ou de causes productives de certains effets ; ou en second lieu comment nous existons nous-mêmes ou apercevons notre existence individuelle au même titre. Quoique ces dernières questions semblent être plus à la portée de l'esprit humain, on a été bien longtemps à les poser et même à douter qu'il y eût lieu à une question. Et lorsqu'on en est venu à les poser, la manière dont on l'a fait, et la multitude de solutions différentes et contradictoires auxquelles sont arrivés les métaphysiciens, a prouvé qu'en nous comme hors de nous, les principes ou les commencements sont toujours ce qu'il y a de plus difficile à déterminer; et que dans la philosophie première on est également exposé à obscurcir les notions les plus claires en demandant ce qu'on sait, et à se créer de vains objets de recherches en ne sachant pas ce qu'on demande.

De nos jours et depuis Descartes surtout, qu'il faut considérer comme le véritable père de notre métaphysique moderne, les métaphysiciens paraissent avoir renoncé aux spéculations ontologiques sur ce que les êtres sont en eux-mêmes dans l'absolu, pour s'occuper plus exclusivement de ce qu'ils sont pour nous et dans leurs relations avec nos moyens de connaître, moyens que plusieurs ont limité aux sens externes et aux facultés qui en dérivent et se rapportent le plus spécialement à leur exercice ; mais ainsi on a tout à fait négligé un système particulier de notions ou de *croyances*, dont l'esprit ne peut se passer, dont il fait un emploi très précoce, continu et nécessaire qui, sans pouvoir être représentées ou *connues* par les sens ni l'imagination, sans avoir ce que nous appelons des idées qui leur correspondent, n'en font pas moins partie intégrante et essentielle de toutes nos idées de faits, à qui elles communiquent le caractère réel, permanent et invariable qui leur appartient en propre et qui n'est bien certainement l'apanage d'aucune des impressions accidentelles reçues du dehors. En négligeant ce système de notions et procédant à l'analyse des sens et des facultés de l'esprit humain, comme s'il n'y avait point de réalité absolue et une *ratio essendi* que l'homme est obligé de croire, alors même qu'il ne peut s'en faire jamais aucune sorte d'image, on n'a pu arriver qu'à des théories idéales qui, au lieu de représenter l'esprit humain tel qu'il est, ne le montrent que sous une de ses faces partielles, ou mettent à sa place une sorte de fantôme hypothétique et artificiel, qui n'a avec lui qu'une ressemblance imparfaite. On ne trouve en effet dans ces théories ou systèmes quelque bien liés qu'ils soient dans l'expression, rien qui indique même la place de ces notions réelles d'êtres, de substances, de causes, de forces sous lesquelles ou à condition desquelles seules nous connaissons les choses et les êtres, y compris notre propre individu, puisque en effet le sujet pensant et sentant *moi*, qui conçoit des idées ou reçoit des sensations, n'est pour lui-même ni une idée ou une sensation pure, ni une collection de sensations, ni une catégorie.

Cette manière de procéder par abstraction dans l'analyse des facultés de l'homme, a mis la psychologie dans une sorte de lutte et d'opposition, je ne dis pas seulement avec les sciences naturelles qui réclament nécessairement en faveur de la réalité absolue de leur *objet*, contre le point de vue qui tend à réduire cet objet à une collection artificielle de sensations ou d'idées; je ne dis pas avec le sens commun de tous les hommes qui ne peut supporter qu'on mette en problème ce dont il lui est impossible de douter; mais avec elle-même qui finit par s'ôter le point d'appui de la croyance, sans lequel elle n'aurait pu commencer à s'établir, donnant ainsi gain de cause à l'idéalisme et assurant le triomphe du scepticisme qui s'empare de cette opposition entre les théories et les données réelles de l'existence, pour détruire celles-ci au moyen de celles-là, et dire que tout est incertain, même ce que nous croyons le mieux savoir.

Les théories de Locke, de Condillac et de presque tous les métaphysiciens, supposent en effet comme données irrécusables et évidentes par elles-mêmes, l'existence réelle et absolue de l'âme douée par sa nature de certaines facultés, celle des corps matériels doués aussi de certaines qualités *premières* indépendantes des idées représentatives que nous en en avons, et de plus des puissances ou des forces en vertu desquelles ils agissent sur nos organes et par eux sur l'âme, etc.

Voilà bien des choses prises pour données et conçues comme réellement et nécessairement existantes avant qu'aucune sensation ne commence. Or, comment savons-nous et sur quel témoignage croyons-nous avant les sensations et par suite indépendamment des êtres réels et des causes qui font commencer ces sensations en nous? Ce n'est pas d'après les mêmes idées de *sensations* qui seraient dites représenter ces êtres ou ces causes ; car on s'accorde aujourd'hui à reconnaître ce que Locke paraît ne pas avoir bien compris, qu'il ne peut y avoir de ressemblance qu'entre deux idées ou deux sensations et jamais entre une idée de sensation et son objet substantiel ou la cause qui le produit. Ce n'est pas non plus d'après des idées de réflexion, puisque celles-ci se bornent à nous informer de ce qui s'est passé en nous-mêmes et de nos propres opérations. Ainsi puisque nous avons des notions ou du moins des croyances de choses, toutes différentes de nos idées de sensation ou de réflexion, et qui ne leur ressemblent en aucune manière, il faut en conclure que l'esprit humain n'est pas limité à ces deux espèces d'idées; et quand même on accorderait au scepticisme qu'il n'y a rien hors de notre esprit, cette conclusion n'en serait pas moins fondée, puisqu'il serait toujours vrai de dire qu'à tort ou à raison, nous concevons et croyons quelque chose qui ne rentre ni dans l'une ni dans l'autre classe d'idées, par suite que le système est incomplet.

Condillac, dès le début de son traité des sensations, pose de même une âme, des organes matériels, des objets qui agissent sur sa statue, c'est toujours là le *postulatum* nécessaire, ou la condition requise pour que la première sensation puisse commencer, ou que l'odeur de rose soit sentie par l'âme. Or cette âme prise à titre de substance ne saurait être identique; comme on dit, avec la sensation, puisqu'elle est supposée rester identiquement la même après comme avant; l'odeur de rose qui varie nécessairement, est remplacée par d'autres, etc., etc. Ce n'est donc point par une idée de sensation qu'on peut concevoir la substance dont on est obligé de supposer maintenant la réalité. — Ainsi s'il n'y avait en nous que la sensation, il ne pourrait y avoir aucun sens attaché aux signes dont on se sert pour énoncer le postulatum de la doctrine, et quand on dit par exemple : *j'approche* une *rose* du *nez* de la statue, son âme est modifiée en odeur de rose, etc., ces termes substantifs : *rose*, *nez*, *statue*, *âme* n'auraient absolument aucune signification hors de la sensation actuelle et accidentelle d'odeur, — mais dans ce cas pourquoi se sert-on de tels signes vides de sens ? pourquoi supposer des substances, des causes existantes avant la sensation ? pourquoi ne pas adopter un autre langage et exclure de la science ces prétendues données qui sont de vrais non-sens ? — Qu'on essaie donc de s'en passer, seulement quelques instants, et d'imaginer une sensation abstraite d'un sujet sentant et d'une chose sentie. Cette nouveauté mérite bien la peine d'être tentée. Reconnaît-on que la chose est impossible, que nous sommes contraints de parler et de penser d'après la ferme persuasion et la supposition nécessaire qu'il y a hors de nous et que nous sommes nous-mêmes des êtres réels, différents des sensations et des idées ; il faut avouer aussi qu'il y a du moins dans notre esprit des notions ou croyances tout à fait différentes de ces sensations et qui pourraient ne pas nous venir par la même voie, etc.

On peut dire que le *postulatum* sur lequel l'analyse des sens et des idées est forcée de s'appuyer est une hypothèse admise d'après nos habitudes ou les préjugés qui dominent actuellement dans notre pensée, mais que nous ne devons admettre ainsi que par provision, et seulement jusqu'à ce que la *raison* ou la suite des expériences réfléchies l'ait confirmée ou infirmée. Alors on s'engage d'après la méthode des hypothèses, admise avec succès dans plusieurs branches des sciences naturelles, à prouver que la première supposition d'où l'on part est absolument vraie, en tant qu'elle s'accorde avec les phénomènes, et qu'elle les représente exactement ; ou qu'elle est fausse et doit être exclue de la science, comme étant ou opposée avec quelques-uns des faits qu'elle est destinée à expliquer, ou inutile et de nul emploi, si ces faits peuvent être expliqués d'une autre manière, et sans avoir recours à l'hypothèse dont il s'agit.

Or si l'analyse des sensations et des idées ne prouve point en résultat que l'hypothèse d'un monde réel et extérieur soit opposée aux phénomènes psychologiques, elle s'attache du moins à montrer, et croit y avoir réussi, que l'ensemble de ces phénomènes et le système entier de nos idées ou de nos connaissances est indépendant sinon de la réalité absolue des substances et des causes efficientes, du moins de la connaissance que nous en avons, puisque nous n'avons aucun moyen d'atteindre cette réalité absolue, ni par suite de justifier ou de démentir complètement l'hypothèse; d'où il résulte qu'elle est inutile et devrait être rejetée, si l'on était conséquent à la méthode des physiciens comme l'ont été les idéalistes.

Lorsque Copernic se propose d'expliquer tous les mouvements réels et apparents de notre système planétaire en partant de cette supposition que la terre tourne autour du soleil immobile, il déduit d'abord *a priori* de cette donnée hypothétique, une suite de conséquences ou de faits encore hypothétiques comme leur principe; 2° il compare ces résultats avec les phénomènes observés tels qu'ils doivent être réellement dans l'espace absolu pour produire les apparences sensibles que nous remarquons; 3° il conclut enfin de l'identité entre les faits observés et ceux qui sont déduits de l'hypothèse la vérité absolue de celle-ci qui se trouve ainsi érigée en une loi de la *nature*, éternelle, immuable, aussi indépendante de nos représentations que l'existence même des corps célestes à qui elle s'applique.

Si les déductions *a priori* du principe hypothétique ne s'accordaient pas avec les expériences ou les faits observés *a posteriori* ou si ceux-ci pouvaient être expliqués de toute autre manière, le système astronomique, étant conçu et complètement analysé dans tous ses détails, indépendamment de l'hypothèse que la terre tourne, celle-ci serait par là même démontrée fausse, et on ne pourrait la regarder que comme un jeu de l'imagination, une fantaisie arbitraire qui ne mérite aucune croyance. Il importe de remarquer au sujet de ces hypothèses dont les physiciens font usage qu'elles se fondent toujours elles-mêmes sur la réalité absolue des objets, revêtus de telles apparences sensibles ou manifestés par tels phénomènes vrais, cette réalité étant nécessairement indépendante de l'hypothèse qui ne peut s'étendre jusqu'à elle ; en second lieu, qu'il y a toujours une alternative opposée à la supposition que les choses se passent réellement ainsi et qu'on pourrait concevoir tout aussi bien qu'elles ont lieu d'une tout autre manière.

Ainsi Copernic était le maître de faire, en commençant, comme tout le monde, la supposition commune que c'est le soleil qui marche autour de la terre immobile et la difficulté eût été alors de concilier les faits de la nature avec cette hypothèse. Mais assurément il n'aurait pu faire ni l'une ni l'autre hypothèse, s'il n'avait pas eu l'idée ou la notion préalable d'une terre et d'un soleil, comme existant réellement en mouvement ou en repos dans un espace absolu, immobile, etc.

Telle est donc la portée et la limite de nos hypothèses arbitraires, qui ne peuvent qu'assujettir à certaines formes ou combinaisons, d'abord purement idéales, certains éléments primitifs donnés à notre esprit ou à nos sens comme réels, sans que l'hypothèse soit capable d'en altérer la nature ou à plus forte raison de les anéantir ou de les créer.

Voilà pourtant ce qui devrait être pour que la méthode des hypothèses pût être applicable à la philosophie première et servir à la solution analytique du grand problème des existences. On peut en physique opposer les observations les unes aux autres, feindre que les phénomènes soient autres qu'ils ne paraissent, et comparer le tableau de l'imagination à celui des sens, ou soumettre le premier à la vérification de l'expérience. Mais comment vérifier par l'expérience des notions qui, par leur nature, sont les conditions universelles et nécessaires de toute expérience, sans lesquelles rien de ce que nous appelons fait ne pourrait exister pour nous? Comment justifier aussi par les déductions de la raison ce qui constitue la raison même? quelle pourrait être la règle, la base, le point d'appui de l'entendement pour prouver les lois qui le régissent ou se prouver lui-même? Pour appliquer ici la méthode des hypothèses à la philosophie, il faudrait pouvoir dire comme Copernic : s'il y a, comme nous le croyons et le supposons d'abord, des substances corporelles, une âme, des causes externes de sensations et un sujet réel qui les reçoit; il doit résulter *a priori* de ce principe hypothétique des idées de sensations sous telle forme, et des notions sous tels caractères. — Or nous éprouvons ou nous savons d'après notre expérience intime que ces sensations et notions sont telles qu'elles devraient être, si nous avions une âme, un corps organique, et s'il y avait hors de nous des substances étendues, donc l'hypothèse est absolument vraie.

Voilà bien la forme d'un raisonnement hypothétique, la forme seulement; quant au fond, il n'y en a pas; c'est un pur paralogisme, qui ne voit qu'il n'y a là que la forme logique qui soit commune, et que tout diffère pour le fond?

Ce raisonnement présente en effet, sous l'apparence d'un doute ou d'une hypothèse à justifier, un principe de croyance nécessaire sans lequel il serait impossible de penser ni de faire aucune hypothèse; — comment en effet écarter un seul moment ces notions de substances, de causes pendant qu'on pense ou qu'on parle de sensations? etc.

S'il y a des corps, il doit en résulter telle suite de phénomènes. Mais s'il n'y en avait pas, s'il n'y avait aucune substance, ni cause efficiente dans le monde, que deviendrait celui qui fait l'hypothèse? Est-ce qu'il peut tout à la fois penser et concevoir tout anéanti, y compris lui-même, pendant qu'il pense? Qu'est-ce donc qu'une hypothèse dont le contraire n'est pas même susceptible d'être pensé?

Mais admettons qu'il fût possible de présenter sous cette forme hypothétique le *postulatum* nécessaire de toute philosophie, du moins faudrait-il que la première hypothèse étant donnée comme principe, tout l'ensemble des résultats ou des déductions dont se compose la doctrine, tendissent à confirmer une hypothèse qu'il y a des êtres réels, des causes de sensations, et *une âme ou un* sujet sentant. Mais tout au contraire, après qu'on a employé l'hypothèse et les signes ou les notions dont elle se forme, pour établir la doctrine et mettre en jeu les sensations et les idées, il arrive que cette doctrine se suffit à elle-même, s'élève et se complète, sans admettre les notions ou plutôt en excluant tous les éléments qui entraient dans l'hypothèse, et qu'elle finit enfin par prononcer et prouver à sa manière qu'il n'y a dans notre esprit aucune idée de sensation ni de réflexion qui représente des substances quelconques, matérielles et immatérielles, et que nous ne pouvons juger ou raisonner que sur nos idées ou ce qu'elles nous représentent ; que nous n'avons aucun moyen de savoir s'il y a ou s'il n'y a pas des substances et des causes, et que, si elles existent, suivant l'hypothèse faite en commençant, nous ne pouvons les connaître en aucune façon. Ce qui est, en continuant notre comparaison, comme si Copernic en partant de l'hypothèse que la terre tourne autour du soleil et raisonnant sur les conséquences de cette hypothèse, avait établi une théorie astronomique, où le mouvement de notre planète ne serait pour rien, et dont la conséquence finale eût été qu'il est impossible de se faire la moindre idée de ce mouvement et de savoir s'il a lieu ou non.

Pourquoi donc supposer, lui eût-on dit, et comment avez-vous pu faire pour concevoir et exprimer par quelques signes une hypothèse inintelligible ?

On peut demander de même aux philosophes dont il s'agit : pourquoi avez-vous supposé en commençant qu'il y avait des substances étendues, des causes de sensations, un sujet ? comment avez-vous pu concevoir et exprimer une hypothèse avec des signes qui ne doivent avoir aucun sens pour vous, puisqu'ils ne sont associés à aucune idée ?

Remarquez ici que la difficulté n'est pas tant de savoir : s'il y a réellement hors de nous des substances ou des causes de sensations, comme nous le croyons, que de comprendre comment il est possible de forger une telle hypothèse, s'il n'y avait rien, en dehors ni même dans notre esprit, qui correspondît aux signes que nous employons pour l'énoncer. — C'est là un mystère vraiment impénétrable que tous les hommes ignorants comme savants ne puissent parler et penser qu'en employant des signes de substances, de causes auxquelles ils attribuent exclusivement la réalité ; et qu'en parlant ou pensant, ils ne s'entretiennent que de chimères au lieu d'êtres réels, et de choses inintelligibles au lieu de réalités premières et évidentes.

Assurément, le témoignage du sens intime nous atteste que nous savons très bien ce que nous disons quand nous affirmons certaines qualités d'un sujet substantiel, certains effets d'une cause ou force productive ; veut-on infirmer ce témoignage, sous le prétexte qu'il n'y a point d'idée de sensation attachée à la substance, à la cause ? Nous tirerons de là plutôt une conclusion opposée à la doctrine, en disant : puisque nous nous entendons très bien en parlant de substances, de causes, etc., et que, d'autre part, il n'y a point d'idées représentatives de ces choses, il faut bien que nos affirmations, nos croyances, notre pensée, enfin, s'étende plus loin que ce qu'on appelle sensations, idées représentatives, etc.

Descartes a conclu l'existence réelle et absolue de Dieu, de son idée d'un être nécessaire, infini, éminemment parfait ; car si cet être n'existait pas, comment cette notion se trouverait-elle en nous? Je m'étonne que ce profond métaphysicien n'ait pas appliqué le même raisonnement à toutes les notions d'être, de substance, de cause, etc. Il est certain que nous ne faisons pas ces notions, comme nos idées collectives ou générales, nous les trouvons toutes faites avec leur caractère réel, universel, nécessaire. Or, s'il *n'existait* pas réellement des substances, comment pourrions-nous les croire et les affirmer ?

Je résumerai ces objections en m'adressant aux auteurs des systèmes :

Vous supposez, ou admettez, de primo abord, l'existence réelle et absolue de l'âme, substance douée de plusieurs facultés (qu'on peut essayer de réduire après vous à une seule faculté réceptive de sensations); vous supposez aussi l'existence absolue des organes qui reçoivent des corps étrangers des impressions qui produisent les premières idées simples de sensations; toutes ces suppositions sont autant de *postulata* qui servent de bases à votre théorie. — Vous ne croyez pas qu'il soit nécessaire, ni peut-être possible de les prouver ou de les justifier, avant de vous en servir; à la bonne heure, pourvu que l'ensemble de votre doctrine ne les démente pas et que la réalité des notions, des substances, des causes, des effets et des *sensations*, par exemple, se retrouve comme conséquence des déductions dont elle a été le principe hypothétique. Cependant vous avancez dans la construction de votre grand édifice psychologique; déjà il est achevé: vous nous le présentez comme complet, et nous devons croire d'après vous qu'il n'y a pas une seule idée, notion ou opération intellectuelle qui ne rentre dans quelqu'une des classes et des compartiments que votre génie méditatif a tracés, pas une qui ne se rapporte à l'une ou à l'autre des sources que vous avez signalées ou au mélange des deux..... Mais que deviennent donc ces substances, ces causes que vous aviez vous-mêmes admises comme réellement existantes, avant la sensation et indépendantes d'elles? Vous ne les reléguez même pas dans la classe des idées simples de sensation, car alors elles n'auraient pas plus de réalité ou de permanence que ces idées ou phénomènes qui naissent, s'évanouissent et varient à chaque instant. Vous n'avez jamais prétendu assimiler la cause de l'odeur, d'une couleur, par exemple, avec l'idée même de la sensation; cela contrarierait la supposition qui vous a servi de point de départ, comme tous les principes de croyance invincible qui sont avant la science, que celle-ci ne peut jamais contredire.

Vous ne pouvez non plus les ranger parmi les idées simples de réflexion, telles que vous les considérez, parce que celles-ci ne viennent qu'après les idées de sensation, et ne sont que des conséquences ou des produits élaborés ultérieurement, puisque, d'ailleurs, l'idée réfléchie d'une cause ne différerait pas du sentiment intime de cette *cause*, et qu'il répugne de dire que nous *sentions* immédiatement avec les odeurs, les saveurs, etc., les causes qui produisent en nous ces sensations.

Je cherche donc vainement la place de ces notions admises ou supposées réelles, au début du système, de l'âme substance, des organes matériels, des objets ou causes de sensations, reconnus distincts et séparés d'elles. Et je trouve que non seulement la théorie ne laisse pas de cases, pour ces notions, mais, de plus, qu'elle les exclut formellement à titre d'idées, en assurant que nous n'avons aucun moyen de connaître les substances et les causes.

Que faire donc dans cet embarras? Admettrai-je la théorie psychologique? Il faut que je contredise la supposition première et tous les principes de croyance qui ont servi à l'établir et que je n'y retrouve plus. M'en rapporterai-je à ces principes de croyance? et admettrai-je la réalité des notions qu'ils expriment? Il faut sinon que j'abandonne la théorie dans ce qu'elle a de conforme aux véritables faits psychologiques dont je puis trouver en moi la copie, du moins que je leur cherche quelque supplément nécessaire, un moyen de remplir les lacunes trop évidentes, de réparer ses omissions de principes et de sauver ses contradictions.

C'est là l'objet que je tâcherai de remplir ultérieurement en cherchant l'origine et les caractères de toutes les notions et croyances de l'esprit humain, dans une première qui s'identifie exclusivement elle-même avec le fait primitif de conscience.

D'où il résultera que le premier problème de la philosophie peut enfin être résolu d'une manière exempte des difficultés et contestations dont la métaphysique a donné jusqu'ici l'exemple et pour ainsi dire le scandale. Il le sera par une méthode moyenne, pour ainsi dire, entre celle des doctrines toutes fondées sur l'expérience extérieure qui n'admettent que des sensations et des idées, et celle des doctrines à priori qui admettent des notions ou des principes innés.

J'ai cherché à prouver que les notions de substances, de forces ou causes, ne sont ni des idées de sensation ni des abstractions comme les autres ; il me reste maintenant à faire voir qu'à titre de notions intellectuelles, elles ne sont point innées ou indépendantes de toute expérience.

Comment les discussions métaphysiques tiennent à la confusion des principes de la croyance et de la connaissance

Nous l'avons dit : notre faculté de croire est liée par sa nature à l'*absolu; c'est comme une* face de l'esprit humain, qui se trouve naturellement tournée vers la réalité absolue des choses ou des êtres; mais cette face doit être éclairée pour se manifester et les rayons qui se dirigent vers elle, du dedans au dehors, l'altèrent, la dénaturent à leur contact; l'esprit qui connaît, mêle et confond sa propre nature avec celle des choses dont l'existence réelle lui est signifiée, attestée, par la faculté de croire. Mais, dès qu'il les saisit ou les touche, il en change les formes, les trouble, les altère, les dénature : *Naturæ rerum, naturam suam immiscet : eamque distorquet et infirmat*. (Bacon.)

Si quelque chose d'absolu ne nous était pas donné primitivement et nécessairement, comme objet de croyance, il n'y aurait pas de connaissance relative, c'est-à-dire que nous ne connaîtrions rien du tout.

Le relatif suppose un absolu préexistant; mais comme cet absolu cesse d'être tel et prend nécessairement le caractère de relation, dès que nous venons à le connaître, ou par cela seul que nous le connaissons, il implique contradiction de dire que nous ayons quelque connaissance positive ou idée de l'*absolu*, quoique nous ne puissions nous empêcher de croire qu'il est, ou de l'admettre comme donnée première inséparable de notre esprit, préexistante à toute *connaissance*. C'est cette faculté de croire ce que nous ne pouvons admettre que de célèbres métaphysiciens ont distinguée sous le titre très illusoire, ce me semble, d'*intuition intellectuelle*.

Le procédé de l'esprit qui se fonde sur la croyance consiste à partir de l'absolu *donné*, pour arriver au relatif *connu;* c'est la marche de la métaphysique *a priori;* elle contrarie les lois fondamentales de notre connaissance. Comme on appelle cette métaphysique *pure*, on pourrait très bien lui appliquer le mot ingénieux de Bacon, au sujet de la recherche des causes finales, qu'il compare à une vierge pure et sacrée, condamnée à la stérilité : *Causarum finalium investigatio sterilis est, et tanquam virgo Deo consecrata nihil parit.*

Le seul procédé légitime de la connaissance consiste à partir d'une première relation d'un fait primitif connu, pour arriver à l'absolu, non pas comme objet *d'une idée* ou d'une connaissance déterminée quelconque, mais comme objet de croyance indéterminée par sa nature et qui entre comme principe élémentaire dans toute connaissance réelle ou de fait, sans constituer par lui-même cette connaissance [1].

Le procédé de la connaissance est nécessairement analytique; celui de la croyance est toujours synthétique; mais cette synthèse se trouve limitée à joindre ensemble ou à

1. Suivant la philosophie wolfienne, il y a quelque chose d'antérieur à l'existence, puisqu'on peut définir l'existence en disant qu'elle est le complément du possible. Ainsi, dans ce point de vue qui est celui de la *croyance*, le possible engendre l'actuel, ce qui veut dire que la cause précède son effet phénoménique, et qu'avant le phénomène que nous pouvons connaître il y a un être qui rend possible tel phénomène ou telle représentation actuelle. Observez qu'on ne peut pas dire qu'avant le phénomène actuel ou la représentation de phénomène il y a une représentation ou un phénomène possible : ce serait là réaliser une pure abstraction, et l'idée abstraite, artificielle, de ce possible vient bien certainement de l'actuel ou du fait représenté; mais il n'en est pas ainsi de la conception de l'*être* ou de la cause qui *actualise* le phénomène ou produit le fait pour nous; nous sommes nécessités à mettre cette cause ou cet être possibilisant avant l'actuel qu'il engendre réellement, quoique nous ne concevions cet être que par le fait ou avec lui. Ceci explique comment il y a deux modes de dérivation : l'un dans le système de nos croyances absolues, l'autre dans celui de nos connaissances relatives, qui sont tous les deux vrais. (M. B.)

combiner des éléments logiques, et ne peut n'aboutir enfin, après avoir tourné dans son cercle, qu'à des identités verbales de cette forme : A = A.

En suivant le procédé de la croyance, on établit comme axiome, qu'avant *d'agir*, avant d'être modifié d'une manière quelconque déterminée, de se manifester sous tel attribut, qualité ou propriété, il faut *être* absolument ou à titre de substance, de *chose en soi*, de *noumène* ; et c'est une vérité nécessaire, qu'il est impossible de ne pas croire, ou dont le contraire est inintelligible. Mais cette vérité absolue, universelle, nécessaire, est-elle aussi primitive. Oui, dans l'ordre de nos croyances; non, dans celui de notre connaissance. Dès que la faculté de croire s'exerce, l'axiome dont il s'agit a toute sa force et son caractère de primauté. Nul mode n'est conçu, nul phénomène ou mouvement ou action, n'est représenté à l'imagination ou aux sens, sans être rapporté soit à une substance, soit à une cause qui est censée ou crue nécessairement exister avant comme après.

En suivant le procédé de la connaissance, on établit comme *axiome* également nécessaire qu'avant d'avoir ou pour avoir la croyance d'un absolu quelconque, ou chose en soi, d'une substance, y compris notre âme, il faut se sentir exister ou se connaître sous un attribut, une première qualité déterminée, ou à titre de fait primitif. Il n'y a point à choisir entre ces deux vérités, elles sont également évidentes et nécessaires et comme elles se manifestent dans notre esprit, il s'ensuit qu'elles ne sont point opposées entre elles, et par conséquent qu'elles n'ont point un seul et même objet. Il ne s'agit pas de savoir si quelque chose existe ou existait avant que nous le connaissions ; cette question est décidée positivement par le fait, puisque c'est en cela même que consiste le principe de la croyance contre lequel nous chercherions vainement à réclamer. Il ne s'agit pas non plus de savoir si tel acte déterminé de notre faculté de croire est antérieur à une connaissance quelconque et au fait primitif de la conscience, question décidée négativement par ce fait même qui nous témoigne et nous assure qu'avant lui ou sans lui, c'est-à-dire sans le *moi*, rien ne peut être dit exister dans l'esprit à titre de croyance pas plus que de connaissance ou de notion même obscure ou indéterminée.

Mais une question plus embarrassante est celle qui consisterait à savoir si le fait primitif de la connaissance (identique à celui de la conscience du *moi*) peut être ou avoir été originellement séparé de la croyance d'un absolu préexistant, tel que la substance durable de l'âme ou du corps, c'est-à-dire s'il est possible d'assigner dans la durée de l'être sentant et pensant une époque où il commencerait à avoir l'aperception de son existence individuelle, d'un effort voulu, sans avoir encore aucune notion ou croyance de son durable ou de ce qui le constitue *être* absolu, chose en soi, hors de la conscience; ou si, au contraire, le *principe* de la croyance, se trouvant fondé dans la nature même de l'âme et par suite antérieur à tout, du moins *virtuellement*, ne passe pas nécessairement de cet état virtuel à l'effectif aussitôt qu'arrive le premier élément de la connaissance, une sensation, une impression quelconque *affective* ou *intuitive*, de telle sorte que le fait primitif de la connaissance emporte nécessairement avec lui *la croyance* de l'être, de la substance durable modifiée, comme celle de la force absolue, qui *agit* ou se déploie sur cette substance passive que nous appelons *corps* pour y produire le mouvement, etc.

Dans la première alternative, il doit y avoir un progrès assignable par lequel notre esprit passe de la première connaissance à la croyance de la réalité absolue de l'âme et par suite à celle des autres substances. Dans la seconde alternative, la croyance est nécessairement *contemporaine* à la première connaissance de fait, à partir de celle du *moi* et inséparable d'elle.

Ici je trouve le principal point de division des systèmes qui ont abordé le problème générateur, ou qui l'ont supposé d'une manière ou d'une autre.

Descartes, Leibnitz et tous ceux qui ont adopté sous un

titre quelconque des principes innés ou des notions a priori indépendantes de l'expérience, partent du principe de la croyance qui nous force d'admettre quelque absolu préexistant ou fait primitif de la conscience, en mettant en avant ce principe comme n'ayant pas besoin de preuves. L'âme, ou comme on voudra l'appeler, cette chose qui sent et pense en nous, étant un *être* ou une *substance*, doit avoir, du moins virtuellement, l'idée ou la notion *innée* de ce qu'elle est ; et puisqu'elle est absolument comme substance sous chacune des modifications qu'elle reçoit des idées adventices qui lui arrivent, des actions qu'elle exerce dans un temps, il est naturel qu'elle ne sente ces modifications, ne conçoive ces idées, ou n'aperçoive ces actes, que sous tel rapport essentiel d'inhérence à l'être, à la substance qui est elle-même. « Comment, en effet, demande Leibnitz, pourrions-nous avoir quelque idée d'*être*, si nous n'étions pas nous-même des êtres, des substances. » Il ne faut donc pas demander comment « il entre de l'*être*, de l'absolu dans toutes nos *idées*, » il faudrait bien plutôt s'étonner qu'il en fût autrement, car l'âme ne peut rien apercevoir en elle ni rien connaître au dehors que *comme elle est*, ou selon ce qu'elle est en elle-même : *Externa non cognoscit nisi per ea quæ insunt in semet ipsa*, c'est-à-dire, comme êtres, substances durables ou choses, ce qu'elle est.

Pourquoi tous les métaphysiciens qui partent de cet être absolu de l'âme substance, pour rendre raison du caractère de nécessité, d'universalité des notions de durée, de substance, d'identité attribuées à ce qui n'est pas nous, ne se demandent-ils pas d'abord comment nous existons nous-mêmes à titre de substance, ou comment nous savons que nous sommes des êtres, des substances durables? C'est que les métaphysiciens confondent perpétuellement l'âme, chose en soi, objet absolu de croyance, avec le *moi*, sujet relatif de la connaissance.

Or, comme ils sentent l'impossibilité d'expliquer le *moi* primitif, puisqu'il faudrait pour cela trouver un point d'appui hors de nous-même ou de la conscience, ou se transformer en objet *connu*, sans cesser d'être *sujet* connaissant, c'est-à-dire être en même temps soi et un autre, ils transportent à la notion d'une substance séparée *in abstracto* ce qui est vrai de la conscience du *moi* ou du fait primitif de l'existence individuelle. Cependant rien n'est plus différent que cette *conscience* ou ce sentiment relatif que le *moi* a de lui-même, en tant qu'il pense ou agit présentement, et cette croyance de l'absolu d'un être permanent d'une substance durable, hors de l'action et de la pensée.

Bien loin de nier que la conscience réfléchie de notre *moi* emporte avec elle présentement la croyance nécessaire du durable de la substance qui reste, alors que le *moi* n'y est pas comme dans le sommeil, le délire, la défaillance, etc. J'affirme, au contraire, qu'il nous est impossible d'écarter cette croyance, et qu'elle est présente à l'esprit de tous les hommes, de ceux mêmes qu'on appelle matérialistes, et qui se disent idéalistes ou sceptiques dans la spéculation.

Je ne décide pas encore positivement la question de savoir s'il y a eu réellement un temps de notre vie sensitive et intellectuelle où nous ayons eu la conscience du *moi*, sans quelque croyance ou perception absolue de notre être ou de la substance de l'âme plus ou moins obscure, du durable de notre être pensant et, par suite, de quelque autre substance que ce fût; mais ce que je me crois autorisé à affirmer dès ce moment, c'est que nous concevons très nettement cette dernière hypothèse, puisqu'il n'y a aucune absurdité à admettre le fait primitif de conscience ou une connaissance première de fait, sans aucune notion ou croyance d'absolu; tandis qu'il implique évidemment contradiction de supposer la notion ou croyance actuelle que l'âme aurait de son être absolu, indépendamment de la conscience du *moi* et avant elle. Or, si l'on admet au moins comme possible l'antériorité du *fait* de l'existence individuelle à la notion de l'absolu, il y a lieu à demander quelles sont les conditions du passage de l'un à l'autre; quel est le fondement de l'association première de l'élément de croyance avec une connaissance quelconque, soit subjective, soit objective, ou qui réunit en même temps les deux caractères; comment le sujet pensant prenant pour point de départ l'aperception qu'il a de son existence dans un acte qu'il produit spontanément ou librement, parviendra-t-il à la croyance ou notion d'une substance passive ou d'une force absolue quand elle n'agit pas ? Y parviendra-t-il par la raison ou le raisonnement : je pense, donc, je suis ? Sera-ce par l'expérience ? Cette expérience sera-t-elle intérieure ou extérieure? Devra-t-elle être répétée? Et la croyance ne sera-t-elle ainsi qu'une habitude? Ou bien portera-t-elle avec elle en naissant son *criterium* de vérité, de nécessité? Dans le premier cas, comment l'habitude pourra-t-elle transformer le relatif en absolu, le contingent en nécessaire; et comment, en se répétant, l'expérience revêtira-t-elle un caractère diamétralement opposé à celui qu'elle avait dans l'origine? Dans le second cas, en quoi une première expérience intérieure ayant le caractère de nécessité, invariable, diffère-t-elle du principe *a priori*, d'une idée innée?

Tous ces points sont loin d'avoir été éclaircis dans les systèmes divers et opposés des métaphysiciens; mais on a fait comme s'ils l'étaient, et on a pris son parti sur le moyen de passage d'une première sensation ou connaissance soit interne, soit externe, aux croyances et aux notions que l'on a confondues avec les idées abstraites, ou des croyances nécessaires que l'on a prises pour des idées innées, aux premières connaissances.

Je donnerai deux exemples remarquables et très instructifs de ces deux moyens opposés qui consistent l'un à passer d'une première connaissance relative ou expérience intérieure à la croyance ou notion de l'absolu; — l'autre, à passer par le même intermédiaire de la notion de l'absolu objectif à la connaissance intérieure. Ces deux exemples me seront fournis par Descartes et Leibnitz, les chefs des deux écoles célèbres qui ont propagé jusqu'à nous l'esprit et la *méthode* de leurs maîtres.

DESCARTES. — En posant le fameux principe : *Je pense, donc je suis,* Descartes paraît avoir senti le besoin de déduire de la connaissance individuelle, la notion ou croyance d'un absolu qu'il établissait d'un autre côté à titre d'idée *innée*. Si c'est bien une véritable contradiction, nous pouvons dire qu'elle est heureuse, puisque c'est à elle que nous devons l'exemple du procédé le plus sûr que notre esprit puisse employer pour trouver la base de nos connaissances certaines, et assigner l'ordre de leur génération.

Tâchons de pénétrer dans la profondeur de ce principe plus avant que ne l'ont fait d'autres philosophes qui n'y ont vu, tantôt que l'expression de l'idéalité logique, tantôt même que celle d'un seul et même fait de conscience, ou d'un jugement simple revêtu de la forme illusoire d'un raisonnement.

La conscience du *moi* ou l'aperception immédiate de notre existence individuelle, constitue bien le fondement de tout ce que nous pouvons appeler *une pensée*. Sans le *moi* ou la conscience du moi, il n'y a point d'acte de pensée ; sans l'aperception interne qui est bien une pensée, il n'y a point de moi : *exister* (pour soi-même), *s'apercevoir* qu'on existe, *penser*, voilà autant de synonymes qui peuvent être substitués l'un à l'autre sans rien changer au fond des idées. Cela posé, la maxime de Descartes pourrait être énoncée ainsi : j'existe ou j'ai la conscience que j'existe, donc je suis.

Si le verbe *je suis* dans la conclusion n'emportait pas avec lui une conception différente de celle du verbe *j'existe* (et je sais, je pense) dans la prémisse, cet énoncé du principe ne serait qu'un pur jeu de mots, à peu près pareil à celui que rapporte Cicéron en se moquant des dialecticiens : *si lucet, lucet, atqui lucet, ergo lucet.*

On ferait injure à un métaphysicien tel que Descartes si on réduisait à un tel jeu de signes on de notions, le principe qu'il regarde comme fondamental de toute science, comme le *criterium* de toute évidence de *fait* et de raison en même temps.

Mais dans le sens vrai et réel du principe, j'existe ou je

reconnais que j'existe (je pense) ne veut pas dire la même chose que je *suis* : le premier exprime le fait de toute conscience, la connaissance relative du *moi* qui n'existe pour lui-même qu'autant qu'il s'aperçoit ou pense, le second emporte avec lui l'être absolu ou la croyance que ce sujet qui se dit *moi est* une substance durable, une chose en soi qui n'a pas besoin de se connaître dans quelque relation à un temps ou un lieu déterminé, pour être dans l'absolu du temps et de l'espace.

Descartes semble bien entrevoir lui-même le fondement de cette distinction lorsque, après avoir posé son principe de fait : *je pense*, j'existe, il se demande à lui-même : quand et combien de temps est-ce que j'existe? savoir tant que je pense, que je me sens exister.

Suivant ce trait de lumière il aurait dû dire, en demeurant fidèle à son point de départ ou continuant à procéder d'après l'évidence du fait de sens intime : je n'existe pour moi-même qu'autant de temps que je me sens exister ou que je pense ; or je ne pense pas toujours et je n'ai pas toujours la conscience du *moi;* donc ce que j'aperçois ou connais quand je dis : j'*existe* n'est pas l'*être*, la substance durable de l'âme qui est censée ou crue exister de moi.

A ce raisonnement appuyé sur le fait du sens intime, et la distinction essentielle qui s'y rattache comme conséquence, Descartes en oppose une autre contraire. Et après s'être élevé de la conscience du sujet pensant *moi* à la notion d'une substance qui a en elle ou dans sa nature la capacité, la possibilité de penser ou de devenir *moi*... il part de cette possibilité comme effectuée, et définissant l'âme substance *pensante* (au lieu de *cogitative*) il se fonde sur cette définition pour affirmer que l'âme pense toujours et par cela même qu'elle *est toujours* (depuis la création jusqu'à son annihilation par la toute-puissance divine).

D'où il suit qu'il peut y avoir et qu'il y a une pensée substantielle durable qui préexiste à la naissance ou à la formation même de l'homme, ou du composé des deux natures spirituelle et corporelle ; que cette pensée, pour n'être pas aperçue ou accompagnée de la conscience du *moi*, n'en existe pas moins; qu'elle peut avoir pour objet l'absolu de l'âme et conséquemment les attributs inséparables de sa nature; qu'il y a ainsi le *moi absolu*, indépendant de tout ce que nous appelons conscience, aperception ou connaissance relative du *moi* présent à lui-même et aux sensations adventices qu'il éprouve, comme aux actes contingents qu'il opère dans un temps; par suite qu'en disant je *pense*, on peut entendre cette pensée substantielle qui emporte avec elle l'*absolu* de l'*âme* identifiée alors avec le *moi*, ce qui ramène l'enthymème à une véritable identité entre deux termes, puisque cet énoncé *je pense* équivaudra à celui-ci : *je suis* une substance, une chose pensante, car je ne pense que ce que je suis, et comme je suis (ou plutôt mon âme ne pense que ce qu'elle *est* et comme elle *est*).

Je substitue cette dernière formule parce qu'il est impossible d'introduire le signe précis de l'individualité personnelle *je* ou *moi*, sans donner à la proposition le sens relatif qu'emporte l'existence du sujet qui s'aperçoit ou juge; de sorte qu'en adaptant comme vraie la pensée ou l'idée innée que mon âme aurait de son être ou d'elle-même comme substance *chose en soi*, il est impossible d'employer la formule *je suis* pour exprimer cet état intérieur absolu. Car dès que l'âme considérée dans ce qu'elle *est*, ou comme substance pensante aurait en elle l'équivalent de cette proposition : je *suis* une *substance*, un *être*, il y aurait jugement, connaissance d'un fait ou d'une relation, dans laquelle le sujet qui affirme, juge ou *croit*, n'est pas la chose même dont il affirme ou qu'il croit; en un mot ce qu'on appelle l'*absolu* cesse d'être tel pour nous, par cela même que nous y pensons ou voulons y *penser*, et cette formule pensée *substantielle*, connaissance de l'absolu, implique contradiction dans les termes; ce qui n'empêche pas qu'il n'y ait croyance nécessaire d'un absolu inconnu, mais qui n'est pas le *moi*, tel qu'il s'aperçoit ou se reconnaît exister sous une première relation nécessaire; ce qui n'empêche pas non plus que cette croyance ou notion n'emporte avec elle la réalité absolue de son objet, de telle sorte qu'on soit fondé à dire :

ce que je crois être absolument et nécessairement sans pouvoir m'empêcher de le *croire* (tant que je pense ou que j'ai la conscience du *moi*), est réellement et absolument comme je le crois, quoique je ne puisse m'en faire aucune image ou idée claire. C'est ainsi que nous sommes fondés à affirmer qu'il y a des êtres et des substances hors de nous comme en nous, sans pouvoir en aucune manière les représenter ou les concevoir sous une idée. Nous prouverons que ces êtres sont absolument, sans crainte de nous tromper, quoique nous n'ayons d'autre preuve ou criterium de leur existence, que l'autorité même de cette croyance nécessaire. J'ai ajouté la conscience du *moi* à la croyance, pour distinguer les croyances réelles de celles qui peuvent s'attacher à certains fantômes comme nous le dirons bientôt.

Les formes du langage font souvent illusion, et la manière de poser les principes ou de les énoncer expose presque toujours, si l'on n'y prend garde, à confondre le sujet logique de la proposition affirmative avec le sujet réel qu'on devrait avoir présent à l'esprit pour la clarté des idées : c'est là ce qui a pu empêcher les métaphysiciens de reconnaître que ce qui affirme ou croit l'*être*, la substance, la chose pensante, n'est pas l'être, la chose qu'il affirme.

Ainsi dans la proposition *je suis*, que Descartes donne comme la conclusion de son enthymème, le sujet logique abstrait *je* dont on affirme ou qui est censé affirmer de lui-même la réalité absolue de l'être ou de la substance, n'est identique que par le signe au sujet individuel de la prémisse *je pense* ; il en diffère par le fait autant qu'une existence précise, individuelle et déterminée diffère de l'objet d'une notion universelle, indéterminée. A cette formule personnelle et déterminée *je suis*, il faudrait donc substituer l'impersonnelle et l'indéterminée, l'âme, *être*, et dire en développant l'enthymème pour marquer le passage ou l'association nécessaire de la connaissance à la croyance : j'existe ou je me connais *moi* dans l'acte présent de ma pensée ; donc il y a une âme, une substance durable, à laquelle l'existence individuelle du *moi* est attachée ou dans l'être absolu de laquelle le *moi* a son principe, sa condition nécessaire comme tout ce qui est déterminé a son principe, sa raison suffisante, dans quelque chose qui est indéterminé, ou absolument inconnu à notre esprit, quoique nous soyons nécessités à le croire ou à l'admettre.

Mais si j'ai besoin de connaître mon existence individuelle ou d'exister *moi* pour m'assurer de l'être absolu de mon âme ou si la notion que j'en ai est la conséquence d'un raisonnement dont le fait de conscience est la prémisse, cette notion de l'absolu n'est donc pas innée ou primitive et antérieure au fait de conscience. Que s'il y a une notion substantielle de moi emportant la réalité absolue de l'âme, cette réalité exprimée par la formule *je suis* ne saurait être la conséquence d'aucun raisonnement; principe de tout ce que nous savons ou connaissons, même *par conscience*, elle ne doit rien avoir avant elle, ni au-dessus d'elle. Ainsi l'enthymème détruit par sa base la doctrine des idées, des notions ou croyances innées, où il porte tout à fait à faux en présentant sous *déduction* ce qui est nécessairement et primitivement dans notre esprit sous forme de principe.

Il fallait reconnaître que la vérité de fait, je pense, et la vérité absolue, je suis une chose pensante, ne sont pas de même genre et qu'étant également premières dans leur *ordre*, elles ne peuvent pas être déduites l'une de l'autre. L'une n'est certaine qu'autant de temps que je pense ou que je me dis que j'existe. L'autre est certaine absolument, soit que je la connaisse ou non ou que je l'exprime par des paroles, ou que je manque de signes pour l'énoncer. En disant je *pense*, je conçois une existence subjective identique avec toute ma pensée actuelle. En disant je suis une *chose*, je conçois ou crois un objet tout à fait différent du sujet actuel de ma pensée, qui était avant le *moi* et sera encore après : il n'est donc pas exact de dire, quoique tout le monde le répète, que nous concluons d'un fait tel que celui de notre existence, la réalité absolue d'un être durable qui embrasse comme en un point le présent, le passé et l'avenir. Il faut reconnaître que cette croyance d'une durée *absolue* est associée avec nos idées de *faits* et d'abord avec le fait primitif, pour former des notions, mais qu'elle n'est déduite d'aucun fait particulier, et si cette déduction pouvait avoir lieu, elle ruinerait nécessairement tout système d'idées, de principes innés. Descartes avait un esprit trop conséquent pour ne pas sentir cette sorte de contradiction où il était entraîné malgré lui par les formes de son langage.

Quand nous apercevons, dit-il, que nous sommes des choses qui *pensent*, c'est une première notion, qui n'est tirée d'aucun *syllogisme* » (pourquoi donc vous servez-vous de la forme d'un syllogisme pour établir cette première notion ?).

Lorsque quelqu'un dit : je pense *donc je suis*, continue ce philosophe, il ne conclut pas son existence de sa pensée, comme par la force de quelque syllogisme, mais comme une chose *connue d'elle-même*, il la voit par une simple inspection de l'esprit. S'il la déduisait d'un syllogisme, il aurait dû auparavant connaître cette majeure *tout ce que je pense est* ou existe : mais au contraire elle lui est enseignée de ce qu'il sent en lui-même, qu'il ne se peut pas *faire* qu'il *pense*, s'il n'*existe*, car c'est le propre de notre esprit de former les propositions *générales* de la connaissance des particulières.

Descartes paraît bien être ici dans le point de vue le plus opposé au système des idées innées ou des principes *a priori*.

De la connaissance de notre existence particulière individuelle, nous nous élevons aux notions générales, universelles d'*être*, de *substance* : donc ces notions ont une origine. Ici notre grand philosophe se fait illusion en croyant qu'il lui est possible d'employer le terme ou la notion de *chose* ou substance pensante, dans un sens précis, déterminé, particulier ou individuel, identique à celui que nous attachons au signe *je* ou *moi*; il n'a pas assez compris que ce dernier signe n'emporte avec lui rien d'universel, d'absolu, rien qui puisse avoir le caractère d'objet pensé.

Au contraire, la chose pensante ou la substance que nous appelons âme, par cela seul que nous lui donnons un tel nom et que l'esprit la prend pour sujet logique de diverses attributions, prend nécessairement le caractère d'une notion universelle, dont tout ce qui est affirmé l'est d'un objet indéterminé qui n'est pas moi, et qui est indépendant de son existence individuelle ou du sentiment qu'il en a. Aussi pendant que l'*âme* devient le sujet d'attributions générales communes à toutes les substances du même genre, comme l'*immatérialité*, la *force*, le durable absolu et indéfini, ou l'universalité, etc., le *moi* ne saurait se prendre lui-même par l'acte de réflexion que pour le sujet d'attributions particulières qui ne conviennent qu'à lui. L'effort ou le mode d'activité sous lequel il s'aperçoit, lui est exclusivement propre; ce n'est jamais ce mode d'activité déterminé qu'il attribue à d'autres êtres, mais bien la *force* qui est abstraite du sentiment de son effort ou de son existence individuelle, et cette notion de force ainsi abstraite a dès lors toute la généralité et toute l'universalité possible dans son application aux objets déterminés ou indéterminés, y compris l'âme à laquelle nous ne pensons peut-être à rattacher notre existence individuelle ou notre *moi*, qu'autant que nous avons transporté la force abstraite aux objets en mouvement qui agissent sur tous nos sens et de diverses manières, pendant que nous n'agissons sur eux que d'une seule manière et par un seul sens.

Il suit de là, quoiqu'en dise Descartes, que l'affirmation *je suis une chose pensante*, ne peut avoir l'acception précise individuelle d'une vérité de *fait*, *évidente par elle-même* comme celle-ci, je pense ou j'aperçois mon existence personnelle; et que cette affirmation absolue, énoncée en termes *universels*, se fonde nécessairement sur le principe antérieur de croyance; pour penser ou avant de s'apercevoir exister sous tel mode actif ou passif, il faut *être* absolument une chose en *soi*. Ce principe s'applique à la connaissance ou à l'existence particulière de notre *moi*, à l'aperception interne, comme aux intuitions externes. Il est associé avec chaque connaissance ou idée particulière de fait, où il entre comme élément ; il fournit aussi une base absolue et identique à tous les jugements successifs que nous portons sur chaque objet de nos perceptions en affirmant de lui diverses propriétés ou qualités de la même substance, comme lorsque nous disons d'un corps, tel qu'un morceau d'or, par exemple, qu'il est jaune, ductile, fusible, etc., en épuisant toutes ces propriétés et supposant que la même substance, le même être reste identique sous ces divers attributs. L'être qui est le sujet de tous ces jugements particuliers, est bien aussi le sujet identique des propositions que nous formons sur des objets divers dont les qualités seront identiques, mais où ce que nous appelons *substance* est lui-même non pas semblable mais identique, et devient ainsi le titre *un* du *genre* le plus élevé sous lequel viennent se ranger toutes les existences objectives *particulières*.

Lorsque Descartes dit que le propre de notre esprit est de former les propositions générales de la *connaissance*, des *particulières*, il déroge en cela à son système des idées innées, et confond à tort les propositions générales abstraites, dont le sujet logique est un terme de classe ou de *genre* que nous avons formé nous-mêmes, en observant plusieurs objets qui se ressemblent, et faisant abstraction de leurs différences individuelles ou spécifiques, avec les propositions universelles dont le sujet *réel* est une notion universelle nécessaire, toujours présente à notre esprit, qui ne l'a point faite, et ne peut non plus la mettre à l'écart ; telle est celle dont il s'agit. Pour penser ou connaître son existence individuelle, et avant de la connaître, il faut être une chose, une substance ; je pense, je me connais, donc je suis une chose ou une substance pensante.

Pour exister sous telle modification déterminée, il faut être une *chose* en soi ; or je suis modifié tour à tour de telle manière agréable ou douloureuse, donc je suis une substance sentante ; et ce que je dis de moi ou plutôt de ce fondement absolu de mon être que j'appelle *âme*, je l'affirmerai de la même manière absolue de tous les objets particuliers que je ne peux concevoir que sous l'attribution universelle et nécessaire d'être, de substance en vertu d'un principe de croyance qui m'est donné avant que je l'applique à aucune existence connue et déterminée. Il ne faut donc pas dire que nous formons les propositions universelles (qui emportent avec elles un caractère de nécessité absolue) de la connaissance des particulières, mais au contraire que nous n'ajoutons le caractère universel à des propositions individuelles ou particulières, qu'autant que cet universel est donné indépendamment d'elles, en vertu d'un principe antérieur de croyance inhérent à notre nature.

Sans doute je n'acquiers la connaissance du principe qu'autant que je pense et que je connais mon existence individuelle, ou d'autres existences particulières et déterminées, et il y a maintenant une association intime entre ces deux éléments de toutes nos idées de faits. Mais, comme en supposant qu'un pur esprit peut penser l'être universel, la substance, sans pouvoir en déduire aucune connaissance particulière, si nous étions réduits à des sensations et des intuitions jointes à l'aperception interne de notre *moi* individuel, sans aucun principe de croyance, nous ne pourrions jamais nous élever de là à la notion universelle et nécessaire, donc il n'y a point de possibilité de déduire immédiatement les croyances universelles, nécessaires, des connaissances individuelles, pas plus que ces connaissances des principes de croyance; mais ces deux éléments se trouvent unis intimement dans tout ce que nous appelons *connaissances de faits*.

Il faut bien remarquer, et cela n'a point échappé à la sagacité des deux profonds métaphysiciens dont nous rapprochons la méthode et les principes, que toutes les questions relatives à l'existence absolue d'un monde de substances autres que notre âme, à la différence ou la distinction, fondée ou non, entre ce monde d'invisibles que nous croyons sans le connaître, et l'univers sensible des phénomènes que nous connaissons, sans être nécessités à y croire, et souvent en croyant ou concevant le contraire de ce qui nous apparaît; que ces questions, dis-je, à la solution positive ou négative desquelles est attaché le sort de la *métaphysique*, ont toutes leur fondement ou leur véritable principe dans celle que nous venons d'examiner, en discutant le fameux principe de Descartes, savoir si la *notion* ou la croyance d'un être réel, d'une substance ou force absolue, telle qu'on l'entend quand on parle de l'âme, est identique au fait de la conscience ou de l'existence du moi, ou si elle en est tout à fait distincte et séparée : dans ce dernier cas, si la *croyance* ou la notion de l'absolu peut être déduite du fait de la conscience ou de la pensée comme étant renfermée en lui, ainsi que l'indique l'enthymème de Descartes, ou si elle ne lui est simplement qu'*associée* ; alors quel est le fondement, quelles sont les lois de cette association? n'y a-t-il entre les deux termes qu'une liaison en temps? et quel est le premier dans l'ordre de succession? y a-t-il génération? quel est le générateur? l'absolu donne-t-il naissance à la relation, ou en est-il dérivé par abstraction? n'est-ce qu'une dépendance nécessaire entre deux idées abstraites, ou une connexion réelle et nécessaire entre un effet et sa cause? Suivant le parti qu'on prendra sur ces questions, le monde des substances étrangères à notre âme, sera ou ne sera pas distinct de celui des phénomènes externes ; la croyance ou la notion du premier servira de base ou de principe à l'autre ; ou au contraire le premier ne sera qu'une déduction et peut-être une abtraction du second. Enfin il y aura quelque moyen d'atteindre le monde réel des substances, ou il n'y en aura aucun. Il nous sera révélé immédiatement par les sensations, suivant une loi première de notre nature comme des choses signifiées sont représentées par les signes qui n'ont avec elles aucune ressemblance, ou bien nous pourrons l'atteindre par la raison, et l'absolu sera la conclusion d'un raisonnement dont une idée de connaissance relative quelconque sera la prémisse.

Ces opinions principales qui se partagent elles-mêmes en plusieurs subordonnées, sont soutenues avec la même force dans divers systèmes de *métaphysique* dont chacun se trouve fondé sur l'une ou l'autre des deux faces de la grande et éternelle question sur les existences, sur la manière dont nos connaissances dérivent d'elles ou elles de nos idées, sur le *ratio essendi* et le *ratio cognoscendi*, sur le comment il y a quelque chose *en soi*, et comment ou si nous pouvons le connaître, etc. En parcourant tout ce qui a été dit dans chacun de ces deux points de vue du problème, on est tenté de s'écrier :

Felix qui potuit rerum cognoscere causas,

et de demander *quis potest?* mais l'utile instruction qu'on peut retirer de cette grande expérience des opinions philosophiques c'est que la lumière ne peut naître que de la réunion de deux points de vue, ou faces de la question dont l'isolation a dû produire le scepticisme et l'idéalisme.

Leibnitz. — A la manière dont Leibnitz a abordé le premier problème de la philosophie, il est aisé de voir que la métaphysique avait été sa dernière étude[1] aussi la manière dont il conçut cette science fut trop dépendante des principes de physique générale et de cosmologie saisis d'abord par ce génie si éminemment systématique.

En posant les principes de la connaissance humaine, Leibnitz songeait surtout et presque uniquement à la manière d'établir la réalité absolue des existences, ou de justifier par la raison la croyance nécessaire, universelle qui s'y trouve attachée, comme par une loi naturelle que notre esprit n'a pas faite, par une sorte d'instinct qui le maîtrise, et qu'il n'est pas libre de contrarier ou de changer.

C'est la réalité des êtres, des substances, des forces absolues, des monades dont notre âme qui est aussi une monade pensante, est le miroir concentrique, c'est le *ratio essendi*, qui occupe toujours ce métaphysicien, comme étant le premier terme ou l'antécédent objectif de toute relation de connaissance, dont notre subjectivité est le conséquent. Une grande et belle harmonie se trouve préétablie entre ces deux termes, entre le monde invisible des substances ou des choses, telles qu'elles

1. Cette observation a été faite par le savant et profond historien des systèmes de philosophie, M. Degerando. (M. de B.)

sont, et celui des phénomènes tels que les sens ou l'imagination les représentent : la raison *seule* appuyée sur la réflexion, et se servant de l'abstraction comme d'un instrument, parvient à saisir cette harmonie et à en assurer les lois. En partant de l'existence de l'âme humaine, de ses attributs, des notions qui lui sont inhérentes (puisqu'elles ne sont que l'expression de sa propre nature) comme de données ou de principes synthétiques, la raison atteint les autres existences ; elle sait les lire dans l'âme même ; elle les voit comme par *réflexion* dans le miroir où elles se représentent ; elle détermine ce que doivent être les choses pour correspondre à cet appareil psychologique de sensations ou d'idées contingentes ou de notions et de principes nécessaires ; et résout ce grand problème : étant données les relations des choses avec notre âme, déterminer les relations qu'elles ont entre elles et ce qu'elles sont en elles-mêmes. Le principe de la raison suffisante que notre esprit trouve en lui-même *a priori*, est l'unique instrument de cette solution.

Leibnitz a supérieurement vu que le principe de causalité, tel que nous pouvons le connaître, sans sortir de nous-mêmes, est le grand pivot de toute métaphysique ; qu'il forme tout le lien qui unit nos sensations et nos idées aux choses du dehors et le monde des phénomènes à celui des réalités.

En partant de la causalité comme d'une relation nécessaire entre l'objectif et le subjectif, Leibnitz a établi le réalisme transcendantal des notions ou de ce qui leur correspond hors de notre esprit, en même temps que le *phénoménisme* de tout ce que nos sens peuvent saisir, y compris l'*étendue*. En partant du *moi* relatif pour en déduire le subjectif absolu, sans songer d'abord à la causalité, Descartes, au contraire, pose les bases de l'*idéalisme* transcendantal, c'est-à-dire la réalité de notre âme seulement et de ce qui est en elle. Du reste ces deux philosophes s'appuient sur la conscience comme sur le principe d'où doit être déduit l'*absolu* de l'âme suivant Descartes, l'absolu des forces ou des causes qui sont hors de l'âme, suivant Leibnitz.

Nous avons discuté le premier point de vue, venons maintenant au second.

Je trouve établi dans mon esprit avec les caractères de nécessité et d'universalité ce principe que tout ce qui commence a une cause ; or cette relation ou notion nécessaire ne peut être dans mon esprit sans raison suffisante, et cette raison c'est qu'il y ait hors de moi ou de mon âme des êtres ou des substances qui soient entre eux sous ce même rapport de la cause à l'effet ; donc ces substances existent, et la notion de causalité en est l'expression et la preuve.

Nous pouvons abréger ce raisonnement et le réduire à la forme d'un enthymène : j'ai la notion de causalité ou je pense qu'il y a des êtres qui sont causes, donc ces êtres sont causes.

Pour que ce raisonnement ait la valeur d'un principe nécessaire, il faut que nous ne puissions concevoir aucun être qui ne soit une cause et dont un autre être ou phénomène ne soit un effet. Ce qui peut être vrai (et qui nous conduit directement dès le premiers pas de la science, à la cause suprême, absolue qui est *Dieu*, comme Descartes y est arrivé par une voie un peu moins directe) ; mais c'est là un théorème et non pas un principe.

D'ailleurs cet énoncé du prétendu principe suppose que la notion de causalité étant innée comme celle de l'*être* absolu, n'est cependant dans notre âme que comme y sont toutes les idées objectives qui doivent représenter les autres existences, sans qu'elle puisse les apercevoir distinctemeet en elle-même. Observez en effet que Leibnitz ne dit jamais que nous trouverons la cause en nous-mêmes, comme nous y trouvons l'*être*, la *substance*, et il répugnait aux principes de sa philosophie d'admettre l'âme comme une cause *efficiente*, première par rapport à *elle*, puisqu'en effet elle ne *produit rien* hors d'elle ni en elle, et qu'il n'y a en elle qu'une représentation ou prévoyance de ce qui arrive par des lois qui sont au-dessus d'elle et à qui elle obéit. Aussi si l'âme met de l'être partout parce qu'elle est un *être*, elle ne conçoit point la notion de causalité objective, parce qu'elle est une cause ; au contraire, elle ne trouve la causalité en elle-même, que parce qu'elle l'a prise au dehors, ou plutôt, comme rien n'agit sur elle, et qu'elle ne réagit sur rien, parce qu'il est dans sa nature de représenter ce qui est au dehors suivant les lois de l'harmonie préétablie entre son monde intérieur et celui des substances qui sont causes et effets les unes par rapport aux autres.

Ici nous trouvons que la méthode de Leibnitz s'écarte tout à fait de celle de Descartes et franchit d'un saut un intervalle entre deux points qui réclamaient quelque intermédiaire.

Je trouve établie dans mon esprit la notion de cause à effet, donc il y a des êtres qui sont causes et effets.

Il faut prouver que nous ne pourrions pas avoir cette notion, sans des êtres qui soient entre eux dans le même rapport. Mais comment ou sur quel fondement affirmons-nous telle relation des êtres, ou leur en faisons-nous l'application, n'est-ce pas parce que nous l'avons déjà par devers nous, et peut-être avant que nous ayons aucune notion d'êtres? Ce n'est donc pas en eux, mais seulement dans notre esprit, que nous pouvons en trouver le fondement.

Le paralogisme est ici évident : en partant de la notion de *causalité*, on prétend justifier la réalité des substances, et en partant de cette réalité, on veut justifier cette notion.

Le seul moyen d'éviter le paralogisme était d'appliquer à la causalité ce qui avait été dit de l'être, en se demandant comment nous pourrions avoir quelques notions de causes, si nous n'étions pas causes nous-mêmes. Prenant ainsi le fait de l'existence comme identique à celui d'une cause, on en vient au principe de Descartes — j'existe comme cause relative pour moi-même, donc j'ai une âme qui est *cause* ou force absolue — et les mêmes questions que nous avons faites sur la liaison des deux propositions se reproduisent ici. Mais il y avait de plus à chercher comment la notion ou la croyance d'une force absolue qui est notre âme, étant comprise dans le fait primitif de la causalité de notre *moi* d'où le raisonnement la déduit, ou seulement associée avec ce fait dont l'analyse de réflexion la distingue ; comment, dis-je, cette notion transportée hors de notre âme peuple pour notre esprit un monde de forces, de causes, en même temps que de substances invisibles et inimaginables?

C'est cette lacune que Descartes n'a cherché à combler qu'au moyen de l'intervention divine, *tanquam deus ex machina*, et que Leibnitz a laissée dans sa philosophie en négligeant tout intermédiaire et en objectivant de prime abord la notion de causalité sans savoir le fondement qu'elle a, non pas dans notre âme comme notion innée, absolue, universelle, mais d'abord dans notre *moi*, comme aperception interne, individuelle et relative.

Nous voici conduits à chercher le passage du fait primitif aux notions qui peuvent en être dérivées, ou les liens qui existent entre la connaissance première et nos croyances, qui ne peuvent jamais être confondues.

En réfléchissant sur les exemples que nous venons de présenter, on s'aperçoit aisément que l'erreur commune aux plus grands métaphysiciens est : 1° d'être partis de notions ou de croyances comme essentiellement renfermées dans le fait de l'existence de notre *moi* identifié avec l'*être* de notre âme; 2° d'avoir cru que ces croyances ou notions se liaient immédiatement aux sensations reçues du dehors ou aux phénomènes *intuitifs* d'où le jugement *inné* de la réalité absolue de notre corps ou de la substance étendue à laquelle nous rapportons les sensations affectives, et de ce que nous appelons corps étrangers auxquels se rapportent les intuitions, l'être, la *substance* entrant, comme dit Leibnitz, dans ces idées de sensation, parce que l'âme qui les reçoit est un être, d'où encore les jugements universels et nécessaires sur la permanence des êtres, sur la constance des lois de la nature, les relations de cause à effet, qui ne sont que l'application que nous faisons des principes ou des notions qui sont en nous à priori.

Recherches sur l'origine des notions ou croyances.

Le *moi* identifié avec l'*effort* ou le pouvoir moteur, ne peut éprouver ou sentir la modification liée immédiatement à l'exercice de *ce pouvoir* sans avoir l'aperception interne de lui-même comme cause ; et réciproquement il ne peut avoir l'aperception de lui-même comme cause sans éprouver la modification qui est l'effet immédiat de sa force constitutive [1] et qui suit ou accompagne constamment l'exercice de son pouvoir moteur.

Le sentiment d'un effort cause, et celui d'une modification spéciale qui en est l'effet, sont les deux éléments indivisibles, mais distincts, du *fait* de conscience.

Par l'emploi des facultés de réflexion et d'abstraction qui sont bien dans notre nature, mais dont l'exercice est plus ou moins tardif, nous parvenons à concevoir et à noter séparément par des signes les deux termes de cette première relation, savoir : le *moi* (cause) comme ayant une existence ou une réalité séparée indépendante de tout sentiment actuel d'un effet ou changement produit dans le corps organisé sur qui l'effort se déploie, — et cet *effet* ou mode produit dans le terme de l'effort, comme existant aussi séparément et indépendamment de sa cause ou du *moi*. De là deux notions séparées : — l'une de l'absolu d'une force indépendante de tout effort déterminé, et dont le durable est une *tendance* à agir, alors qu'il n'y a point d'action effective ; — l'autre de l'absolu d'une substance corporelle, passive, capable d'être modifiée et mue par l'effort, mais dont le durable est indépendant de toute modification ou mouvement effectué.

1. Ce résultat d'une analyse plus approfondie que nous développerons bientôt pourrait sembler n'avoir ici qu'une valeur logique telle que celle-ci : là où on suppose un effet en tant que tel, il y a une cause et *vice versâ*, etc. On pourrait demander pourquoi le *moi* ne se trouverait pas aussi bien sous la première impression passive venue du dehors, que sous une modification conçue uniquement par la nature de l'âme et accompagnée du premier sentiment de pouvoir, nous répondrons à cette question. (M. de B.)

Que ces deux notions se trouvent maintenant établies à titre de croyances nécessaires dans un esprit réfléchi *qui y pense comme il faut*, et qui est capable d'attacher un sens vrai à la formule *je pense, donc je suis*, c'est ce qu'on ne peut nier. Qu'elles aient leur principe dans la nature de l'être pensant et sentant, c'est ce qu'on peut accorder aussi sans qu'il s'ensuive pour cela qu'elles soient innées *a priori* ou indépendantes, comme *notions*, de toute expérience interne ou externe ; le contraire sera prouvé si, en partant de ce fait primitif et suivant régulièrement l'ordre des procédés de notre esprit, nous sommes conduits, je ne dis pas à justifier ces croyances (elles n'en ont pas besoin) mais à dire comment et à quels titres nous possédons les notions de deux réalités absolues ou de deux mondes de substances matérielles et immatérielles.

Or cette recherche serait inutile et n'aurait point d'objet si, comme l'ont supposé presque tous les métaphysiciens, l'âme substance séparée était identifiée au *moi* humain, ou si la notion que l'âme est censée avoir primitivement en elle-même par cela seul qu'elle *est*, était identique à la conscience actuelle du *moi* tellement que l'individu ne pût s'apercevoir qu'il existe sous un mode déterminé quelconque, et particulièrement sous la relation de cause à effet, sans connaître et croire en même temps qu'il est un *être*, une substance ou une force absolue ; que le corps sur qui et par qui son âme agit a une étendue durable, absolue ; enfin que le monde extérieur phénoménique et variable des intuitions cache sous lui un monde réel, permanent et invariable de causes et de substances.

Mais admettons, au moins provisoirement, qu'il n'en est pas ainsi et que le sujet sentant et agissant s'élève successivement par une suite de progrès du fait de conscience purement *relatif* ou qui ne comprend encore aucune notion d'*absolu*, à ces concepts ou croyances de deux réalités absolues, l'une immatérielle qui pourra être énoncée par la formule *je pense moi, donc je suis substantiellement une chose pensante ;* l'autre *matérielle* qui pourrait être exprimée par cette autre formule énonciative d'une croyance non moins absolue et qui se trouve renfermée dans la première : *j'agis volontairement pour mouvoir mon corps, donc le corps est une substance mobile, étendue, inerte.*

Il est question de savoir comment, de quelle manière et à quel titre elles s'y trouvent établies avec leur caractère absolu, universel, nécessaire, etc. Si elles sont *contemporaines* ou nées l'une après l'autre, ou peut-être l'une de l'autre ou s'il est impossible de les ramener au même principe de dérivation.

Quand on part d'une maxime absolue telle que celle-ci : *je pense, je suis une substance pensante*, comme d'un principe unique où viennent converger et se réunir les deux systèmes de nos croyances identifiées et confondues l'une avec l'autre, on s'épargne bien des recherches, mais on fait une supposition impossible à justifier *a posteriori* par l'expérience ou *a priori* par le raisonnement, sans employer l'intermédiaire du fait primitif. Cette supposition, c'est que le *moi* ne peut s'apercevoir ou se connaître sous un mode relatif, sans connaître ou croire en même temps son être absolu.

Je crois qu'on peut induire avec assez de vraisemblance de l'observation des faits psychologiques qu'il n'est point essentiel à un être qui commence à vivre, à sentir, à mouvoir et à connaître son existence individuelle, d'avoir en même temps la notion du durable d'une substance sentante et motrice, et qu'une telle notion n'a dû être le produit que de la raison perfectionnée par l'habitude de réfléchir et d'abstraire. Mais avant que cette notion soit formée et qu'il y ait des signes pour l'exprimer, le *moi* existe et se prend lui-même dans l'expérience intérieure pour la cause immédiate de tous les modes actifs accompagnés d'un effort déployé sur le corps propre ; et c'est à celui-ci que se rapportent ensuite, comme à un sujet permanent d'inhérence, toutes les affections variables ou modifications passagères de la sensibilité.

La conscience du *moi* est donc bien indivisible de la perception *immédiate* du *corps* propre, ce que les cartésiens ont exprimé en disant que l'*âme* a l'idée innée de son union avec le corps. Et ce que Spinosa a falsifié ou exagéré en disant que la conscience de l'âme ou du *moi* n'est que l'idée immédiate du corps. Mais cette perception immédiate du corps n'est-elle pas celle de la substance corporelle, ou n'est-ce pas à l'étendue que s'applique d'abord le principe de croyance d'une réalité absolue ou indépendante de la perception que nous en avons? et peut-il y avoir originairement quelque réalité conçue hors de l'étendue ou de l'espace? S'il en était autrement ou si le sentiment du *moi* comportait avec lui la croyance ou le concept d'une substance séparée de cette portion d'étendue soumise à notre volonté motrice, et par laquelle seule nous sentons ou *croyons sentir*, tous les hommes et même les philosophes seraient-ils enclins à confondre ce qu'ils appellent le *moi* avec le corps propre? Ce qu'on appelle *substance* serait-il si universellement entendu, comme le dit Hobbes, sous une *raison de matière?* Enfin le procédé pour lequel l'esprit parvient à distinguer et à nommer séparément le sujet individuel qui perçoit tout, sans pouvoir se présenter ou se voir lui-même comme *objet*, ne serait pas si difficile, si lent, si incertain que la plus grande partie des hommes même éclairés, ne s'y sont jamais complètement élevés.

Il est vrai que lorsque la distinction ou la séparation du *moi* est une fois *faite comme il faut*, par l'acte de réflexion et notée par un signe, il s'y joint nécessairement la croyance d'un être, d'une réalité absolue, indépendante de la conscience actuelle; mais cette réalité d'une substance, lorsqu'elle est plus que nominale, s'entend encore le plus souvent sous une raison de *matière*; et le *moi* se prend ou s'imagine lui-même comme un mode de la substance étendue du corps, suivant le point de vue d'un philosophe [1] qui a poussé jusqu'au bout et de la manière la plus conséquente les spéculations abstraites. La conscience du *moi*, la pensée ne serait qu'une modification de la substance unique qui a en même temps l'étendue et la pensée pour attributs.

1. Spinosa. Eth. P. II. (M. de B.)

De telles idées se trouvent bien certainement en opposition avec le témoignage du sens intime bien consulté et à part toute vue systématique; mais elles prouvent par le fait que la notion ou la croyance de l'âme substance *pensante*, et que le durable, hors de la conscience actuelle, est peut-être la dernière des abstractions à laquelle l'esprit humain puisse s'élever, loin de pouvoir être placée à l'entrée de la science et identifiée avec le fait primitif ou renfermée en lui. Ce qui est essentiel à ce fait ou identique avec lui, c'est le rapport immédiatement aperçu d'une cause agissante à son effet produit sur un terme résistant ou inerte, en qui ou par qui la force s'actualise, s'aperçoit ou existe elle-même.

Otez ce terme et la conscience du *moi* s'évanouit avec l'*effort voulu*, comme il arrive dans le sommeil, les défaillances etc. Ce qui reste c'est la notion d'une force virtuelle ou qui a dans son durable la tendance à l'action, et c'est à une telle notion que s'attache la croyance d'un absolu de l'âme, substance essentiellement active, et qui, si l'on veut encore l'appeler *substance*, diffère essentiellement de la substance passive, à laquelle sont inhérentes les modifications, et ne pourrait de même être *entendue* sous une raison de matière. Si l'homme parvient, par ses facultés naturelles, à s'assurer de la substance et de la réalité de son âme séparée et à en avoir une conviction supérieure à toutes les épreuves, il ne faut pas dire comme Descartes, qu'il soit plus assuré par le fait de conscience ou le sentiment intérieur de sa propre pensée, de l'existence *réelle de son âme que de celle de son corps*; car en partant de ce fait identique à une première action, au premier effort de l'âme, elle ne commence à s'apercevoir ou à se connaître *moi*, que dans sa relation avec le *corps*, ou le terme auquel s'applique immédiatement sa force motrice en passant du virtuel à l'effectif, du possible à l'existence. Et en supposant même que l'esprit puisse jamais s'élever à la notion complète d'une force absolue séparée et non pas seulement distincte de son terme de déploiement, il ne saurait être ni plus ni moins assuré de la réalité de l'un des termes de ce rapport qui constitue un fait de l'existence individuelle de l'*homme* qu'il n'est assuré de l'autre, car la croyance de l'absolu s'attache également à chacun des deux termes, quand on y pense par *abstraction*; mais la science, la connaissance *réelle* et positive ne peut s'attacher qu'aux deux réunis, et les embrasse simultanément dans son point de vue, sans séparation ni partage[1].

Tout cela posé, voici donc l'ordre des progrès par lesquels le *moi* commençant à exister pour lui-même pourrait s'élever de sa connaissance personnelle distincte et non séparée de la perception immédiate et continue du corps propre à des notions ou croyances de réalités absolues, de substances matérielles ou immatérielles indépendantes de toutes perceptions phénoméniques.

Étant donnés les trois éléments que nous avons déjà distingués sous les titres de phénomènes affectifs, intuitifs et de *moi* (fait primitif de conscience et principe ou fondement de la connaissance), nous sommes maintenant fondés à y joindre comme quatrième élément la croyance qui, en se joignant au système de la connaissance, lui imprime un caractère *absolu*, qu'on ne peut s'empêcher d'y reconnaître et qui n'aurait pas lieu sans lui.

Indiquons les produits des combinaisons de ce nouvel élément avec chacun des précédents :

En faisant abstraction du *moi* pour remonter jusqu'à un état antérieur et absolu où l'âme est dite penser sans se connaître ou sentir sans le savoir, on ne peut s'en faire d'autre notion que celle dont on reconnaît le type dans tous les états où la pensée sommeille, et où l'individu étant, comme on dit vulgairement, hors de lui-même ou n'ayant pas la conscience, le *compos sui*, est hors des lois de la nature humaine. Dans cet état, la sensibilité peut s'exercer au plus haut degré, et l'imagination prédominer avec une force d'autant plus grande qu'elle n'a plus de contrepoids dans aucune de nos facultés

1. Spinosa dit très bien ce que nous savons et connaissons, mais il ne rend pas raison de ce que nous croyons. (M. de B.)

actives; elle crée une multitude de fantômes, qui se suivent ou s'associent fortuitement sans ordre, sans liaison. Chacun de ces fantômes a tout l'ascendant de la *réalité absolue*; l'être sentant ne se dit pas à lui-même que ce qu'il voit ou dont il a l'intuition par son cerveau exalté existe réellement; il n'est pas en état de distinguer le phénomène de la croyance qu'il y ajoute. Mais ces deux éléments, que l'être pensant seul est appelé à distinguer, n'en sont pas moins intimement unis; on reconnaît leur association aux mouvements aveugles tels que les rêves, les délires de différentes espèces, qui fournissent des exemples très propres à nous faire concevoir l'association du principe de *croyance* avec les phénomènes intuitifs ou affectifs sans l'intermédiaire du *moi* [1]. Considérée dans cet état *absolu* d'âme sensitive ayant la pensée et l'action en *puissance*, mais ne l'exerçant pas actuellement ou ne faisant que pâtir et réagir sans conscience, l'âme n'est point le *moi;* on peut dire ou croire qu'elle est; mais en tant qu'elle ne le sait point ou ne peut le savoir, c'est pour elle-même, et relativement au fait de la conscience, comme s'il n'y avait rien, ni existence, ni croyance.

Pour que l'âme ou plutôt pour que l'*homme* devienne *moi* il faut que l'âme détermine librement et hors de la nécessité de la nature organique, une première action ou effort : cet effort voulu en principe et senti en résultat est la première relation qui comprend indivisiblement l'aperception du *moi* cause et celle d'un effet senti comme tel.

Le fait relatif de conscience a bien son fondement ou son principe dans l'absolu en tant qu'il y a quelque réalité absolue avant ce fait, comme nous ne pouvons nous empêcher de le croire dès que nous venons à y penser; la *notion* ou la *croyance* de l'absolu se fonde à son tour sur le fait primitif ou la pre-

1. On pourrait faire au sujet de la croyance la question qu'on a faite au sujet du beau : est-il beau parce qu'il nous plaît, ou nous plaît-il parce qu'il est beau? Croyons-nous nécessairement une chose parce qu'elle est vraie et qu'elle existe réellement ou n'est-elle vraie, n'existe-t-elle que *parce que* ou *en tant que* nous la croyons? (M. de B.)

mière relation, sans laquelle il ne saurait y avoir, je ne dis pas aucun principe de croyance, mais aucune notion de l'objet indéterminé de la croyance.

Lorsque le moi *existe* ou qu'il y a un sujet de connaissance, une personne constituée qui s'aperçoit et se représente ou perçoit les phénomènes, ce n'est plus à ces phénomènes simples que s'unit un principe de croyance aveugle et mécanique; c'est à des faits complets et des rapports que s'attache une croyance alors éclairée jusque dans son indétermination et son caractère de nécessité.

C'est le *moi* qui croit, c'est lui qui sert d'intermédiaire et de lien entre les phénomènes et les êtres réels dont ils sont comme l'enveloppe; c'est le moi qui affirme ou juge qu'il y a de tels êtres cachés sous les apparences sensibles, en même temps qu'il affirme, ou peut-être même avant de croire qu'il y a un être réel substantiel caché sous la conscience qu'il a de lui-même, et sous les modifications qu'il aperçoit comme des effets dont il est cause.

Ainsi commencent à exister pour nous ou à être *crus* deux mondes invisibles très distincts de ceux des phénomènes externes et internes, celui des causes et des substances étrangères, et celui de l'âme et des attributs qui sont censés lui être inhérents, par cela seul qu'elle est, et sans qu'elle ait besoin de se connaître. On pourrait penser que ces deux mondes de substances ne sont autre chose que des produits de l'analyse artificielle des faits externes ou internes, composés naturels dont nous créons les éléments, en les distinguant par notre faculté d'abstraire et à l'aide de nos signes conventionnels; et on aurait raison s'il n'y avait pas une croyance nécessaire attachée à ce qui reste de chacun de ces ordres de faits, y compris le fait primitif lui-même lorsqu'on en a ôté tout ce qu'il y a de phénoménique ou de perceptible aux sens ou à l'imagination. Assurément la notion de substance, de force qu'on obtient ainsi a une tout autre valeur que celle des qualités séparées de leurs sujets, ou des idées générales que le langage note par des substantifs abstraits. Si l'on niait la différence, il serait facile de prouver à ceux qui la nient en théorie, qu'ils l'admettent eux-mêmes dans la pratique et toutes les fois qu'ils portent un jugement de fait quelconque, etc. Qu'il n'y ait aucune *image* attachée aux notions, pas plus qu'aux idées générales, cela est certain ; mais que les premières emportent avec elles une croyance de réalité absolue, indépendante de nos idées ou de nos sensations, qui les différencie des abstractions que nous formons à volonté sans y croire, c'est ce qu'on ne peut se dispenser de reconnaître quand on ne pourrait pas l'expliquer.

L'acte de réflexion fait pour ainsi dire le *départ* du principe de croyance des phénomènes auxquels il était uni, pour l'unir à chacun de ces mondes de substances invisibles qui ont seules droit à la réalité absolue et se trouvent exprimées dans l'esprit par des notions d'où la connaissance objective se trouve exclue, mais dont une croyance nécessaire fait toute la base.

Ce que le *moi*, l'aperception interne ou externe, médiate ou immédiate d'une cause comprise dans le sentiment de l'effort, est aux phénomènes, la croyance d'une réalité absolue l'est aux faits externes ou internes; en d'autres termes, les notions (telles que nous les considérons) sont aux faits ce que ces faits sont aux phénomènes simples, ou unis au principe de croyance instinctive.

Comme le sentiment ou l'idée première d'une cause donne un point d'appui aux phénomènes variables et passagers, aux affections ou intuitions, et devient le principe de leur coordination régulière dans le temps, dont la succession n'est connue que relativement à quelque chose qui reste; de même la notion ou croyance d'une réalité absolue, indépendante de toute connaissance ou des faits qui la supposent et s'y rattachent, donne seule une base réelle et permanente à ces faits successifs et variables dans l'un au moins de leurs éléments ; elle leur assigne un principe générateur, un *prius natura* dans l'ordre de la causalité; elle coordonne toute succession à une durée absolue, indépendante du temps relatif, qui en est la mesure et l'emblème; elle établit enfin par delà ce temps, des lois constantes et invariables qui dirigeaient les phénomènes de la nature avant qu'ils fussent nés pour nous, avant que nous existassions même; qui continuent toujours à les régler quand nous ne pouvons les voir, et les régleront encore quand nous ne serons plus.

Tel est ou tel nous concevons au moins le passage et les rapports des phénomènes aux faits, des principes de croyance à des croyances positives, qui entrent comme éléments dans les faits externes ou internes, et enfin de ce dernier composé aux *notions*. Celles-ci ne peuvent exister à ce titre dans l'esprit humain que par l'acte de réflexion et d'abstraction qui parvient à séparer dans une connaissance de fait quelconque externe ou interne, ce que nous connaissons ou pouvons connaître par l'exercice de toutes nos facultés, de ce que nous croyons et sommes nécessités à *croire* comme indépendant de l'exercice de ces facultés, et sans pouvoir y appliquer aucun de nos moyens de connaître.

J'ai besoin de m'arrêter encore sur ce procédé de l'esprit qui peut le conduire des faits aux *notions*, et d'abord du fait primitif ou du *moi* à la notion de l'âme substance, soit immédiatement, soit par un intermédiaire qu'il s'agit de déterminer. C'est ainsi que nous pourrons faciliter du moins l'abord du premier problème de la philosophie, s'il ne nous est pas donné de le résoudre complètement.

Le *moi* qui se connaît comme cause peut n'avoir encore aucune notion de l'âme; mais son identité reconnue par la mémoire dans deux temps différents, dans l'intervalle, par exemple, qui sépare le commencement et la fin du sommeil du *moi*, doit amener la croyance nécessaire d'un être ou d'une substance qui dure absolument, lorsque le *moi* cesse d'exister dans un temps relatif. L'autorité seule d'une telle croyance suffit pour établir la réalité absolue de l'être avec qui le *moi* s'identifie d'une part, et en tant qu'il se sait exister présentement, mais dont il se distingue d'une autre part, en attribuant à cet être une durée absolue permanente, qu'il sait par expérience ne pas lui convenir. Vainement on dirait d'après le principe de la croyance que le *moi* ne peut être sans l'âme; nous dirons d'après le fait de conscience qu'il peut exister et le savoir, sans croire d'abord qu'il est lié avec une substance et qu'il ne peut s'élever à cette croyance ou notion d'âme, qu'en prenant pour type ce qu'il est lui-même dans sa propre aperception. Ainsi il concevra la cause, parce qu'il est lui-même une cause ou force agissante relative à un effet produit déterminé, tel qu'un mouvement produit dans des organes soumis à la volonté, en faisant abstraction de cet effet déterminé, il concevra une force *absolue* qui n'agit pas, mais qui a en elle la possibilité d'agir. Ce qui différencie cette corrélation vraiment abstraite de ce qu'on appelle abstraction ou idée générale en terme de logique, c'est la réalité absolue de la substance qui reste toujours attachée à la notion de la force ou substance de l'âme, alors que la conscience du *moi* en est séparée.

Ce sont de telles abstractions *réalisées* sans que nous puissions faire autrement, qui étant en elles-mêmes objets de croyances nécessaires, universelles, constituent ce que nous appelons *notions*. Toute notion peut être ainsi considérée comme abstraite du fait primitif de la *conscience* de *moi*, c'est ce qui reste quand on sépare de ce qui est connu par le *moi* comme lui appartenant en propre, ce qui est connu ou cru appartenir à l'âme telle qu'elle est hors du sentiment du *moi* ou de la pensée.

Le *moi* ne peut se transporter hors de lui-même, ou s'apercevoir là où il n'est pas; mais lorsqu'il abstrait de ce qu'il aperçoit ou conçoit de lui-même, ce qu'il croit être de son âme, il pourra transporter à tous les objets hors de lui ce qu'il attribue objectivement à son âme, la substance, la durée, la causalité, et réciproquement, il pourra être conduit à croire ou concevoir son âme sous diverses attributions objectives, sous lesquelles il répugnerait de concevoir le *moi*..... (c'est ainsi que l'âme a passé pour être un feu subtil, un petit corps éthéré, un fluide secrété par le cerveau, toutes choses qu'il serait ridicule de confondre avec le *moi*, qui est toujours essentiellement distinct de ce qu'il pense, imagine, ou croit être dans les objets). Sans l'aperception interne, immédiate de la causalité du *moi*, nous n'aurions pas la notion de force absolue, d'êtres, de substances, en tant qu'elles en sont dérivées. Ce n'est qu'en confondant l'*âme* et le *moi*, que Leibnitz a pu dire que nous trouvions en nous les notions absolues d'êtres, de substances. Si, comme Descartes, il n'a pas compris la notion de causalité au nombre de celles que nous trouvons en nous, c'est qu'en ôtant à l'*âme* la causalité *efficiente* par crainte de l'égaler à Dieu, il n'a eu aucun égard à ce sentiment de pouvoir par lequel notre *moi* est constitué pour lui-même, non comme une force *absolue*, illimitée ou universelle, mais d'abord comme une cause individuelle, particulière, relative à certains actes ou mouvements que le *moi* commence, et qui n'auraient pas lieu sans lui.

Ainsi Leibnitz fait venir du dehors précisément la seule *notion* proprement dite que l'âme identifiée avec le *moi* puisse être dite tirer d'elle-même ; tandis qu'il regarde comme inhérentes à l'*âme*, en qualité de principes *innés*, les notions absolues d'être, de substance, que le sujet pensant ne saurait concevoir que par l'abstraction des faits externes ou internes, quoiqu'il soit vrai que notre âme ou notre être substantiel en fournisse le fond.

Dans le point de vue de Leibnitz les notions innées sont celles que l'âme a la faculté de trouver en elle seule, en pensant à ce qu'elle *est;* et comme en considérant la chose *a priori* il répugne de dire que l'âme soit cause efficiente première, puisque c'est une substance créée, elle ne saurait avoir la notion innée de *cause;* par la même raison elle ne peut avoir la notion innée d'*infini*, ni d'aucun des attributs de Dieu. Leibnitz nous dit lui-même comment nous acquérons ces notions, savoir en partant de ce que nous sommes ou de ce que notre âme trouve dans son être propre et en écartant les limites pour concevoir ces attributs dans Dieu... c'est bien dire qu'il n'y a pas en nous de notion immédiate de l'infini, et que nous y arrivons par le *fini*. Et, en appliquant cela à l'absolu, on dirait de même que nous n'y arrivons que par le relatif, ce qui détruit d'un côté le caractère des notions innées ou *a priori*, qu'on a voulu établir de l'autre, en se fondant sur ce que des notions universelles, nécessaires, ne peuvent venir de l'expérience, comme si ce n'était pas une première expérience intérieure, que cette première connaissance du *moi*, ou la première aperception immédiate de la causalité qui lui est inhérente, et qu'il ne peut séparer par conséquent d'aucune idée de fait, pas plus qu'il ne peut se séparer lui-même de tout ce qu'il conçoit ou pense; — ce qui suffit bien pour rendre raison des caractères d'universalité et de nécessité des notions dont il s'agit, sans qu'on ait besoin de les admettre *a priori*.

Suivant Descartes, il y a des idées innées de choses dont l'âme n'a en elle-même aucun archétype... Dieu, l'infini, l'immense, la *toute-puissance*, etc.; et c'est précisément parce que notre âme a la faculté de concevoir de telles idées qu'elle ne fait point et dont elle ne peut trouver en elle-même aucun *modèle*, que Descartes conclut immédiatement la réalité objective ou formelle de ces idées; ainsi de ce que nous avons l'idée de Dieu comme d'un être infini, éminemment parfait, à qui l'existence réelle appartient, il s'ensuit que Dieu existe, car s'il n'existait pas, d'où nous en viendrait l'*idée*, ou comment pourrions-nous y penser?

Ce point de vue conduirait droit au *Malebranchisme* et au *Spinosisme* ; en effet lorsque nous avons les idées ou notions d'un absolu, d'un *infini réel*, présentes à notre esprit, que nons n'avons pu faire par aucun artifice, et dont nous ne trouvons le modèle ni en nous-mêmes ni dans ce qui peut tomber sous nos sens nous ne pouvons voir ces idées qu'en Dieu, qui contient formellement et éminemment les objets de ces idées et qui les transmet à notre esprit comme des reflets de sa propre substance; ce n'est donc point de notre âme que nous tirons les idées ou notions de l'être, de substance, de cause efficiente, mais c'est Dieu seul qui les transmet à notre esprit comme des reflets de son être absolu, infini, et de là il suit encore que notre âme n'existe pas *substantiellement*, mais comme modification de l'infini, du grand tout, en qui elle *pense* et aperçoit ce qu'elle n'est point.

Descartes, Malebranche et Spinosa se donnent la main.

Voilà des exemples célèbres et bien instructifs de l'abus trop commun parmi les philosophes de prétendre soumettre aux lois de la *connaissance* ce qui est du domaine exclusif de nos croyances nécessaires. Ils s'imaginent que nous pouvons atteindre les réalités absolues, les choses telles qu'elles sont indépendamment de la pensée, uniquement parce que nous croyons qu'elles sont lorsque nous n'y pensons pas.

Ici est bien remarquable que Leibnitz en refusant de ranger la causalité parmi les notions innées que l'âme trouve en elle-même en pensant *à ce qu'elle est*, ait appliqué précisément à cette notion le raisonnement de Descartes sur les idées d'infini et qu'il admet comme innées quoique sans modèle en nous : « Nous avons, dit-il, la notion de cause et d'effet; or cette notion ne pourrait jamais naître dans notre âme, s'il n'y avait pas des substances hors de nous qui fussent entre elles dans le rapport de la cause à l'effet; donc ces substances existent réellement. »

Si l'on retrouve l'argument de Descartes, j'ai l'idée de Dieu (d'une cause suprême), donc Dieu existe réellement.

Là, Leibnitz part aussi de l'absolu des causes ou forces étrangères à l'âme, pour justifier la notion que nous en avons; et il tombe dans le paralogisme éternel de la métaphysique.

On part des notions pour prouver des substances hors de nous, en appliquant le principe de la causalité; et on croit pouvoir justifier ensuite les notions et le principe lui-même, en partant de réalités absolues, comme si celles-ci pouvaient être en elles-mêmes indépendamment d'un principe qui est en nous ou dans notre *moi*, avant toute application. En partant du *moi* ou de la conscience comme d'une première relation, on voit clairement comment la notion de l'absolu de l'être, de la substance, de la force, en dérive par l'analyse et l'abstraction réfléchie. — Au contraire, en prenant son point de départ dans l'*absolu* supposé inné, on ne peut en dériver le relatif; il faut le faire venir d'ailleurs et se contredire comme Descartes au sujet de l'idée de Dieu, de l'infini, et Leibnitz au sujet de l'idée de cause, en ce que certaines notions sont suggérées, inspirées à notre âme, du dehors ou d'en haut, et pourtant qu'elles lui sont innées, etc.

Le *moi* doit être le point de départ, l'appui, ou du moins l'intermédiaire essentiel de toutes les notions auxquelles s'attache la croyance d'une réalité absolue.

Avant le *moi*, je ne dirai pas que l'âme ne soit rien qu'une faculté, puisque nous sommes nécessités à croire le contraire, mais je dirai hardiment que tout ce qui *est* ou qu'on peut croire à priori ou concevoir à posteriori, dans cette substance, est nul pour la connaissance, ou n'existe pas pour nous, puisque nous n'existons pas nous-mêmes.

Le *moi* ne peut se connaître ni connaître les autres choses qu'en tant qu'il existe et comme il existe; et comme il ne s'aperçoit lui-même que sous un mode actif, dont il est cause, il ne percevra les autres existences que sous des modes passifs, dont il n'est pas *cause*, ou qui commencent et continuent sans son effort. — Les existences étrangères ne sont donc d'abord que des causes. Telle est la première croyance ou le passage du principe au fait. Ces causes étrangères conçues existantes relativement à leurs effets, étant nommées à part, ou abstraites de tels effets particuliers, deviennent les êtres, les substances qui durent et restent identiques, quand les phénomènes qui s'y rapportent passent et varient; le *moi* croit d'abord la réalité absolue de cet être ou force *propre* et absolue, qu'il appelle son âme, et à laquelle il attribue une durée autre que la sienne.

Comme la cause étrangère est induite du sentiment de la causalité du *moi*, la notion de la force absolue ou de la substance de l'âme est induite des notions d'êtres et de substances extérieures. Mais s'il ne se connaissait pas d'abord comme cause déterminée, individuelle, il n'aurait jamais la perception d'aucune cause étrangère déterminée par relation aux sensations qu'il éprouve sans les produire. En effet, l'induction première qui rattache cette sensation passive à une cause autre que le *moi*, est bien plus rapprochée de la notion de substance étrangère dont elle ne diffère même peut-être que par un signe abstrait, que le sentiment du moi cause n'est rapproché de la notion de substance ou force absolue de l'âme, et il me paraît que l'analyse doit admettre la notion d'extériorité comme intermédiaire essentiel entre ce sentiment et cette notion. Mais en partant même des *notions* d'être, de substance durable, ou même de cause, comme innées, si l'on voulait chercher à délier au lieu de trancher le nœud de la question qui consisterait à savoir, sinon d'où viennent de telles notions, ou quelle est leur origine de leur dérivation, du moins comment, d'après quelles lois ou conditions elles peuvent *commencer à se manifester* à l'esprit sous les formes et avec tous les caractères qu'elles y ont maintenant ; on se trouverait conduit, en procédant régulièrement, à prendre la conscience de *moi*, ou si on l'aime mieux, la première connaissance ou aperception interne que l'âme a d'elle-même, comme un intermédiaire essentiel entre les principes innés, tels qu'ils sont, sous le titre impropre de notions dans l'absolu de l'âme, avant la conscience, et les notions ou croyances, c'est-à-dire l'application que l'âme fait de ces principes innés, en posant hors d'elle l'existence nécessaire ou la réalité absolue d'un monde de substances, de forces, de causes invisibles.

Faute d'avoir suivi cet intermédiaire, les métaphysiciens ont laissé le premier problème de la philosophie irrésolu, ou n'ont donné que de prétendues solutions qui n'ont été que des *pétitions de principes*, relatives à telles hypothèses qu'ils faisaient en commençant, sans que ces hypothèses trouvassent même nulle part leur moyen de vérification.

Ainsi quand Leibnitz dit : nous voyons l'être partout, parce que notre âme est un être, il ne dit pas comment l'âme vient à savoir ou à croire qu'elle est un être ; il pose et applique en même temps un principe absolu de croyance, comme s'il ne pouvait et ne devait pas y avoir un intermédiaire entre le principe inné et son application hors de nous. Lorsqu'en raisonnant d'après la méthode de Descartes, ce philosophe dit : « Je trouve en moi la *notion* de *cause* et d'effet ; donc il y a des substances qui sont entre elles comme la cause est à l'effet, » il conclut d'après le principe hypothétique de l'harmonie *préétablie* : tout ce qui est dans mon âme à titre de notions ou d'idées soit innées, soit acquises, correspond au monde des réalités extérieures dont mon âme est le *miroir*. Ce qui est vrai relativement à l'hypothèse d'une harmonie préétablie entre les notions qui sont dans notre âme et les réalités qui sont au dehors. Mais qui nous garantira la vérité de l'hypothèse ? Il passe de même immédiatement de la causalité subjective à la causabilité objective ou du *principe* à son application hors de l'âme sans dire comment ce principe absolu devient une notion ou est connu par l'âme ou par le *moi* avant d'être appliquée aux autres existences ; il n'examine pas s'il est possible que cela soit ainsi.

Autre fragment sur le même sujet.

Pour justifier l'origine assignée aux notions, et faire mieux sentir combien il est indispensable de partir du fait primitif de conscience, analysé dans ses éléments, pour pouvoir assigner le passage des principes *innés* (ou de tout ce qu'on peut admettre dans l'âme à titre de *formes*, catégories, virtualités, etc.) aux notions et croyances qui en sont les éléments, je prends dans la philosophie de Leibnitz un exemple qui me paraît éminemment propre à démontrer qu'en poussant son point de départ au delà de ce fait primitif et par suite hors du *moi*, la science des principes ne peut avoir elle-même de principe ou de base, et ne s'appuie que sur une hypothèse ou un paralogisme. Lorsque Leibnitz dit dans le passage déjà cité : je voudrais bien savoir comment nous aurions quelques notions d'êtres, si nous n'étions pas *nous-mêmes* des êtres, il entend par le *nous-mêmes*, notre âme, substance ou force *absolue*; ainsi nous aurions la notion de l'être, qui entre dans toutes nos idées ou notions, parce que notre âme est un être, et qu'elle mêle, pour ainsi dire, son essence propre à tout ce qu'elle peut concevoir ou croire. Ce point de vue subjectif et idéaliste se trouve changé en un réalisme absolu et objectif lorsqu'on le rejoint au système de l'harmonie préétablie, où l'âme, miroir concentrique de l'univers des substances, aperçoit en elle-même les êtres comme ils sont[1] réellement, et s'aperçoit ou se retrouve en eux comme elle est en elle-même, dans son essence absolue, indépendante; car il y a réciprocité de représentation ou d'aperception sans aucune réciprocité d'*action*, puisqu'aucune substance ne peut agir sur une autre.

Ainsi la réalité absolue du monde invisible des substances, des forces, est garantie par les notions que l'âme en a *à priori* en vertu de sa constitution interne ou de son essence et indépendamment des phénomènes accidentels; comme ces notions, à leur tour, sont justifiées par la réalité des êtres ou substances qu'elles expriment ou représentent, puisque de telles notions ne sauraient être dans notre esprit sans une raison suffisante ou une *cause* qui les fît être. C'est ainsi que la chose en *soi*, le noumène et la chose *connue* (phénomène), le *ratio essendi* et le *ratio cognoscendi*, l'objet de la croyance et celui de la connaissance, convergent pour ainsi dire dans le même foyer de l'âme, se justifient l'un par l'autre et se servent mutuellement d'expression et de preuve. Le problème de la connaissance trouve une solution dans le même principe; mais ce principe est une hypothèse qui aurait elle-même besoin de preuves.

On voit que ce système ne fait guère que tourner dans un cercle, en partant tour à tour tantôt de l'âme comme donnée pour expliquer les notions d'êtres ou de substances hors de nous, tantôt de ces êtres réels, comme données *à priori* pour justifier les notions ou croyances que nous en avons par le

1. Externa non videt nisi per cognitionem eorum quæ sunt in semetipsâ.

principe de causalité ou de raison suffisante. Ainsi l'on pourra dire indifféremment : il y a de l'être dans toutes nos idées ou représentations objectives, parce que notre âme est un *être* ; et notre âme a les notions invariables, nécessaires d'être, de substance, parce qu'il y a hors d'elle un monde réel d'êtres, de substances. Ces deux raisons qui se suffisent l'une à l'autre dans l'hypothèse d'une harmonie préétablie entre ce qui est en soi, et ce qui est connu ou cru ne sont rien moins que suffisantes, si l'on nie l'hypothèse.

1° Et d'abord comment peut-on conclure immédiatement de l'essence de l'âme ou de ce qu'elle est en elle-même à ce qu'elle connaît? Suffit-il qu'elle soit un être, substance ou force pour juger, concevoir ou croire hors d'elle des êtres, des substances? S'il en était ainsi, et si tous les objets des notions ou des croyances premières universelles nécessaires étaient donnés à l'âme conformément à son *essence* ou à ce qu'elle est en elle-même, ne faudrait-il pas dire qu'elle a aussi l'*étendue*, l'*espace* infini, la *durée*, la *force* absolue, la cause, etc., puisque toutes ces notions qui se résument dans le seul mot *être*, sont également nécessaires, universelles, et que l'âme ne peut les penser sans les avoir entièrement présentes? Leibnitz n'oserait assurément pas avouer cette conséquence qui eût détruit son système ; il devait donc reconnaître que l'âme a des notions premières qui non seulement ne sont pas conformes à l'essence de l'âme, mais même qui lui sont opposées et que comme l'âme a la notion de l'espace ou de l'étendue, de l'infini, sans être étendue, infinie, elle pourrait bien avoir celle de l'*être*, de la substance, sans être une substance séparée, ou au contraire être une substance, un ère, sans avoir les notions.

La raison tirée de l'essence de l'âme pour expliquer les notions universelles n'est donc pas suffisante.

2° On demandait auparavant comment nous pourrions avoir des notions d'*êtres* de substances, si nous n'étions pas *nous-mêmes*, ou si notre âme n'était pas un *être*, une substance. Maintenant le point de vue change, et l'on demande comment notre âme pourrait avoir telles notions ou connaître telles relations, s'il n'y avait pas hors d'elle des êtres réels, ou si les termes de cette relation n'existaient pas réellement et absolument. Ainsi, comme dans le premier cas, on passait sans intermédiaire de l'*essence* de l'âme aux notions universelles, maintenant on peut passer d'une manière aussi immédiate d'une relation donnée *à priori* à la réalité absolue des substances.

Ici Leibnitz voit de la hauteur de son génie toutes les notions de l'*absolu* des êtres, des substances, etc., comme ressortant du grand principe de causalité qui peut seul en effet leur donner une base. Mais la causalité, telle qu'il la conçoit, est censée donnée à l'âme *à priori* au titre universel sous lequel notre esprit l'emploie et l'applique sans cesse aux objets et aux phénomènes de la nature extérieure.

Or, avant que la relation de causalité ne prenne ce caractère universel et objectif, n'a-t-elle pas dû ou pu avoir le caractère individuel et particulier, et ce caractère n'est-il pas précisément celui d'un fait de conscience ou du moi, donné à lui-même par son aperception immédiate interne, sous cette relation de cause et d'effet ?

Si Leibnitz se fût adressé cette question, et en eût cherché la réponse dans le sens intime ou l'expérience intérieure, il aurait créé et poussé jusqu'à ses dernières limites la science des principes. Et combien d'illusions, de mécomptes, de vaines tentatives n'eût-il pas épargnés à ses successeurs ?

Lorsque ce métaphysicien disait : « Je voudrais bien savoir comment nous pourrions avoir des notions d'*êtres*, si nous n'étions pas nous-mêmes des *êtres* », il énonçait le principe de nos croyances nécessaires et voulait en justifier l'application objective. Pourquoi, passant de ce principe de la croyance à celui de la connaissance et suivant l'analogie, ne s'est-il pas demandé lui-même comment nous pourrions avoir quelque notion de causalité, si nous n'étions pas nous-mêmes des causes, ou si le *moi* distingué de l'âme n'était pas une cause ?

Au lieu de cette question à laquelle il semblait devoir être conduit par l'analogie et la nature des choses, il en élève une autre tout à fait opposée et demande comment la relation universelle et nécessaire de causalité pourrait être donnée à notre esprit s'il n'y avait pas hor de nous des substances ou des êtres qui fussent entre eux dans ce rapport, d'où il prétend conclure la réalité absolue de ces substances[1].

Il serait curieux d'examiner les motifs d'une transition

1. On voit ici que Leibnitz, quoique se plaçant dans un point de vue opposé au nôtre et partant de principes différents, considère comme nous la relation de causalité comme *primitive* et en déduit la notion *absolue* de substance qui est la seule vraie, la seule conforme aux lois de l'esprit humain, qui ne peut jamais atteindre l'absolu directement et *ex abrupto*, mais est contraint, par la nature de sa connaissance relative, à croire que l'absolu existe sans concevoir *ce qu'il est;* c'est ainsi que la relation positive de causalité étant comme décomposée en ses deux termes, nous donne l'existence absolue de ses deux substances, l'une active, qui est la force, l'autre passive, qui est la matière étendue, résistante, impénétrable. L'une de ces notions ne peut être ramenée à l'autre, comme l'ont tenté si vainement les *unitaires*, soit spiritualistes, soit matérialistes. Leibnitz ne voyant que des *forces* ou des substances douées de *force* dans la nature, et prenant l'étendu comme un *phénomène*, devait anéantir *l'univers des corps;* ce point de vue est calqué sur l'hypothèse d'un être actif et intelligent qui serait réduit à des sens et n'admettrait pas primitivement la forme d'étendue; un tel être n'aurait d'autre notion que celle de sa *force propre* et celle des forces immatérielles qu'il concevrait à l'instar de la sienne propre; il pourrait n'y avoir pour lui qu'une seule *substance active* productive de toutes les modifications dont il ne serait pas cause; il se concevrait comme dépendant de cette substance quant à ses manières d'être passives, mais indépendant quant à *son être*.

L'âme est un être, une substance, une force; avant de le savoir ou d'avoir *conscience* d'elle-même, elle n'acquiert cette *conscience* qu'autant qu'elle est modifiée ou qu'elle reçoit du dehors quelque impression. Mais aussitôt qu'elle vient à être modifiée, ou dès la première impression qu'elle reçoit, il est naturel qu'elle ajoute à cette impression des éléments de son propre fond, c'est-à-dire les notions ou idées de ce qu'elle est. Elle mêlera donc avec la sensation les notions d'être, de substance, de force, non qu'elle les reçoive du dehors, mais parce qu'elle les a en elle-même et qu'elle ne peut percevoir que comme elle est et suivant *ce qu'elle est*, ou conformément à sa nature, etc.

Tel est le raisonnement de ceux qui veulent prouver ou justifier l'*innéité* des notions. Mais ce raisonnement suppose : que l'âme est une substance distincte; qu'il lui est essentiel de connaître ou d'apercevoir ce qu'elle est; qu'elle ne peut sentir ou percevoir les autres choses que comme elle est. — Comment justifiera-t-on ces suppositions autrement que par le fait, etc. (M. de B).

aussi brusque ou d'une inversion de principe et de méthode, telle qu'après avoir déduit les notions de l'essence de l'âme, il cherche à déduire immédiatement la réalité absolue des choses d'une notion ou relation première comme inhérente à notre esprit.

Nous remarquerons seulement ici que cette inversion est motivée par le caractère général de la doctrine leibnitzienne qui tend toujours à l'absolu des êtres, tels qu'ils sont en eux-mêmes, et qui, en établissant les lois subjectives de la pensée, songe surtout aux lois réelles et objectives que doivent suivre les êtres et l'*âme elle-même*, en vertu de l'harmonie universelle préétablie; à titre d'âme raisonnable ou de monade pensante, notre âme peut connaître ces lois, en faire l'application et en prévoir les résultats; à titre de monade dérivative et subordonnée, elle est tout entière sous l'empire absolu du *fatum*, dont la chaîne embrasse et lie étroitement toutes les parties de la création.

L'âme n'est donc point une cause efficiente et il répugne au système de l'harmonie préétablie d'affirmer de l'âme la causalité, comme on en affirme nécessairement l'être ou la substance; et comment notre âme aurait-elle dans son essence la causalité ou l'activité productive de mouvements, de changements quelconques qui ont lieu en elle ou hors d'elle, lorsque, ne faisant que percevoir ou représenter ce qui arrive nécessairement en vertu des lois de l'harmonie universelle, elle ne produit rien et n'agit sur rien, comme rien n'agit sur elle?

D'ailleurs Leibnitz ayant pris une fois son point de départ dans l'absolu ou l'essence de l'*âme*, ne pouvait appliquer à la causalité ce qu'il avait dit de l'être[1]. En effet, toute conception

1. Il y avait cependant une doctrine de la philosophie leibnitzienne qui semblait presque conduire à admettre la notion de causalité comme faisant partie de l'essence de l'âme humaine. car cette âme est toujours, suivant Leibnitz, essentiellement unie à un corps organisé qui ne fait que se développer à sa naissance pour se concentrer ou s'envelopper de nouveau à la mort. Ainsi l'âme agirait toujours sur un terme de déploiement, elle ne cesserait pas plus d'être cause pour elle-même dans sa perception absolue, qu'elle ne cesserait d'être une substance, etc. (M. de B.)

de cause, emportant nécessairement avec elle la relation de quelque effet produit, il aurait fallu convenir que dans l'ordre de génération des notions comme de la croyance, le relatif était avant l'absolu, et que toute notion telle que l'être, la substance, la force, dérive d'une première relation analysée dans ses deux termes : ce qui, en rétablissant l'ordre légitime de la génération des notions ou de nos connaissances, donnait l'exclusion au système des idées innées ou des principes synthétiques *à priori*, auxquels Leibnitz ne pouvait renoncer comme étant la base de sa doctrine.

Ainsi, puisque nous trouvons le principe de causalité établi dans notre esprit avec les caractères de nécessité, d'universalité, qui ne peuvent convenir qu'à une notion *à priori*, et que, d'un autre côté, l'âme n'étant point cause efficiente, la causalité n'est plus renfermée dans son essence et ne peut en être déduite comme les notions d'être, de substance, que l'âme attribue à tout ce qu'elle conçoit hors d'elle, il faut bien qu'elle prenne cette relation ailleurs; en d'autres termes, si l'âme trouve en elle la causalité, ce n'est pas en tant qu'elle aperçoit elle-même ce qu'elle est, mais en tant qu'elle représente les choses comme elles sont.

De là ce raisonnement sur lequel se fonde tout le réalisme de la doctrine leibnitzienne.

Si la notion de causalité ne peut exister dans notre esprit qu'autant qu'il y a des substances qui soient entre elles dans le rapport de la cause à l'effet, ces substances doivent exister hors de notre âme et le principe de causalité en est à la fois l'*expression* et la *preuve;* or il n'y aurait point de raison suffisante pour que ce principe fût dans notre esprit avec les caractères universels et nécessaires qui lui conviennent, s'il n'y avait pas hors de nous des substances qui fussent entre elles dans le rapport de la cause à l'effet ; donc ces substances existent réellement, et la notion de causalité en est à la fois l'*expression* et la *preuve*.

J'observe d'abord que la mineure est un véritable paralogisme, puisqu'elle s'appuie sur ce qu'il s'agit avant tout d'établir, savoir que la relation de causalité ne peut être dans notre esprit si elle n'y est produite par des substances étrangères qui aient entre elles cette relation.

Assurément pour que des objets extérieurs aient entre eux des rapports de la cause à l'effet, comme toute autre relation, propriété ou qualité, il faut bien d'abord que ces objets soient quelque chose en eux-mêmes, ou qu'ils aient une essence absolue, indépendante de cette relation déterminée; c'est là ce que nous croyons nécessairement. C'est le principe de Descartes retourné et pris dans le sens logique : je pense (ou je suis pensant), donc je suis. Les êtres sont causes et effets entre eux, donc ils sont existants. Mais il ne s'agit pas de principe logique ni même de principe de pure croyance, mais des premières notions dont la croyance fait partie et où elle entre comme élément quoiqu'elle ne les constitue pas. Or, en appliquant les objections déjà faites contre le point de vue où l'on passait immédiatement de l'existence absolue de l'âme aux notions, à ce dernier point de vue où l'on part du principe de la *causalité* universelle et objective pour déduire la réalité absolue des substances, je demande :

S'il suffit qu'il y ait des substances hors de nous qui sont entre elles dans le rapport de la cause à l'effet pour que nous ayons en nous la notion de causalité...

Oui, disent les leibnitziens, s'il est dans la nature et l'essence de notre âme de *représenter* ou d'exprimer toutes les substances de l'univers et leurs relations, comme elles sont réellement et en elles-mêmes, sinon par des notions distinctes, du moins par des perceptions obscures qui sont susceptibles de se développer peu à peu. Mais qui ne voit que c'est là une hypothèse appuyée sur une autre hypothèse, comme le monde des Indiens est appuyé sur la tortue, laquelle ne s'appuie sur rien.

Est-ce qu'il ne peut pas y avoir entre les êtres des relations universelles et nécessaires autres que celles dont nous avons des notions? Si par exemple l'attraction réciproque de toutes les parties de la matière était une propriété essentielle comme plusieurs philosophes l'ont admis, n'aurait-elle pas existé sans que l'on s'en doutât, depuis l'origine des siècles jusqu'à celui de Newton?

Comme entre ce que nous croyons primitivement et nécessairement et ce que nous parvenons à connaître par l'expérience, il y a un intervalle immense que tous les travaux accumulés des générations ne combleront jamais, de même il peut y avoir entre ce que nous croyons, d'après les lois de notre nature, et ce qui est dans l'immensité de l'espace et de la durée, un monde d'êtres et de relations dont il ne nous est pas même donné de soupçonner la réalité dans le mode actuel de notre existence. Dire que notre âme contient ou représente par des perceptions obscures ce qui est et doit être éternellement voilé à notre esprit, ce qui ne donne même pas lieu à l'ombre d'un doute ou d'un soupçon, c'est mettre des signes vides à la place des notions. Là où notre connaissance déterminée est forcée de s'arrêter, la croyance traverse encore un vaste désert que l'imagination se charge trop souvent de peupler à son gré, mais là où s'arrête même notre faculté de croire et d'imaginer, il n'y a plus rien pour nous.

Je demanderai en second lieu comment nous pouvons, je ne dis pas *connaître*, mais croire ou soupçonner des substances étrangères à notre âme, comme étant entre elles dans le rapport de la cause à l'effet, avant que notre âme se connaisse ou n'ait l'aperception immédiate de sa propre existence alors identique à l'existence du moi, sous la relation déterminée d'une cause à quelque effet produit par elle en elle-même ou dans l'organisation.

Si l'on n'a pas craint de donner une valeur purement objective aux notions d'êtres, de substances en les déduisant de l'essence ou de l'être même de l'âme, pourquoi serait-on arrêté par cette crainte lorsqu'il s'agit de la relation de causalité subordonnée à la notion de l'*être* dans le système de nos croyances? Est-ce que le principe de croyance ou l'induction première qui force l'âme à *transporter* au dehors ce qu'elle conçoit primitivement en *elle* ou d'elle-même, n'a pas une autorité égale et suffisante dans un cas comme dans l'autre?

Si toute notion de *substance* ou d'être avait un caractère *subjectif* comme étant fondée primitivement et nécessairement dans l'âme, comment la relation de causalité qui a lieu entre des substances aurait-elle un caractère primitivement et essentiellement objectif? est-ce que la relation pourrait avoir un caractère et un fondement opposé à celui des termes relatés, et s'il était possible de séparer la relation des termes qui la composent, ne serait-ce pas elle qui devrait être considérée comme ayant une source et une valeur subjective plutôt que chacun des termes abstraits de la relation que la croyance ne peut réaliser que dans le point de vue objectif.

Enfin si la réalité absolue des substances a besoin d'être justifiée ou prouvée et qu'elle ne le soit pas suffisamment par l'autorité seule de la croyance qui entre comme élément nécessaire dans toute notion, comment pourra-t-elle être *à priori* justifiée par la relation universelle et objective de causalité qui la suppose déjà établie et ne peut se fonder que sur elle?

Pour que la réalite d'un monde invisible et extérieur de substances pût être légitimement déduite du principe de causalité comme d'une prémisse ou d'un principe nécessaire, ne faudrait-il pas que la relation fût donnée d'abord *in concreto*, avec les termes avant que chacun de ceux-ci fût conçu ou cru exister réellement et absolument *in abstracto* hors de la relation? mais si la causalité donnée primitivement est celle qui existe ou qui est censée exister nécessairement entre les êtres du monde invisible, il faut bien que ce monde et les êtres dont il se compose soient donnés avant ou du moins en même temps qu'elle; donc il n'y a pas de passage ou de déduction légitime de la causalité à la réalité absolue des substances.

Mais pourquoi accumuler tant de difficultés contre la manière de déduire les existences d'un principe qui n'existe pas et ne peut exister dans le système dont nous parlons? Nous avons déjà vu en effet que dans l'hypothèse leibnitzienne, l'âme n'est pas cause, ne peut être cause efficiente d'aucun changement ou mode produit en elle ou dans toute autre substance avec qui elle serait supposée en rapport harmonique.

Je dis en *elle*, puisque la suite des états et modifications par lesquels elle passe est réglée et préordonnée dès l'origine d'une manière déterminée, correspondant à tout ce qui arrive successivement dans l'univers, dont l'âme représente toutes les variations ou les phases successives. Je dis dans toute autre substance, puisqu'elle n'agit point sur elle, et qu'en général il n'y a aucune action ni réaction possible d'une substance sur une autre, quoique chacune d'elles représente à sa manière, et conformément à sa nature, la suite des changements qui arrivent et doivent arriver à l'infini dans toutes les autres suivant les lois du *fatum*, lois qui, pour être prévues par les êtres intelligents, n'en sont pas moins invincibles et immuables pour eux. Mais là où il n'y a pas d'action réciproque d'une substance sur une autre, comment peut-il y avoir causalité?

Que peut-on entendre, quand on dit que deux substances sont entre elles dans le rapport de la cause à l'effet, lorsqu'on a commencé par ôter l'action réciproque aux substances en réduisant chaque monade à cet état de perception où elle représente toutes les autres sans action ni passion réciproque?

Veut-on dire qu'une substance n'est que l'effet d'une autre qui la produit, la fait commencer ou la fait passer du possible à l'actuel, en un mot *la crée?* Mais sous ce point de vue le rapport de la cause à l'effet se trouverait ramené par l'identité, à celui d'une substance ou force *créatrice* avec un monde de substances *créées*; la relation de causalité aurait un caractère mystérieux, surnaturel, et hors de toutes les lois de connaissance, bien loin d'en être la première donnée; elle serait le dernier effort de la raison, entraînée par le besoin et la nécessité de croire ce qui la surpasse, bien loin d'être pour elle un premier point de départ de la science [1].

1. Dans ce point de vue il ne pourrait y avoir qu'une seule cause efficiente pour la multitude infinie des effets, et si l'on ramenait le rapport de la cause

La relation de la cause à l'effet n'est point réellement pour nous celle que peut avoir la substance conçue en elle-même ou dans l'absolu de son être, avec une autre substance considérée sous le même rapport, et en tant qu'elle commence à *être ;* cette création *ex nihilo* est universellement repoussée par notre esprit comme hétérogène à sa nature, sinon à titre de croyance, du moins à celui de notion.

La causalité, telle que nous la concevons nécessairement et comme application universelle constante d'une loi primitive de l'esprit humain, n'est autre que la relation d'un phénomène qui commence avec une force agissante qui le fait commencer [1].

à l'effet à celui de la substance au mode, ainsi qu'on y est conduit assez directement en raisonnant d'après les lois ontologiques en partant de l'absolu, il n'y aurait qu'une seule substance dont tous les êtres de l'univers visible ou invisible seraient les modifications.

Tel est le système de Spinoza, et, sans sortir du même point de vue et ayant égard à ce que nous percevons nécessairement les effets dans la cause comme les modes dans la substance, on serait conduit à dire que nous voyons tout en Dieu, qui serait la substance unique par cela seul qu'il est la cause efficiente unique. (M. de B.)

1. Je rapporterai encore sur ce sujet important un passage tiré de la thèse de Kant : « Étant données plusieurs substances, leur communication possible réciproque ne dépend point de leur existence seulement, mais de quelqu'autre principe qui détermine leurs relations mutuelles et nous les rend intelligibles. En effet, si l'on ne considérait dans telle substance que son existence seule, cette notion ne pourrait se référer tout au plus qu'à celle d'une *cause* nécessaire, universelle ; mais le rapport de la cause n'est pas une *communication*, c'est une simple dépendance. Donc, s'il y a une communication réelle quelconque entre les substances, elle devra se fonder sur une raison particulière qui la détermine ; et c'est en cela que consiste l'*influence physique*, dans le sens vulgairement adopté, où le commerce des substances se fonde uniquement sur des forces qui leur sont inhérentes ou font partie de leur essence. Ce n'est pas là un système, mais l'absence de tout système philosophique, qu'on regarde comme superflu dans cette matière. Le concept d'une influence physique nous donne le seul genre de commerce qui puisse être appelé *réel*, d'où tout ce que nous appelons le monde emprunte sa *réalité* et n'est plus seulement un *tout idéal* ou *imaginaire*.

« Comme chaque substance, en tant qu'elle *existe*, se suffit à elle-même et se trouve hors de toute dépendance d'une autre, il est évident que le commerce des substances (c'est-à-dire la dépendance réciproque de leurs états) non seulement n'est pas une suite nécessaire de leur existence, mais de plus

On ne conçoit pas comment Leibnitz, n'admettant point de véritable communication entre les substances, mais seu-

ne peut leur convenir en aucune manière à titre de substances nécessaires*. »

La raison logique nous dit bien que si le monde est un tout contingent qui ne se compose que de substances contingentes, il doit avoir une cause nécessaire de son existence ; mais la difficulté est, je ne dis pas de prouver, mais même de concevoir l'hypothèse de cette contingence, quand il s'agit des substances dont la présence dans l'univers, comme dit Kant, n'est point locale et n'a aucun rapport au lieu, mais est *virtuelle* ou idéale.

En voyant les phénomènes commencer et changer, nous croyons nécessairement qu'il y a une cause hors d'eux qui les fait commencer, mais en pensant à la substance *qui reste* la même dans tous les changements et successions, non seulement nous ne sommes pas nécessités à la rapporter à une cause qui détermine ou a fait commencer cette existence, mais de plus, l'idée de ce commencement d'existence d'une chose durable par elle-même qui reste toujours identique dans le fond de son être, répugne aux lois de notre esprit et à la notion de substance.

La notion d'une force (improprement dite substance) cause ou causante, n'a pas pour corrélatif nécessaire celle de substance causée, mais bien celle d'un effet ou d'un nouvel accident produit dans une autre substance indépendante de la force quant à son *existence*, quoiqu'elle lui soit subordonnée quant aux modifications ou changements accidentels dont elle est passible.

La notion de force ainsi conçue étant toute prise dans le fait du sentiment intime, où pouvons-nous trouver celle d'une cause de l'existence des substances mêmes ? Aussi, comme dit très bien Kant, le rapport des substances *causées* à une substance *cause* est-il un rapport de dépendance que la raison établit en appliquant par un paralogisme la notion de cause relative aux modifications durables des substances, à l'existence même de ces *substances* et en suivant le procédé logique de la dépendance nécessaire des idées ou notions qui sont dans notre esprit, plutôt que celle des choses extérieures que nous ne connaissons pas.

En partant de ce principe que tout ce que nous croyons exister réellement et nécessairement *existe* en effet, comme nous le croyons, nous pouvons bien affirmer que la cause (x) de tout phénomène qui commence existe réellement et, considérant l'ensemble des phénomènes que nous présente l'aspect de l'univers comme un seul effet total qui a commencé, notre esprit s'élève nécessairement à la *cause* suprême qui détermine tel ordre harmonique de toutes les parties. Mais lorsque nous venons à considérer le monde matériel des substances passives, inertes, dépouillées de ces principes de force, de vie ou d'activité qui ne sont point essentiels à leur existence, loin d'appliquer à cette existence absolue la notion de causalité telle que nous l'avons dans notre esprit, nous éprouvons au contraire une répugnance à croire et une disposition négative à affirmer qu'elle ait un commencement, et la cause

* De mundi sensibilis, etc...

lement une sorte de commerce idéal et sympathique, a pu chercher néanmoins à établir la réalité objective du monde extérieur sur la relation de causalité qui par cela seul qu'elle se trouve dans notre esprit doit avoir sa raison suffisante dans des substances qui aient entre elles le rapport de la *cause à l'effet*.

Qu'est-ce en effet que la causalité dans un système où l'on n'admet point d'action réciproque ni aucune influence physique? Et quelle peut être la raison suffisante lorsque nous concevons ou appliquons le rapport de la cause à l'effet. Si dans le système des êtres tout ne fait que se correspondre idéalement et par harmonie sans s'influencer réellement et physiquement, il faut en conclure que la notion de causalité n'a pas de raison suffisante hors de notre esprit dans le monde des substances, car comment une simple correspondance d'événements qui s'accordent et arrivent en même temps à l'occasion les uns des autres, pourrait-elle produire dans notre esprit quelque notion pareille à celle de l'énergie ou du pouvoir actif d'une cause efficiente, telle que nous l'avons?

Il faudrait donc dire ou que cette notion purement idéale ou subjective ne venant point du dehors n'exprime ou ne représente rien de ce qui est au dehors; que c'est une pure *chimère*, une illusion, une habitude de l'imagination, selon le point de vue sceptique de Hume; ou qu'ayant la notion innée de *Dieu*, cause efficiente unique et seul lien des *existences*, nous apercevons et sentons en lui l'énergie, le pouvoir actif de la cause, selon le point de vue de Malebranche, dont Leibnitz n'est pas très éloigné.

Mais dans ce premier cas on ne peut déduire aucune réalité

créatrice de la matière est pour nous inintelligible, car notre esprit ne pouvant partir que du fait primitif de conscience, comme du principe de toute notion ou raisonnement ne conçoit la dépendance du monde matériel, par rapport à Dieu, que comme celle du corps par rapport à l'âme; or nous croyons que ces deux substances existent et durent ensemble, que l'une agit sur l'autre, est cause efficiente de ses modifications et non pas de son existence; ce qu'on admet au delà est étranger aux lois de la *raison* comme à celles de nos croyances primitives et nécessaires. (M. de B.)

objective d'un principe purement idéal et qui n'a aucun fondement dans la nature des choses, d'après l'hypothèse de l'harmonie préétablie; — dans le second cas la notion *innée* de la cause efficiente n'étant autre que celle de Dieu, ne prouve immédiatement aucune autre *existence* réelle que la sienne, il faudrait partir de ses attributs donnés comme principe, savoir de la toute-puissance, de la véracité qui se manifestent à nous par les œuvres de la création etc.; pour en conclure la réalité d'un monde de substances, de forces subordonnées suivant la méthode et les procédés dont Descartes a le premier donné l'exemple dans ses admirables méditations. On ne voit donc dans aucun cas comment une hypothèse telle que l'harmonie préétablie ou les causes occasionnelles étant admise et substituée à l'influence physique des substances et des forces dont se compose cet univers, il serait possible de déduire de la notion de causalité telle qu'elle est établie dans notre esprit, la réalité objective d'un monde *matériel*. Mais en rétablisssant le principe de l'*influence physique*, voyons comment on peut déduire cette réalité de substances, de la relation première et individuelle de causalité, en employant la forme d'un raisonnement à peu près pareil à celui de Leibnitz.

Si la première relation de *cause à effet*, sous laquelle le moi commence à exister à titre de personne individuelle, ne peut naître dans l'esprit qu'autant qu'une *force* réelle, perdurable, commence à agir sur une substance inerte, *étendue*, donnée existante comme terme immédiat du déploiement de la force et manifestée par ce déploiement; il faut conclure (comme nous y sommes forcés d'ailleurs par le principe de croyance), que cette force (appelée âme en tant qu'on la considère comme puissance virtuelle et hors du sentiment de son exercice, et *moi*, en tant qu'elle a l'aperception actuelle ou le sentiment immédiat de cet exercice) et cette substance existent réellement et substantiellement et la relation de la cause à effet est à la fois l'expression et la preuve de cette réalité. Or le moi ne commence à exister par lui-même que sous la relation de cause à effet, de l'effort voulu au mouvement, et il est impossible de concevoir l'effort voulu ou aperçu sans une forme *réelle*, absolue et perdurable qui le détermine, ni d'apercevoir ou de sentir le mouvement qui en résulte, sans la substance étendue et passive sur laquelle la force se déploie, donc l'âme et le corps propre existent réellement et distinctement et le rapport de cause à effet en est l'expression et la preuve.

Les notions d'âme et de corps étant ainsi formées par l'analyse ou la résolution du fait primitif dans ses deux termes distincts, les notions prennent immédiatement et par l'acte même d'abstraction le caractère *universel*, nécessaire et *absolu*, sous lequel nous concevons et le monde des forces invisibles et celui des substances; c'est alors que nous pouvons dire que la notion de causalité est à la fois l'expression et la preuve des existences autres que la nôtre.

Mais cette relation conserve toujours son caractère individuel qu'elle tient de son origine, tandis que ses termes seuls abstraits de la relation sont pris nécessairement à titre universel et conçus dans le point de vue objectif. C'est ainsi que l'entendement conçoit l'objectivité absolue de l'univers matériel et celle de la cause unique et nécessaire des existences. Dans l'action et la réaction mutuelle que nous attribuons nécessairement (et indépendamment de toute vue systématique) à toutes les substances de l'univers, c'est toujours l'effort, le *nisus*, en vertu duquel notre corps est mû, qui sert de type à la causalité universelle; c'est l'idée réflexive et abstraite de cet *effort* qui s'interpose entre les corps moteurs et mobiles; c'est elle qui sert de modèle et de type à tout lien ou *nexus* des deux mondes de forces et de substances dont les notions s'appuient sur le fait de conscience et dont la réalité est garantie par la connaissance nécessaire de l'individualité et du durable de notre *être* propre; ce n'est donc pas d'une causalité universelle et objective que nous concluons la *réalité* des substances; mais au contraire la causalité n'est conçue à ce titre universel qu'entre des substances auxquelles la réalité absolue est déjà attribuée par le principe de croyance : la seule relation primitive est la causalité individuelle du moi, d'où les notions sont dérivées par abstraction et par réflexion. — Tel est l'ordre de génération dans le système de nos connaissances ; tels sont les liens intimes qui unissent ce système à celui de la *croyance*, lequel marche parallèlement avec lui sans pouvoir en être dérivé.

Je crois ces principes et ces conséquences à l'abri des objections fondées, si l'on admet seulement la mineure du raisonnement qui précède, savoir que l'aperception du *moi* est identique à cette première relation de cause à effet, ou à une origine qui est l'effort voulu.

C'est cette proposition importante qui sert de fondement à la psychologie expérimentale et à la philosophie première.

Nous consacrerons la section suivante à son développement et à ses preuves.

SECTION TROISIÈME

APPLICATION DU PRINCIPE DE CAUSALITÉ AUX SCIENCES PHYSIQUES

Après avoir indiqué comment les principaux systèmes de métaphysique se trouvent en contradiction avec le fait de sens intime pour avoir voulu s'élever au-dessus de lui; après avoir vu comment toute notion de cause efficiente a sa source dans le sentiment primitif et immédiat d'un effort que la volonté détermine sans que nous puissions étendre plus loin l'origine de cette notion, ni la transformer dans les applications que nous en faisons sans cesse aux divers objets hors de nous, sans la dénaturer; nous sommes mieux à portée maintenant de reconnaître, d'apprécier l'emploi que font les physiciens ou les naturalistes du principe de causalité, dans ce progrès de leur science qui consiste selon eux à chercher les causes des phénomènes après en avoir d'abord observé toutes les circonstances, les avoir classés suivant leurs analogies, et avoir posé les lois expérimentales de leur succession dans le temps, ou de leur simultanéité dans l'espace.

Il est remarquable d'abord que dans cette prétendue recherche des causes, on s'arrête toujours à ce qu'on appelle une *impulsion* première qui détermine un premier mouvement lequel en amène à sa suite un certain nombre d'autres; et lorsqu'on a bien établi par l'observation aidée du calcul, qu'un phénomène éloigné et compliqué dont on s'occupe, se rattache à une telle impulsion première par une telle série de mouvements déterminés quant à la quantité et à l'ordre de succession, on croit avoir complété l'explication, et n'avoir plus rien à demander.

C'est avec beaucoup de sagesse en effet qu'on s'interdit toute recherche sur le comment de l'application de la *force* impulsive du premier mobile, ou de sa communication et transmission de corps à corps, puisque pour avoir la science de ce comment, il faudrait d'abord avoir celle du comment du premier effort ou de l'existence du *moi* qui, étant le sujet de toute connaissance, ne peut en devenir l'objet ni le représenter, c'est-à-dire être en même temps *lui* et autre que lui.

Sans doute les naturalistes qui limitent toutes leurs recherches *aux causes physiques* ne se rendent pas compte de l'impossibilité absolue où ils se trouvent de s'élever plus haut, tant qu'ils restent dans le monde objectif des phénomènes, mais une sorte d'instinct heureux guidé par cette excellente méthode de l'*induction* ou analogie dont Bacon s'est fait le promoteur, et qui se justifie si bien elle-même *a posteriori* par des succès éclatants, leur tient lieu d'une raison plus approfondie qui, pour être cachée dans la nature même la plus intime de l'*être pensant*, n'en est que plus importante et plus curieuse à dévoiler.

Toute cause première et efficiente d'un mouvement phénoménique ou apparent, ne peut être conçue que sous la notion d'une force impulsive ; car cette force est précisément celle que nous déployons dans tout exercice de la volonté appliquée à mouvoir notre corps et par lui les corps étrangers, et le type exclusif de toute force ou cause efficiente de mouvement dans la nature ne peut se trouver ailleurs que dans le sentiment primitif de notre effort identifié avec celui de notre *moi*.

Si l'on demande comment nous pouvons transporter ainsi la force constitutive de notre *moi* aux objets extérieurs ou aux substances étrangères, et comment, prenant d'abord exclusivement en nous-mêmes l'idée de cause efficiente, nous pouvons l'attribuer à des êtres qui ne sont pas nous, nous pourrons nous contenter de répondre que cela se fait ainsi par un principe d'induction qui se lie immédiatement au fait primitif de notre existence individuelle, si même elle n'y est pas renfermée ; que c'est une loi de notre nature que, trouvant en nous la causalité dans l'effort ou l'action volontaire, nous la mettons hors de nous dans les passions ou modifications involontaires ; que nous y transportons en même temps l'être, la substance, l'unité, la durée, toutes les notions inséparables du sentiment de notre existence individuelle.

Nous savons qu'il n'y a des causes, des forces, des unités dans la nature qu'autant que notre *moi* se connaît ou existe pour lui-même comme une cause, une force, une unité subjective, nous le savons, dis-je (*certissima scientia et clamante conscientia*) par l'autorité seule de cette faculté première d'induction, qui nous commande la croyance des causes, des substances extérieures, d'une manière aussi impérieuse, aussi irrésistible, que le fait primitif de sens intime nous atteste notre propre existence ou, ce qui revient au même, notre causalité. Et ne suffit-il pas pour la sanction de cette double autorité, qu'il soit absolument impossible de nous en affranchir et de penser ou croire le contraire de ce qu'elle nous dicte?

Supposez qu'un être pût penser et avoir la conscience du *moi*, sans avoir jamais exercé aucun effort ou action sur lui ni hors de lui, et qu'il eût des intuitions ou représentations immédiates des phénomènes extérieurs qu'il distinguât de sa propre existence, — qu'il vît les objets étendus, colorés se mouvoir dans l'espace ou changer de position relativement à un point fixe, *ou* entre eux, se rapprocher jusqu'au contact et dans ce contact, modifier leurs vitesses, leurs directions, en un mot tout ce que l'expérience ou l'observation extérieure nous manifeste dans le choc des corps. Je dis qu'un tel être ne pourrait concevoir ou imaginer autre chose qu'un certain ordre de succession dans les phénomènes : l'expérience répétée ou l'habitude lui apprendrait, comme on apprend aux physiciens, à prévoir ce qui doit arriver quand deux corps ayant des masses et des vitesses données, égales ou inégales, dans un rapport déterminé, viendraient à se rencontrer. Mais il n'aurait aucune idée de ce que nous appelons la force d'*impulsion*, le *choc*, la *percussion*, il ne regarderait point comme un principe nécessaire que le premier mobile communiquât un mouvement à celui qu'il rencontre, il n'aurait à cet égard qu'une croyance d'*analogie* soumise à un calcul de probabilité ;

il y a plus, c'est qu'il n'aurait aucune idée de ce que nous appelons communication ou transmission de mouvement d'un corps à l'autre par cette raison qu'il n'aurait jamais senti en lui-même sa transmission de l'effort ou du mouvement aux membres, et de ceux-ci aux corps que la volonté remue, pousse ou lance dans l'espace. Car c'est de là uniquement que nous vient l'idée de cette activité de tendance ou de *nisus* que nous attribuons aux corps qui sont mus ou qui tendent à se mouvoir les uns contre les autres.

D'où il suit 1° contre ceux qui nient le vrai principe de causalité en réduisant tout à une simple liaison des phénomènes qui se sont succédés habituellement dans un certain ordre, qu'il est impossible que nous apercevions ou jugions, comme pourraient le faire des êtres qui n'auraient jamais agi, *fait* un effort, commencé librement une suite de mouvements, enfin qui n'auraient jamais exercé le sens musculaire en poussant, en soulevant, etc., un obstacle, ou plus simplement en mouvant leurs corps ou leurs membres à volonté; — qu'il est vrai que la notion d'une force productive, d'une cause efficiente n'est point une idée de *sensation* ni de réflexion dans le sens où Locke prend ces deux mots. — Elle n'en est pas moins universelle, nécessaire, une notion très positive qu'il ne dépend pas de nous d'avoir ou de n'avoir pas, et qui a un caractère particulier très distinct de ceux des idées générales ou particulières qui se rapportent à l'une ou à l'autre des deux sources indiquées.

Mais 2° que contre l'opinion de ces métaphysiciens qui concluent que la notion de cause efficiente est un principe inné ou à priori par cela seul qu'on ne peut lui assigner aucune origine dans les sensations venues du dehors, cette notion a une origine et tient à une condition très déterminée, et telle que si elle venait à manquer, en supposant tout égal d'ailleurs, il y aurait des sensations et des intuitions phénoméniques liées entre elles dans un certain ordre expérimental, sans nul emploi, sans aucune application du principe de causalité ou de l'idée de la force productive. Donc cette notion n'est pas innée puisque, si elle l'était, elle ne dépendrait d'aucune condition particulière, et qu'on ne pourrait concevoir ou assigner un seul cas où elle n'aurait pas lieu.

Revenant à l'être sentant et pensant, mais complètement passif, dont nous avons fait la supposition (impossible à la vérité), nous disons donc qu'il ne pourrait y avoir pour lui que des *causes physiques* ou de simples liaisons de phénomènes successifs sans aucune notion de cause *efficiente*, et cet axiome si évident, si nécessaire pour nous, que nul phénomène ne peut commencer sans une cause, n'aurait aucune valeur réelle, aucun sens intelligible pour lui. Je vois bien, pourrait-il dire, des phénomènes, des mouvements coordonnés entre eux dans un certain ordre successif ou simultané dont mon imagination est accoutumée à prévoir la liaison accidentelle, mais je ne vois point où est la nécessité d'une telle liaison déterminée, le pourquoi ; je ne sais ce qu'on veut me dire quand on parle d'une force, d'une cause efficiente qui détermine le commencement des phénomènes ou des mouvements, sans être elle-même un phénomène, un objet ; je ne vois pas pourquoi il est nécessaire d'admettre qu'il y ait quelque chose hors de la série des phénomènes, ni même de croire que telle série ait un premier terme. Observez que tous les raisonnements dont le profond sceptique Hume s'est servi pour saper les fondements réels et naturels de ce principe, s'appliquent parfaitement à cette hypothèse ; et précisément parce que ces raisonnements sceptiques s'adaptent parfaitement à une telle supposition qui ne peut jamais se vérifier par aucun exemple, et que nous sommes autorisés à regarder comme chimérique, ils ne prouvent rien du tout contre la réalité du principe dont nous, êtres agissants et pensants, capables de créer l'effort, de commencer une série de mouvements à volonté, trouvons l'origine et le type évident en nous-mêmes, dans le sentiment ou l'aperception immédiate de notre existence. Il est vrai que pour trouver ce type vrai de toute cause efficiente, il ne s'agit point, comme le dit Hume, de *promener ses regards* hors de soi, d'interpeller chaque sens externe et de procéder par une suite de syllogismes ou de raisonnements en forme, déduits de toutes les sensations, mais il s'agit de retourner sa vue au dedans, de consulter le sens intime de l'activité ou de l'effort, ou comme le dit un métaphysicien étranger dont j'aime à me trouver très rapproché[1], d'exercer le sens musculaire et de consulter ses muscles, etc.

J'ai dit encore que l'être supposé raisonnerait sur les phénomènes ou sur la suite des expériences comme le font nos physiciens. Je dis maintenant que nos physiciens raisonnent précisément comme ils pourraient le faire dans l'hypothèse dont il s'agit, c'est-à-dire comme si n'ayant point en eux, par suite ne pouvant trouver hors d'eux, le type d'aucune force ou cause efficiente, ils étaient forcés de s'arrêter aux causes physiques ou à l'intuition de purs phénomènes, à prendre cette intuition externe pour point de départ marqué ou à observer les faits extérieurs, à les classer suivant leurs degrés d'analogie, à assigner les lois de la succession expérimentale et à en préciser l'expression par les calculs numériques.

Et vraiment si cette sorte d'abstraction ou de mise à part de toute cause efficiente était une nécessité pour les physiciens, comme elle le serait infailliblement dans l'hypothèse singulière que nous avons faite, ce serait peut-être une heureuse nécessité, puisque la marche de toutes les sciences naturelles serait précisément la même qu'elle a été depuis Bacon jusqu'à nos jours, par l'emploi constant d'une méthode d'observation et d'induction, parfaitement appropriée à ces sciences, avec cet avantage inestimable qu'il n'y aurait plus de confusion possible entre les causes efficientes et les causes physiques et qu'il deviendrait impossible de s'égarer, en appliquant aux unes les lois qui sont exclusivement relatives aux autres, ou en se livrant à des recherches vaines et téméraires sur les forces productives des phénomènes ou sur leur manière d'opérer.

1. M. Engel (*Mémoires de Berlin*). (M. de B.)

Accordons en effet à nos naturalistes que la recherche des *causes* en physique ne peut ou ne doit être que celle de l'ordre de succession des phénomènes, il ne pourra jamais être question pour eux dans l'application de cette recherche que de reconnaître par l'observation directe, ou par une suite d'expériences raisonnées, si tel fait de la nature se trouve en rapport constant avec tel autre, de telle manière que le premier ayant lieu on puisse affirmer avec ce degré supérieur de probabilité équivalent pour nous à la certitude, que le second arrive en même temps ou à la suite, à quoi le calcul ajoute une preuve supérieure lorsque le *combien* des phénomènes peut être évalué en nombre ou en parties commensurables de l'espace et du temps qui se rencontrent dans tous les mouvements phénoméniques.

C'est par l'évaluation de ce *combien*, toutes les fois qu'il est possible, que les causes expérimentales sont reconnues dans les effets qui doivent y être exactement proportionnels ; — c'est par là seulement qu'on peut aussi déterminer que plusieurs effets semblables, ayant entre eux certains rapports constants numériques, appartiennent à une même cause. C'est ainsi que, comparant le *combien* des élévations de fluides de densité diverse, dans le tube barométrique porté à différentes hauteurs, on s'est assuré que la pesanteur de l'air était la cause commune de l'élévation de l'eau dans les pompes et de celle du mercure dans le tube, etc.

Ainsi en comparant les quantités des mouvements curvilignes des planètes entre elles et avec celle du mouvement des corps tombant de différentes hauteurs vers le centre de la terre, Newton a découvert par la plus savante induction que ces deux sortes de phénomènes qu'on n'aurait pas imaginé avoir quelque analogie entre eux, étaient soumis à des lois parfaitement semblables et par suite appartenaient à une même *cause*, une même *force* d'attraction ou de génération répandue dans toute la nature.

Mais après avoir ainsi remonté par l'induction et la comparaison des phénomènes successifs ou simultanés jusqu'à la cause commune qui est censée les produire, quelle espèce de *notion* le naturaliste peut-il se faire de cette *cause?* qu'est-ce pour lui qu'une force productive? Après l'avoir évaluée par le *combien* des effets ou des phénomènes qu'elle est censée produire, y a-t-il encore pour lui *quelque* recherche à faire? ou est-il fondé à s'enquérir du *comment* de l'*action* ou de la production de l'effet par la cause?

Ici se trouve la ligne de démarcation entre les causes physiques et efficientes. Si on la franchit, on entre dans un champ stérile d'hypothèses ou de spéculations aussi téméraires dans le but que vaines dans les résultats. Ici nous sommes heureux de pouvoir nous appuyer sur l'autorité du grand Newton. Je ne feins point d'hypothèses, dit ce père des sciences naturelles, quand il se sent pressé de dire ce que peut être cette *force d'attraction* ou de gravitation universelle qui fait tendre les planètes vers le soleil, les satellites vers leurs planètes, les graves vers le centre de la terre et chaque molécule de la nature l'une vers l'autre, *hypotheses non fingo...* Les choses se passent, les phénomènes se manifestent à l'observation et au calcul, *comme si* les corps tendaient les uns vers les autres par une force propre, quoique cela se fasse peut-être par quelque force impulsive, universelle, dont il faut nous résoudre à ignorer toujours la nature et la manière d'*opérer*. Et vraiment nous concevons mieux maintenant et d'après tout ce qui précède :

1° Que si l'on remonte jusqu'à la véritable cause efficiente des phénomènes, il ne peut y avoir aucune *idée* objective d'une telle cause, puisqu'elle n'est jamais conçue qu'à l'instar ou à la ressemblance de cette force agissante *moi*, qui ayant le sentiment ou l'aperception immédiate interne d'elle-même, dans son effort, se conçoit et parvient par un principe d'induction qui est dans la nature pensante, à saisir ou concevoir d'autres forces actives comme elle, dont elle reste toujours le type ou le modèle constant et universel. — Ainsi le principe de causalité, étant tout subjectif par sa nature, il doit s'ensuivre qu'il n'entre que comme élément hétérogène dans toutes les combinaisons des objectifs, ou plutôt qu'il ne saurait entrer en aucune manière, ni dans la classification des phénomènes analogues, ni dans aucune forme des calculs numériques qui en expriment les lois.

2° Que les corps se meuvent ou soient mus les uns vers les les autres d'une manière quelconque et par des forces (x) quelconques, il ne s'agira toujours que de la direction et de la quantité de ces mouvements comparés entre eux eu égard à la masse et à la vitesse des mobiles. — Or ces éléments restent ce qu'ils sont pour l'observateur, quoique celui-ci ne songe en aucune manière à la nature de la force ou à la cause efficiente, impulsive ou attractive qui détermine le mouvement, et lors même que n'ayant jamais exercé d'effort comme dans l'hypothèse précédente, il ne pourrait se faire aucune espèce de notion d'une force active et n'aurait que l'idée ou l'intuition externe des objets mus dans l'espace.

3° Que si la notion d'une *force* (x) inconnue en elle-même, mais dont l'existence réelle est nécessairement et infailliblement affirmée ou crue, vient malgré nous s'associer toujours à la représentation des phénomènes, il est bien évident qu'une telle notion ayant un type unique, constant et *uniforme*, dans l'aperception interne de notre propre force motrice *individuelle*, ne saurait se diversifier, se résoudre et se multiplier en quelque sorte, pour former les notions de plusieurs forces ou causes efficientes, telles qu'on croit pouvoir les admettre en physique, sous les titres nominaux de forces impulsives et attractives, tangentielles ou centrales, indéterminées en elles-mêmes et connues seulement par certains efforts sensibles et appréciables en mesure de l'espace et du temps.

De là sort le fondement certain d'une opinion commune, adoptée généralement par les savants comme par les ignorants, c'est que toute force ou *cause* efficiente ne peut être qu'une *impulsion*, et que l'attraction elle-même, lorsqu'on passe des phénomènes qui nous manifestent *une tendance* ou une direction constante d'un corps vers un autre dont il est éloigné, à la cause réelle ou à la force qui produit cette tendance ou direction de mouvements, ne peut être qu'une force impulsive ; car la force propre et individuelle qui sert de type à toutes, ne se manifeste que sous un seul mode d'action ou sous une seule force qui est l'*impulsion*. C'est par impulsion que l'individu meut d'abord ses membres et son corps en masse ; c'est par impulsion qu'il agit sur les corps et les déplace, soit qu'il les pousse ou les chasse devant lui dans l'espace, soit qu'il les attire vers lui au moyen de quelques machines, comme les leviers ou cordes, etc.

Si l'on met donc une force dans le soleil pour attirer vers lui les planètes qui se meuvent suivant la tangente, et si l'on suppose qu'il y en ait une pareille dans chaque planète et jusque dans chaque molécule de matière, cette force sera toujours conçue sur le seul et même modèle d'une *impulsion* qui s'applique *immédiatement* de corps à corps, quand il s'agit des phénomènes de l'impulsion proprement dite ou des lois de la communication du mouvement par le choc direct et qui s'exerce immédiatement à *distance* par le moyen de quelque fluide ou de quelque machine naturelle interposée, quand il s'agit de ce que nous appelons l'attraction ou l'action de *tirer* vers *soi*, c'est-à-dire de faire effort pour pousser dans la direction centrale.

C'est ainsi que Képler conçut d'abord que les mouvements des planètes pouvaient être dirigés vers le soleil qui en était comme l'âme et leur communiquait l'action giratoire, etc.

C'est ainsi que Newton, ses disciples et tous ceux qui veulent se faire quelque notion d'une force attractive sont obligés malgré eux de la concevoir. Newton adopte bien sans restriction cette forme invariable de la notion de *cause*, quand il s'exprime ainsi dans sa lettre à Bentley, citée par M. Dugald-Stewart dans sa *Philosophie de l'esprit humain* : « On ne saurait concevoir, dit ce philosophe, qu'une portion de la matière brute et inanimée puisse, sans l'entremise de quelque chose d'*immatériel*, agir sur une autre portion de matière, ou l'affecter de quelque manière, sans être en contact immédiat avec elle... Prétendre que la gravité est innée, inhérente à la matière, qu'un corps puisse agir sur un autre corps à travers le vide, sans l'entremise de quelque autre chose par laquelle et à travers laquelle l'action et la force de l'un puisse passer jusqu'à l'autre, est à mes yeux une si grande *absurdité* que je ne puis me persuader qu'un homme d'un sens droit et capable de l'appliquer aux objets de la philosophie, puisse commettre une telle *méprise*. »

Ce passage remarquable est surtout bien important pour la thèse que nous soutenons et pour les conséquences que nous espérons en déduire dans le courant de ce mémoire.

D'abord, on y voit que Newton rapporte toute cause efficiente de mouvement à l'impulsion dont ce qu'il nomme *attraction*, n'est à ses yeux qu'un cas ou un mode d'exercice ou d'action qu'il ne cherche point à déterminer et qu'il a bien reconnu comme étant hors des limites de l'expérience ou de toutes les déductions du calcul, lorsqu'il dit *hypotheses non fingo*. On y voit en second lieu comment il rattache l'action exercée et transmise à distance, à l'entremise de quelque substance immatérielle où vient en effet se rattacher en dernière analyse toute notion et sujet de *force*.

On y voit surtout en troisième lieu combien ce philosophe avait peu songé à se rendre compte de la nature du principe de causalité, de son fondement dans notre esprit et des lois primitives de son application hors de nous, quand il croit pouvoir absolument se passer de cette entremise, pour se faire une notion claire et précise de l'impulsion ou de la communication du mouvement de *corps à corps dans le contact immédiat*. Comme si la difficulté de concevoir cette communication et d'appliquer la loi de cause efficiente aux changements produits dans l'état de repos ou de mouvement, ou en général dans les modifications d'un corps en présence d'un autre corps, était moindre lorsque ces deux corps sont en contact que lorsqu'ils sont à distance.

On voit bien ici la confusion qui s'établit presque toujours dans l'esprit des physiciens même les plus grands entre les lois des causes efficientes et celles des causes physiques.

1° En ayant égard aux premières ou en prenant la notion de cause efficiente dans sa source, c'est-à-dire dans la conscience d'effort, il est très vrai que nous ne pouvons concevoir d'impulsion exercée autrement que par contact immédiat, celle qui opère à distance exigeant toujours quelque milieu interposé par lequel se propage l'action de la force motrice. — C'est ainsi que nous sentons ou apercevons intérieurement dans l'effort, notre puissance motrice appliquée aux organes musculaires qu'elle met en jeu par une influence *immédiate* que le sens intime nous atteste et que tous les raisonnements possibles ne peuvent attaquer.

Ainsi nous percevons les mouvements que notre volonté produit dans les objets par l'intermédiaire des organes sur qui elle se déploie immédiatement ; et ainsi de suite de milieu en milieu, depuis l'objet contigu à notre corps que nous avons mis en mouvement, jusqu'au dernier mobile à qui l'autre mouvement est transmis. Nous devons donc supposer que la même transmission de mouvements s'opère en sens inverse, lorsque nous percevons les objets éloignés, ou lorsque nous voyons qu'un corps distant d'un autre se met en mouvement à la présence de celui-ci ; toujours et malgré nous, nous concevons une force *impulsive* émanée de l'objet que nous appelons *cause* du phénomène, du mouvement ou du changement quelconque produit dans un autre, par suite des intermédiaires ou moyens de transmission de cette force. Et c'est dans la détermination de ces moyens que consistent les hypothèses physiques explicatives, toutes basées sur les lois générales ou spéciales de l'impulsion.

Mais il est trop évident que ces hypothèses ne peuvent s'étendre jusqu'à l'impulsion primitive ou le mode de son application au premier mobile, qui demeure toujours et essentiellement inexplicable par sa nature et par la raison que nous avons énoncée précédemment.

Donc en vertu de cette nature même des choses, ou plutôt des lois primitives et invariables de notre esprit, l'impulsion ou l'action d'un corps sur un autre considérée comme cause efficiente n'est pas plus explicable dans le contact immédiat qu'au travers des plus grandes distances ; seulement dans le premier cas, nous appliquons hors de nous le principe de causalité ou d'impulsion, tel que nous le trouvons en nous-mêmes dans le sentiment de l'effort ou de l'influence immédiate de la volonté sur les corps étrangers ; — tandis qu'une cause efficiente exerçant son action au loin sans aucun *intermédiaire* est non seulement inexplicable, mais même absolument inintelligible comme étant contraire au principe même de causalité, tel qu'il est ou tel qu'il naît dans notre esprit.

2° Mais en n'ayant égard qu'aux causes physiques, en laissant de côté tout ce qui a rapport au *comment* de la production de l'effet par la cause pour ne s'occuper que des phénomènes et des lois expérimentales de leur succession ou de leur coexistence, on ne doit pas plus s'étonner qu'un corps puisse influer sur le mouvement ou l'état d'un autre corps placé à une distance quelconque, que s'il le touchait immédiatement, il n'y a pas plus lieu à demander l'explication du comment de la production ou de la communication du mouvement, dans un cas que dans l'autre. Et comme, dans notre hypothèse précédente, l'observateur des phénomènes extérieurs qui n'aurait jamais fait d'effort pour mouvoir ou se mouvoir, n'ayant point d'idée de cause efficiente, ne trouverait pas plus de mystère dans la succession ou la correspondance des mouvements de deux corps éloignés que si ces deux corps étaient en contact, il se trouverait naturellement dans le point de vue, où nos physiciens tâchent de se placer autant qu'il est en eux, c'est-à-dire dans celui d'une sorte d'harmonie *préétablie* entre les mouvements des corps qui n'agiraient point réellement les uns sur les autres, et par conséquent pourraient très bien se correspondre à des distances quelconque sans se toucher. En un mot, dans l'emploi exclusif des causes physiques auxquelles les sciences naturelles fondées sur l'observation et l'expérience extérieure, sont nécessairement réduites, l'attraction et l'impulsion sont des phénomènes ou des faits généraux jouissant de la même évidence, dont les lois sont également prouvées et aussi rigoureusement établies par l'expérience et le calcul ; et il n'y a plus rien à savoir ou à demander au delà. — Que si on veut recourir aux causes efficientes, il faut reconnaître que les forces impulsive et attractive, aussi mystérieuses l'une que l'autre dans le *comment* de leur action ou de leur application aux objets du monde extérieur, se laissent également ramener l'une et l'autre au type primitif et unique d'une même force, dont la notion prise dans sa source est aussi évidente que le fait même de notre existence.

On voit bien par l'exemple que nous venons de rapporter, que malgré la sage méthode suivie par nos physiciens dans ce qu'ils appellent la recherche des *causes*, et qui ne diffère point de la classification des phénomènes et du calcul des lois expérimentales de leur succession, ils sont toujours entraînés, quoiqu'ils fassent, vers l'application réelle du principe de causalité, et qu'ils ne peuvent parvenir à écarter la notion de force productive ou de *cause* efficiente et à faire qu'elle ne se glisse plus dans les opérations intellectuelles exclusivement appliquées à la connaissance extérieure. — C'est ainsi qu'ils sont toujours tentés d'appliquer les lois purement subjectives de la causalité du *moi*, à la succession des phénomènes du dehors et qu'ils les confondent perpétuellement avec celles des causes physiques ; témoin le grand Newton lui-même qui a embrassé l'illusion de croire, comme le vulgaire des philosophes, que la contiguïté des corps était une condition nécessaire pour la transmission ou la communication du mouvement, sans songer que cette nécessité n'était fondée que sur l'induction d'un principe antérieur ou de la causalité du moi dans l'application immédiate de notre force individuelle aux organes mobiles qu'elle met en jeu, sans que nous puissions jamais nous faire la représentation ou l'idée objective d'aucune *force*, ni, à plus forte raison, concevoir ou expliquer sa manière d'opérer dans l'espace ou le lieu, soit contigu, soit distant. Si les physiciens étaient les maîtres de restreindre leur science à la détermination des causes physiques, ou, comme ils le prétendent, à celle de l'ordre de succession ou de combinaison des faits extérieurs, et à l'évaluation du *combien* des causes sans aucun retour sur le *comment* d'une action impossible à connaître et qui peut n'avoir aucune réalité, s'ils pouvaient enfin adopter sérieusement et dans la pratique le point de vue des systèmes, tels que ceux des causes occasionnelles, de l'harmonie préétablie, suivant lesquels les phénomènes se succèdent ou se correspondent hors de nous sans aucune influence ou action réelle réciproque exercée de corps à corps dans le contact comme à distance, alors vraiment il ne s'agirait plus que d'*observer*, de *classer*, de poser les lois générales : les causes physiques se trouvant nécessairement renfermées dans les deux derniers progrès de la science, ne pourraient donner lieu à aucune recherche ultérieure.

C'est bien là la marche tracée par Bacon et à laquelle les naturalistes tâchent de se conformer autant que possible. Mais ils n'ont pas toujours été les maîtres de la suivre exclusivement.

Jetons un coup d'œil d'abord sur cette marche.

Au lieu de partir *ex abrupto* des notions de classes, de genres, comme de premiers principes que l'ancienne école adoptait, sans en connaître la valeur, et dont elle interdisait même tout examen, les disciples de la méthode baconnienne commencent par bien constater chaque phénomène ou qualité élémentaire des objets soumis à l'observation directe. Les premières expériences faites sur plusieurs objets individuels, manifestant un certain degré d'analogie ou de ressemblance plus ou moins parfaite entre quelques-unes de leurs qualités constitutives ou accidentelles, déterminent une première distribution de ces objets en espèces ou familles auxquelles on donne un nom commun qui convient également à tous ces objets en tant qu'on ne les considère que partiellement sous le point de vue des qualités par lesquelles ils se ressemblent en faisant *abstraction* de celles par quoi ils diffèrent *réellement*.

Ces noms d'espèces sont collectifs. De nouvelles expériences donnent lieu à d'autres comparaisons entre les *espèces* d'objets ou de phénomènes, et déterminent la formation des genres qui sont aux espèces ce que celles-ci sont aux individus. Et c'est ainsi qu'à l'aide de l'expérience, suivant toujours le même procédé d'induction, l'esprit s'élève dans l'échelle des généralisations successives, jusqu'à la conception de ces rapports de ressemblance phénoménique les plus étendus qui embrassent toute la chaîne à partir de l'individu ou du fait donné par l'observation directe, jusqu'aux genres les plus élevés que l'entendement seul peut saisir, ou jusqu'à ces lois universelles qui planent sur tout le vaste ensemble des faits de la nature, en les résumant toutes dans leur expression la plus simple et la plus concise par cela qu'elle est la plus générale.

Ces procédés de généralisation ou d'induction laissent toujours nécessairement à l'écart la *cause efficiente* des phénomènes, et ne sauraient jamais conduire jusqu'à elle, si elle n'était donnée d'ailleurs et avant même ce travail ou ce progrès de l'esprit qui remonte jusqu'aux lois universelles. Que veulent donc dire les physiciens quand ils assurent que les procédés de leur méthode tendent à remonter ou à déterminer les *causes* par leurs effets? Est-ce donc que la découverte de l'attraction universelle et toutes les preuves certaines dont Newton et ses dignes successeurs l'ont appuyée a jeté quelque jour sur la véritable *cause efficiente* de la chute des corps ou de la tendance réciproque des graves? Cette cause n'est-elle pas un mystère également impénétrable avant comme après cette découverte? Tout le monde en convient; donc il n'est pas vrai que les astronomes soient remontés par la connaissance la plus parfaite des effets jusqu'à la notion même la plus incomplète de la cause ou force productive qui est encore et demeurera toujours couverte d'un voile impénétrable. — Nous savons maintenant pourquoi le mot attraction, dans le vrai sens où le prennent les physiciens astronomes, n'exprime donc pas le signe d'une cause réelle, mais, comme ils le disent très bien eux-mêmes, le signe d'un fait le plus général possible que l'observation et l'expérience ont constaté dans chaque cas particulier de la chute des graves.

Mais le mot attraction n'a-t-il pas encore une autre valeur? n'emporte-t-il pas avec lui une notion différente de celle de l'effet généralisé? n'exprime-t-il pas aussi la notion d'une cause ou d'une force productive à laquelle les physiciens pensent malgré eux, quand ils emploient ce signe, et dont il n'est pas en leur pouvoir de renier l'existence?

Sans doute, comme le dit le philosophe que nous avons déjà cité[1] la seule chose que nous connaissions de la force d'attraction, c'est l'effet opéré, c'est-à-dire le mouvement ou le rapprochement du corps attiré de celui qui attire. Mais ce n'est pas à la représentation ou à l'idée seule de ce mouvement que s'arrête notre conception ; et il y a de plus *je ne sais quelle énergie* ou tendance dont le principe, quoique absolument caché, n'en est pas moins nécessairement conçu, comme la cause du mouvement. Ce *je ne sais quoi*, n'ayant de mot *originaire* dans aucune langue, il a fallu recourir pour le désigner à des expressions qui avaient un autre sens, et s'appliquaient à des objets connus; tels que les signes de certaines affections de l'âme. C'est ainsi qu'on a attribué ces mouvements des corps qui s'attirent, à des sortes d'appétits, d'inclinations, de désirs, de sympathie, etc., et cette conversion des signes du langage détournés du sens moral au physique, tandis qu'il l'est dans tout autre cas d'une manière inverse, serait seule propre à justifier l'origine exclusive que toute notion de force a dans le sentiment de notre moi.

Néanmoins je pense contre l'opinion de ce philosophe, que les substantifs abstraits tels que ceux-ci : attraction, impulsion, venus des verbes exprimant une action, ou des participes *abstrahens*, *impellens* (être une cause qui *attire* ou *pousse*) ont eu pour fonction première d'exprimer les causes ou les forces

1. Engel. (M. de B.)

agissantes telles que l'esprit en a la notion, non pas en abstraction ou séparées de l'effet, mais en vérité avec la représentation du mouvement ou de l'acte qui est indivisible de la force productive, d'où il suit que les naturalistes sont obligés de faire une sorte de violence au sens naturel des signes expressifs des causes efficientes, pour les réduire à n'exprimer plus que des effets généralisés. Quoi qu'ils fassent et malgré la méthode, les termes tels qu'impulsion, attraction, gravitation et en général tous les verbes actifs substantifiés, réveillent ou soulèveront toujours dans l'esprit la notion de quelque cause ou d'un *être* qui agit pour produire tel phénomène ou mouvement déterminé, lequel ne peut pas plus être conçu sans la force qui le fait commencer et continuer que cette cause ne peut être conçue sans lui.

Les signes dont il s'agit étant détournés de la signification *active* pour exprimer seulement des effets passifs, tels qu'ils seraient conçus dans l'hypothèse précédente par un être qui n'aurait aucune notion de force ou d'énergie, offrent toujours deux valeurs qu'on ne songe guère à distinguer : l'une primitive et *naturelle* qui tient à l'application constante du vrai principe de causalité; l'autre artificielle ou de convention par laq·· :le on entend la méthode qui tend à substituer une cause physique à la cause efficiente, ou un fait généralisé à une force productive individuelle.

Le signe de la cause physique est comme une de ces expressions algébriques qui représentent, sous une forme simple et abrégée, des quantités très composées, mais qu'on peut toujours obtenir par le développement de la puissance, telle serait $(a + b)^m$.

Dans le premier cas, le signe de la cause *efficiente* est comme celui de ces quantités irrationnelles ou incommensurables qui peuvent se rencontrer dans le calcul analytique, mais qui disparaissent dans la forme générale de l'équation dont on cherche les racines vraies, sans qu'on puisse les déterminer elles-mêmes à cause de leur hétérogénéité, et parce qu'on ne peut les mettre en équation avec des quantités de la *même espèce*. De là vient qu'elles restent toujours et nécessairement indéterminées.

Pour peu qu'on soit familiarisé avec la langue des physiciens, on remarquera aisément qu'ils emploient tour à tour le même mot sous les deux acceptions de cause productive et de l'effet généralisé. Sans examiner jusqu'à quel point cette sorte d'amphibologie peut nuire à la clarté et à la précision du langage, il me suffit d'avoir noté l'impossibilité où ils sont de faire autrement et la raison de cette impossibilité.

Parce que la fonction du signe qui exprime la cause efficiente, est nécessairement indéterminée pour le physicien qui ne peut la mettre en représentation ou l'égaler avec aucun objet du phénomène de l'expérience extérieure, il cherchera donc toujours à l'*écarter* ou à en faire abstraction. Mais comme cette mise à l'écart complète ne peut se concilier avec un premier besoin de l'esprit humain, comme on ne peut empêcher ce retour à quelque chose qui est caché sous les phénomènes et en avant de chacune des séries ou des classes dans lesquelles ils sont distribués, tout ce qu'on pourra faire ce sera d'éloigner les occasions de ce recours forcé ou de diminuer le nombre des cas où le signe de la cause efficiente doit être nécessairement employé, où la cause physique ne peut plus tenir lieu de la cause efficiente, et où on est tenu enfin de nommer et d'appliquer cette notion tout indéterminée et obscure qu'elle puisse être.

Et ici l'on peut apercevoir le véritable motif des efforts que font les physiciens pour réduire le nombre des causes occultes ou, comme ils disent, simplifier les principes en les ramenant dans des hypothèses plus ou moins hasardées ou des classifications arbitraires, jusqu'à une sorte d'unité systématique, artificielle qui leur paraît mettre le sceau à une véritable science, dès qu'ils croient pouvoir en dériver tout, par un langage de convention, plutôt que par une induction sage et mesurée des faits individuels observés, bien analysés dans leurs circonstances de détail. Pourquoi des discussions si vives sur l'unité ou la pluralité de ces causes?

S'il s'agit seulement de faits plus ou moins généraux et non point de forces mystérieuses, on est obligé de reconnaître les titres ou d'employer les noms de ces *inconnues* qui viennent s'interposer entre les faits pour en rompre la chaîne, et qu'il faut nécessairement éliminer pour avoir une science complète, uniforme dans toutes ses parties.

Si du motif et du but sensible de la simplification des principes ou de la réduction des causes, nous passons aux moyens que les naturalistes emploient pour l'opérer, nous reconnaissons encore mieux combien ces moyens, fondés sur la méthode d'induction, sont à la fois ingénieux et vraiment utiles dans l'application aux progrès des sciences naturelles, mais aussi combien ils sont insuffisants pour effectuer la substitution proposée des causes physiques aux causes efficientes, combien même ils sont propres à confondre les domaines de ces deux sortes de causes.

On sait combien de tentatives ont été faites pour réduire d'abord l'attraction à l'impulsion[1] puis (de nos jours encore) pour se passer d'une première impulsion et ramener tous les phénomènes à une force attractive. Ces tentatives ont été infructueuses jusqu'à présent. Mais supposons qu'elles fussent couronnées d'un plein succès, qu'en résulterait-il dans le point de vue de nos physiciens et le but général où ils tendent? C'est que le nombre des faits généraux serait diminué, c'est-à-dire que les analogies entre les phénomènes particuliers de la nature seraient plus étendues, et qu'ainsi, au lieu de deux *classes* de faits, il n'y aurait plus qu'une grande classe ou un genre supérieur, où des *espèces* maintenant séparées viendront converger et se réunir par leurs sommités. D'où résulterait ce qu'on appelle l'*explication* de tous ces phénomènes compris dans une même classe à l'aide d'un seul principe ou d'un seul terme qui ne donnerait lieu qu'une seule fois pour toutes, au recours nécessaire et final de l'esprit vers

1. Voyez les œuvres de Lesage de Buffon *Premières vues de la nature*, et de Laplace. (M. de B.)

la cause inconnue. Mais qu'aurait-on fait pour déterminer ou éliminer celle-ci ? rien absolument, et la cause ou la force soit attractive, soit impulsive, n'en serait pas moins mystérieuse après qu'avant la réduction de principe. Toujours enveloppée dans l'intimité de l'esprit où elle a sa source, on ne pourrait ni l'écarter en la reculant, ni l'expliquer en la comparant aux données objectives de l'expérience avec qui elle est hétérogène par sa nature.

Nous voyons encore mieux à présent comment ce qu'on appelle la recherche des causes en physique, ne diffère point au fond de l'opération qui consiste à former des classes plus étendues de phénomènes, qu'un désir extrême ou un besoin naturel de simplifier les principes, contribue singulièrement à rendre arbitraires en les étendant.

Lorsque pour étendre chacune de ces classes et par là en diminuer le *nombre*, on force toutes les analogies apparentes de la nature, on dissimule les différences réelles pour arriver à ce qu'on appelle l'unité de principe et qu'il vaudrait mieux nommer l'unité de terme général.

Nous voyons, en second lieu, comment les causes que les physiciens prétendent à connaître ou à déterminer en remontant jusqu'à elles par l'observation et l'induction des *effets*, ne sont jamais les véritables causes efficientes dont la notion fondamentale nécessaire, individuelle, antérieure à tout procédé de généralisation, indépendante même dans sa source de toute connaissance objective, se trouve par la nature des choses ou par la constitution même de l'esprit humain, hors de toute proportion avec la méthode des sciences naturelles ou avec les moyens de connaissance extérieure dans lesquels ces sciences se trouvent renfermées.

Les considérations rationnelles dans lesquelles nous sommes entrés sur l'application du principe de causalité dans les sciences naturelles, ou mieux sur l'espèce de transformation que les promoteurs de ces sciences ont voulu faire subir à ce principe universel, nécessaire et inaltérable par sa nature, loin de nous écarter de l'objet principal de cet ouvrage servent au contraire à fixer le véritable sens de la question qui nous est proposée à résoudre, et doivent avoir préparé tous les moyens que nous avons pour la résoudre.

En effet, il était nécessaire de savoir en quoi consiste l'explication des *phénomènes* de l'ordre physique, considérés dans leurs rapports mutuels soit d'analogie ou de ressemblance, soit d'effets aux causes communes, et surtout de bien se fixer sur ce qu'on peut entendre par une cause employée à expliquer un certain nombre de faits extérieurs de la même espèce et par des effets dont on se sert pour remonter à une cause, ou avant de chercher si l'on peut ou jusqu'à quel point l'on peut appliquer les principes, les données et la méthode propres aux sciences de la nature extérieure à la psychologie ou à la science tout intérieure des phénomènes de l'esprit ou du sens intime ; c'est de quoi il est temps maintenant de nous occuper après avoir montré comment le sujet et la division de cet ouvrage se trouvent tracés à l'avance dans ce qui précède.

Quand une impression est faite *passivement* ou sans le *concours* de la volonté sur une partie extérieure et sensible, nous éprouvons une sensation, c'est-à-dire une modification ou un changement dans notre manière de sentir. En vertu d'une induction première, fondée sur le sentiment immédiat de notre propre effort, ou ce qui ne nous importe point ici, en vertu d'une loi primitive inhérente à l'esprit humain, nous rapportons ce changement dont notre effort voulu ou le moi n'est point *cause*, à l'objet *même*, comme à une force ou cause efficiente extérieure.

Sans l'*intuition* d'étendue, cette cause efficiente serait conçue indéterminément comme non *moi*. Avec l'intuition qui s'exerce presque dès la naissance et qui est contemporaine de la sensibilité extérieure, la cause se détermine plus ou moins, en se rapportant à un lieu de l'espace, d'où elle agit, et en prenant la forme d'une étendue quelconque en *mouvement* ; car nous ne concevons de force ou de cause que dans le mouvement d'un corps.

En concevant la cause extérieure d'une modification interne

quelconque, nous lui attribuons la *permanence* et la réalité du moi. Nous lui attribuons hors du mouvement effectif actuel cette virtualité ou faculté constante d'agir, qui reste toujours la même avant et après le mouvement et qui est indépendante de la virtualité que nous apercevons en nous-mêmes comme la base de notre existence.

Il est bien évident que nous n'avons pas le sentiment ou l'aperception immédiate de la cause extérieure, comme de notre propre causalité, puisqu'il faudrait pour cela que le *moi* s'identifiât avec elle, et alors le *moi* serait autre ou la cause ne serait plus étrangère; mais en vertu du principe d'induction ou de la loi primitive dont nous venons de parler, nous supposons ou croyons que l'objet a pour nous modifier ou pour produire des changements dans notre sensibilité, une force pareille à celle de notre moi pour produire des changements sur les organes mobiles de notre corps.

Cette supposition ou croyance *nécessaire* ne diffère nullement en principe de celle qui nous fait attribuer au corps étranger en mouvement, une force ou une énergie capable de changer l'état d'un autre corps.

Le changement perçu, dans l'état d'un corps étranger au nôtre et attribué à une force extérieure, est un fait physique, le changement senti dans une partie de notre organisation, et attribué à une autre cause que la volonté, est un fait physiologique extérieur au *moi*, mais propre à l'organisation.

Mais le principe de causalité s'applique aux deux cas de la même manière et s'étend toujours du *moi* où il a tout son fondement et sa source à un être ou un objet qui n'est pas moi, et à un espace où il n'est pas, mais où il localise une force semblable à la sienne.

Toute force agissante est conçue comme *impulsive*, car c'est par impulsion que la volonté qui sert de type à toute notion de cause ou de force meut immédiatement nos membres et par eux les corps étrangers, la force doit s'appliquer immédiatement au terme sur qui elle se déploie; si son action est censée se propager ou se transmettre à distance, ce ne peut être que par une suite de corps intermédiaires ou par un *milieu :* telle est la loi des causes *efficientes*, ou de l'application du principe de causalité transporté du *moi* à d'autres êtres auxquels nous attribuons une force ou puissance d'effort pareille à la sienne, par cela seul que nous les concevons comme des êtres ou des *individus ;* car le principe d'individualité, *principium individuationis*, comme dit l'école, étant l'effort pour notre propre individu, ne peut être différent pour les causes individuelles de la nature ; tel est le fondement du système des monades de Leibnitz qui ont la force pour essence.

La notion de cause ou de force ainsi prise est le dernier terme de toute analyse ou le point de départ nécessaire de toute synthèse ; au delà il n'y a plus rien à demander, et toute recherche ultérieure sur l'*essence* objective de la force, ou sur le comment de son application à un terme, pour produire l'effet phénoménique, impliquerait contradiction avec la première loi de la connaissance. Ainsi par l'application nécessaire et constante du principe de causalité, nous croyons qu'il existe des objets, causes des sensations, sans avoir aucun moyen de connaître, ni aucune raison de demander ce que sont ces causes en elles-mêmes et indépendamment de leurs effets ; nous croyons de même que ces objets agissent sur les organes sensitifs externes pour les mettre en jeu comme notre volonté agit sur les organes mobiles pour les contracter ou les déplacer, c'est-à-dire par impulsion accompagnée de cette sorte d'effort ou de tendance inséparable de toute idée de cause efficiente. Nous attribuons cette vertu impulsive aux objets de l'intuition que nous percevons à distance, comme aux causes des sensations affectives qui sont censées en contact avec nos organes ; mais dans le premier cas nous supposons l'existence nécessaire d'un *milieu* interposé entre l'objet et l'organe, sans lequel la cause de l'impression ne pourrait pas transmettre son effet à l'organe.

Mais cet effet ou l'impression faite sur l'organe n'est pas la modification sensible ou le changement survenu dans l'état intérieur de l'âme ou du *moi*, et lorsque nous venons à distinguer ces deux éléments, nous concevons encore que cette modification, ou le changement dans l'état intérieur du *moi* est l'effet d'une autre espèce d'impulsion produite par les organes ou par le fluide particulier qui les parcourt, sur l'âme ou sur son siège. Telle est l'hypothèse la plus naturelle, en quelque sorte le résultat le plus direct de l'application du principe de causalité, servant à figurer ou à représenter hors de nous, sous une espèce de forme symbolique, la notion de cause efficiente.

Aussi voyons-nous cette hypothèse généralement admise par tous les philosophes soit métaphysiciens *ex professo*, soit même par les naturalistes qui, en cette qualité, semblaient devoir s'arrêter aux phénomènes ou à l'ordre de succession expérimentale. Ainsi quand Locke n'hésite point à affirmer que les corps *produisent* en *nous des idées* ou sont les *causes efficientes* des idées de sensations, il affirme comme une suite nécessaire du même *principe* que c'est manifestement par voie d'impulsion que se fait cette production; car c'est la seule *manière*, dont nous concevons qu'un *corps puisse agir*. Mais pourrions-nous concevoir que les corps *agissent* et que c'est uniquement par impulsion, si nous n'avions pas agi nous-mêmes, et si notre volonté n'était pas une force impulsive ? Locke n'est pas remonté jusque-là; aussi en employant dès son premier pas la notion nécessaire de cause efficiente et l'appliquant à l'origine des idées de sensation, laisse-t-il cette notion elle-même sans origine et s'il évite de la considérer comme *innée* à l'exemple des métaphysiciens qu'il combat, ce n'est qu'en dissimulant le caractère et la nature de cette notion fondamentale et, par une sorte d'inconséquence qui a lieu d'étonner de la part d'un philosophe aussi judicieux, en reniant le *principe* même qu'il a été obligé d'admettre dès son début, ou en transformant les lois nécessaires, universelles des causes efficientes, en lois abstraites et accidentelles des causes physiques.

Newton semble aller plus loin encore dans ce sujet, et après avoir montré par le précepte et l'exemple qu'il faut écarter toute notion de cause efficiente dans la recherche des lois générales de la nature ou dans l'application de ces lois aux phénomènes particuliers, il semble oublier tout à fait ses principes, lorsqu'il veut indiquer par hypothèse l'origine des sensations, ou expliquer le *comment* de la production des idées, en transportant aux objets extérieurs la causalité efficiente.

Le *sensorium* des animaux, dit-il, n'est-il pas le *lieu* où est présente la substance pensante et où *les espèces sensibles des choses* sont portées par les nerfs et le cerveau, afin qu'elles puissent être perçues par l'esprit qui est présent en ce lieu-là ?

Cette hypothèse ne semble-t-elle pas tenir à l'enfance de la philosophie, à ces temps où l'on croyait pouvoir tout expliquer, précisément parce qu'on ignorait tout, et qu'on alliait les produits vagues d'une imagination sans frein et sans guide à certains principes ou notions primitives, dont on était encore si loin de pouvoir se rendre compte, et d'en connaître la source. Que des hypothèses physiques ou mécaniques de l'espèce de celles employées par Locke, Newton et tant d'autres philosopnes en remontant jusqu'à Démocrite et Epicure, ayant toutes pour but commun d'appliquer la notion de cause efficiente à l'origine des sensations et des idées, se présentent assez naturellement à l'esprit lorsqu'il veut remonter à cette origine, avec ses habitudes acquises, en se laissant aller aux mouvements de l'imagination, ou en consultant les analogies de la nature extérieure; c'est ce que l'on conçoit aisément, et ce que confirme l'accord de tous les philosophes qui se sont rencontrés dans l'emploi de la même hypothèse, en appliquant la notion de cause ou de force impulsive aux premières idées de sensation.

Mais ce qui est vraiment inconcevable, c'est que des philosophes aient donné à cette hypothèse la valeur de faits primitifs, sans avoir égard à la nature ou au caractère du principe dont elles pouvaient être déduites; c'est qu'on ait espéré de pouvoir jeter par ce moyen le moindre jour sur la manière dont une sensation peut être produite; c'est qu'enfin l'on n'ait pas vu qu'en voulant d'une part tout déduire de la sensation, et d'autre part se trouvant obligé de considérer la sensation passive comme un effet des corps ou des substances étrangères on tombait nécessairement dans une pétition de principe, puisqu'on supposait hors de la sensation et comme indépendante d'elle, des objets causes, qui sont censés n'être donnés que par la sensation et avec elle. De plus on s'écartait de la marche propre aux sciences naturelles qui prescrit de se renfermer dans la limite des faits extérieurs ou intérieurs, dans l'observation de leurs analogies ou différences et enfin dans la recherche des causes physiques en s'interdisant toute recherche de causes efficientes ou du comment de leur action.

Si l'on pouvait s'astreindre rigoureusement à ce procédé méthodique en bannissant absolument de l'esprit toute notion de cause efficiente ou de force productive, alors sans doute les mouvements de corps à corps ou les faits extérieurs, et les impressions de la sensibilité ou les faits intérieurs seraient également perçus dans un rapport unique de succession dans le temps. L'un naîtrait ou serait senti à la suite de la représentation de l'autre, sans que l'être sentant et percevant eût la moindre idée de quelque énergie ou force en *vertu* de laquelle le phénomène premier dans la série produirait celui qui vient après, et aussi sans aucune analogie ou ressemblance perçue entre ces phénomènes d'espèce différente ; car ainsi que nous l'avons déjà remarqué, c'est en vue d'éviter la répétition trop fréquente de rapport de causalité et de diminuer le nombre des causes qu'on est déterminé à étendre et forcer les analogies des phénomènes. En écartant donc toute notion de *causes efficientes* pour s'en tenir aux causes physiques ou aux lois de la simple succession des faits externes et internes, il ne s'agirait que de constater par deux sortes d'observations appropriées, la liaison de deux ordres de phénomènes qui, quoique l'on fasse, resteront toujours *deux* sans qu'on puisse les réduire à l'unité réelle de principe ou de *cause*, ni même à l'unité artificielle de *classe*, à moins qu'on n'aille directement contre l'évidence des faits primitifs, qui établissent leur dualité; ainsi l'on éviterait tout l'embarras des explications, tout le vide des hypothèses gratuites et purement imaginaires; — on se trouverait alors placé comme naturellement dans le point de vue d'une sorte d'*harmonie préétablie* d'une part entre les mouvements extérieurs ou physiques des objets et les impressions organiques ou le jeu des fibres nerveuses, tel qu'on suppose qu'il a lieu quand un objet ou un fluide quelconque vient ébranler un organe, — et d'autre part entre ces impressions ou ce jeu de nerfs et les modifications de l'*âme* ou du *moi*, harmonie telle que le mouvement du corps, les impressions des organes et les modifications de l'âme se correspondraient régulièrement, chacun dans la série à laquelle il appartient, sans qu'il y eût réellement aucune action ou influence réciproque, ni rien en *vertu de quoi* l'un produisît réellement l'autre, ce qui éloignerait le recours à une cause efficiente des premières sensations et dispenserait de faire aucune hypothèse sur la nature et l'espèce de l'action impulsive attribuée aux objets, ou sur la manière dont cette action peut être transmise médiatement ou immédiatement aux organes des sens et de ceux-ci à l'âme, etc., ou au *lieu* du cerveau où elle est présente.

Mais il faut reconnaître, et toute notre expérience nous atteste que cette sorte d'abstraction ou de mise à l'écart d'une cause efficiente des sensations est impossible dans la pratique: pourquoi en est-il ainsi? pourquoi sommes-nous si généralement enclins à supposer une première impulsion partant des objets, et communiquée par une suite de corps ou d'agents intermédiaires jusqu'au lieu où l'âme est *présente?* pourquoi cette hypothèse paraît-elle si naturelle, je dirais presque si nécessaire, qu'elle a été adoptée par tous ceux qui ont dirigé leurs idées de ce côté et qu'il ne faut rien moins que toute la profondeur de méditation et de réflexion luttant contre la force et l'ancienneté d'un préjugé philosophique pour élever des doutes sur le fondement réel de cette supposition, et pour faire comprendre :

1° Qu'en ayant égard aux causes efficientes ou au mode de l'action, de l'influence réelle, efficace, que nous attribuons aux substances les unes sur les autres, l'impulsion ou la communication du mouvement *par le choc* immédiat de corps à corps, n'est pas moins un mystère impénétrable, que l'attraction ou le mouvement communiqué à distance d'un corps à un autre *à travers le vide* et sans intermédiaire ; tandis qu'en n'ayant égard qu'aux causes physiques ou aux lois de la succession des phénomènes, l'attraction et l'impulsion sont deux faits généraux également certains et démontrés par l'expérience et le calcul.

2° Qu'en appliquant aussi la loi des causes efficientes à l'influence de certains agents externes en mouvement sur les organes des sens, et des ébranlements de ceux-ci sur les sensations de l'âme, comme à l'influence de ces sensations sur les perceptions ou intuitions des objets qui les accompagnent ou les suivent, il n'y a ni plus ni moins de mystère à concevoir ou expliquer comment ces effets de différente nature sont *produits*, soit qu'on suppose une première impulsion transmise par une suite de mouvements ou d'agents mobiles intermédiaires depuis l'objet jusqu'à la substance qui sait, soit qu'on ne suppose rien de pareil et que la perception des objets qui est le terme final et la conséquence réputée nécessaire de tous ces mouvements physiques ou organiques, s'accomplisse d'une manière immédiate sans aucun mouvement ni impression antérieure, et comme par une sorte d'inspiration ; tandis que si l'on ne s'occupe que des causes physiques ou des lois expérimentales des phénomènes, il est également évident que tels mouvements soient suivis ou accompagnés de telles impressions organiques qui correspondent à certaines sensations, lesquelles sont suivies de perceptions, etc. [1].

3° Qu'en ayant égard encore à la cause efficiente ou à sa manière d'opérer, il n'est ni plus ni moins mystérieux ou difficile à concevoir qu'une impulsion physique ou un mou-

1. Voyez les recherches sur l'entendement humain, par Reid, et la philosophie de Dugald-Stewart. (M. de B.)

vement extérieur puisse produire une *sensation* qu'il ne l'est d'admettre qu'un corps en mouvement produise dans un autre corps un mouvement égal au sien ou de la même espèce par quelque vertu ou énergie soit impulsive au contact, soit attractive à distance, etc.

Et vraiment, quoique dans leur manière de concevoir ou d'appliquer le principe de causalité, les physiciens veulent toujours qu'il y ait quelque analogie entre l'effet et la cause, on ne voit pas d'abord comment cette analogie ou ressemblance entre des faits qui se succèdent pourrait nous éclairer en rien sur la nature et la nécessité de leur liaison ni sur le comment ou le mode de production, et notre curiosité à cet égard n'est guère plus susceptible d'être satisfaite lorsqu'il s'agit de la succession constante et régulière de faits aussi hétérogènes entre eux que le sont des mouvements représentés hors de nous et des impressions affectives ou des modifications intérieures de notre sensibilité. Cependant il est de fait que les lois de l'impulsion de corps à corps, paraissent parfaitement claires et intelligibles à tous les esprits, tellement que lorsque les physiciens parviennent à ramener à ces lois des phénomènes quelconques, ceux-ci passent pour être suffisamment expliqués, et l'on ne croit pas avoir rien à demander[1]; il y a plus, c'est que le mouvement d'un corps qui vient à être rencontré ou choqué par un autre nous semble être un effet si naturel, si nécessaire du mouvement de ce dernier pris pour

1. Cette plus grande facilité qu'on croit trouver à concevoir une liaison de *cause et d'effet* entre des faits homogènes tient toujours au même principe de la confusion des causes efficientes avec celle des causes physiques. Comme dans ce dernier cas il ne s'agit que d'une simple liaison *en temps*, d'une association entre deux faits successifs, il résulte des lois si bien connues de l'association des idées ou des images que ces phénomènes ont plus d'affinité entre eux, plus de tendance à se lier dans l'imagination, à s'y reproduire l'un par l'autre, ou à devenir *signes* l'un de l'autre, lorsqu'ils se ressemblent entre eux, comme deux mouvements par exemple, que lorsqu'ils sont d'un ordre tout différent; aussi faut-il une expérience moins longue ou moins répétée pour que l'imagination s'accoutume à représenter les deux faits analogues dans cet ordre nécessaire que l'un est dit cause de l'autre, mais cette facilité du passage de l'imagination n'influe en rien sur la liaison réelle et nécessaire de la cause à l'effet. (M. de B.)

cause prochaine ou seconde, que l'on se croirait en état de prévoir *a priori* ce qui doit arriver dans le choc des corps avant l'expérience.

En vain le scepticisme le plus délié, armé de toutes pièces contre les bases de la certitude, nie le fondement même de notre idée de causalité ou de liaison nécessaire en se fondant sur ce qu'il n'y a réellement aucun moyen naturel de concevoir ou d'expliquer assurément qu'un corps peut agir sur un autre ou lui communiquer une partie de son *mouvement*, cette communication se réduisant à une simple liaison de phénomènes successifs ou simultanés, liaison contingente ou fondée uniquement sur l'expérience et qu'il eût été impossible de *prévoir* ou de déterminer *a priori*, comme cela devrait être si l'effet était *nécessairement* lié à sa cause, ou comme si nous avions la notion vraie et distincte de la cause efficiente ou de la manière dont elle agit pour produire son effet. En dépit de tous les arguments sceptiques, la relation nécessaire établie entre des mouvements de corps à corps représentés dans l'espace dont l'un est produit non pas seulement à la suite ou à l'occasion, mais en vertu de l'autre, nous semble toujours porter avec elle ce caractère d'évidence immédiate qui la met au-dessus des explications dont elle est elle-même le moyen; toujours nous serons portés à considérer cette relation comme fondée sur la nature des choses, ou sur quelque loi primordiale de notre esprit ; et quand on dirait qu'elle l'est uniquement sur une *habitude*, comme cette habitude est universelle et sans exception, il faudrait toujours admettre qu'elle tient à quelque faculté ou prédisposition de notre nature pensante.

Mais il n'en est pas de même quand il s'agit de concevoir une liaison entre les mouvements représentés hors de nous et des impressions ou des modifications internes produites dans un sujet sentant *en vertu* de ces mouvements.

Nous savons bien par une expérience répétée à chaque instant que de telles modifications ou de tels changements survenus dans l'état de notre *sensibilité* correspondent à telles représentations ou intuitions objectives, et la physique peut aller jusqu'à considérer ces modifications comme des résultats de mouvements extérieurs communiqués à nos organes, etc., mais comment un tel mouvement communiqué peut-il amener à sa suite un phénomène qui n'a avec lui aucune espèce de rapport, d'analogie ou de ressemblance? comment une sensation ou une modification de l'âme est-elle *produite* en vertu de l'impulsion attribuée à l'objet extérieur? c'est ce qui paraît d'autant plus inconcevable que l'effet d'un choc ou d'une impulsion quelconque ne paraît devoir jamais être d'après notre expérience, qu'un mouvement produit dans l'espace, et qu'ici il s'agit d'une sensation effectuée dans *un temps* sans aucun rapport à l'espace.

Aussi quand Locke dit dans le passage déjà cité (liv. II, chap. VII, § 11) que l'impulsion est la seule manière dont nous concevons (suivant la loi des causes efficientes) qu'un corps puisse agir sur un autre corps, il ne fait qu'énoncer une vérité hors de toute contestation; mais quand il conclut de là que c'est *manifestement par voie d'impulsion que les corps produisent en nous des idées*, il dit une chose tout à fait hasardée, si elle n'est tout à fait inintelligible; et, à moins qu'on ne confonde deux ordres de faits aussi essentiellement hétérogènes que le sont des mouvements et des idées ou des sensations, on ne saurait concevoir que la conclusion ait quelque rapport avec le principe. Non seulement nous ne concevons pas qu'un mouvement représenté dans l'espace puisse *produire* une sensation ou une modification interne aperçue seulement dans un temps; mais de plus il est inintelligible qu'une sensation ou une modification interne puisse avoir pour *cause efficiente* une autre sensation de la même espèce ou commencer *en vertu* d'une autre modification passive comme celle qui requiert aussi une cause en vertu de laquelle elle commence et ainsi de suite. Prolongez en effet tant que vous voudrez la série des impressions ou des affections purement internes dans un être sensitif, tel que la statue de Condillac avant l'exercice du toucher (qui seul crée dans ce système l'étendue ou l'espace extérieur), vous aurez bien une chaîne continue de sensations qui se succèdent ou naissent dans l'ordre du temps, les *unes après* les autres, mais non pas les unes en vertu des autres, comme les effets naissent de leurs causes par une véritable génération ou production efficace; et l'âme de la statue se trouvant constituée en dépendance nécessaire de tout ce qui l'environne, sans jamais être la *cause* de ce qui se passe soit en elle et dans son organisation, soit au dehors, aura beau sentir des modifications intérieures qui se succèdent, elle ne s'élèvera jamais à la conception d'une cause efficiente qui les effectue et n'attribuera jamais à une sensation antérieure la *vertu* ou l'énergie nécessaire pour produire celle qui suit.

Que faut-il donc, ou quelle est la condition nécessaire pour que l'aperception interne, et par suite l'idée ou la notion de cause efficiente ou force productive puisse entrer dans l'esprit de la statue?

Voilà le problème qui se présentait à résoudre dans un traité qui avait pour objet de déterminer l'origine et la réalité de nos connaissances. Condillac n'a pas même effleuré cette question ; et nous savons à présent comment il s'était interdit tous les moyens de la résoudre, en prenant la sensation *passive* pour origine exclusive de la connaissance.

Nous avons tâché de remplir cette lacune importante dans les considérations qui précèdent. Mais nous avons besoin d'en ajouter de nouvelles, afin de pouvoir éclairer la difficulté qui vient de s'élever tout à l'heure. Pourquoi la notion de causalité nous paraît-elle se lier d'une manière plus immédiate et plus nécessaire à la succession des mouvements ou à la communication qui s'en fait de corps à corps, qu'à toute autre succession de phénomènes d'un ordre différent? Y a-t-il quelque peu d'*analogie* ou de ressemblance entre les termes ou les phénomènes que nous concevons comme étant primitivement et nécessairement liés entre eux par la relation de cause à effet? Et quelle est cette analogie? Nous ne pouvons douter maintenant, d'après ce qui précède, que dans un être tel que la statue de Condillac, dont les sens commencent pour la première fois à s'ouvrir aux impressions du dehors, l'idée de quelque *cause efficiente* ne saurait absolument lui être suggérée par aucune impression externe, à moins de supposer qu'elle n'ait déjà cette idée innée ou infuse à son esprit avant l'expérience... mais nous n'aurons pas besoin d'une telle supposition qui est comme le coup de désespoir de l'analogie si nous concevons l'âme de la statue comme douée par sa nature du pouvoir d'agir sur certains organes, sur lesquels elle se déploie immédiatement, de créer l'effort, d'apercevoir ou de sentir les modifications qui en sont des produits ou des résultats comme des *effets* dont son action est la *cause*. — Cela posé, les seuls modes qui soient les effets immédiats de l'*effort*, ce sont des *mouvements* musculaires au moyen ou par l'intermédiaire desquels la statue peut produire certaines modifications sensibles, telles par exemple que des odeurs, en supposant qu'elle ne pût les sentir que par un mouvement d'inspiration nasale forte et prolongée (comme nous l'éprouvons dans l'*enchiffrènement* et lorsque nous *flairons* avec un certain effort d'attention), — ou encore plus naturellement des sons que la voix émettrait volontairement et que l'ouïe percevrait comme des résultats du mouvement de l'effort vocal, etc. — Toutes les modifications ainsi produites par les mouvements ou à la suite des mouvements volontaires étant aperçues par l'âme de la statue comme des résultats médiats de sa volonté ou de son pouvoir d'agir, de son *moi* enfin, emporteraient donc avec elles d'abord l'aperception immédiate et par suite la notion d'une cause, qui ne saurait en aucune manière naître du dehors, ni d'aucune succession passive d'impressions. Remarquons à ce sujet : que le mouvement ou la contraction musculaire, étant toujours et nécessairement l'effet ou le produit immédiat de la *cause efficiente*, devient cause seconde ou moyen de la modification active qui est aperçue ou sentie ainsi, comme un *effet* secondaire ou médiat de la volonté.

Telle est la véritable origine naturelle de cette sorte de proportion métaphysique qui a servi comme de *pivot* ou de point de ralliement à toutes les idées métaphysiques, théologiques et politiques d'un de nos célèbres modernes : la cause est au moyen ce que le moyen est à l'effet. Cette formule peut être ramenée à l'expression d'un fait de sens intime. De cette manière la volonté (cause efficiente) est au moyen ou à l'effet immédiat (le mouvement produit) comme ce mouvement est à la sensation qui en résulte et qui devient ainsi l'effet *médiat* de la volonté.

La sensation qui a été ainsi effectuée d'abord par le concours de la volonté, peut venir à commencer sans elle et sans l'intervention du mouvement volontaire qui en était le moyen ; et dès lors il n'y a plus de *sentiment* ou d'aperception actuelle de la cause moi qui était liée à la modification active, mais seulement le *souvenir* ou l'idée de cause ou d'un pouvoir qui, demeurant présent à l'esprit sans s'exercer actuellement, s'associe à la sensation passive comme le sentiment du pouvoir se liait à la modification active. Or, cette association de l'*idée* de cause efficiente avec une sensation qui commence sans l'effort ou le vouloir du moi, emporte avec elle l'extériorité de la force conçue par induction, comme nous le verrons plus bas. Or, je dis qu'à la notion de cette force extérieure indéterminée sous tout autre rapport que celui de l'*existence*, doit nécessairement se joindre celle d'un moyen ou d'un intermédiaire par lequel elle produise la sensation ; et ce moyen ne peut être qu'un mouvement, ainsi en substituant l'idée de cause étrangère à l'aperception de l'effort voulu, nous trouverons encore la même proportion qu'auparavant. A partir du fait primitif de la conscience, la force motrice ou la cause avec laquelle le moi est identifié, ne peut être conçue comme agissante, que dans un espace et dans un temps, car l'espace est comme la forme inséparable de l'aperception immédiate du terme organique sur lequel la volonté se déploie, et le temps est la forme même sous laquelle le *moi* existe en s'apercevant qu'il agit — ici la liaison de la cause à l'effet, ou du moins à l'effort et à la sensation musculaire produite, est vraiment immédiate et de cette immédiation même résulte l'impossibilité d'analyser ou de résoudre la notion de causalité ramenée à son origine. Dire que la volonté se déploie dans un espace et dans un temps, c'est dire que son action consiste dans un mouvement produit, ou qu'elle ne se manifeste et n'existe pour elle-même que dans la production du mouvement, car ce mode est le seul qui réunisse d'une manière indivisible les deux éléments de l'espace et du temps. En transportant la causalité hors de nous par une induction première, nous y transportons aussi l'idée d'un mouvement produit dans l'espace dont la notion de cause ou de force est inséparable même à son origine, et comme notre force individuelle n'agit, pour produire la modification active, que par le moyen ou l'intermédiaire d'un mouvement effectué dans le corps propre, la force étrangère ne sera de même *conçue* comme produisant une sensation passive, que par l'intermédiaire d'un mouvement effectué dans l'espace extérieur. D'où suit la même proportion qu'auparavant en substituant la force étrangère ou sentiment de la force ou du pouvoir du moi.

Cette analyse nous fait voir déjà pourquoi tous les hommes (les philosophes comme les ignorants) sont conduits comme naturellement à *croire* ou à supposer que les objets ou les causes de nos sensations agissent sur les sens et sur l'âme au moyen d'une suite plus ou moins longue de mouvements communiqués de corps à corps, propagés jusqu'à l'organe qui reçoit l'impression ou jusqu'au lieu ou la substance sentante est présente. Mais si nous voulons nous rendre un compte fidèle de ce qu'il y a de clair ou de vraiment distinct dans l'esprit, lorsqu'il applique ainsi hors de lui la double relation de la cause au moyen et du moyen à l'*effet*, nous trouvons :

1° Que la liaison du mouvement volontaire comme moyen, à la sensation qui le suit ou l'accompagne comme effet, participe à l'évidence première et immédiate du fait primitif de conscience, ou du sentiment même du pouvoir dans la production immédiate de l'effort, tandis que la liaison entre le mouvement supposé ou imaginé comme moyen, et la sensation passive étant hors du fait de conscience, prise dans un point de vue étranger au sens intime ou à la réflexion, ne peut avoir qu'une certitude d'induction ou d'analogie fondée sur cette proportion : comme la modification active est au mouvement volontaire qui sert de moyen à la force du *moi*, ainsi la sensation passive est au mouvement extérieur qui sert de moyen à la force étrangère pour produire cette sensation.

Une telle croyance analogique, quoiqu'elle se déduise assez naturellement d'un fait de conscience, ne saurait sans doute partager toute son *autorité* et c'est vainement que le scepticisme chercherait à se prévaloir contre celle-ci des motifs de doute qu'il oppose contre l'autre.

2° Qu'en s'en tenant, comme le font les physiciens et les physiologistes, à la liaison des moyens et des mouvements externes et internes entre eux, la connexion des causes et des effets se trouve exprimée dans une suite de termes semblables ou analogues en progression continue dont la raison commune, celle de la force motrice, a son produit effectué dans l'*espace et le temps*, se répète d'une manière identique d'un terme à l'autre.

Mais pour que cette progression soit vraiment continue, ou pour que l'esprit puisse la parcourir régulièrement, sans changer de point de vue, sans faire de saut, et en conservant toujours présente la même relation identique, il faut que tous les moyens qui séparent le premier terme du dernier, ou la *force* productive de l'effet *final*, y compris cet effet lui-même, soient également conçus ou représentés dans l'*espace* et le *temps*, c'est-à-dire que ce soient des mouvements ou des liaisons de mouvements. La progression ne peut donc pas aboutir à un dernier terme ou à un effet qui ne serait susceptible par sa nature que d'être conçu, senti ou aperçu dans le *temps*, en excluant l'espace, comme des affections simples de la sensibilité et des modifications purement réflexives de l'esprit, et il n'y a point de progrès naturel ou de relation intelligible entre une cause ou une force agissante dans l'espace extérieur, et un phénomène intérieur quelconque.

3° La loi d'*analogie*, sur laquelle se fonde l'application du rapport de causalité à des effets physiques, repose donc tout entière sur la forme de l'*espace* qui doit être commune aux deux phénomènes liés entre eux par cette relation, et l'on voit maintenant pourquoi nous sommes si fortement enclins naturellement, sans avoir besoin même de l'expérience *répétée*, à regarder comme nécessaires les lois de l'impulsion ou de la communication des mouvements de corps à corps, en y appliquant directement le principe de la cause efficiente ou la notion de force, de pouvoir, prise en nous-mêmes *a priori*, et après avoir abstrait de cette notion le sentiment intime que nous avons de notre force propre individuelle; tandis que tout homme réfléchi est forcé de reconnaître qu'il y a un hiatus ou un véritable abîme impossible à franchir entre une suite de mouvements quelconques représentés dans l'espace et une sensation ou des faits du sens *intime;* de plus, qu'il n'y a aucune *liaison* intelligible de cause et d'effet entre une sensation passive et une autre modification interne de la même espèce, et de cela résulte une nouvelle preuve de la différence énorme qui sépare le rapport de causalité de celui de succession ou de la simple liaison *en temps;* car cette dernière peut s'établir également suivant les lois de l'habitude ou de l'association des images, entre des phénomènes quelconques analogues ou dissemblables; et il n'est point nécesaire que les termes d'une même série se représentent à l'esprit sous une seule forme commune et identique, telle que l'espace, pour contracter entre eux cette liaison d'habitude dans le temps qui fait attendre ou prévoir le second quand le premier vient à se présenter, ainsi de suite.

4° Qu'en ne s'attachant qu'au rapport du moyen à l'effet et négligeant le rapport plus intime, primitif et fondamental de la cause au moyen, ou de la force motrice (qui a toujours l'effort pour type) au *moyen* (au mouvement *produit*), c'est-à-dire en ne voyant qu'un rapport simple là où il fallait reconnaître une *proportion*, les physiciens ont pu conserver l'évidence dans l'ensemble des explications et déductions des faits de leur ressort, au moyen d'une analogie constante, observée dans la progression des moyens ou des mouvements de la même espèce, mais cette omission ou cet oubli du rapport fondamental a dû nécessairement égarer les métaphysiciens et ruiner les bases de la certitude ou de la réalité de nos connaissances, en fournissant contre elles des armes au scepticisme. En effet, soit qu'on parte du moyen ou du mouvement représenté dans l'espace absolu, pour en déduire l'effet ou la sensation, soit qu'on parte d'un phénomène intérieur quelconque conçu dans le temps seulement ou dans la durée du même sujet sentant pour en dériver la connaissance de l'étendue ou du mouvement produit dans l'espace extérieur, le passage du moyen (pris pour *cause*) à l'effet, comme celui de l'effet au moyen, est également impossible tant qu'on n'a pas recours au modèle commun ou au rapport fondamental dont celui dont il s'agit n'est que la copie, savoir celui d'un effort ou pouvoir moteur à son effet immédiat ou au mouvement du corps propre.

Voilà pourquoi tous les métaphysiciens sans exception qui admettent de prime abord et comme postulatum nécessaire, l'existence absolue des objets, ont supposé que les objets produisaient en nous des *sensations* et des *idées* par voie d'impulsion, ou ont été conduits par cette hypothèse même, qu'on a pu considérer commé purement gratuite, tant qu'ils négligeaient de remonter au titre légitime de son admission, à méconnaître ou renier le vrai principe de causalité ou son fondement réel, et par suite ont motivé tous les doutes sceptiques sur la réalité des objets de nos sensations et jusque sur celle du sujet qui sent et perçoit.

C'est ainsi que Condillac ne voit en nous ou dans notre esprit, comme au dehors dans la nature, que des sensations ou des collections de sensations qui commencent, passent, se transforment sans cause productive ou transformative, ou, ce qui revient au même, sans que nous ayons aucun moyen de connaître la réalité de cette cause dont il a pourtant supposé l'existence nécessaire dès son premier pas.

Et vraiment, s'il n'y a pas idée ou notion innée de cause ou de substance et s'il est bien reconnu d'autre part que cette notion ne peut venir du dehors ou qu'elle ne peut être donnée par aucune sensation, aucune succession de modes passifs, il ne reste qu'à nier son existence dans notre esprit et sa réalité au dehors; d'où l'*idéalisme* et le *scepticisme systématisés*[1].

C'est ainsi encore et toujours parce qu'on a cherché à se représenter la liaison du moyen à l'effet médiat, isolés l'un de l'autre, sans remonter jusqu'au rapport primitif où la cause productive et l'effet sont nécessairement et indivisiblement donnés l'un par l'autre ou l'un *avec* l'autre ; que les métaphysiciens les plus profonds, tels que Descartes et Leibnitz, ont trouvé qu'il y avait une impossibilité absolue à lier immédiatement l'un à l'autre et par la relation de causalité les deux mondes extérieur et intérieur ou les sensations, les idées, les désirs ou inclinations de l'âme, aux mouvements des corps, y compris le nôtre propre et réciproquement; d'où le double système des causes occasionnelles et de l'harmonie préétablie, qui ôtent la causalité efficiente à l'être agissant et pensant, comme aux termes inertes de son action, ou aux objets étendus de la pensée, en réduisant les relations des deux mondes ou de leurs phénomènes à de simples liaisons en *temps* et niant aussi les fondements réels de cet *en vertu l'un de l'autre* sous lesquels notre esprit les unit toujours nécessairement et malgré lui-même.

Mais lorsque ces philosophes nient que la volonté ou le *moi* soit la cause efficiente *immédiate* des mouvements du corps et médiate des sensations qui résultent de ces mouvements, ils nient le fondement même du principe de *causalité;* ils

1. Il est curieux de voir comment l'idéalisme et le matérialisme viennent se réunir et se pénétrer en quelque sorte dans la doctrine qui prend la *sensation* pour l'origine commune et exclusive de nos idées; d'un côté nous ne connaissons que nos propres sensations et nos modifications intérieures dont ce que nous appelons objets ne sont que des collections : voilà bien l'*idéalisme* D'un autre côté la sensation *passive* ne peut commencer sans une *cause* ou sans un objet; l'odeur de la rose, par exemple, n'a pu *commencer* que lors qu'une rose réelle a agi sur l'organe. Le sujet sentant est donc constitué en dépendance nécessaire de l'univers matériel dont il fait partie. (M. de B.)

avouent qu'un fait de sens intime peut nous tromper, et ils enlèvent ainsi avec le *criterium* unique de la vérité toutes les barrières qu'il fût possible d'opposer au scepticisme le plus absolu; au lieu qu'en rejetant seulement l'induction qui nous fait attribuer la causalité aux objets de nos sensations, ils ne font que motiver le point de vue d'un idéalisme transcendant où le *moi* serait seul dans le monde subjectif des modifications internes et des actes intellectuels dont il serait *cause*, ou ne reconnaîtrait d'autre existence que celle des êtres immatériels semblables à lui.

D'où l'on peut conclure que les systèmes métaphysiques sont susceptibles d'être divisés ou scindés, pour ainsi dire en deux parties, dont l'une, celle qui ôte la causalité aux objets de nos sensations, ne contrarie qu'une induction nécessaire, il est vrai, mais dont l'évidence empruntée du fait de sens intime, reste en ôtant ses conséquences; tandis que l'autre partie, celle qui nie la causalité du moi ou la réalité de notre pouvoir moteur, ne peut être admise par la raison spéculative, sans détruire la base unique sur laquelle reposent toutes les lois de cette raison même.

L'erreur consiste donc à avoir confondu l'application du principe de causalité avec ce principe lui-même, ou le rapport secondaire du moyen à l'effet avec la relation primitive de la *cause* efficiente à son produit; par suite à avoir transporté au principe le doute qui s'attache à son *induction* lorsqu'on prend celle-ci pour le principe ou le fait primitif lui-même.

5° Qu'en partant soit du fait primitif où le moi est constitué cause, soit de l'induction qui nous fait concevoir une force étrangère, le progrès naturel de l'esprit consiste à descendre de la cause à l'effet sensible par l'intermédiaire d'un mouvement qui est le *moyen*, ou encore de remonter de l'effort médiat à la cause productive par le moyen, mais qu'il est contraire aux procédés naturels de l'esprit ou à la loi fondamentale des *causes efficientes* de renverser la proportion ou de substituer l'un à l'autre les termes du rapport en prenant une sensation, une modification intérieure de l'esprit, telles qu'une affection ou un *désir* pour *cause* d'une *volition*, comme le font ceux qui subordonnent entièrement notre sensibilité aux objets et aux mouvements du dehors, ou encore les volitions du moi aux passions et aux affections de la sensibilité : car ainsi on prend le conséquent de chaque rapport de causalité à la place de l'antécédent, et *vice versa*, et il n'y a plus de proportion intelligible.

Tous les psychologistes métaphysiciens qui ont cru pouvoir prendre des fonctions organiques ou des mouvements nerveux réels ou supposés, des jeux de fibres ou de fluides pour *causes* des phénomènes intérieurs de l'esprit, ont ainsi renversé la proportion. Nous savons par l'expérience intérieure ou par l'aperception immédiate que la force motrice qui est *moi* produit des mouvements dans le corps, quoique nous ignorions à jamais le *comment;* non seulement nous ne concevons en aucune manière comment un mouvement organique peut produire une sensation dans l'âme, mais de plus nous n'avons pas d'expérience interne ou externe de ce *fait*, puisque nous ne sentons ni ne voyons ce jeu de fibres, de fluides, etc., et que nous ne sommes dirigés à cet égard que par une hypothèse analogique qui pourrait n'avoir aucun fondement réel. On voit par là combien sont vraiment téméraires les hypothèses qui auraient pour but d'expliquer pour ainsi dire le dedans par le dehors ou de déduire l'un de l'autre ; tandis que le point de vue opposé qui tendrait à déduire le dehors du dedans, peut se concilier jusqu'à un certain point avec les facultés de notre nature, et qu'il peut être démontré, comme le dit Leibnitz, que l'âme ne parvient à connaître les choses qui sont hors d'elle que par l'aperception ou la connaissance réflexive de ce qui est en elle-même.

6° Si l'on a cru pouvoir lier par une relation de la cause à l'effet, des faits aussi hétérogènes par leur nature que le sont des mouvements représentés dans l'espace et des sensations ou des idées de l'esprit, ce qu'on appelle *expliquer* les uns par les autres, c'est qu'on s'est dissimulé volontairement ou sans le savoir cette hétérogénéité absolue, ou qu'on l'a masquée par des analogies tout à fait illusoires, et qu'en prétendant expliquer des sensations par des mouvements, on n'a expliqué en effet que certaines fonctions dépendantes des mouvements extérieurs ou organiques par d'autres mouvements de la même espèce, sans toucher aux faits de sens intime qui restent nécessairement hors de toute explication.

7° Que c'est ainsi qu'on a vainement tenté d'expliquer les sensations, les idées, les opérations de l'esprit en les traduisant pour ainsi dire en mouvements, vibrations ou jeux quelconques hypothétiques du cerveau ; on a dit enfin que le cerveau faisait la sécrétion organique de la pensée, détournant ainsi les mots de la langue psychologique de leur valeur propre et substituant une métaphysique hasardeuse à l'expression simple des faits de conscience pour faire passer dans le point de vue objectif de l'imagination, ce qui appartient exclusivement à la réflexion intérieure.

8° Que la méthode d'analogie et d'induction sur laquelle s'appuient toutes les hypothèses explicatives des phénomènes psychologiques est essentiellement vicieuse dans sa base, puisqu'ainsi que nous l'avons vu précédemment, elle se fonde tout entière sur une fausse application du principe de causalité; car en prenant d'abord les *mouvements* physiques ou organiques pour les *causes*, on est amené à conclure par la loi d'analogie entre l'*effet* et la *cause*, que les sensations ou idées de l'esprit ressemblent aux mouvements des corps, conclusion toute démentie par le sens intime, parce que ces deux ordres de faits resteront toujours et nécessairement hétérogènes.

9° Que si par la nature même des choses ou par le caractère du fait primitif de conscience auquel se rattache la notion de causalité, comme par la manière dont cette notion s'applique aux faits extérieurs de la nature, toute explication du comment de la liaison de deux faits ou mouvements homogènes, ou de la production de l'un par l'autre est supérieure à nos moyens de connaître, combien ne doit-elle pas l'être à plus forte raison, lorsqu'il s'agit d'expliquer ou même de concevoir sous la relation de causalité des faits aussi hétérogènes que le sont les mouvements physiques et des sensations ou idées de l'esprit!

L'on conçoit bien, en effet, la raison de mouvements homogènes entre eux et à une même cause ou force physique, sans en expliquer le comment; c'est ainsi que les physiologistes conçoivent le phénomène de la circulation du sang poussé ou chassé successivement dans les artères et les veines, comme une suite de mouvements liés entre eux et à la force contractile du cœur, première cause impulsive. Ils voient ou se représentent de même le phénomène de la digestion et ceux des diverses sécrétions, comme autant de circonstances du mouvement organique liées entre elles et à une ou plusieurs causes, telles que la force contractile ou seulement compressive des parois et du tissu des organes sécrétoires, le degré successif de ténuité des vaisseaux, par lesquels filtrent peu à peu les humeurs sécrétées, élaborées, etc. Mais s'agit-il de s'ouvrir le passage de ces mouvements d'organes, objets de représentation, à des phénomènes de conscience qui ne peuvent plus être vus, mais seulement sentis ou aperçus intérieurement, on se trouve arrêté là comme sur le bord d'un abîme, que l'esprit humain ne saurait franchir par cette seule raison qu'étant le sujet de la pensée, il ne peut se voir lui-même en dehors comme *objet;* ou que se connaissant comme cause de mouvement, il ne peut se représenter comme effet.

10° Qu'il suit de là que la psychologie ne peut ni ne doit en aucun cas prendre des données dans les sciences naturelles, ni se subordonner à elles, ou à leur méthode d'observer, de classer, de poser les lois et de chercher les causes.

Car, d'abord, les données sont des *faits* primitifs ou des *notions* fondamentales qui doivent s'y rattacher; or les sciences naturelles ne s'attachent qu'à l'objet et laissent à l'écart tout ce qui tient au sujet, et par suite au fait primitif de la conscience; elles appliquent les notions telles qu'elles se trouvent établies dans l'esprit, et sans s'inquiéter d'où elles viennent;

et quels peuvent être leurs titres de créance; elles emploient le principe de causalité qui est à la tête de toutes ces notions, sans s'informer de la nature de ce principe ni de son caractère de primauté, et même omettant *ex abrupto* toutes les questions embarrassantes et insolubles auxquelles pourrait donner lieu l'application théorique de ce principe dans la recherche des causes efficientes en leur substituant des causes physiques, c'est-à-dire des faits qui en précèdent constamment d'autres de la même espèce.

Au contraire, la psychologie, par la nature même du sujet auquel elle s'attache, se place en avant des faits extérieurs et doit assigner les conditions de l'objectivité des existences et des causes; pour elle, observer ou constater les faits primitifs, c'est déjà reconnaître les lois primitives de l'entendement et fixer la véritable valeur de toute notion de cause efficiente; c'est à elle, c'est à cette philosophie vraiment *première* (et qui n'a pas été vainement caractérisée ainsi) qu'il appartient de justifier les premières données sur lesquelles la physique s'appuie avec une confiance aveugle, de justifier aussi la substitution qu'elle fait aveuglément des causes physiques aux causes efficientes, et de lui montrer les fondements de la méthode qu'elle suit sans connaître les motifs de son aperception.

C'est la psychologie qui doit fixer les limites des sciences naturelles et les empêcher de s'égarer dans des recherches oiseuses ou de vaines hypothèses explicatives, placée à l'origine de toutes les classes d'idées ou de conceptions de l'esprit humain, elle trace les domaines respectifs de toutes les sciences et se rend compte à elle-même des bornes qu'elle ne doit jamais franchir, bornes qui lui sont indiquées par la nature même de son sujet ou par celle de la liaison première des causes aux effets, constatée dans sa source.

Si, pour répondre à la question proposée par l'Académie de Copenhague, il ne s'agissait que de montrer par des considérations rationnelles la nature du principe de causalité, et la liaison nécessaire de cause à effet, des phénomènes extérieurs ou des mouvements physiques, aux modifications de l'être sentant et pensant ou aux faits de sens intime, je croirais avoir montré par tout ce qui précède qu'une telle liaison de causalité, loin de pouvoir être soumise à quelque système d'explication, n'est pas même intelligible et ne peut être conçue ni par la raison, ni par l'imagination par suite qu'il n'y a sous ce rapport aucun passage possible des doctrines ou expériences physiques aux faits du sens intime, ou aux opérations de l'esprit, en tant que les premiers seraient employés à expliquer les autres, comme certains phénomènes et mouvements sont employés à en expliquer d'autres analogues qui les suivent ou les accompagnent constamment dans l'ordre de la nature.

Mais d'abord il ne s'agit pas de l'application qu'on peut faire des sciences naturelles à la psychologie ou de la science des objets à celle du sujet pensant, sous le rapport unique de la cause à l'effet : il y a d'autres rapports sous lesquels on peut chercher à établir ou à concevoir une liaison possible entre les deux sciences; en second lieu on ne demande pas à connaître catégoriquement ce qui peut être fait d'après la nature des choses ou d'après les lois mêmes de l'esprit humain, pour expliquer ou éclaircir les faits du sens intime par des doctrines ou expériences physiques, mais on veut savoir surtout historiquement ce qui a été *fait* ou tenté par les divers philosophes qui ont cru à la possibilité d'expliquer d'une manière quelconque les phénomènes de l'esprit. On demande à connaître le fond de leur système, d'en apprécier la valeur, afin de déterminer jusqu'à quel point ils ont pu influer sur les progrès respectifs de la philosophie de l'esprit humain, afin de pouvoir juger ainsi, non plus par des considérations rationnelles ou *a priori*, mais par des preuves historiques fondées sur l'expérience du passé, ce que l'on peut attendre pour l'avenir de semblables systèmes d'explication.

Pour remplir ces vues indiquées par les termes du programme cité au commencement de cet ouvrage, il était nécessaire peut-être d'entrer dans les considérations qui précèdent et de remonter jusqu'à la source commune de toute explication des phénomènes d'un ordre quelconque, car dans des sujets pareils à celui qui nous occupe, les questions de *faits* s'éclaircissent par celles de *droit*, et les recherches théoriques sur la nature et les lois de l'esprit humain sont l'introduction la plus utile, la plus nécessaire même à l'histoire des opinions, des découvertes ou des erreurs. Ainsi nos recherches antérieures sur le fondement intime de la notion de causalité et sur l'application détournée que les physiciens font de ce principe en transformant d'une part la cause efficiente en cause physique, comme ils le disent, en fait généralisé, pendant que d'autre part ils retiennent toujours malgré eux la notion d'une force productive toujours présente au sujet qui perçoit ou pense, tant que ce sujet est présent à lui-même ou à son action par la pensée ; ces recherches métaphysiques nous mettent maintenant à portée de classer les différents systèmes d'explications en les rapportant aux trois divisons suivantes :

1° En partant du fait intérieur de conscience ou des phénomènes de l'entendement humain, considéré comme passif, eu égard à certaines facultés réceptives de sensations et d'idées, et appliquant le principe ou l'axiome que tout phénomène a une cause, en vertu ou par l'énergie de laquelle il est produit, on se sent nécessité à chercher hors du *moi* la cause qui détermine ou effectue ses premières sensations, ses premières représentations objectives et jusqu'au premier sentiment ou à la première aperception qu'il a de lui-même. Cette cause, soit qu'on s'imagine consciencieusement pouvoir l'assimiler ou l'identifier avec l'objet même de l'intuition, soit qu'on la conçoive par une analogie vraie avec le sujet un et simple qui agit et pense, est toujours et essentiellement distincte de l'un et de l'autre et l'esprit lui attribue une existence réelle, durable, permanente, hors de la sensation qui en est l'effet passager.

L'existence de la *cause* étant affirmée ou crue ainsi nécessairement en vertu d'une loi de notre esprit, on peut chercher à expliquer la manière dont elle agit pour produire son effet, en appliquant d'abord les lois de l'impulsion ou du choc des corps à l'impression faite par l'objet ou par quelques fluides intermédiaires émanés de lui, sur les organes des sens; et en second lieu en appliquant les lois physiologiques des mouvements ou fonctions organiques aux sensations ou opérations de l'âme, de telle manière que l'impulsion des objets ou agents matériels quelconques soit considérée comme la cause vraiment efficiente des sensations ou des phénomènes de l'esprit.

Nous avons d'avance reconnu le fondement et apprécié la valeur des systèmes d'explication fondés sur ce point de vue, et il ne nous reste qu'à entrer dans quelques détails historiques sur la manière dont se sont formées et propagées, depuis l'antiquité jusqu'à nous, ces écoles soi-disant explicatives des sensations et des idées.

2° En suivant la méthode pratiquée depuis Bacon dans les sciences naturelles et parfaitement appropriée à ses progrès, on peut faire abstraction des causes efficientes et par suite s'abstenir de toute recherche sur leur manière d'opérer, pour n'avoir égard d'abord qu'aux phénomènes tels qu'ils sont donnés à l'observation intérieure ou extérieure, puis aux analogies ou ressemblances qu'ils ont entre eux, à la manière dont ils se suivent dans l'ordre du temps; d'où les méthodes de classification d'après lesquelles un seul terme est établi comme signe conventionnel de tous les faits analogues (ou réputés tels), l'expression des lois de tel ordre de succession; et en dernière analyse, la relation de tous les faits analogues d'une même classe à une seule cause ou force productive (x) méconnue ou indéterminée dans son essence ou manière d'opérer.

Ce mode d'explication, le seul auquel l'état actuel des progrès de l'esprit humain puisse donner quelque crédit, ne peut servir à lier la psychologie aux autres sciences naturelles, qu'autant qu'on y suppose une certaine analogie ou ressemblance entre les deux ordres de faits intérieurs et extérieurs, savoir entre les sensations et les idées prises pour effets des mouvements physiques ou organiques ou encore des forces *inconnues* (x, y) productives de ces mouvements.

Nous arrivons à examiner les motifs sur lesquels cette analogie hypothétique a pu se fonder dans les doctrines de nos physiologistes modernes, et nous entrerons à ce sujet dans des détails historiques, nécessaires pour connaître l'esprit et la direction commune de ces doctrines diverses.

3° En observant d'abord la ligne de démarcation entre les deux ordres de faits qui forment l'objet respectif des sciences *naturelles* et psychologiques, on peut s'attacher uniquement à la simple liaison ou correspondance harmonique qui paraît exister entre certains mouvements ou fonctions organiques.

FIN

NOTES

SUR

QUELQUES PASSAGES DE L'ABBÉ DE LIGNAC

(1815)

L'auteur de l'ouvrage intitulé : *Témoignage du sens intime*, a reconnu et bien analysé les faits du sens intime, du vouloir et de l'effort ; mais les préventions pour un système conçu d'avance l'ont aveuglé et entraîné bien au delà des faits dont il cherche hors du *moi* une cause mystérieuse.

« Nous sentons, dit-il, un rapport de nécessité (il fallait dire de causalité) entre la volonté d'exécuter tel mouvement, comme d'articuler tel mot, et ce mouvement ou cette articulation ; *ce n'est point notre volonté qui fonde ce rapport* » (notre volonté est le terme nécessaire ou l'antécédent du rapport senti) ; « les fonctions nerveuses, ou contractions musculaires d'où résulte l'effet produit, ne sont point un choc, une compression, un frottement, une attraction de corps à corps. Or un mouvement qui n'est point déterminé par un autre mouvement, ne peut être que l'effet d'une volonté qui le détermine ; donc le jeu des fibres nerveuses qui concourent au mouvement ou à l'articulation dont il s'agit, sont les effets immédiats de la *cause* qui les produit ; *et nous savons que nous ne sommes point cette cause*[1]. »

Nous savons certainement *certissima scientia et clamante conscientia* que nous sommes causes de la sensation musculaire qui résulte du jeu des nerfs ou des contractions, ou qui

1. Tome II, page 90. Dans cette citation, M. de Biran, tout en conservant le sens de Lignac, a un peu modifié le texte. Ces modifications, paraissant volontaires, ont dû être conservées. (A. de B.)

les accompagne, sans que nous ayons aucune connaissance immédiate ou perception de ces nerfs ou muscles comme objets hors de notre esprit. Mais, comme au sentiment de l'effet correspond nécessairement le sentiment de la cause *moi*, à l'idée, ou à la représentation externe des nerfs et des muscles, connus par l'anatomie, correspond la notion d'une force absolue ou d'une substance immatérielle qui les met en jeu, et cette force est ce que nous appelons l'*âme*, que nous ne sentons pas plus immédiatement que nous ne sentons la substance corporelle.

Maintenant, c'est par une illusion singulière et commune qu'on transporte à cette force absolue ce qu'on peut dire avec raison du *moi*, ou de l'âme même, en tant qu'elle s'aperçoit ou se connaît par relation de cause à effet senti. Le *moi* ne peut être dit agir, vouloir, exister, qu'autant qu'il connaît ou se connaît. Mais il n'est point nécessaire à l'âme, pas plus qu'à une force physique de connaître ce qu'elle fait, ni les moyens qu'elle emploie, ni les rapports ou les lois qu'elle suit en agissant, pour agir d'après ces lois. Comme la force attraction détermine la forme des orbites planétaires, et n'a pas besoin de connaître les distances et les masses pour s'y proportionner, ainsi l'âme peut bien ne pas avoir besoin de connaître les fibres nerveuses ou musculaires pour déterminer d'abord les mouvements ou contractions organiques, et lorsqu'en opérant, d'après certaines lois préétablies, elle s'aperçoit *cause* de ces mouvements sentis, le témoignage qu'elle se rend de sa causalité immédiate n'a besoin d'être appuyé sur aucune connaissance objective des *moyens de l'action*.

Si, des lois de l'union, dont nous ne sommes pas causes, puisque la volonté et le *moi* n'en sont que des résultats, nous remontons par la raison à l'intelligence suprême qui a établi ces lois, nous procédons ici de la même manière que si nous remontions à l'existence de ce pouvoir intelligent par tous les autres phénomènes ou lois de la nature.

La force d'une intelligence qui opère par le seul vouloir,

a son type exclusif dans le sentiment immédiat de l'efficace de notre propre volonté, à laquelle nous sentons que le corps obéit. L'erreur générale est de vouloir se faire l'idée ou l'image des actions de l'âme, ou de sa manière d'opérer, en prenant pour modèle l'action prétendue que nous attribuons aux corps, les lois de l'impulsion extérieure ou des mouvements rapportés à l'espace; tandis qu'au contraire nous ne concevons l'action ou la force dans les corps, et les rapports suivant lesquels cette force, impulsion ou attraction s'y applique ou s'y distribue, qu'en prenant pour type le sentiment de notre propre force impulsive, appliquée à mouvoir notre propre corps, et répandue en quelque sorte dans ses diverses parties. L'illusion à ce sujet est telle qu'on ne croit pas qu'il y ait la moindre difficulté à concevoir la manière dont le mouvement se communique d'un corps à un autre; tandis qu'on regarde comme un mystère l'action de l'âme sur le corps ou les moyens de cette action. On est également persuadé que si l'on pouvait parvenir à éclairer ce mystère, ce serait uniquement par une analogie, ou ressemblance, qu'on pourrait saisir entre les mouvements physiques et ceux que la volonté imprime aux organes; et, tout au contraire, l'impossibilité où nous sommes d'expliquer l'impulsion, ou la cause des mouvements de la matière, tient uniquement à l'impossibilité de concevoir ou de se représenter objectivement la manière dont la volonté peut mouvoir nos membres.

Cette erreur ou ce renversement d'explication tient à ce qu'en voyant les corps en mouvement communiquer ce mouvement à ceux qu'ils rencontrent, notre imagination s'accoutume à lier ces mouvements entr'eux par le rapport de causalité, en prenant un premier mouvement pour la cause physique de celui qui le suit, sans remonter au delà des phénomènes. Mais dès que nous cherchons à concevoir par la pensée ou la réflexion ce qui peut être une véritable cause efficiente de mouvements, nous ne pouvons nous empêcher de reconnaître la profonde justesse de cette ancienne maxime d'Aristote, qui disait que : « *Tout mouvement a une cause qui n'est pas elle-même un mouvement, comme toute figure a une cause qui n'est pas une forme*[1]. »

La cause du mouvement étant une force ou un être qui a la force pour essence, on voit bien que pour trouver l'origine de cette notion, il faut rentrer en nous-mêmes au lieu de regarder hors de nous, où nous ne pouvons rien trouver qui ressemble à une cause ou à une force opérant par le vouloir.

« Il résulte des phénomènes tirés du plus intime de nos âmes, dit l'auteur du *Témoignage du sens intime*, que nous avons la *perception d'une intelligence qui opère par le vouloir*, puisque nous sentons la nécessité de la correspondance de nos membres à nos volontés, et que nous voyons clairement que cette nécessité ne vient point d'une force qui nous soit propre, mais de celle d'une intelligence qui connaît ce qui se passe dans l'âme et le cerveau[2]. »

La correspondance de nos membres à nos volontés peut être dite *nécessaire*, en ce sens que les rapports ou les lois de l'organisation, en vertu desquels l'âme opère par le vouloir sur certaines parties du corps vivant, sont fondées sur la nature de l'âme et du corps, ou sont une suite nécessaire de leur essence, de même que les lois du choc ou de la communication des mouvements de corps à corps sont une suite nécessaire de l'essence de la matière ou de ses attributs essentiels, tels que l'impénétrabilité, l'inertie, l'étendue, etc. Nous ne connaissons point cette essence, et il nous est impossible de déterminer comment telles lois des phénomènes en dépendent, quoique nous ayons la notion de cette dépendance nécessaire. Nous savons ainsi que les lois dont il s'agit ne sont pas contingentes, car, étant donné l'existence de l'homme, ou d'un composé formé d'une force agissante et d'une substance matérielle tel que nous le connaissons ou l'apercevons immédiatement, la force de l'âme ne pourra

1. L'assimilation établie entre le mouvement et la forme prouve qu'Aristote n'avait pas considéré la nature du rapport de la cause à l'effet, et qu'il le confondait avec celui de la substance étendue au mode. (M. de B.)

2. Tome II, page 12. (A. B.)

s'appliquer au corps, ou à quelques-unes de ses parties que suivant certaines lois qu'elle ne peut changer, pas plus qu'elle ne peut changer sa nature. Mais de ce que les lois de l'*union*, d'après lesquelles l'âme déploie son activité, sont *nécessaires* et immuables, comme la toute-puissance qui les a établies, il ne s'ensuit nullement que ce que l'âme opère selon de telles lois et selon son activité essentielle soit *nécessaire* ou *non libre*, et qu'elle ne soit pas la propre cause efficiente des mouvements qu'elle produit. C'est mal raisonner que de dire : L'âme n'est pas la cause de son union avec le corps, ou des rapports essentiels qui la lient à un corps; donc elle ne peut être cause des mouvements produits dans le corps en vertu de cette union. Quand on dit que la correspondance de certains mouvements libres avec les volontés de l'âme est nécessaire, on ne peut donc entendre autre chose, sinon que l'âme voulant tel mouvement, ce mouvement s'exécute à l'instant suivant les lois nécessaires de l'union.

Mais l'âme ne veut que les mouvements dont elle dispose, qui sont en son *pouvoir;* et, en les exécutant, elle sent qu'elle pourrait ne pas les faire, et vouloir et agir autrement qu'elle ne le fait. Si elle était passive, comme dans les sensations et les mouvements *nécessaires*, quand même ces mouvements s'accompliraient à point nommé, au moment où l'âme les *désirerait*, elle n'en sentirait pas moins qu'elle est nécessitée par rapport à eux, qu'elle n'en est pas cause efficiente. Elle pourrait, dans ce sens, chercher hors d'elle la véritable cause qui ferait naître tout à la fois des désirs en elle et des mouvements dans son propre corps, en vertu d'une correspondance nécessaire et naturellement existante entre les uns et les autres. Mais, comme les mouvements libres sont accompagnés du sentiment immédiat d'un pouvoir moteur; que nous sommes libres de les vouloir ou de ne pas les vouloir, quoique nous ne puissions faire qu'ils ne soient pas exécutés au même instant que voulus, cette simultanéité du vouloir et du mouvement étant une suite nécessaire ou l'expression même des lois de l'univers, comme enfin vouloir et agir ou mouvoir sont inséparables et identiques, quoique la métaphysique fasse une distinction abstraite entre les deux[1], il s'ensuit que l'âme est la véritable et unique cause efficiente des vouloirs qu'elle exécute par le moyen du corps à qui elle est unie, et qu'elle ne dépend que d'elle-même quant à cette espèce de modes actifs, quoiqu'elle dépende d'autres forces quant à son existence et aux modifications passives du corps qu'elle anime.

Tout cela posé, on voit combien est mal fondé l'auteur du *Témoignage du sens intime* lorsqu'il ajoute. « Nous avons une perception si vive de cette nécessité de la correspondance des mouvements et des volontés, que nous nous irritons contre ceux qui soutiennent qu'un mouvement libre que nous avons donné à notre main, par exemple, n'est pas une suite de notre volonté. Que faisons-nous alors? Nous attribuons par une erreur grossière la souveraine puissance à cette volonté. Nous avons donc la perception d'une force dont l'effet est infaillible, et que *nous imaginons faussement nous appartenir*[2]. » Pourquoi faussement? Si une expérience de sens intime peut nous tromper, qu'est-ce qui sera vrai? La force dont l'effet est infaillible, dans l'état actuel, c'est nous-même, qui ne sommes pas, il est vrai, causes de notre existence, ou de l'union des deux éléments qui nous constituent, mais qui sommes bien causes premières de nos actions libres. Nous n'attribuons point la souveraine puissance à notre volonté, ou à nous-mêmes; ce serait une erreur; mais nous attribuons une puissance d'agir immédiatement sur le corps et par lui, et si c'était une erreur, la persuasion intime de notre existence en serait une.

Mais, dit-on, la volonté de mouvoir n'est pas toujours exé-

1. La grande erreur commune aux cartésiens et aux autres philosophes, c'est de séparer le vouloir et l'action, et de chercher ensuite à les lier l'un à l'autre par un nœud étranger et extérieur à l'âme tel que l'efficace d'un pouvoir divin, etc. Tandis qu'il n'y a réellement aucun intermédiaire entre vouloir un mouvement et l'exécuter et que s'il y a quelque chose de certain au monde, c'est que c'est le même être qui veut et agit. La cause de cette erreur tient la confusion du désir avec le vouloir. (M. de B.)

2. Tome II, page 93. (A. B.)

cutée, comme dans le paralytique, dans ceux qui ont perdu récemment quelque membre, etc. Je nie le fait. Le paralytique désire le mouvement dont il se souvient comme ayant été autrefois en son pouvoir; il ne saurait le *vouloir* précisément parce qu'il n'a pas le sentiment immédiat du *pouvoir* ou de l'effort actuel. A mesure que les forces corporelles diminuent, et que l'âme perd la conscience de son pouvoir immédiat, la volonté se restreint aussi : il y a des tâtonnements, des velléités, mais point de vouloirs décidés et proprement dits.

« Les mouvements libres que nous tirons de notre corps sont tout aussi dépendants des lois générales du mouvement que ceux qui entretiennent la *vie animale*. Le principe déterminant de ces actes libres, dont notre volonté n'est que l'occasion, n'est compris, il est vrai, dans aucun des cas qui renferment les lois générales; il dépend de celles de l'union de l'âme et du corps; mais tout ce qui forme l'exécution pleine de notre volonté est dû à l'efficace des lois générales qui semblent alors soumises à ce principe déterminant [1]. »

La matière de nos membres a des propriétés et des lois communes avec celles de la matière en général. Ces lois générales ne peuvent être changées entièrement par la force de l'âme qui doit s'y conformer pour mouvoir le corps, mais elles sont modifiées par cette force, et ce qui constitue précisément les mouvements libres n'a rien de commun avec le mécanisme matériel ou animal.

Le principe déterminant est toujours un premier vouloir ou acte libre. Il faut bien remonter jusque-là pour trouver la cause du premier mouvement; mais nous n'y remontons que parce que nous trouvons *en nous-mêmes* l'intelligence qui opère par le vouloir, et si nous n'étions pas des causes libres, si nos vouloirs n'étaient pas efficaces, nous n'aurions pas l'idée de la cause ou volonté *suprême*.

« N'assurez pas que vos mains exécutent tel mouvement parce que vous le voulez ! Vous connaissez donc naturelle-

1. Tome II, page 110.

ment cette faculté d'agir par le vouloir, de produire des effets physiques simplement en les voulant? Il n'est plus question que de savoir où vous la sentez, Est-ce en vous-mêmes? Examinez-vous de près et vous reconnaîtrez que votre volonté est de son fond impuissante. Cette faculté est cependant réelle, puisque vous la sentez. Cette cause est, pour la même raison, dans un Être tout aussi près de vous que vous l'êtes de vous-mêmes, qui lie vos volontés, qui voit ce que vos organes permettent d'exécuter, qui met en œuvre les moyens de vous faire obéir par vos membres, moyens auxquels vous ne pensez pas, que vous ignorez, que vos désirs ne déterminent pas, et qui pourtant doivent être déterminés afin que vos volontés soient satisfaites[1]. »

Tout ce qui est attribué ici à Dieu convient parfaitement au *moi* qui veut et agit ou opère par le vouloir. Il ne saurait y avoir aucune bonne raison de lui ôter l'efficace du vouloir qu'il s'attribue par le fait de conscience en le transportant à un autre être. Je connais naturellement, ou par expérience intérieure, une faculté d'agir par le vouloir. On me demande où je la sens. Cette question est étrange. Comme si je pouvais sentir quelque faculté comme m'appartenant, ou faisant partie essentielle de ma nature, ailleurs qu'en moi-même.

D'une part, dit-on, cette faculté est réelle puisque je la sens. Par là on reconnaît ce qui est bien vrai, savoir, que je ne puis sentir aucune faculté en *moi* qui ne soit réelle. Si je supposais une telle faculté dans un être différent de *moi*, je pourrais me tromper, et mes suppositions ou inductions raisonnées ne sauraient jamais prouver la réalité d'une chose avec cette force d'évidence qu'emporte avec lui le sentiment intime. Mais, d'autre part, continue-t-on, en m'examinant de près, je reconnais que ma volonté est de son fond impuissante. Qu'entend-on par cette impuissance au fond? Mon pouvoir réel ne s'étend pas aussi loin que mes désirs ou que mes conceptions. Lorsque j'agis, ou que je veux, d'après le sou-

1. Tome II, page 155.

venir ou l'idée d'un pouvoir que je ne sens pas actuellement, ou dont je n'ai pas l'aperception immédiate ou intérieure, je puis faire un effort impuissant, avoir des volontés, ou plutôt des velléités inefficaces, comme lorsqu'un semi-paralytique fait effort pour marcher ou parler, etc. Mais ces anomalies ou ces excursions des désirs ou des idées d'un pouvoir imaginaire au delà des bornes du pouvoir réel, ne prouvent point du tout que le sentiment de ce pouvoir réel me trompe, ou que je n'agisse pas efficacement lorsque je sens mon action efficace.

« La cause des mouvements de mon corps, convient M. Lignac, est aussi près de *moi* que je le suis de moi-même ; elle lit mes volontés, voit ce que mes organes peuvent exécuter, met en œuvre ces organes, ou les instruments de motilité volontaire que je ne connais point, etc. » — La cause efficiente des mouvements dont il s'agit est identifiée avec *moi*, puisque je la sens, et que je ne puis sentir que ce qui est en *moi*; ainsi cet être qu'on appelle Dieu ne serait pas différent de moi-même ; je serais une partie intégrante, ou une modification de cette substance unique, à peu près comme l'entend Spinosa, en conservant néanmoins mon *individualité*, ce qui est assez difficile à concevoir. Mais c'est là faire une hypothèse sans nécessité, puisque je ne conçois pas mieux comment un être intelligent, avec qui je suis identifié par le sentiment de vouloir, sans l'être par la puissance effective, agit pour mouvoir mon corps, que je ne conçois comment agit la force propre à laquelle j'attribue l'efficace.

Il est vrai que je ne pense pas aux moyens ou aux instruments de motilité, que je les ignore même, ou que je n'en ai aucune idée objective, quoique j'aie le sentiment ou l'aperception intérieure de leur jeu, en tant que ma force motrice s'y applique actuellement et continuellement dans l'état de veille. Mais ce n'est pas le jeu des fibrilles nerveuses ou musculaires, ce ne sont pas les moyens de mouvement que je veux, c'est ce mouvement même ou la sensation musculaire que je sens ou aperçois être en mon pouvoir, comme déterminée, non par le désir qu'un certain mouvement s'accomplisse hors de *moi*, mais par la volonté expresse qu'un mouvement ou qu'une sensation dont je dispose librement s'exécute.

C'est donc la sensation perçue dans des organes immédiatement subordonnés à une force motrice, qui est l'objet de mon vouloir. Je connais ou je perçois cette sensation ; je sais par l'expérience intérieure ce que je veux, je le connais très distinctement quand je me rends compte de mes mouvements volontaires, quoique je ne m'en aperçoive pas toujours. Je ne puis vouloir le jeu du cerveau et des nerfs comme moyens de mouvements séparés de l'effet du vouloir, parce que ces moyens et cet effet sont simultanés, enveloppés dans le même sentiment indivisible, et ne peuvent être distingués autrement que par une abstraction de l'esprit, et non par aucune perception particulière.

Les mouvements volontaires de notre corps sont des moyens que nous employons pour atteindre un but extérieur quelconque, ou nous donner certaines modifications qui ne sont pas immédiatement en notre pouvoir, les modifications sont alors les effets de la volonté par l'intermédiaire des mouvements que l'individu aperçoit et veut. Mais lorsque l'on considère les mouvements mêmes par rapport à la volonté, il n'y a point d'intermédiaire, puisque la force motrice se déploie sur le terme qu'elle sent, ou qui lui est immédiatement présent par le sens intime.

Si l'on demandait pourquoi ce sens ne perçoit ou ne représente pas son objet propre, il n'y a aucune autre chose à répondre sinon que cet objet n'est pas de nature à être représenté hors du *moi*, comme les sons, les odeurs, etc.

Il ne faut pas demander pourquoi ce sens ne connaît pas ses moyens d'exercice, ou les instruments matériels qui concourent à son exercice; car il a cela de commun avec tous les sens. L'œil ne se voit pas lui-même, mais l'objet extérieur est vu. Le sens musculaire ne perçoit pas le jeu de ses propres fibres, mais le *moi* en aperçoit immédiatement le résultat dans la sensation qui accompagne la contraction ou la commotion des muscles, etc.

« Le sentiment intérieur, dit très bien Bonnet[1] nous convainc de la *force motrice* de l'âme, et cette preuve est d'une évidence première qu'on tenterait vainement d'affaiblir. » — L'auteur du *Témoignage du sens intime* demande à ce sujet ce qu'entend Bonnet par cette force, qu'il attribue à l'âme, de remuer nos membres. « Je n'en sais rien, dit-il, ce serait à lui à nous l'apprendre. » N'est-ce pas comme si l'on demandait ce qu'on entend par la faculté de voir, d'entendre, de sentir le plaisir ou la douleur. Est-ce que ces facultés se définissent autrement que par leur exercice, ou par elles-mêmes? Peut-on en donner l'idée par des paroles ?

Sans doute Bonnet n'a pas été fondé à dire que nous ignorons profondément ce que c'est que *force*, *activité*, que ces termes ont été inventés pour exprimer seulement des effets, etc., que notre propre force, celle qui s'exerce sur notre corps, cette force qui est nous-mêmes, nous est aussi inconnue que tout autre. Bonnet entend par là que nulle force (y compris la nôtre) ne se manifeste que par ses effets, qui sont des mouvements ; qu'il nous est impossible de nous faire une idée ou une image de notre propre force, ou de la connaître *objectivement* comme un phénomène extérieur ou *formellement* comme chose en soi. Cela est vrai, mais cela n'empêche pas que nous ne connaissions très manifestement, et avec une évidence supérieure cette force, par le sentiment intime de son exercice actuel, et que nous n'ayons par là même la *notion implicite* de sa réalité absolue, de l'existence de la force, indépendante même de ce sentiment actuel qui accompagne son exercice. Ces *notions implicites* jointes au sentiment et à tout ce qui a pour notre esprit le caractère de fait, ont été négligées par les psychologistes modernes, qui n'en ont tenu aucun compte dans leurs doctrines, dont la tendance est ainsi toute sceptique ou idéaliste. Cependant de telles

1. Cité par Lignac. Tome II, page 157. (A. B.)

notions implicites étant abstraites des faits de perception ou de sentiment, et notées séparément au moyen des signes (moyens exclusifs de leurs conceptions) représentent à l'esprit tout ce qu'il y a de *réel* dans nos connaissances : les êtres, les substances et les causes, dont nous croyons nécessairement l'existence et la réalité permanentes, quoique nous ne puissions les *imaginer* ni les sentir dans cet état d'isolation, mais seulement dans le concret, avec les phénomènes, ou dans les relations qui caractérisent tout ce que nous appelons *faits* extérieurs ou intérieurs.

L'auteur du *Témoignage du sens intime* rétorque très bien contre Bonnet ce qu'il a dit de la *force*, en tant que ce signe n'exprimerait pour nous que les effets inséparables d'elle. « Car, ainsi dit l'auteur, notre propre force ne serait qu'un effet, savoir, l'obéissance de nos membres à nos volontés. Mais outre l'avertissement secret de la docilité de nos membres, le sens intime ne nous apprend-il pas de plus que cet *effet suit nécessairement notre vouloir*.

« Le sens intime (continue l'auteur) renferme d'abord l'union de notre âme et de notre corps, non comme un effet de notre vouloir, mais comme l'effet d'une cause extérieure[1] ». Je nie absolument cette proposition. Ce que nous appelons le sens intime comprend deux termes ou éléments indivisibles quoique distincts : l'effort (cause) et la sensation musculaire (effet). La notion de l'âme et celle du corps sont implicitement renfermées dans ce sentiment intime, et l'union des deux êtres absolus est exprimée par la relation des deux éléments du même fait de conscience ; mais l'union de l'âme et du corps, en tant qu'elle est renfermée dans le sens intime, ne peut être que l'aperception interne que la force motrice a d'elle-même, comme s'exerçant actuellement sur un corps organisé sensible ou affectible. Cette union est le fait du sens intime qui emporte avec lui la causalité du *moi*, mais qui ne peut être connue comme effet d'aucune cause extérieure. Il

1. Tome II, page 159.

est si faux que le *moi*, qui n'existe pour lui-même qu'à titre de *cause* se sente lui-même comme effet d'une autre cause supérieure, qu'il ne peut concevoir au contraire de cause extérieure à lui que d'après le fait de sa propre causalité, et lorsqu'il est parvenu à cette abstraction ou notion de *l'existence* ou de *l'être* séparé du sentiment individuel de son être propre, toujours concret avec la relation première de la cause à l'effet.

« C'est en conséquence de notre union avec tel corps individuel que nos membres nous obéissent, mais cette union est formée par la loi de l'Etre qui opère par le vouloir [1] ». Dites que le sentiment de cette union est identique à celui qu'a de lui-même l'individu qui sent qu'il opère par le *vouloir*.

« L'obéissance de nos membres est donc encore l'effet de même loi, et c'est ce que nous dit le sens intime [2]. » Le sens intime nous dit que nos membres passifs et inertes par eux-mêmes obéissent à une force active qui les meut, avec le sentiment immédiat de son action. Mais l'idée ou la notion de la loi, en vertu de laquelle cette activité d'une part et cette obéissance de l'autre peuvent avoir lieu, n'est point comprise dans le témoignage du sens intime. Nous sentons qu'il y a en nous, dans le même être individuel, *action* et *passion* ; que la partie passive obéit à la partie active ; et nous pouvons le sentir ainsi toute notre vie sans songer un instant qu'il y ait une loi dont l'obéissance de nos membres soit l'effet, etc.

« Le corps par ses mouvements n'est point la cause extérieure et prochaine de nos perceptions [3]. » Le corps n'étant doué par lui-même d'aucune activité, n'est cause de rien ; il est seulement le *siège* ou le *lieu* où nous percevons certaines modifications sensibles, déterminées par des causes ou forces actives conçues à l'instar de notre force propre.

1. Tome II, page 160.
2. Tome II, page 150.
3. Tome II, page 161.

« De même les volontés de l'âme ne sont pas les causes proprement dites des changements qu'elles occasionnent dans le cerveau, et par suite dans les membres, etc. [1] ».

L'âme ou la force qui opère par des volontés sur les membres, d'une manière inconnue, est la cause des changements ou mouvements qui s'y effectuent, en tant qu'elle se les attribue comme des effets dépendants de son action et de son pouvoir seul. Il ne s'agit pas ici de ce qui est vrai absolument ou *en soi*, indépendamment du sentiment ou de la conscience, mais de ce qui est vrai pour la conscience. Et comment pourrions-nous croire ou démontrer qu'une vérité primitive de conscience soit opposée à la vérité absolue? Tout le système de l'abbé de Lignac porte sur la confusion qu'il fait sans cesse des vérités premières de sens intime, dont le caractère est essentiellement relatif, avec des notions absolues qu'il prétend faussement être renfermées dans le sens intime.

« La loi de l'union est la volonté de l'intelligence suprême. Donc les effets qui suivent de cette loi, les mouvements de notre corps, n'ont d'autre cause efficiente que cette volonté[2] ». Voilà des propositions absolues qui consistent à affirmer *ce qui est*, en mettant à l'écart *ce que nous sentons*; ce n'est donc pas une philosophie fondée sur le *sens intime*.

L'auteur nie expressément la force motrice de l'âme. Suivant lui c'est une chimère scolastique, et voici le raisonnement qu'il fait pour le prouver : « Si la *nécessité* de correspondance entre le mouvement de mon bras et mon vouloir vient immédiatement de ma volonté, il est hors de doute que je ne puis m'empêcher de reconnaître en moi une *force motrice*; mais si cette nécessité dépend de lois que je n'ai point faites, auxquelles je suis soumis, la force motrice est dans la loi ou l'auteur de la loi, etc. [3] ».

Une force se déploie sur un corps d'après certaines lois ou

1. Tome II, page 161.
2. Tome II, page 163.
3. Tome II, page 163

rapports qui existent entre elle et le corps, et qui sont même des conséquences nécessaires de la nature, ou de l'essence de la force, et de son terme d'application. Parce que cette essence, ces rapports ou ces lois ne sont point les effets de la force qui opère d'après eux, niera-t-on qu'elle opère ? Et sur quoi pourra se fonder cette étrange négation ? Dieu lui-même ne peut agir que selon son essence combinée avec celle des êtres sur lesquels il agit, et d'après des rapports qui unissent ces êtres à lui, et les rendent passibles de son action. Niera-t-on pour cela que Dieu opère en se conformant à ces lois ? Notre activité est bornée, s'ensuit-il qu'elle n'existe pas ?

« La faculté de vouloir, avait dit Ch. Bonnet[1], ne suppose pas toujours la faculté de *mouvoir* : on peut *vouloir* des choses auxquelles l'activité de l'âme ne s'étend point. » Sur quoi l'auteur remarque qu'on veut ce qu'on ne peut point précisément parce que l'état des fibres nerveuses est inconnu, etc.

Bonnet a confondu comme les autres le *désir*, la *préférence* avec le *vouloir*. La faculté de vouloir suppose si bien celle de mouvoir que l'une est identique à l'autre ; la volonté et le pouvoir réel, ou le sentiment de ce pouvoir, ont même étendue, mêmes limites. Un être qui n'aurait pas le sentiment immédiat d'une énergie ou d'une tendance, d'un pouvoir moteur, ne voudrait pas le mouvement, et pour cela il n'a pas besoin de connaître objectivement les fibres nerveuses ni leur disposition ; il lui suffit de sentir immédiatement cette disposition, ce qui est bien différent de les connaître comme objets.

Je vois une machine, et après m'être fait une idée exacte de ses ressorts divers, ou de la manière dont ils jouent, je juge qu'en poussant telles pièces, je pourrai mettre la machine en mouvement. Supposez que lorsque je forme le désir que le ressort soit poussé, une puissance quelconque la mette en jeu, et que la machine joue comme je le souhaite sans que j'aie besoin d'agir ; voilà ce que serait l'âme par rapport au corps

1. Cité par Lignac. Tome II, page 165. (A. B.)

si elle ne la connaissait que comme *objet*, si elle n'avait pas de force motrice, et que son désir fût simplement *l'occasion* du mouvement. Sans doute, pour désirer que le ressort soit mû de telle manière, il faut le connaître, il faut avoir l'expérience de ce qui doit arriver dans la machine, mais il n'y a là rien qui puisse être comparé à l'aperception immédiate du vouloir et du pouvoir moteur dans l'âme unie au corps, sur qui elle déploie un effort senti et qui compose avec elle un même tout.

La machine étrangère et moi sommes des êtres séparés; mon corps et moi ne faisons qu'un. Je ne puis le connaître comme objet en tant que j'agis immédiatement sur lui et par lui, de même que je ne puis sentir immédiatement le pouvoir médiat que j'ai sur la machine, en tant que je la connais comme un objet différent de moi-même.

« C'est la manie de notre siècle, observe l'auteur, de dire que nous ne connaissons pas notre âme, quoique nous nous sentions exister, que nous distinguions en nous ce qui est *passif* de ce qui est *actif*, et que nous ne puissions nous prendre pour un autre individu [1] ».

Cela est vrai parce qu'on ne distingue qu'une manière de *connaître*, par perception externe ou imagination, et qu'on exclut de la connaissance l'aperception interne et la réflexion. Mais l'auteur favorise lui-même cette illusion, lorsqu'il affirme que nous ne connaissons pas le terme immédiat de l'activité de l'âme, ou les fibres nerveuses, parce que nous ne pouvons les percevoir à la manière des objets.

La volonté et la force motrice sont-elles deux facultés différentes, dont la seconde soit subordonnée à la première seulement dans certains cas, et non point dans d'autres, tels que ceux des fonctions vitales qui s'exerceraient toujours par l'influence de la même *force motrice*, mais sans la *volonté*. Voilà le doute de Bonnet; à quoi l'auteur répond très bien: « Si l'âme avait une force motrice différente de la volonté,

1. Tome II, page 166.

elle pourrait en effet opérer tous les phénomènes de l'économie animale *sans le savoir*. Mais sur quoi pourrait-on se fonder en ce cas pour juger que c'est elle qui produit ces phénomènes? » Ici l'on avoue que nous n'avons d'autre *criterium* pour juger si l'âme produit ou ne produit pas tels effets, que la conscience d'un vouloir efficace ou le sens intime d'un effort; mais pourquoi nie-t-on d'un autre côté cette efficace du vouloir quand nous le sentons ou l'apercevons intérieurement?

« L'âme, dit Bonnet, n'a point le *sentiment* de la mécanique et du jeu des organes sur lesquels elle agit librement, *par cela même qu'elle agit sur ces organes* ». (Je dirais : L'âme n'a point le sentiment et non pas l'idée objective de la mécanique.) « Cette action n'est point une idée. » (Je dirais : Ce sentiment n'est point une idée) « C'est un mouvement communiqué » (Dites : C'est le résultat d'un mouvement connu) « Un degré de force transmis : tout ce que l'âme en connaît, et que l'expérience (intérieure) lui enseigne, c'est le point du sensorium » (Dites : Le lieu du corps vers lequel elle doit diriger son action.) L'âme ne connaît ce lieu que par la résistance que son action y éprouve, or le sensorium, le point du cerveau quelconque, d'où l'âme exerce son action, ne résiste pas. L'âme a dans la sensation musculaire le sentiment du résultat de la mécanique et du jeu des organes sur lesquels elle agit librement, ou en tant qu'elle en est cause; elle n'a point le sentiment de cette mécanique ou de ce jeu, pas plus qu'elle n'a le sentiment des vibrations excitées dans l'air par le corps sonore et communiquées aux fibres de la lame spirale, ou du choc des rayons lumineux sur la rétine; et il est bien évident que si l'âme percevait en dehors ces vibrations ou ce jeu des rayons et des fibres, elle ne saurait avoir en même temps la conscience des impressions qui en résultent. Ainsi Bonnet ne s'exprime pas exactement quand il dit : L'âme n'a pas le sentiment de la mécanique ni du jeu des organes sur lesquels elle agit librement par cela même qu'elle agit sur eux; car on ne voit point du tout comment l'action exercée par l'âme sur un terme organique exclut le sentiment de ce qui se passe dans ce terme..... tout au contraire s'il y a quelque moyen de connaître ce qui se passe dans un organe, c'est en tant qu'elle agirait sur lui. Mais l'âme ou le moi a la conscience de l'effort, le sentiment de la présence du terme inerte et mobile sur lequel son action se déploie immédiatement.

De ce que cette action est immédiate, il s'ensuit bien que l'âme n'a pas l'idée ou la perception de son effort comme d'un objet ; mais de ce que le terme lui est immédiatement présent, que sans lui il n'y aurait point d'effort senti, ou que l'âme n'aurait pas l'aperception interne d'elle-même comme force motrice, il s'ensuit aussi qu'elle a le sentiment de la présence, ou de la coexistence de l'organe sur lequel elle agit librement, par cela même qu'elle agit sur lui.

Elle ne peut avoir le sentiment de la *mécanique* ni du jeu des fibres de cet organe, car l'âme n'a le sentiment immédiat que d'elle-même, en tant qu'elle agit, ou des modes de son activité essentielle. Elle a aussi le sentiment médiat des produits de son action, en tant qu'elle les localise dans le corps auquel elle est unie et en qui seul elle sent ou aperçoit intérieurement ce qu'elle opère par le vouloir.

C'est par une faculté toute différente de celle d'agir qui constitue son essence que l'âme perçoit ou se représente ce qui est hors d'elle dans un espace extérieur ; et c'est ainsi qu'elle pourrait se représenter un mécanisme ou un jeu de fibres *quelconque*. Cette représentation est une *idée objective* qui exclut le sentiment immédiat ou d'aperception interne, puisque l'âme étant une force simple, n'a en elle-même rien qui ressemble à un mécanisme ou à un composé de pièces et ressorts. Toute idée de mécanisme représente des choses extérieures à l'âme, et le corps propre, en tant qu'il est senti ou aperçu intérieurement par l'âme comme son objet immédiat, n'est point extérieur à elle, ou étranger comme le vaisseau l'est par rapport au pilote qui le conduit, à l'aide du toucher ou de la vue, par la connaissance vraiment objective qu'il a des diverses pièces et du jeu de la machine sur laquelle il agit médiatement.

Toutes les erreurs et les mécomptes viennent donc ici de ne pas distinguer le caractère du sentiment immédiat, ou de l'aperception interne que l'âme a d'elle-même en tant qu'elle agit librement sur certaines parties du corps organisé, et en même temps de ces parties, en tant qu'elles offrent à l'action de l'âme ce degré d'inertie ou de résistance qui rend l'action elle-même aperceptible avec son terme, de ne pas distinguer, dis-je, ce sentiment interne de l'âme et de son union substantielle avec le corps, qui constitue avec elle un seul et même individu, de l'*idée* objective que nous avons de notre corps et des différentes parties qui le composent comme d'une chose étrangère, extérieure à l'individu, ou séparée de lui.

Cela posé, nous dirons : L'âme a le sentiment *immédiat* de l'inertie et du mouvement des organes sur lesquels elle agit librement, et elle n'en a point l'idée ou la perception externe par cela qu'elle agit sur eux, et qu'elle a le sentiment de leur présence.

Le sens du passage de la psychologie de Bonnet étant ainsi rectifié, nous pouvons mieux apprécier les objections de l'auteur du *Témoignage du sens intime* contre ce passage.

« L'action de l'âme n'est point une idée, » disait Bonnet. C'est une idée ou une notion en tant que nous concevons une force agissante et absolue de l'âme autre que celle de notre *moi* actuel. Dans ce dernier cas, c'est un sentiment. Le claveciniste n'a pas besoin de connaître le mécanisme de son instrument pour en jouer, et cette connaissance ne ferait pas qu'il jouât mieux. L'âme pourrait connaître la structure du cerveau, des nerfs et des muscles, sans mieux mouvoir. Mais, sans connaître cette structure, elle pourrait voir intérieurement ces fibres, comme le claveciniste voit et touche le clavier, et avoir en même temps la conscience du résultat du jeu des pièces ; mais cette connaissance objective serait toujours différente du sentiment interne de l'action.

« L'âme a-t-elle une perception de cette action prétendue, ou bien l'action n'est-elle point comprise dans son sens intime ? Dans ce dernier cas, elle n'appartient point à l'âme (*concedo*). Dans le premier cas, l'action étant l'objet d'une perception, c'est une idée dans le sens de l'auteur »[1] (*nego*). L'action ne peut être l'objet d'une perception, comme le mouvement ou le changement successif d'un corps d'un lieu dans un autre. Mais l'action voulue est une aperception interne de l'âme, dans laquelle le sujet et l'objet sont complètement identifiés, et le mouvement, ou la contraction musculaire qui est l'effet de cette action, ne peut être dit l'objet de la perception ou du sentiment, car le sentiment n'a point d'objet.

Le mouvement senti, dans les organes mobiles à volonté, n'est pas le mouvement perçu ou représenté dans un corps étranger qui va d'un lieu à un autre. Le degré de force transmis à un organe sur lequel l'effort se déploie, n'est pas un choc ou un mouvement communiqué de corps à corps. On erre en voulant comparer ici des choses incomparables, des sentiments avec des idées.

« Consultons le sens intime, dit l'auteur, il nous annonce une correspondance nécessaire d'obéissance de la part de nos membres à notre volonté[2]. » Cette correspondance est l'objet d'une idée acquise d'un jugement abstrait, elle n'est point un sentiment : nous ne percevons point d'abord distinctement le jeu de nos membres, et les opérations de notre volonté comme deux choses séparées, ainsi que le pilote perçoit les mouvements du vaisseau qu'il dirige ; mais nous avons une sensation musculaire qui correspond constamment à notre volonté, et ces deux éléments du même fait de sens intime, de l'effort, sont distincts sans être séparés. La correspondance ou l'obéissance de l'un à l'autre est donc un fait qui porte avec lui sa cause, et le sens intime n'en reconnaît pas de plus élevé. Ce n'est qu'autant que nous avons acquis par abstraction la notion séparée d'âme et de corps que nous concevons les lois d'une correspondance entre les deux substances, ou entre une force et une substance, et que nous reconnaissons que

1. Tome II, page 174.
2. Tome II, page 175.

cette relation, dans laquelle consiste notre existence tout entière, doit avoir une cause qui est aux existences individuelles ce que notre volonté est aux phénomènes ou aux mouvements qu'elle détermine à commencer. Le sens intime seul ne remonterait donc point à la cause de l'union, puisqu'il sortirait de lui-même, et cesserait d'être *le sens intime*.

Nous sentons en nous une force, ou plutôt nous nous sentons nous-mêmes comme une force qui opère par le vouloir, et c'est d'après ce sentiment intime de notre causalité que la raison se forme l'idée d'abord de force physique, puis de cause universelle intelligente. La force individuelle qui opère par le vouloir n'opère que sous certaines conditions ou d'après certaines lois. Ces considérations et ces lois sont celles de notre existence ; elles se fondent sur l'essence même de la force vivante, avec laquelle le *moi* est identifié, combinée avec celle du corps organique sur laquelle cette force se déploie naturellement. Lorsque les rapports naturels qui doivent exister entre la force motrice et les organes sont altérés, ou que les conditions organiques de la réceptivité de l'impulsion sont changées, le vouloir n'est plus efficace, ou même il n'y a plus de vouloir ; conclura-t-on de là que, sous l'empire des lois naturelles de l'union, la volonté n'agisse réellement pas, ou que son action ne soit pas efficace ?

Suivant l'auteur du *Témoignage du sens intime*, il n'y a de cause efficiente que celle qui opère par le vouloir d'une manière absolue, sans être limitée par aucune loi, puisque c'est elle qui les a faites ; et tout être qui dépend d'un autre quant à son essence, ou à son existence, dépend sous tous les rapports, il est passif. C'est contrarier, dans un point de vue systématique, le sens intime qu'on invoque. Est-ce que la cause suprême, telle que nous la concevons, n'agit pas aussi d'après son essence combinée avec celle des êtres qui souffrent son action, et cela empêche-t-il qu'elle opère par le vouloir ?

« On n'a point d'idée, dit l'auteur, de cause, de puissance, de force, de possibilité, quand on ne connaît point une intelligence qui effectue en voulant[1]. » Je l'accorde ; mais je suis assuré, par le sens intime, que l'idée de cette intelligence qui opère en voulant est toute prise en moi-même, et que c'est par cette idée particulière de mon individualité, en tant que je me reconnais une intelligence qui opère par le vouloir, que je puis remonter jusqu'à la notion de l'efficace de la volonté suprême du législateur de la nature. Ce n'est pas en lui que réside ma *force propre*, quoiqu'il soit la raison de ce que j'existe ou que j'ai une force.

Est-il nécessaire qu'une intelligence ait prévu ou établi certaines lois entre les êtres pour que ces lois existent ou soient rigoureusement observées ? Les lois ne sont que les rapports des êtres ; ces rapports résultent de ce que ces êtres sont en eux-mêmes ; ils sont dérivés de leur essence simple ou combinée. Est-il nécessaire que cette essence ait une cause ? Supposé que la gravité assujettie à la loi du quarré des distances, soit de l'essence de la matière ; la pierre ne tomberait-elle pas nécessairement, sans qu'il soit besoin de remonter à une intelligence qui connaisse la loi dont il s'agit, et qui opère d'après elle par le vouloir ? L'auteur du *Témoignage du sens intime* aurait dû au moins fournir cette preuve.

« Si nos premiers soins, en commençant à raisonner, avaient pour objet l'analyse de notre sens intime, deux vérités antérieures à tout raisonnement, et, par conséquent, indépendantes de lui, se présenteraient à nous, savoir, la réalité de notre existence et la réalité d'une cause qui nous fait exister et qui détermine nos manières d'être ; car nous nous sentons un effet et dans le fond et dans les manières de notre être ; or se sentir un effet, et sentir une cause présente, c'est la même chose[2]. »

J'observe ce qui suit sur ce passage très remarquable :

1° Le sens intime nous atteste avec une évidence première

1. Tome II, page 176.
2. Tome II, page 189.

et supérieure à tout raisonnement la réalité de notre existence identique à celle d'une cause de mouvement, qui opère par le vouloir, puisque cette cause est *moi*. L'existence et la causalité personnelle étant le fait primitif ou la première donnée de toute science, n'admet aucune idée de cause au-dessus d'elle, et si la réalité d'une cause qui le fait exister lui était immédiatement présente avec le sentiment de son existence, celle-ci ne serait pas pour lui le fait primitif, mais bien secondaire ou dérivé. D'un autre côté, la réalité de la cause de l'existence étant étrangère au *moi* et supérieure à lui, ne serait point un fait de sens intime ou de conscience, celui-ci ne serait donc pas la première vérité, l'être pensant, apercevrait quelque chose qui n'est pas lui, dont il dépend, avant de s'apercevoir lui-même, et il ne faudrait pas dire que le sens intime nous atteste la réalité d'une cause de l'existence ;

2° La même cause ou force qui existe pour elle-même détermine aussi certaines manières d'être d'elle-même ou du corps sur lequel elle agit sans le concours d'aucune autre cause. Il n'est donc pas vrai que nous sentions d'abord un effet. Au contraire, nous nous sentons une cause dans le fond de notre être voulant et agissant, et dans les manières d'être qui dépendent du vouloir et de l'acte primitif;

3° Il y a des modes passifs de notre être sous lesquels nous nous sentons réellement comme des effets dépendants d'une cause qui n'est pas nous. Sentir des modes comme effets, ce n'est pas *sentir* une cause présente, car nous ne pouvons sentir ou apercevoir immédiatement d'autre cause que le *moi*; mais c'est avoir l'*idée* ou la notion plus ou moins confuse d'une cause étrangère ;

4° Cette notion est induite du sentiment intime de notre propre activité ou causalité, et ne peut lui être antérieure ; elle ne naîtrait point sans ce sentiment du *moi cause* ;

5° Ce n'est qu'après nous être élevés par l'abstraction, et à l'aide des signes, jusqu'à la notion de l'être absolu, des *noumènes* appelés *âme* et *corps*, ou du composé des deux, que nous concevons une existence sans *moi*, sans aperceptions ou sentiment, et c'est alors aussi que considérant cette existence individuelle comme contingente, temporaire, notre esprit remonte jusqu'à une cause efficiente, nécessaire, éternelle, qui a réalisé l'être contingent. Mais il est bien évident que cette conception est prise tout à fait hors des limites du sens intime, pour qui rien n'existe qu'individuellement et intérieurement, loin d'être renfermée en lui. Nous sentons notre passivité ou notre dépendance à l'égard des causes extérieures quant à certains modes de notre existence sensitive, opposés aux modes résultant de notre activité, mais non pas quant au fond de notre être pensant qui ne s'aperçoit qu'en tant qu'il est actif, cause libre, et partant indépendant de l'action de toute autre cause. Il faut s'être élevé par la réflexion et l'abstraction jusqu'à la notion de l'essence pour concevoir que n'étant pas nous-mêmes les auteurs de cette essence, elle dépend d'une cause suprême qui est à l'essence et à l'existence qui ont un commencement ce que notre âme, force motrice, est aux mouvements qu'elle fait commencer dans le corps.

Cela posé, si l'on disait que nous sentons la présence de la divinité dans le sens intime de notre existence, et la conscience de nos sensations, il faudrait reconnaître au moins que c'est seulement dans la conscience des sensations ou modifications passives, qui sont toutes des relations à une cause *non moi*. C'est cette cause qui serait Dieu, dont l'idée serait aussi induite du sentiment même de notre être actif, ou de l'aperception intérieure de la force qui commence le mouvement.

Le sentiment de la présence d'une force en exercice, qui opère par le vouloir, peut être dit inné non point à l'âme mais à l'*homme*, en tant qu'il commence à exister pour lui-même, en commençant à agir ou à mouvoir; mais l'idée ou la notion de force de cause, en général, résultant de la réflexion faite sur l'exercice de la force n'est point inné parce que la réflexion ne l'est pas.

Ceux qui prennent pour l'idée de l'*âme* le sentiment du

moi ou celui de l'effort, qui renferme nécessairement celui de la présence ou de la coexistence du corps peuvent dire que l'idée de l'âme est innée, en ce sens que le moi est *inné* à lui-même, ou que l'aperception immédiate intérieure de l'existence de l'homme est inné à l'homme, puisque c'est elle qui constitue son individualité. Mais c'est à tort qu'on appelle *idée* le sentiment immédiat de l'existence individuelle ou du *moi*, car l'idée suppose toujours un exercice actuel de l'attention libre et réfléchie de la part du sujet, et un caractère universel de la part de l'objet. Ainsi, quoique pendant tout le temps que la veille dure l'individu ait le sentiment de son existence, par l'effort constant et non intentionné exercé sur le corps, il n'y a d'idée de *moi* distincte qu'autant qu'il y a un exercice de l'effort voulu et réfléchi. De même le fait de conscience ou de sens intime ne peut être considéré comme idée dans l'enfance et jusqu'à ce que l'individu se fasse de la force, ou de la causalité propre qu'il sent ou aperçoit immédiatement en lui-même un modèle imitable à l'infini, sous lequel il conçoit par induction des causes extérieures à lui, et sous l'action desquelles il est passif, ou d'autres forces intelligentes, semblables à la sienne, et opérant de même par le vouloir.

On peut donc appliquer au *moi* humain ce que Malebranche dit de l'âme, qu'il ne se connaît point par idée ou comme objet. Ce n'est pas en conséquence d'une idée, ou notion innée de la substance ou de la cause, que nous nous sentons exister; mais, au contraire, c'est parce que nous avons d'abord le sentiment immédiat de l'existence individuelle, que nous acquérons, par la réflexion et l'abstraction, la notion universelle d'existence, de force, de causalité.

Il suit de là que, pour en finir sur cette question tant rabattue des idées innées, il n'y aurait qu'à faire voir d'abord en quoi consiste la personnalité directe, et comment le sentiment du *moi* devenant l'idée individuelle du *moi* distinct des autres existences par réflexion, donne lieu enfin à la notion universelle de l'être, de la substance et de la causalité formée par l'abstraction. C'est par là seulement que la philosophie de Descartes et de Leibnitz peut être ramenée à ses véritables principes, c'est-à-dire aux faits primitifs du sens intime.

L'idée du *moi* n'est point originairement une abstraction, mais elle devient une abstraction, ou une véritable notion abstraite, dès qu'on cesse de faire attention au sujet individuel, d'où l'idée de force et de cause a été tirée, et que l'esprit ne s'attache plus qu'au fondement même de la relation, exprimé par les signes *causalité*, *force*, ou à l'un des termes, conçu primitivement, en relation avec un phénomène, puis isolé de phénomène particulier.

L'homme sent qu'il existe, et il exprime ce fait de conscience par une proposition énonciative où le sujet et l'attribut réellement indivisibles l'un de l'autre par la pensée, sont notés chacun par un signe séparé, j'existe ou *moi existence*. Sous ce mot *existence* ou *être*, il comprendra tout ce qu'il conçoit, à partir de son être propre, jusqu'à l'être souverain. L'acte de réflexion fait pour ainsi dire ressortir du sentiment de *moi*, autant d'idées d'attributs, d'abord individuels, et qui prennent de même le caractère universel et objectif de *notions*, dès qu'ils sont notés séparément, ou abstraits du *moi* qui les pense ; c'est ainsi que nous formons les notions d'intelligence, de volonté, etc.

L'abstraction qui crée ainsi des sujets logiques, ou purement artificiels, donne lieu à cette multitude d'illusions qui font confondre de prétendus êtres de raison avec de véritables êtres métaphysiques.

On donne le même nom de *substance* à l'objet permanent qui se manifeste par l'étendue et l'inertie, et au sujet, ou à la force durable qui se manifeste par des effets ou phénomènes transitoires qu'elle produit dans l'espace et le temps, et qui ne commenceraient pas sans elle. Mais quand on dit que la substance peut être étendue ou inétendue, sensible ou insensible, spirituelle ou matérielle, on ne s'aperçoit pas que le sujet commun de ces attributs opposés est purement logique.

La *matière* substance étendue, inerte, n'a point avec l'*esprit*, force agissante, ou cause de mouvement, un fond commun sur lequel puisse être entée l'intelligence ou l'activité. L'esprit, la force qui agit ou opère par le vouloir, n'a point, avec la matière substance qui résiste, un fond commun auquel l'intelligence et l'action puissent convenir.

C'est dans le sens intime de l'effort et de la présence du terme étendu, inerte, par qui il s'exerce que nous apercevons confusément les attributs universels de la substance et de la cause; c'est de cette source unique que la réflexion tire les notions distinctes de ces attributs. Descartes et Leibnitz ont méconnu cette filiation, et parce qu'ils ne voyaient pas comment les notions dont il s'agit, se rattachaient au fait primitif de conscience, ils ont dit qu'elles étaient innées, comme l'idée de nous-mêmes ou de notre âme. Mais le sentiment de nous-mêmes ou de notre *moi* n'est pas l'idée de l'âme, et l'aperception immédiate de l'existence individuelle n'est pas la notion de l'être universel, quoique celle-ci en soit déduite par abstraction.

Si l'idée ou l'aperception réelle du *moi* individuel, obtenue par réflexion, n'est pas une abstraction comme une autre, elle est encore moins une *image*. Les intuitions sensibles de la vue ne représentent que les simulacres, ou les images des objets réellement existants, et l'intelligence seule peut distinguer ces intuitions phénoméniques des objets réels à qui elles se rapportent comme à des substances durables ou à des causes permanentes.

Cette double relation étant saisie par la pensée dans les deux termes dont elle se compose, l'esprit peut concevoir chacun d'eux isolément. S'il conçoit la substance abstraite de tout mode déterminé, ou la cause séparée de tout effet, il a des notions universelles sans *images*. S'il conçoit les images séparées de l'existence réelle, et comme des modèles d'une multitude indéfinie d'intuitions semblables, il se forme des idées abstraites générales; c'est ainsi que l'intuition du rouge, par exemple, conçue séparément de tout objet déterminé, devient le modèle de toutes ces modifications semblables exprimées par le même terme général *rouge*, etc. L'image particulière ne devient une idée proprement dite qu'autant qu'elle est ainsi abstraite et notée par un signe général.

Notre âme ne se voit point *intuitivement*. Aucun être, substance ou cause, ne peut devenir objet d'intuition. Mais, en partant du fait primitif qui rend le *moi* certain de son existence, on peut dire que l'âme connaît ses propriétés ou facultés constitutives par la *réflexion*. Elle s'aperçoit de dedans et en dedans, et de manière que le sujet qui observe est identique à l'objet observé. Ce mode d'observation intérieure caractérise la connaissance que nous pouvons prendre de nous-mêmes à titre d'êtres pensants, et lui est exclusivement propre : dans toute intuition ou perception, le sujet qui représente est distinct et séparé de l'objet représenté.

En se rendant ainsi compte de son existence, de sa force individuelle le *moi* peut considérer sa force ou son pouvoir d'agir, comme le modèle ou le type exemplaire de toute force, ou pouvoir, semblable ou identique, quoique distincte de ce qui la constitue. Il cesse alors de faire attention à son individualité, et il considère son être propre, ou ce qu'il appelle son âme, de la même manière que le géomètre examine le cercle qu'il a tracé sans s'occuper de ce cercle en particulier, ni de ses dimensions actuelles, pour en déduire toutes les propriétés qui conviennent à cette espèce de courbe. Il faut remarquer que ce qui distingue éminemment l'intelligence, et donne en quelque sorte le *psychomètre*, c'est la faculté de voir dans chaque objet individuel, présent aux sens ou à l'imagination, les propriétés communes à une multitude de choses semblables et auxquelles cet objet particulier sert de modèle. Les enfants, les imbéciles, ou les hommes dont les facultés sont peu développées, s'arrêtent à l'image individuelle ; l'esprit éclairé ne voit dans cette image que le signe ou le symbole d'une idée très générale. De même le sentiment intime de notre individualité est la limite d'un esprit réduit aux plus bas degrés de réflexion ; mais l'intelligence éclairée saisit dans ce sentiment les propriétés ou les attributs qui conviennent à toute la nature spirituelle, y compris Dieu. Ainsi nous n'avons pas d'idée individuelle de notre *âme*, comme de notre *moi*, mais une notion universelle qui comprend tous les êtres intelligents et voulants. Je ne perçois ni la substance ni l'image d'aucun de ces êtres invisibles, y compris mon âme, mais je *sens* l'énergie de mon action individuelle, et je *connais* des forces ou énergies semblables, opérant par le vouloir ou sans le vouloir.

Toutes les notions abstraites universelles sont ainsi des relations dont le *moi*, ou la force individuelle qui se sent opérer par le vouloir, est toujours l'auteur ou le premier *terme*, type de tous les autres.

FIN

NOTES

SUR

L'IDÉOLOGIE

DE

M. DE TRACY

(1815)

CHAPITRE VII

DE L'EXISTENCE

« Une sensation, dit M. de Tracy, est une manière d'exister, une manière d'être, et rien de plus ; et toutes nos sensations diverses sont, purement et simplement, différentes modifications de notre être[1] ».

Fort bien ; mais qu'est-ce que notre *être ?* Qu'entend-on par ce sujet qui existe sous différentes modifications ? N'est-il lui-même qu'une sensation qui se modifie ? Là où tout n'est que modification et changement, il est impossible de concevoir ce qui est changé ou modifié. La sensation de mouvement est également une manière d'exister, tout intérieure, de l'être sentant, comme toute autre. Comment peut-on dire que cette sensation est *reproduite à volonté*. La sensation qu'une volonté répète n'est-elle pas nécessairement distincte de celle qui a lieu sans volonté et qu'est-ce que cette volonté qui fait la différence ?

La volonté ou le *moi* qui veut et meut le corps, sent le mou-

1. *Idéologie proprement dite* par M. Destutt, comte de Tracy. Tome I, page 107 de la 3e édition. (A. B.)

vement ou l'espèce d'impression qui accompagne la courbure des muscles. Il est impossible qu'il éprouve cette impression en conservant le sentiment de lui-même ou de la volonté *motrice* sans la rapporter hors de lui et à la partie du corps sur qui la volonté s'exerce : autrement le fait de conscience n'aurait pas lieu, et par cela seul que l'individu deviendrait sa sensation de mouvement comme la statue de Condillac devient odeur de rose ; il n'y aurait point de volonté, point de moi sans le sentiment d'une volonté ; point de volonté exercée sans un terme distinct sur lequel cette force s'exerce.

« Une *pure sensation* n'a point par elle-même la propriété de nous *avertir* qu'elle nous vient de quelque chose qui n'est pas nous ».

Non pas une affection passive ou une impression au dehors; mais si c'est la volonté qui fait naître la sensation dans une partie déterminée du corps, je demande si cette volonté peut se confondre avec la sensation dont elle est cause, et dans le cas où elle s'en distingue, comme il est nécessaire pour qu'il y ait volonté, s'il est possible d'admettre une telle distinction sans que la sensation soit rapportée au corps ou à un espace indéfini hors du *moi* ou de la volonté ?

« Nous appelons *corps* ces êtres auxquels nous attribuons d'être la cause de nos sensations[1]. » Ne serait-il pas possible qu'il y eût des causes de nos sensations qui ne fussent pas ce que nous appelons des corps? ou que nous eussions l'idée de ces causes sans aucune idée d'étendue matérielle ou de corps? Loin que ce soit cette étendue inerte et impénétrable constitutive du corps qui soit cause, elle est au contraire opposée à la notion de cause. Les corps sont pour nous les sujets d'inhérence des qualités extérieures qui occasionnent nos sensations, ou, s'il s'agit de notre propre corps, c'est le sujet d'inhérence de ces sensations elles-mêmes.

Il est impossible de concevoir une sensation qui ne serait pas dans une partie du corps propre. Lorsqu'il y a un *moi*,

1. Tome I, page 108.

une personnalité distincte, cette sensation est localisée ; lorsqu'il n'y a pas de *moi* ou de sujet connaissant qui se distingue du corps, en distinguant les parties de ce corps les unes des autres, c'est simplement la combinaison organisée qui est affectée, pâtit ou jouit dans toute son étendue ou quelqu'une de ses parties non distinctes. Dans tous les cas, l'hypothèse d'un être qui sentirait et connaîtrait son existence sans se sentir un corps ou dans un corps, est inadmissible. C'est l'hypothèse de Descartes renouvelée par Condillac et Tracy. La vertu sentante, identifiée avec la volonté, est le *moi* selon M. de Tracy. C'est une véritable abstraction qui n'est rien hors de cette sensation qui détermine ou actualise cette vertu sentante.

Le mouvement du corps non senti ne peut rien apprendre sur les existences étrangères, cela est trop évident. Le mouvement spontané, sans désir ni volonté déterminée, ne nous apprendrait rien non plus. C'est donc la sensation de mouvement, tout intérieure qu'elle est, qui, étant accompagnée du désir qui continue encore quand elle vient subitement à cesser, nous avertit que la cause qui la fait cesser est autre que notre vertu sentante ou en dehors d'elle [1].

Je demande : 1° Qui est-ce qui juge ou reconnaît que la sensation de mouvement est continuée ou interrompue ? Et d'où vient ce *moi*, qui se distingue déjà de ses sensations, qui juge ? 2° Si c'est par un simple désir, et non par une volonté efficace, que la sensation du mouvement continue. Quel privilège peut avoir cette sensation sur celle d'odeur, de saveur, qui peuvent également se continuer comme nous le désirons, ou cesser malgré notre désir. Assurément, en supposant la préconstitution du *moi*, ces sensations sont très propres à nous donner idée des causes étrangères, mais ces causes n'ont rien de commun avec ce que nous appelons aujourd'hui corps.

D'ailleurs on n'est pas fondé à dire que lorsque le mouve-

1. Cet alinéa résume les pages 123 à 128 du texte de M. de Tracy. (A. B.)

21

ment s'arrête, le désir de le continuer subsistant toujours, l'individu reconnaîtra que ce n'est pas là un effet de sa vertu sentante. Il en conclura très bien que ce n'est pas un effet de son désir ou de sa volonté; mais il pourrait croire dans certains cas que c'est un pur effet des dispositions de sa vertu sentante et motrice comme si les nerfs étaient paralysés.

Observez que déjà on fait raisonner l'être sentant, on lui fait tirer des inductions de ses sensations pour connaître les corps, etc. M. de Tracy fait comme Condillac, l'hypothèse continuelle d'un sujet modifié d'une manière agréable ou désagréable, qui existe et se connaît sous de telles modifications sans se connaître et se sentir comme corps, ou sans aucune perception du terme organique auquel se rapportent les sensations et les mouvements. « Je puis, dit-il, déterminer le mode d'existence, ou ce que nous appelons l'étendue de cet être qui, ou est tout à fait étranger à mon *moi* sentant et voulant (ce sont les corps extérieurs) ou quelquefois lui obéit (c'est notre propre corps), mais toujours en est distinct et agit sur lui de beaucoup de manières [1]. »

On ne peut reconnaître plus expressément la distinction de Descartes. Mais d'un autre côté, il laisse subsister l'équivoque sur la question de savoir quel est ce *moi* distinct du corps, et ensuite s'il n'est pas le corps. Toutes les philosophies ont le défaut commun de séparer d'abord par abstraction deux éléments qui sont réellement et indivisiblement unis dans le fait de conscience, le sujet et l'objet, l'être sentant et le corps. Mais quand on les a ainsi séparés, il devient impossible de concevoir comment ils peuvent s'unir, comment ils peuvent être ramenés l'un à l'autre.

Il est remarquable que c'est par la causalité que commence M. de Tracy, et il confond le rapport d'inhérence avec ce premier rapport de la cause, par suite la sensation avec l'intuition.

« La propriété de s'opposer à la continuation du sentiment

1. Tome I, page 129.

que nous causent nos mouvements, quoique nous voulions le prolonger, est la propriété principale et vraiment fondamentale du corps, car elle nous assure d'une manière certaine qu'il y a là un être qui n'est pas nous, et elle constitue l'existence réelle de cet être. Cette existence devient pour nous une conséquence immédiate et nécessaire de notre sentiment de vouloir, et de la contrariété qu'il éprouve : deux choses dont nous sommes bien assurés[1] ».

C'est aller bien vite. Comment le fait de la suspension ou de l'arrêt du mouvement voulu entraîne-t-il pour nous l'existence d'un être dont cette opposition ou résistance est une propriété essentielle et fondamentale ? Je veux ou je désire telle sensation de mouvement ; elle s'accomplit et se continue d'abord comme je le veux ; ensuite elle est arrêtée, quoique je veuille la continuer. Qu'on analyse tant qu'on pourra cette modification intérieure du *moi* ou des organes, jamais on n'en fera ressortir immédiatement et nécessairement la connaissance de l'existence d'un être qui arrête de dehors le mouvement voulu ou s'oppose à sa continuation. L'espèce de sensation qui résulte du mouvement est une modification du *moi* et de son organisation. Lorsque cette sensation est arrêtée, c'est une autre modification ou une négation de sentiment ; mais pour que nous puissions déduire de là l'existence d'une cause étrangère qui nous arrête, il faut qu'il y ait un principe naturel, ou comme une sorte d'instinct irréfléchi qui détermine ce passage, et l'on tombe alors dans l'opinion de Reid.

Assurément l'existence de ce qui n'est pas nous n'est pas la conclusion d'un raisonnement dont la sensation du mouvement arrêté soit la prémisse nécessaire et exclusive. Si quelque conséquence peut être déduite de là, c'est celle d'une force inconnue qui s'opposerait à notre action, et pour pouvoir faire cette induction, il faut d'abord que nous existions nous-mêmes comme cause, que le sujet et le terme de l'effort,

1. Tome I, page 129. La citation n'est pas entièrement textuelle. (A. B.)

le *moi* et son corps soient déjà donnés distincts dans le fait de conscience, alors seulement nous pouvons transporter la causalité hors du *moi* parce que cet *en dehors* est donné avec le sentiment même de l'existence du *moi* inséparable du corps propre. Mais encore une fois cette causalité n'est pas le corps étranger, et l'induction nous conduirait bien plutôt à l'idée d'existence des causes spirituelles et immatérielles, qu'à l'existence des corps étendus dont la résistance au mouvement serait une propriété essentielle.

Concluons que les premières analyses de M. de Tracy, loin de rien apprendre sur la manière dont nous parvenons à la connaissance des corps, ferment plutôt l'entrée de cette connaissance.

L'hypothèse d'*être voulant qui ignorerait encore qu'il y a du mouvement et des êtres*[1], qui connaîtrait son existence seule sans apercevoir en aucune manière qu'il a un corps qui, dans cette profonde ignorance, saurait néanmoins distinguer les cas où il se donne à volonté la sensation du mouvement et ceux où il ne le peut pas quoiqu'il le veuille, une telle hypothèse, dis-je, est inadmissible ; elle admet l'exercice d'une réflexion assez concentrée dans l'origine même de la vie ; elle fait raisonner et conclure un être qu'elle représente d'un autre côté comme purement sensitif ; elle suppose enfin l'application du principe de causalité, de notions ontologiques d'être, de substance, avant d'en avoir indiqué l'origine ; aucune autre hypothèse ne favoriserait mieux celle des idées innées.

Pour établir le privilège qu'a la sensation de mouvement sur toutes les autres pour la connaissance des êtres qui ne sont pas nous, M. de Tracy s'exprime ainsi : « Sans doute, dit-il, je puis bien désirer de prolonger ou de renouveler une sensation visuelle ou tactile ou auriculaire ou affective, tout comme la sensation d'un mouvement, mais si je suis supposé *ignorer tout*, et le mouvement, et les êtres et moi-même, je ne puis rien faire en conséquence de ce désir[2]. »

1. Tome I, page 130.
2. Tome I, page 131.

Vous ne pouvez pas faire davantage, en conséquence du désir de vous mouvoir, tant que vous ignorerez tout et le mouvement et l'existence de votre corps, et par suite votre existence individuelle. Il est impossible de faire ressortir jamais aucune connaissance de cette source, à moins qu'on ne dise que par le seul fait de l'exercice premier d'une volonté appliquée à mouvoir le corps (laquelle volonté diffère *tota natura* d'un instinct, d'un besoin, d'un simple désir) le sujet voulant se reconnaît dans cet effort moteur comme distinct du terme mû qui est le corps propre. Alors le fait de conscience est nettement exprimé et on y trouve la base de la connaissance des autres êtres.

M. de Tracy a cru qu'il était simple et naturel pour l'être sensible et moteur de distinguer sa volonté, c'est-à-dire son *moi* voulant, de la sensation même du mouvement, par suite de distinguer les cas où cette volonté s'accomplit, et ceux où elle est contrariée ; mais une telle distinction, loin de pouvoir servir à expliquer celle qui se trouve établie à l'origine même de la connaissance entre le *moi* et ce qui ne l'est pas, me paraît offrir une difficulté de plus et supposer déjà un commencement de réflexion de l'être sentant et voulant sur ce qu'il éprouve, sur ce qui suit l'exercice de sa volonté, sur ses actes et leurs résultats, distinction réfléchie que nous avons nous-mêmes souvent bien de la peine à faire. La preuve en est dans cette sensation même du mouvement dont M. de Tracy a le premier tiré un si grand parti, et qui avait échappé jusqu'à lui à la perspicacité des métaphysiciens les plus subtils.

M. de Tracy a bien raison de dire « qu'on ne voit pas quelle liaison un enfant *ignorant tout* pourrait établir entre la sensation qu'il éprouve, et le mouvement de ses organes nécessaire pour se la procurer, à moins qu'il ne s'aperçoive du mouvement de ces mêmes organes[1] » j'ajoute : et de la volonté qui les détermine, soit à la suite d'une sensation

1. Tome I, page 134

présente soit même et surtout, indépendamment de cette sensation.

Il y a des rapports naturels et instinctifs entre les impressions purement affectives de la sensibilité, et les mouvements organiques spontanés. Ces rapports-là sont étrangers à la connaissance ; l'individu les trouve tout formés quand il vient à se connaître ou à exister pour lui-même, mais il ne les établit point ; il y a une autre espèce de rapports qui sont les objets spéciaux de la connaissance et qui existent entre le *moi* ou les actes qu'il détermine et les sensations résultant de ces mouvements. Ces sensations ne pouvant jamais naître sans être précédées de la volonté, c'est ici que le mouvement doit être nécessairement, je ne dis pas seulement *senti* en lui-même, mais de plus *voulu* ou accompagné d'effort pour que la liaison dont parle M. de Tracy, puisse s'établir. Mais un mouvement déterminé par de vives affections ne saurait être ni perçu distinctement ni voulu. La confusion que fait cet auteur entre les deux sortes de mouvements ou de rapports d'instinct et de connaissance, a dû jeter sur sa doctrine tout le louche qu'on y remarque et fausser un principe vrai en lui-même.

Si « la sensation externe est la cause occasionnelle de l'action de la volonté, » et que « la sensation interne du mouvement soit seule cause de la connaissance du moyen de se procurer cette autre sensation désirée[1], » j'en conclus que la sensation interne du mouvement est l'unique objet immédiat de la volonté qui peut bien ne pas être remarqué à part comme il nous arrive à chaque instant, et que la sensation externe sera l'objet le plus frappant du désir

On dit *l'action de la volonté* et non pas *l'action du désir*, du *besoin*. M. de Tracy établit lui-même la ligne de démarcation entre la volonté et le désir. Il dit : « Quand je sens un désir, quand je fais en conséquence de ce désir une action que je sens aussi, et quand j'éprouve une résistance à cette action, je suis certain d'une existence autre que celle de ma faculté

1. Tome I, page 135.

de sentir[1]. » Plus bas il dit : « Il ne suffit pas que je sente un désir, il faut que ce désir soit suivi d'une action, que je sente cette action aussi quand elle a lieu et que tantôt elle ait lieu librement, tantôt elle éprouve une opposition[2]. »

Je puis donc désirer sans agir, et le sentiment du désir diffère de celui de l'action ; je puis avoir l'un sans l'autre ; maintenant le désir tend vers la sensation indépendante de nous. La volonté ne tend qu'à l'action ou au mouvement qui dépend d'elle. Ainsi, par cela seul que nous pourrions désirer sans agir, comme agir sans un but déterminé vers une sensation particulière, le désir et la volonté sont deux facultés essentiellement différentes.

M. de Tracy fait voir aussi que rien ne doit être plus difficile dans l'origine d'une vie purement sensitive que de distinguer nettement la sensation du mouvement des affections qui accompagnent toujours et déterminent ce mouvement. « Je vois bien le nouveau-né arrivé à désirer une sensation et à savoir, dans quelques cas, se la procurer en commençant par s'en donner une autre qu'il a reconnu conduire à celle-là. Mais je ne vois pas du tout comment il parviendrait à apprendre que la sensation qui est son but et celle qui est son moyen, sont causées par des êtres distincts de son *moi*, et à découvrir qu'il y a des corps et qu'il en a un[3]. »

Toujours la même hypothèse inadmissible qu'un individu peut avoir un *moi* distinct et distingué des sensations dont l'une est but et l'autre moyen sans connaître son corps, sans y localiser des sensations, etc. Les pas les plus difficiles sont mis avant le premier de tous, avant le fait même de la conscience qui renferme indivisiblement sujet et objet.

Il est très singulier que M. de Tracy, qui incline fortement vers le matérialisme, ait énoncé des principes qui sont bien plus spiritualistes que les miens. Il fait en effet aux spiritualistes purs une concession dont ils pourraient se contenter et

1. Tome I, page 137.
2. Tome I, page 139.
3. Tome I, page 135.

que je nie radicalement, c'est qu'un être immatériel et sans organes, s'il en existe de tels, pourrait se connaître lui-même sans avoir aucune perception ou idée de la matière et des corps ni du sien propre.

Les cartésiens sont partis de là pour séparer les deux substances et prouver que nous étions bien plus certains de l'existence de l'âme que de celle du corps. Jamais personne n'a dit que nous pussions avoir connaissance des corps sans organes, et Berkeley a prétendu que ce n'était qu'une illusion. Je nie au contraire qu'il y ait une existence du *moi* sans le sentiment de la coexistence du corps propre.

« Les êtres autres que moi m'apparaissent par la propriété qu'ils ont de résister aux mouvements que je fais faire à la portion de matière qui obéit à ma volonté et par laquelle je sens[1] ».

Oui, mais cette portion de matière qui obéit à ma volonté ne l'aperçois-je pas d'abord immédiatement par le mouvement que *moi* ou ma volonté lui fait faire, c'est-à-dire par l'effort que j'exerce pour la mouvoir, et la résistance ou l'inertie qu'elle oppose. Si je ne l'apercevais pas ainsi immédiatement pourrais-je sentir en elle et par elle, et lui rapporter quelques sensations distinctes? Si nous ne connaissions pas immédiatement notre corps par le seul fait de l'effort et de la résistance, nous serions réduits à une simple vertu sentante sans distinction de *moi* ou de sujet modifié.

Il ne faut pas dire qu'on ne peut vouloir que quand on connaît les corps ou son propre corps ; car cette connaissance, au contraire, ne s'acquiert que dans un effort voulu ; elle est contemporaine à cet effort, et ne le suit ni ne le précède dans le temps ; seulement le corps propre est connu immédiatement, et par lui les résistances étrangères.

M. de Tracy ne peut pas nier que des mouvements involontaires suffisent pour nous apprendre l'existence de notre corps, car toute sensation nous apprend du moins notre

1. Tome I, page 140.

propre existence. Or il peut y avoir sensation d'un mouvement involontaire. Donc une telle sensation nous apprend notre existence ; mais est-ce que le corps, ou cette portion de matière où le mouvement est senti peut être exclu du sentiment de l'existence, et s'il en était ainsi, l'âme, ou la vertu sentante, n'existerait-elle pas distinctement et séparément du corps? Connaître ou sentir son existence n'est-ce pas sentir son corps? Ce n'est pas le corps qui sent son existence, mais c'est l'âme qui le sent.

Pour l'âme, sentir son corps c'est exister : exister c'est sentir son corps, mais ce n'est pas se sentir soi-même, car on pourrait dire : qui est-ce qui sent le *moi*? et il y aurait ainsi un progrès à l'infini.

CHAPITRE IX

DES PROPRIÉTÉS DES CORPS ET DE LEUR RELATION

« Tant que nous ne faisons que sentir, nous ressouvenir, juger et vouloir, sans qu'aucune action s'ensuive, nous n'avons connaissance que de notre existence, et nous ne nous connaissons nous-mêmes que comme un être sentant, comme une simple vertu sentante, sans étendue, sans forme, sans parties, sans aucune des qualités qui constituent les corps[1]. Il est impossible de concevoir ce que serait une volonté sans action. Le souvenir et le jugement sont aussi des actions ou

1. Tome I, page 155. Cependant M. de Tracy dit quelques pages plus loin (page 162) qu'il est impossible de concevoir « un être qui n'existerait nulle part, et n'aurait point de parties ». Comment concilier cela avec la manière dont l'être sentant connait lui-même d'abord sa propre existence ou se connait comme simple vertu sentante sans étendue, sans parties ? M. de Tracy explique lui-même cette contradiction apparente (page 163). « J'ai voulu, dit-il, rendre manifeste que nous sentons uniquement, que nous avons une volonté, et que quelque chose lui résiste, et que nous ne savons rien de plus ; mais je n'ai pas prétendu établir que nous eussions être un point ma-

des résultats d'actions, et la connaissance même de notre existence tout entière est dans l'exercice de notre activité.

Si la vertu sentante dont on parle est inhérente à une organisation matérielle, il est aussi impossible de concevoir comment cette faculté sentante pourrait se connaître ou se sentir elle-même sans connaître ou sentir sa propre étendue ; car elle ne peut se sentir que comme elle est, se prendre que pour ce qu'elle est en elle-même. Veut-on que la faculté de sentir soit une propriété de l'organe nerveux. Cette propriété ou vertu séparée du sujet à qui elle est inhérente, n'est qu'une abstraction. Or, on ne peut dire qu'elle se connaisse elle-même ainsi par abstraction. Il faut donc toujours en revenir au sujet qui connaît et à la chose ou à la modification connue. Si le sujet est sans étendue, sans forme, sans partie, etc.; il n'est donc pas le corps ; et s'il n'est autre que le corps, il ne peut se connaître comme étendu et composé, etc.

Tout gît à bien déterminer ce que nous appelons connaissance. On ne peut concevoir la connaissance sans un sujet qui connaisse et sans une chose quelconque, connue comme distincte du sujet qui la connaît. Le premier pas de Condillac anéantit la connaissance en identifiant les deux éléments. Tant que l'être sentant se confond avec sa modification ou que toute son existence s'y réduit, il n'y a pas de connaissance possible.

L'être sentant qui connaît son existence sous telle sensation n'est pas cette sensation même. Il ne connaît cette sensation

thématique, ni que nous nous fissions une idée d'une vertu quelconque existant sans appartenir à aucun être : cela est impossible. »

Assurément ; mais il reste à savoir si vous ne pouvez pas vous faire l'idée de quelque vertu appartenant à un être qui ne serait pas corps.

Observez que lorsque M. de Tracy affirme qu'il est impossible de concevoir un être qui n'aurait point de parties, il entend concevoir par *l'imagination*, tandis qu'en parlant de la connaissance tout intérieure que l'être sentant a de son existence, de sa volonté, de ses désirs, etc. ; il conçoit très bien cette connaissance sans l'étendue, mais uniquement par la réflexion. En effet, qu'est-ce que sentir qu'on a une volonté, si ce n'est ce que Locke appelle *réfléchir*. L'espace est la forme propre et exclusive de l'imagination, comme le temps, de la réflexion. (M. de B.)

qu'en la rapportant à quelque chose dont il se distingue, à son corps ; c'est dans le corps ou par lui qu'il sent.

Otez le corps, peut-il y avoir quelque chose de senti ? Si l'on prend l'affirmative on reconnaît la séparation des deux substances ; si on le nie, on convient que tout étant senti dans le corps et par lui, l'étendue est nécessairement inséparable de toute sensation.

M. de Tracy va un peu vite quand il s'agit de déterminer l'origine de notre perception d'étendue. D'abord il ne considère le mouvement que comme une sensation simple, une manière d'être, et non point comme la perception de l'état du corps passant d'un lieu dans un autre, puisqu'il n'y a point encore de corps ni d'étendue, ni par suite de lieu connu.

« Je ne sais pas, dit-il, que je traverse le vide puisque j'ignore qu'il est étendu, qu'il y a au monde quelque chose qui soit étendu. Bientôt le mouvement, que je voudrais continuer, qui n'est qu'une manière d'être, que je voudrais prolonger, cesse malgré moi ; ce qui l'arrête n'est pas moi, mais c'est quelque chose, c'est un être, et cet être est un corps [1]. Voilà l'idée de cause identifiée avec celle de corps.

« J'ignore sans doute que ce corps est étendu, qu'il a des parties [2] ». Ici l'idée de corps est distinguée de l'étendue et limitée à la force ou vertu résistante comme le *moi* est limité à la vertu sentante, et je crains bien que ce ne soient là que deux abstractions réalisées. Peut-il y avoir résistance aperçue sans idée d'espace ou d'étendue ? Quand même nous ne sentirions la résistance que dans notre corps, ne serait-elle pas toujours dans l'espace ?

« Parmi ces nombreuses expériences (voilà déjà un sujet capable de faire des expériences et d'en déduire des résultats) il y en aura sûrement une où, pressant cet être et glissant sur sa surface, je sentirai que je me meus sans cesser de sentir cet être [3] ».

1. Tome I, page 160.
2. Tome I, page 160.
3. Tome I, page 161.

Suivant ce qui précède, je sentirai une manière d'être intérieure, sans aucune idée de *déplacement*, jointe à une résistance sans étendue ; or que cette double modification soit continuée ou répétée tant qu'on voudra, si l'on n'y ajoute rien de plus, ou si l'on n'y a pas mis déjà l'idée d'étendue, on n'en fera ressortir ni le sentiment du déplacement, ni celui de corps étendu. Ce sera toujours, comme dans le premier instant, une résistance continuée avec une simple sensation musculaire ; ni l'un ni l'autre de ces éléments ne renfermant l'étendue, on ne voit pas du tout comment on pourrait la déduire par une expérience quelconque. Tout au contraire, l'impénétrabilité ou la résistance, l'inertie perçue présupposent une étendue ou un espace fixe donné dans lequel nous percevons d'abord le mouvement libre de notre corps et puis les causes qui l'arrêtent.

« Dès lors, continue M. de Tracy, cet être cesse de n'être qu'un point ; je lui reconnais des parties les unes à côté des autres ; je juge qu'il est *étendu* [1] ».

Sur quoi se fonde ce jugement ? Sur ce que vous éprouvez une sensation musculaire intime, et que vous sentez une résistance qui peut n'être encore qu'une modification de votre corps ou de votre faculté de sentir. Assurément il y a loin de là à reconnaître qu'il y a un corps étranger hors de nous, ayant des parties les unes à côté des autres.

D'ailleurs, que sont ces parties, et comment les connaît-on quand il n'y a jamais qu'une seule vertu résistante distincte et identique à elle-même, une même sensation musculaire et une résistance continuées ? Les parties ne supposent-elles pas déjà une étendue totale, présente à la fois à un sens quelconque ?

« La propriété d'être étendu est bien en elle-même la propriété d'avoir des parties distinctes, des parties situées les unes à côté des autres ; mais c'est par notre mouvement que nous la connaissons ; elle est, par rapport à nous, la propriété

1. Tome I, page 161.

d'être touché continûment pendant que nous faisons une certaine quantité de mouvements [1] ».

J'accorde la définition de l'étendue en elle-même et par rapport à nous ou aux moyens que nous avons, je ne dis pas de la percevoir immédiatement, mais de connaître qu'elle se compose de parties distinctes, représentées par la somme des mouvements que nous faisons pour la parcourir. Mais pour reconnaître les parties de l'étendue par une suite de mouvements voulus, il faut bien que nous connaissions d'abord le mouvement de notre corps ou son déplacement dans l'espace, car si ce que M. de Tracy appelle la sensation du mouvement n'était qu'une manière d'être purement intérieure, et si nous n'apercevions pas que notre main, par exemple, change de place à volonté en glissant sur un corps qui nous fait éprouver la résistance, nous ne jugerions jamais que ce corps est étendu, figuré, ou qu'il a des parties situées les unes à côté des autres. Or la perception que nous avons du mouvement de notre corps, ou du déplacement de la main, suppose déjà une étendue ou un espace fixe donnés dans lequel nous nous mouvons. Donc ce n'est pas par le mouvement que nous en avons la connaissance première.

M. de Tracy veut éloigner le soupçon d'un spiritualisme qu'il sent être renfermé dans le principe de sa doctrine, et il s'exprime ainsi : « Je n'ai pas prétendu établir que nous crussions être un point mathématique, ni que nous nous fissions une idée d'une vertu quelconque existant sans appartenir à aucun être. Cela est impossible. C'est pourquoi en même temps que nous découvrons la propriété d'être étendu dans ce qui résiste à notre volonté, nous la découvrons dans notre *moi* qui sent ; il s'étend et se répand, pour ainsi dire, dans toutes les parties par lesquelles il sent, et qui se meuvent à son gré. Nous apprenons l'étendue de notre corps comme celle des autres corps, et nous la circonscrivons par

1. Tome I, page 161.

les mêmes moyens. Il est même vraisemblable que c'est la première dont nous nous apercevons [1] ».

Il y a bien des choses à observer sur cet article.

Nous ne pouvons jamais croire être autre chose que ce que nous savons ou apercevons immédiatement être par le sens intime. Or par cela même que nous concevons ou nous représentons quelque chose objectivement, fût-ce un point mathématique, nous savons évidemment (*certissimâ scientiâ et clamante conscientiâ*) que nous ne sommes pas cette chose. Lorsque M. de Tracy a personnifié en commençant la *vertu sentante*, il en a fait malgré lui-même un être sujet d'attribution unique de toutes les sensations ou opérations qu'il reconnaît pouvoir exister dans un individu sentant, qui ne connaîtrait encore que sa propre existence sans avoir aucune perception du corps propre ou étranger. Ce sujet d'attribution qu'il a conçu d'après la réflexion et point du tout en consultant l'imagination n'a besoin pour ainsi dire d'aucun support, et il impliquerait de l'attribuer à un autre être conçu d'après l'imagination tel que serait le corps. Ce serait, comme dit Descartes, affirmer une substance d'une autre, et après avoir conçu l'une sans le secours de l'autre la transformer en attribut de celle-ci.

Ainsi la manière dont M. de Tracy a conçu la vertu sentante avant la connaissance d'aucun corps a dû suffire pour

1. Tome I, page 162. On a vu précédemment que M. de Tracy ne montrait point du tout comment nous découvrons la propriété d'être étendu dans ce qui nous résiste. Il montre encore moins ici que nous la découvrons dans le *moi* qui *sent*, où elle n'est point et ne saurait être. Ici ce prétendu *moi* qui sent est bien le corps ; mais est-ce le corps qui se connaît lui-même comme modifié dans la sensation ? D'où vient donc qu'il ne se connaît pas d'abord immédiatement comme étendu ? D'où vient qu'il a besoin de tant d'expériences pour découvrir cette étendue qui le constitue ? Comment peut-il devenir un objet extérieur à lui-même, se touchant, se voyant, se parcourant? Comment le sujet qui se représente se trouve-t-il distinct de l'objet représenté pendant qu'il ne fait réellement qu'*un* avec lui? Tous les mystères de la philosophie de Schelling, qui tire tout du sein du sujet, me sont aussi inconcevables que ceux d'une philosophie opposée où le sujet, au contraire, est identique avec l'objet. (M. de B.)

établir la réalité d'un être sentant distinct du corps. Car suivant le point de vue cartésien que l'auteur paraît avoir embrassé dès son début, nous sommes obligés de considérer comme des êtres différents, ou comme des substances distinctes, les choses dont nous avons des idées complètes distinctes et opposées en les concevant chacune à part. Or M. de Tracy s'est fait l'idée d'une vertu sentante qui connaîtrait son existence sans connaître le corps, et l'idée du corps n'entre point du tout dans la connaissance ou le sentiment qu'elle a d'elle-même. Donc, elle a une existence distincte et séparée de celle du corps. Donc, elle est un être différent.

Quant à l'impossibilité de concevoir une faculté, une vertu sentante sans l'attribuer à un être, si l'on entend par être le corps, cette impossibilité est contredite par l'exemple de l'auteur lui-même, et tout ce qu'on peut dire c'est qu'il est impossible de se représenter par l'imagination un être qui ne serait pas corps, et que c'est au corps seulement que l'imagination donne le nom d'être : Le *moi* se distingue de tout ce qui est étendu, il est vrai qu'il étend et répand, pour ainsi dire, la sensation dans le corps, mais le sujet *moi* qui répand, attribue, localise les sensations, n'est ni le terme d'attribution, ni le lieu qu'il perçoit hors de lui, ni la modification attribuée. Il n'est aucune des parties par lesquelles il sent et qui se meuvent à son gré ; et ne répugne-t-il pas de dire que les parties qui se meuvent au gré du *moi* voulant, sont ce *moi* lui-même, ou entrent dans sa composition. La volonté se localise-t-elle jamais elle-même comme la sensation ?

M. de Tracy suppose avec Condillac que les sensations, d'abord dénuées de toute forme d'espace ou de l'étendue même du corps propre, ne s'étendent ou ne se répandent qu'à mesure que la surface de ce corps est parcourue et limitée par la main. Avant cette circonscription des parties du corps, toutes les sensations sont considérées comme simples modifications, tout à fait internes, de l'âme ou de la vertu sentante, qui n'est censée exister que par elles ou qui les devient tour à tour. Ce point de vue tout à fait hypothétique est la source de toutes les illusions de nos modernes métaphysiciens.

Avant d'être localisée et perçue, l'affection est une modification du corps vivant dont il nous est impossible de nous faire aucune idée, et il n'y a jamais eu d'état où l'âme ait senti quelque impression en soi-même sans les attribuer à rien. Il est impossible de concevoir une telle manière d'être affectée intérieurement sans localisation ou attribution au corps, et quand on parle d'une âme ou d'une vertu sentante, qui se sent ou se connaît elle-même comme modifiée exclusivement au corps, on réalise une pure abstraction.

Avant le *moi* on peut concevoir ou une sensibilité diffuse dans toutes les parties du corps solidairement unies entre elles, ou un centre unique de sensibilité où s'accomplit la sensation. Il n'y a aucune raison pour ôter la propriété de sentir immédiatement à chacune de ces parties tant qu'elles sont ainsi solidairement unies. Et pourquoi l'impression douloureuse ou agréable ne serait-elle pas là où je la perçois[1] ? Y serait-elle moins quand je ne la percevrais pas comme cela a lieu au commencement de la vie, dans le sommeil, le délire, etc.

L'erreur perpétuelle des métaphysiciens est de confondre l'impression sensible avec la perception qu'en a le *moi*. Cette perception n'a d'autre fondement que l'effort antérieur exercé sur la partie qui est le siège de l'impression, et par suite le sentiment distinct de l'existence de cette partie actuellement impressionnée et qui pâtit immédiatement le plaisir ou la douleur. Otez cet effort, et par suite la connaissance de la partie souffrante, il y aura une affection éprouvée par le principe de la vie et bien ou mal être du corps, sans nulle perception. C'est ainsi que nous nous trouvons, ou p[illegible] que nous trouvons notre corps disposé organiquement tantôt

1. C'est vainement qu'on objecte la nécessité de la transmission à un centre organique pour que la sensation ait lieu. Les expériences de ligature ne prouvent autre chose sinon la nécessité d'une solidarité entre tous les systèmes nerveux, artériels et sanguins pour qu'il y ait sensation animale. (M. de B.)

bien, tantôt mal, sans nous en rendre compte, sans en avoir la connaissance, la perception proprement dite.

Toute perception appartenant au *moi* est essentiellement réfléchissante, non sur elle-même, comme l'ont dit certains cartésiens, mais sur quelque chose qui n'est pas le *moi* percevant, et qui tantôt est un résultat prochain ou éloigné de son action, comme dans le mouvement et les sensations tactiles ou auriculaires qui le suivent, tantôt est indépendant de cette action comme dans toutes les affections de la sensibilité.

Si l'on ne confond pas, comme on l'a toujours fait, sentir et percevoir, on ne doit jamais dire que le *moi* sent, est affecté, mais qu'il perçoit ce que sent le corps organisé vivant. Si Descartes, Locke et Condillac eussent fait cette distinction, le premier n'aurait pas refusé la faculté de sentir aux animaux avec la pensée ou la réflexion, le second n'aurait pu s'empêcher de reconnaître un caractère proprement réflexif dans ce qu'il appelle *idée de sensation*, et le troisième, reconnaissant deux éléments distincts dans ce qu'il appelle en masse la sensation, n'aurait pas tenté de dériver tout le système des idées et des facultés humaines d'une source absolument étrangère à la connaissance.

CHAPITRE X

DE LA MESURE DES PROPRIÉTÉS DES CORPS

M. de Tracy donne pour conclusion générale de tout ce qu'il a dit sur le mouvement, l'étendue et la durée.

1° « Que c'est par sentiment que nous connaissons le mouvement. [1] »

En accordant que dans le mouvement volontaire accompagné d'effort, dans la locomotion de notre corps en masse,

1. Tome I, page 190.

ou de quelqu'une de ses parties, il y a une sensation musculaire interne, on est fondé à nier que cette sensation suffise pour connaître le mouvement, c'est-à-dire pour juger que nous nous mouvons ou que nous changeons de lieu dans un espace fixe absolu ; ce jugement ne pouvant évidemment se fonder que sur la connaissance de quelque perception ou idée d'un espace ou d'étendue.

2° « Que c'est ce mouvement (connu par sentiment) qui nous fait connaître l'étendue. »

C'est bien plutôt parce que l'espace ou l'étendue est une donnée primitive pour nous que nous pouvons connaître notre propre mouvement comme tel, c'est-à-dire juger que notre corps se déplace pendant que nous éprouvons intérieurement une certaine sensation musculaire, connaissance ou jugement impossible tant qu'il n'y a que cette sensation interne.

3° « Que l'étendue se mesure par elle-même, sans intermédiaire, avec une commodité extrême, à cause de la netteté et de la permanence de ses divisions. »

4° « Que l'étendue représente parfaitement le mouvement opéré, puisque cette propriété des corps ne consiste qu'en ce qu'ils peuvent être parcourus par le mouvement. »

5° « Qu'en conséquence le mouvement rend la durée mesurable en rapportant ses divisions à celles de l'étendue. »

6° « Que pour la même raison le mouvement lui-même devient mesurable en le rapportant à l'espace parcouru par un mouvement pris pour unité[1]. »

Je conviens bien que c'est le mouvement qui nous donne l'*étendue mesurée* et non point l'espace primitif qui est une donnée indépendante, antérieure à tout. L'étendue ou l'espace ne se manifeste comme divisible en parties, ou comme ayant des parties distinctes les unes hors des autres, qu'en tant que nous nous mouvons successivement, ou que nous apercevons les mouvements successifs dans cet espace[2].

1. Tome I, page 190. La citation n'est pas entièrement textuelle. (A. B.)

2. Le mouvement est comme le lien entre le subjectif et l'objectif, le temps et l'espace. Comme appartenant au sujet, il comprend le temps qui en

Sans l'espace donné pendant ou avant même le mouvement, nous ne connaîtrions pas ce mouvement qui se trouverait réduit pour nous à une pure sensation interne. Sans le mouvement, nous ne connaîtrions pas l'espace ou l'étendue comme divisible en parties.

Pour percevoir la succession de nos mouvements, à laquelle correspond une succession des parties de l'étendue fixe hors de nous, il faut que le *moi* soit constitué personne douée de réminiscence et de jugement; sans cela, il n'y a point d'ordre de succession, point de temps.

L'espace pourrait être donné simultanément comme un tout indivisé et indivisible par une première intuition unique. L'intuition seule suffit pour le saisir et le fixer. Il n'en est pas de même de la durée qui ne peut se fonder que sur plusieurs intuitions liées entre elles par la mémoire.

En ne considérant que des sensations purement intérieures ou une suite d'actes et d'efforts voulus, il y aurait succession d'existence aperçue antérieurement ou succession des modes de cette existence; pour être aperçue ou connue, cette succession requiert un être permanent invariable, et des actes transitoires ou des modes qui changent au regard du sujet *un* qui reste le même. Mais nous ne trouvons point là la condition d'un temps ou d'une durée mesurée.

L'instant, ou l'unité du temps, est déterminé par un seul effort ou un acte voulu, dans l'exercice duquel l'individu peut dire *moi* ou *un*. Au second acte il dit encore *un* en conservant

est indivisible; comme appartenant à l'objet, il se représente dans l'espace qu'il divise et qui lui sert de mesure.

En marchant et comptant mes pas, j'ai dans le mouvement la notion de temps et du nombre qui se rapportent d'abord aux divisions du temps qui s'écoule pendant que je me meus, puis aux divisions de l'espace, quand j'examine la trace laissée par mes pas après que le mouvement est terminé. Ces dernières divisions me représentent donc celles du temps écoulé, et en nombrant mes traces je nombre les instants du temps, comme en nombrant d'abord les instants je comptais mes pas ou les divisions que je faisais de l'espace. C'est donc toujours le mouvement qui mesure l'espace et le temps, mais il n'est jamais mesuré. (M. de B.)

son identité, avec la réminiscence qui lui rend encore présent le premier acte pendant que le second est exécuté ; et ainsi pour toute la suite des instants qui est marquée par celle des actes exécutés.

Cette suite peut être représentée par une chaîne continue composée d'une multitude de chaînons, lesquels continuent entre eux comme les points dont nous concevons intellectuellement qu'une ligne droite est composée. Telle est l'image d'une durée totale que nous saisissons par un seul acte de l'aperception jointe à la mémoire, comme nous concevons l'espace par une seule intuition simultanée. Au premier instant de son existence, un être sentant et pensant n'aurait aucune idée de durée, pendant qu'il a nécessairement celle d'*espace* par cela seul qu'il *perçoit*.

C'est en ayant cette durée présente à la fois que nous pouvons y reconnaître ou y mesurer des parties que nous appelons temps ; comme c'est en ayant l'espace présent par l'intuition que nous pouvons y tracer des divisions.

Le mouvement est le moyen naturel et *unique* de cette division du temps comme de l'espace. Toute division se fait dans un temps. L'espace, comme *divisé* et dans l'acte même de la division, est inséparable du temps. Les divisions de l'espace sont permanentes et représentent les mouvements faits, comme les instants écoulés depuis que le mouvement a commencé.

Supposez que l'espace ne fût pas donné comme un seul tout permanent qui reste toujours fixe pendant que nous le parcourons ou que nous le divisons par des mouvements successifs, chaque partie élémentaire disparaissant, à mesure qu'un mouvement cesse et qu'un autre recommence, il n'y aurait plus qu'une suite de sensations musculaires internes liées entre elles par la mémoire, et par suite une durée ou *chaîne du temps* sans aucune mesure fixe. Il résulte de cela même que ce n'est point de simples sensations musculaires successives ou répétées que l'idée de l'espace peut être originairement acquise, mais qu'au contraire l'espace fixe permanent est une donnée primitive indispensablement nécessaire pour que nous puissions connaître nos mouvements ou ces modes qui changent pendant que la chose qui est parcourue reste.

Il semblerait d'abord qu'on devrait appliquer les mêmes principes à la durée, et dire que ce n'est point non plus par des mouvements successifs que nous avons l'idée d'une durée, puisque, au contraire, la succession perçue dans les modes ou actes de mouvement présuppose quelque chose qui reste fixe au dedans de nous-mêmes et dont les mouvements ne peuvent que nous donner les parties ou les points de division. Comment concevoir en effet des parties sans l'idée d'un tout simultané présent à la pensée? Mais il y a ici, entre les deux conceptions de l'espace et du temps, une différence essentielle à noter. L'espace est donné à la fois par le premier acte d'intuition objective; la durée n'est conçue comme un tout que par la liaison étroite que la mémoire établit entre les actes répétés. Chacun de ces actes a été perçu d'abord distinctement dans un seul fait de conscience, et la réminiscence l'a joint au suivant pour faire deux instants et ainsi de suite pour toute la chaîne des moments de notre existence successive. La pensée compose cette chaîne par une véritable synthèse dont chacun des principes ou éléments a été indépendant de celui qui le suivait, et l'analyse s'appuyant uniquement sur la mémoire sépare ensuite les chaînons en traçant certains points de division dans la chaîne totale et y assignant ce que nous appelons des époques[1]. Au contraire, l'espace est donné syn-

1. M. Royer Collard m'a demandé si chaque acte n'emportait pas avec lui quelque durée ou succession d'instants.

J'ai répondu que chaque instant de la durée correspond à un acte ou mouvement vraiment instantané ou sans succession appréciable, car j'appelle acte le vouloir et le mouvement qui le suit. Or, il nous est impossible de reconnaître aucune succession entre ces deux termes; le mouvement paraissant bien simultané dans le sens intime avec la détermination du *moi* qui l'effectue. Cependant il faut bien qu'il y ait là quelque succession puisque dans tout exercice de motilité volontaire le sujet moteur s'aperçoit lui-même comme cause, pendant qu'il perçoit la sensation musculaire comme effet. Or,

thétiquement et sous la forme d'un tout dont l'idée précède celle des parties, et l'analyse ou la distinction de ces parties s'opère par une suite d'intuitions et de souvenirs. Otez l'intuition du tout et celle des parties qui restent présentes dans la suite des mouvements, et l'espace s'identifie avec le temps. Il n'y a rien de permanent dans celui-ci que le moi. Les instants partiels de son existence s'évanouissent dans leur succession et sa mémoire seule en conserve les traces.

On pourrait demander à cette occasion si nos idées de nombres sont spécialement relatives aux divisions permanentes de l'espace, si elles ne peuvent pas l'être aussi aux divisions successives de la durée? Il est certain que, sans la mémoire, il n'y a pas d'idée de nombre, pas plus qu'il n'y a d'idée de temps. L'être qui aurait des sensations et des intuitions sans mémoire, en lui supposant une personnalité distincte, pourrait dire *un* à chaque instant de son existence qui serait toujours comme le premier, et il ne dirait jamais *deux*, etc. Mais dans la suite des actes internes répétés, si le souvenir ou la réminiscence du premier se joint à l'aperception du second au moment où il est exécuté, voilà deux actes ou deux instants embrassés dans la même unité de conscience, et le temps naît avec l'idée du nombre; il ne me paraît pas possible

la cause doit précéder son effet d'un instant de durée, tout inappréciable qu'il puisse être, et toutes les fois que nous appliquons hors de nous ce type intérieur et primitif de tout rapport de causalité, nous concevons nécessairement que la cause est avant son effet ou qu'elle agit dans un temps pour le produire.

Voilà pourquoi d'une part on est si porté à confondre la causalité avec la succession et à répéter sans cesse le *post hoc ergo propter hoc;* d'un autre côté, la simultanéité apparente de chacun de nos actes de vouloir avec le mouvement qui en est l'effet, a empêché jusqu'à présent les philosophes de chercher dans ce sentiment primitif du vouloir ou de l'effort l'origine de l'idée de causalité, de force et de toutes les notions qui dérivent de la même source. C'est à la notion de substance qu'on s'est attaché. Or, la substance coexiste avec ses modes, et le même acte de la pensée les embrasse simultanément.

D'ailleurs, c'est l'espace ou l'étendue qui nous fournit nos premières idées de substance, ou de ce qui reste toujours présent dans la variété des modifications. Voilà pourquoi la plupart des systèmes de métaphysique sortis de l'école de Descartes inclinent vers le matérialisme. (M. de B.)

de séparer ces deux notions dans l'origine ; point de temps sans nombre, point de nombre sans temps, de même, point d'espace divisé sans nombre et sans temps.

J'ai pensé aussi autrefois qu'il n'y avait point d'idée de nombre sans division de l'espace en parties distinctes et permanentes. Je pense aujourd'hui que la réminiscence des actes successifs suffit pour donner naissance aux idées de nombre par cela seul qu'elle constitue le temps dont le nombre même est inséparable. Je pense aussi que sans *espace divisé* par nos mouvements objectifs et en vertu seulement d'une suite d'actes intérieurs répétés, le temps et le nombre sont pris originairement et uniquement dans le sujet ; et la pensée les concevrait nettement en se faisant une arithmétique, une algèbre et même une sorte de dynamique intellectuelle sans aucune idée objective d'étendue, limitée, figurée ou sans géométrie.

Les divisions permanentes de l'espace servent éminemment à fixer et à préciser nos idées de temps et de nombres. Les nombres s'appliquent également et de la même manière à tout ce qui est conçu sous l'une ou l'autre de ces formes.

On passe naturellement et avec la plus grande facilité de l'une de ces idées à l'autre, et cela est tout simple, puisqu'il n'y a pas d'étendue divisée sans mouvement ni de suite de mouvements aperçus sans un espace, que le temps ne diffère en aucune manière de cette suite de mouvements aperçus, enfin que les divisions permanentes de l'espace nous représentent toujours, d'une manière fixe, une suite de mouvements opérés, et ce qui est la même chose, une suite de mouvements écoulés. La mesure naturelle de ces mouvements et de ces instants se trouve donc dans l'espace divisé.

Un espace total comme la circonférence de l'équateur, par exemple, représente une suite de mouvements faits ou d'instants écoulés ; une division ou fraction de cet espace fixe représente un seul mouvement, un seul temps intelligible. Chaque division est égale, par suite chaque mouvement, chaque temps est censé égal. Je dis censé parce que nous supposons toujours le mouvement uniforme, sans avoir, hors de l'espace parcouru, aucun moyen de vérifier cette uniformité qui est une conception de notre pensée, et dont nous n'avons aucune raison de supposer d'abord le contraire ou la variété.

« On n'a pas encore fait voir nettement, dit M. de Tracy, en quoi consiste la propriété de l'étendue ; on n'a pas imaginé d'en déduire la cause du degré de certitude des *diverses sciences*, certitude qu'on a été porté à attribuer en général à la manière de procéder de ces sciences, que l'on croyait fort différente, tandis qu'il est prouvé que la marche de l'esprit humain est toujours la même dans les diverses branches de ses connaissances, et que la certitude de ses jugements est toujours de la même nature[1]. »

La manière de procéder d'une science est nécessairement subordonnée à la nature des idées qu'elle emploie, et par suite au caractère des signes qu'elle emploie pour exprimer ces idées avec plus ou moins de précision. Les idées et les signes mathématiques font une classe à part, en ce qu'il n'y a point de différence entre ces idées ou notions et leur objet, qu'il n'y a point à s'occuper de la conformité des unes avec les autres, et qu'en pensant à l'étendue ou à ses modes, aux rapports des figures et des nombres, etc., on pense à des réalités invariables, permanentes, connues dans leur nature et jusque dans leurs derniers éléments.

Il n'en est pas de même des sciences qui se basent sur des sensations ou des intuitions ; il s'agit en ce cas de connaître les causes des effets sensibles produits en nous, ou les objets réels correspondant aux images qui sont dans notre esprit. Or cette recherche qui n'a pas lieu dans les sciences mathématiques, exige des procédés particuliers nécessairement différents et des tâtonnements toujours plus ou moins incertains ; les rapports conçus dépendant toujours de la nature des modifications variables, etc.

M. de Tracy a cherché à classer les propriétés des corps, et ce qu'il dit à cet égard prouve combien sa philosophie pèche

1. Tome I, page 204. La citation n'est pas entièrement textuelle. (A. B.)

par les fondements ou combien ces fondements sont vagues et incertains.

Il met au premier rang ce qu'il appelle la *mobilité* qu'il considère comme la source de tous les effets que les corps produisent les uns sur les autres, comme la cause même de la faculté de sentir et de se mouvoir. Il ajoute que « toutes les autres propriétés des corps sont nécessairement dépendantes de celle-là, puisqu'elles n'auraient pas lieu sans elle; ou y sont essentiellement relatives, puisqu'elles ne nous sont connues que par le mouvement[1]. »

C'est là une grande confusion d'idées. Dans la manière dont M. de Tracy a considéré l'origine de la connaissance, la mobilité est prise à la fois dans le point de vue objectif pour la propriété ou plutôt la capacité qu'a tout ce que nous appelons corps, d'être parcouru par les mouvements que nous faisons et sentons, et d'y opposer quelque résistance ; et dans le point de vue subjectif (qui est aussi le dominant) pour la faculté que nous avons nous-mêmes (êtres connaissants) de mouvoir notre corps et d'agir ainsi sur les corps étrangers.

Dans le premier point de vue cette mobilité (improprement dite ainsi) se confond avec l'étendue, et ce n'est qu'une qualité relative à l'être moteur. Nous n'avons en effet dans cette théorie aucune idée de ce qui est, dans le corps étranger, la capacité d'être parcouru et mû par le mouvement de notre propre corps qui est la seule chose que nous connaissions ou sentions immédiatement. Mais dès qu'il ne s'agit point de propriétés réelles et absolues des corps, mais des qualités relatives à nous et à nos moyens de connaître, il ne devrait plus s'agir de classer des propriétés suivant l'ordre où elles peuvent dépendre les unes des autres ou d'une première, mais uniquement d'assigner l'ordre de dérivation des idées que nous avons de telles qualités relatives, en les considérant par rapport à la première sensation ou idée qui est censée en être l'origine.

1. Tome I, page 205.

A ce dernier égard, il est vrai de dire, suivant la théorie de M. de Tracy, que tout ce que nous connaissons des corps par l'expérience est subordonné à la faculté de nous mouvoir volontairement et d'avoir conscience de ces mouvements et de leurs effets. Mais en partant de la conscience de nous-mêmes par opposition à ce qui n'est pas nous, il y a une grande erreur à conclure de la première condition sur laquelle se fonde la connaissance des êtres à la condition même de leur existence absolue et de la dérivation de leurs propriétés telles qu'elles sont; et parce que nous pouvons déduire un certain système d'idées du sentiment intime de notre propre mobilité ou plutôt *motilité*, croire, en transportant cette mobilité au corps, que tout ce qu'ils sont en eux-mêmes dérive d'une certaine mobilité propre à eux, ou d'une capacité qu'ils ont d'être mus les uns par les autres comme ils le sont par nous-mêmes. Cette confusion d'idées tient évidemment à l'emploi équivoque du terme mobilité pris à la fois et sans distinction dans les deux sens subjectif et objectif.

Assurément il n'y a aucune raison d'affirmer dans le point de vue objectif et absolu que toutes les propriétés des corps sont nécessairement dépendantes de la mobilité; et, en admettant qu'elles *ne nous* soient connues que par le mouvement que nous faisons nous-mêmes, on n'en saurait conclure d'après aucun principe de bonne logique, que de la capacité qu'auraient les corps à être mus ou transportés dans différentes parties de l'espace, il s'ensuivît comme des conséquences rigoureusement nécessaires telle ou telle autre propriété; au contraire la mobilité suppose nécessairement comme antérieurs à elle l'espace, l'étendue divisible, et une force ou des forces impulsives.

A le bien prendre, il faut qu'il y ait dans le corps plusieurs propriétés essentiellement distinctes entre elles, ou qu'il n'y en ait qu'une seule de laquelle dépendent toutes les autres. Dans le premier cas, il n'y a point de raison d'assigner aucun ordre de subordination entre ces propriétés distinctes; puisqu'elles coexistent dans le même objet, il n'y a point de première ni de dernière; et l'on pourrait, je crois, appliquer également cette remarque aux différentes facultés qui coexistent dans le sujet. L'erreur perpétuelle de la métaphysique consiste à croire que les choses que nous considérons distinctement les unes hors des autres, ou les unes après les autres, sont réellement séparées dans l'espace et dans le temps absolus. Dans le second cas, et s'il n'y a qu'une seule propriété essentielle dont toutes les autres dérivent comme de leur source, ces dernières seront improprement nommées propriétés, puisqu'elles ne sont réellement que des modifications de la même qui se transforme pour les produire. Dès lors il ne s'agit que de montrer par le raisonnement ou le calcul, appuyés sur des faits incontestables, l'identité et les lois de la transformation dont il s'agit. Ce qui n'a pu être fait jusqu'à présent par la physique et la mécanique. Mais il faut toujours se garder de confondre les lois relatives de la connaissance avec les lois absolues de l'existence, et pour donner un exemple, quand même nous prouverions que l'idée ou la connaissance que nous avons de l'attraction se réduit dans notre esprit à celle d'une sorte d'*impulsion* qui est la première connue, ou d'un choc de fluides en mouvement qui poussent les corps à distance les uns vers les autres, ce ne serait point une preuve que l'attraction ne soit réellement différente de l'impulsion dans la nature et que la première de ces forces absolues ne puisse jamais être ramenée à l'autre; nous n'avons même aucun moyen de savoir si elles peuvent être séparées dans quelques cas, quoique nous les concevions très nettement comme distinctes, etc.

« L'*inertie* et l'*impulsion*, » qui viennent, suivant M. de Tracy, après la mobilité n'auraient pas lieu sans elle, et ne sont que des circonstances de son existence[1].

Ceci ne peut vouloir dire autre chose sinon que sans la faculté de nous mouvoir, nous ne nous ferions aucune idée de ce que nous appelons *inertie* ou résistance dans la matière,

1. Tome I, page 206.

encore moins de cette force par laquelle les corps reçoivent et se communiquent du mouvement. Mais nous ne savons point du tout si l'inertie absolue des corps est une dépendance nécessaire de leur mobilité ou *vice versa*. En considérant cette propriété ainsi que l'entendent les mathématiciens, comme celle par laquelle les corps tendent toujours à persévérer dans leur état soit de mouvement, soit de repos, on conçoit qu'elle subsisterait également quand il n'y aurait aucun mouvement dans le monde; et en l'identifiant avec la résistance que nous opposent toujours les corps quand il s'agit soit d'arrêter le mouvement imprimé, soit de le commencer, on peut bien dire qu'elle ne nous est connue que par notre effort ou notre propre mouvement, mais non qu'elle soit une conséquence de quelque vertu ou tendance semblable qu'on feindrait gratuitement être inhérente aux corps. Quant à l'impulsion ou à la cause *impulsive* absolue, elle est bien nécessairement conçue avant le mouvement, puisque c'est elle qui le rend possible en effectuant ce que nous en concevons comme une sorte de capacité virtuelle dans le corps.

Ceci s'applique de même à l'attraction que M. de Tracy prétend aussi n'être qu'une conséquence, à la vérité non nécessaire, de la mobilité; tandis que cette force peut être considérée comme la cause de toute mobilité.

« Si la matière n'était pas essentiellement active, dit M. de Tracy, je ne comprends pas comment elle serait mobile, car je ne puis concevoir d'où viendrait le commencement d'un mouvement quelconque[1]. »

Je dis moi : Si la matière *était essentiellement mobile*, je ne puis concevoir d'où nous viendrait l'idée que le mouvement a pu commencer; mais si je la connais nécessairement comme inerte, je suis porté à me demander d'où vient un premier mouvement et la plus simple réflexion sur le fait du sens intime m'apprend que l'activité du *moi* opposée à l'inertie du

1. Tome I, page 206.

corps ne peut être identique avec elle ni appartenir au même sujet.

Être mobile ou doué de mobilité, c'est avoir la capacité d'être mû ou transporté ; être actif, c'est avoir la faculté de produire le mouvement. Or, quoique nous ne concevions point d'effet sans cause, ni de cause sans effet, nous ne pouvons admettre qu'une chose ou un phénomène conçu comme effet soit en même temps sa propre cause. S'il en était ainsi, les deux termes du rapport étant identiques, il n'y aurait plus de causalité intelligible.

Vient enfin l'*étendue*, qui n'est, suivant M. de Tracy, « ni une circonstance, ni un effet de la mobilité, mais qui ne nous est connue que par elle, et n'existe pour nous que par sa relation avec le mouvement[1]. »

Ne serait-il pas plus vrai de dire que le mouvement ne nous est connu que par sa relation avec l'étendue, et si l'on convient que ce sont deux propriétés distinctes du corps, comment a-t-on pu dire que toutes les propriétés des corps sont dépendantes de leur mobilité? etc. Un être qui n'aurait jamais vu aucun corps étranger en mouvement ne pourrait-il pas avoir une intuition d'étendue et y rapporter la résistance? L'étendue continue qu'il mesurerait par son propre mouvement serait pour lui divisible sans être encore mobile et il en aurait ainsi une idée tout aussi complète et aussi nette qu'en voyant ensuite se mouvoir les différentes parties de cette étendue.

De l'étendue, M. de Tracy fait dériver la *divisibilité*, la *forme*, et enfin l'*impénétrabilité*. Il considère ici l'impénétrabilité comme cette propriété par laquelle un corps exclut nécessairement un autre corps du lieu qu'il occupe ; et dans ce sens l'impénétrabilité est bien certainement une conséquence de l'étendue ; mais en prenant la notion d'impénétrabilité dans son origine, nous concevons qu'elle s'identifie avec la résistance que les corps étendus opposent à nos mou-

1. Tome I, page 206.

vements volontaires, laquelle résistance se proportionne à l'inertie. Ainsi l'impénétrabilité est une propriété première, relative non à la mobilité des corps, mais à notre propre mobilité.

FIN

TABLE DES MATIÈRES

ANGERS, IMP. BURDIN ET Cie, RUE GARNIER, 4.

L. Clédat : *La flexion dans la traduction française des sermons de Saint-Bernard.*
P. Regnaud : *Le valet de deux maîtres,* comédie inédite attribuée à Lafontaine.
L. Fontaine : *J.-J. Rousseau,* les idées sur l'éducation avant l'*Émile*

Fascicule III. M. Ferraz : *Étude sur la philosophie de la littérature* (suite).
A. Bertrand : *La psychologie extérieure.*
P. Regnaud : *Mélanges.*

IIIe ANNÉE. 1885.

Fascicule I. G. Bloch : *Remarques à propos de la carrière d'Afranius Burrhus*
E. Beloy : *De la révolution économique et monétaire, qui eut lieu à Rome au milieu du* IIIe siècle avant l'ère chrétienne.
L. Clédat : *La Chronique de Salimbene* (parties inédites).

Fascicule II. P. Regnaud : *Stances sanskrites inédites.*
G. Lafaye : *Discours d'ouverture.*
C. Bizos, doyen de la Faculté des lettres d'Aix : *Essai sur l'apparition du mélodrame en France.*
P. Regnaud : *Mélanges philologiques.*
Grandjean, étudiant à la Faculté : *Tableaux comparatifs des principales modifications phonétiques que présentent les infinitifs des verbes faibles dans les dialectes germaniques.*

Fascicule III. L. Arloing : *Dissociation et association nouvelle des mouvements instinctifs sous l'influence de la volonté.*
A. Bertrand : *Un discours inédit de André-Marie Ampère.*
A. Bertrand : *La psychophysiologie au XVIIe siècle.*
R. Thamin : *Le livre de M. Bain sur l'éducation.*
A. Hannequin : *Leçon d'ouverture d'un cours sur la philosophie des sciences.*
P. Regnaud : *Sur l'origine de quelques mots sanskrits qui désignent l'homme et l'humanité.*
P. Regnaud : *Nouvelles remarques sur l'évolution des idées.*
J. Minard, étudiant à la Faculté : *Contributions à la théorie des hallucinations.*

BIBLIOTHÈQUE DE LA FACULTÉ DES LETTRES DE LYON

Neuchâtel et la politique prussienne en Franche-Comté (1702-1713), par Émile Bourgeois, docteur ès lettres, chargé de cours à la Faculté des Lettres de Lyon.

Science et Psychologie, nouvelles œuvres inédites de Maine de Biran, publiées avec une introduction, par Alexis Bertrand, professeur de philosophie à la Faculté des Lettres de Lyon.

La Chanson de Roland, traduction en prose archaïque et rythmée, par L. Clédat, professeur à la Faculté des Lettres de Lyon.

www.ingramcontent.com/pod-product-compliance
Ingram Content Group UK Ltd.
Pitfield, Milton Keynes, MK11 3LW, UK
UKHW012150240726
13966UKWH00001B/247